贵州民族大学省级特色重点学科"新闻传播学"建设成果

传媒变革与社会文化变迁

主　编：颜春龙
副主编：李盛龙　吴海进

世界图书出版公司

广州·上海·西安·北京

图书在版编目（CIP）数据

传媒变革与社会文化变迁/颜春龙主编 . –– 广州：
世界图书出版广东有限公司 , 2014.8

ISBN 978–7–5100–8466–9

Ⅰ . ①传… Ⅱ . ①颜… Ⅲ . ①传播媒介－变革－影响
－社会变迁－研究－中国 Ⅳ . ① G219.2

中国版本图书馆 CIP 数据核字 (2014) 第 196265 号

传媒变革与社会文化变迁

策划编辑：李　平

责任编辑：廖才高　王梦洁

封面设计：彭　琳

出版发行：世界图书出版广东有限公司

地　　址：广州市新港西路大江冲 25 号

电　　话：020–84459702

印　　刷：虎彩印艺股份有限公司

规　　格：787mm × 1092mm　1/16

印　　张：24

字　　数：328 千字

版　　次：2014 年 8 月第 1 版　2016 年 3 月第 2 次印刷

ISBN　978–7–5100–8466–9/G·1716

定　　价：48.00 元

序　言

　　在这块不知"汉孰与我大"的"夜郎国"故地，不沿边、不沿海、"八山一水一分田"的地理环境构成了贵州欠发达的特殊省情，交通的闭塞导致了信息的闭塞，也导致了贵州省的新闻与传播学学科在国内长期处于最为滞后的境地。自 1987 年贵州省第一个新闻学本科专业招生开始，长达22 年间，贵州新闻与传播学的高等教育一直寂寥地、弱弱地夹杂在强大的传统学科或热闹的新兴学科中，若有若无地自生滋长。

　　2009 年底的一个冬日，当贵州省高校第一块"传媒学院"的牌子在贵州民族大学北门边静静挂起的时候，省内高校乃至传媒业界都不以为然，甚至略表疑惑。一如半个世纪前，世人对麦克卢汉向世界发出"媒介即讯息"和"地球村"的惊世预言一样漠然。但后来的进程表明，这标志着贵州省高校第一个以新闻传播学一级学科为主体建制的二级学院正式诞生，从此，贵州省的新闻传播学在素有"高原明珠"之称的贵阳花溪益然绽放：新闻学、传播学、广告学、广播电视学、网络与新媒体以及广播电视编导、数字媒体艺术、播音与主持艺术等众多的本科专业群相生相促，2012 年新闻传播学省级特色重点学科获批，成为全省第一个人文类省级特色重点一级学科，创造了全省唯一从零起点破格获得成功的奇迹。

　　此后，广播电视学专业省级综合改革试点项目、省级"卓越新闻传播人才教育培养计划"项目、省级"2011 协同创新"项目、省级"媒介经营与管理"专业学位研究生工作站相继获批；全省第一个"新闻与传播"专业学位硕士点和"广播电视艺术"专业学位硕士点、自主设置目录外二级学科学位硕士点"传媒社会学"也陆续开始招生；在《2014—2015年度中国大学及学科专业评价排行榜》中，贵州民族大学传媒学院广播电视编导专业竞争力在全国148个同专业中排名第三，创造了贵州高校本科专业唯一进入前三甲的又一个奇迹。

不到5年的短短发展进程中，学院在业界不仅获得了"贵州传媒民大现象"的美誉，"贵州省传播学学会"在学院的推动下也正式在贵州民族大学揭牌成立，又一次填补了贵州省新闻传播学学术研究团体的空白。同时，在由中宣部、教育部启动的地方党委宣传部门与高等学校共建新闻学院的活动中，贵州民族大学传媒学院成为全国民族类高校当中唯一与省委宣传部共建的新闻传媒学院。

当全球化的浪潮把整个世界扁平化时，曾经消失在地平线下的贵州新闻传播学界逐渐开始被卷回了"地球村"。互联网的出现更是无一例外地把我们卷进了传媒化生存的时代，卷入了数字化、信息化生存的当下。媒介技术的迅猛发展，不知不觉也不可抗拒地改变了我们的日常生活，变革着人类社会的文化样态，而地处西南山地高原、拥有丰富多彩的原生态文化和多民族文化的"文化千岛"——贵州，在这样的大变革中将会呈现出一种什么样的景观和镜像呢？结集在这里的传媒学院师生们的科研成果，从贵州媒体的环境新闻报道、贵州的形象建构和传播、贵州的报媒、贵州的电视、贵州的新媒体、贵州的民族地区文化传媒六个领域，多视角、多层面地展示和解读了贵州的传媒变革和社会文化变迁，冀望能让大家产生新的实证性感受。

这本集子既是贵州省特色重点学科建设系列科研成果中的第一本论文集，也是国内第一本从传媒视野全方位研究贵州省高校新闻传播学学科的论文集。此外，它也是贵州民族大学传媒学院成立5周年之际，自我对学科组织能力的一次尝试和对团队进行实证研究的一次检阅。尽管从学术的理论高度来看，结集在这里的论文，很多学者也许会认为它非常粗浅，也非常粗糙。但由于它是学院两年多来的劳动成果，记录了师生们蓬勃的时代思维，因此在我们的眼中它们是非常珍贵的。作为特色重点学科的负责人，在此，代表团队对曾经帮助过、关注过贵州民族大学新闻传播学学科发展的所有人表示永远的感谢！

　　总之，贵州省新闻传播学科的发展、机遇和挑战共存，责任和使命并重，我们在路上，一如既往地开拓、奋起、克难、超越，任重而道远。与大家共勉！

颜春龙

2014 年 7 月 14 日于贵州民族大学 6 号楼

目　录

《贵州日报》2002—2012 年环境新闻报道分析研究 *

颜春龙　　刘国琪

随着当今世界经济的快速发展，环境污染、生态破坏等问题日益严重，环境保护与经济发展的矛盾日益尖锐，严峻的环境现实要求新闻媒体开展全方位的环境新闻报道和舆论监督；环境新闻也日渐成为与政治新闻、经济新闻、文化新闻、体育新闻等类型并列的一个独立新闻类型。贵州作为中国的资源省份，实施工业强省战略以来，生态环境保护也成为经济发展最重要的一条底线，环境问题更是成为公民社会密切关注的民生问题之一。作为贵州主流党报的《贵州日报》，如何突出舆论监督、改善贵州环境问题过程中的作用，是贵州实现同步小康进程中一个值得研究的重要命题。

一、《贵州日报》与贵州的生态环境

（一）《贵州日报》概况

《贵州日报》是中共贵州省委机关报，创刊于 1949 年 11 月 28 日，当时取名《新黔日报》，1957 年改名为《贵州日报》。《贵州日报》是贵州省覆盖面最广、最具影响力的综合性党报，在反映时代变革、引导社会舆论、关注国计民生、反映人民意愿、贴近百姓生活等方面，以其不可替代的权威性和公信力，成为贵州的主流媒体。

＊本文系贵州省省长基金项目"西部环境新闻教育体系构建与人才培养模式研究——以贵州省为例"（项目编号：201030）的阶段性研究成果。

2004 年 11 月 28 日，经中共中央宣传部同意，国家新闻出版总署批准成立的贵州省首家报业集团——贵州日报报业集团宣告成立。《贵州日报》担负着全面、迅速、准确宣传党的理论、路线、方针、政策，忠实履行党和人民赋予的神圣使命，坚持新闻工作的党性原则，把办一份党和人民满意的报纸作为矢志不移的努力目标，客观真实地记录了半个多世纪的时代风云。它全面、迅速、准确地宣传党的理论路线、方针政策，报道国内外大事，新闻信息量大，各种专利和栏目异彩纷呈，是全省最具权威的综合性日报，有很强的指导性与可读性，是各级干部、各族人民和各界人士的益友。

（二）贵州的生态环境

贵州省简称"黔"或"贵"，位于中国西南的东南部，介于东经 103°36′~109°35′、北纬 24°37′~29°13′之间，全省东西长约 595 公里，南北相距约 509 公里，总面积为 176167 平方公里，占全国国土面积的 1.8%。

贵州省地层岩石以沉积岩为主，由于地处我国东、西两大构造区域的接合部，地质构造复杂。中生代末的燕山运动使全省上升为陆地，逐步形成了现在贵州环境的构造骨架。贵州省纬度较低，基本上属于亚热带气候，全年气候温和，雨量丰沛，湿度大，日照偏少，且逆温和各种灾害性天气多。

独特的气候特征：气候温和湿润，立体气候明显；四季分明，无霜期较长；夏无酷暑，冬无严寒；热量较丰；雨量充沛，常有旱涝；总辐射弱，多散射光；阴雨少照，湿度较大，风速较小；灾害种类多，发生频繁。这些对生态环境建设和治理而言，既有许多优势，也存在着某些不利的因素。贵州大部分地区的年平均温度为 14℃~18℃，无霜期为 260 天~330 天，冬季各月平均温度为 4℃~9℃，夏季各月平均温度为 20℃~25℃；年降雨量为 1100 毫米~1300 毫米，比华北平原多一倍；年平均相对湿度为 80% 左右。在下半年温度较高期间，降水集中，光照充足。

不仅气候类型多样，而且由于喀斯特地区的地形复杂，山地、丘陵错综相间，造成局地环境生态多样、复杂和不连续，适宜多种植物的生育和繁衍，植物种类繁多。全省有维管植物 6000 多种，其中木本植物 2450 种，草本植物 1480 多种，药用植物 2800 多种，有许多经济林木和中草药。贵州的名、优、特、稀植物，为生态环境建设和治理提供了丰厚的物质基础。

贵州气候对建设和治理喀斯特生态环境虽有许多优势，但也存在着一些不利因素。主要是自然灾害种类多，发生频繁，灾情日益严重。例如，短时瞬间的大风天气和隆冬的雪凝天气可毁坏大片森林；高温高湿和高温干旱易诱发森林病虫害；由暴雨引起的山洪，易导致山体滑坡、泥石流和水土流失；冬春的连晴、温高、干燥和大风天气，极易诱发森林火灾；冬春的少雨干旱天气，影响植树造林的成活率；喀斯特地貌特有的渗水性强，加剧了干旱的发生和危害等。

为了保护生态环境，1986 年省委、省政府制定了"人口—粮食—生态"的社会发展战略，1990 年做出了十年绿化贵州的决定，并相继启动了以林业建设、水土保持为主体的生态建设工程，尤其是进入新世纪以来，抢抓西部大开发等机遇，加大工作力度，生态建设和环境保护取得了明显的成效。

二、《贵州日报》环境新闻报道现状分析

随着媒体对环境问题认识的加深，以及环保事业的不断发展，贵州环境新闻报道的视角和领域不断拓宽。本文采用量化研究的方法分析《贵州日报》的环境新闻报道现状，以定量为主，随机抽样，有足够的覆盖性。选取《贵州日报》2002 年 6 月至 2012 年 6 月十年间关于环境新闻的报道，按月份抽取，按星期轮回计算，一月只抽取一份报纸，一年共 12 份。如第一个月抽取星期一的一份，第二个月抽取星期二的一份，第三个月抽取星期三的一份，以此循环进行抽取。这样抽取可使样本分布均匀，且不连续。同时对样本分别进行横向、纵向的对比，可以直观而清楚地反映出近年来《贵州日报》环境新闻报道在数量、题材、体裁等方面的变化与发展情况。

（一）环境新闻报道数量分析

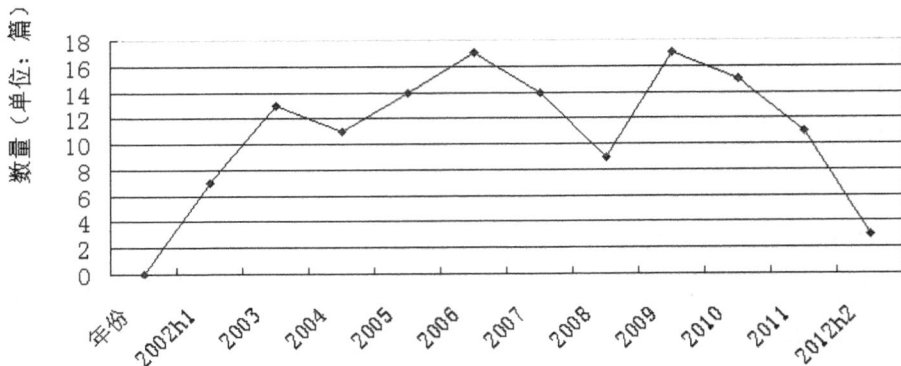

图 1　2002H1—2012H2 年《贵州日报》环境新闻报道数量分析图

在 2002H1—2012H2 年十年中（见图 1），《贵州日报》环境新闻报道的总数呈现总体上升的趋势，但略有波动。2003 年、2006 年、2009 年先后出波峰，报道数量逐渐增加，达到一定的峰值。从 2003 年到 2011 年的 9 个整年里，每一年选取的 16 天报道的样本中，一年的环境新闻报道数量达 8 篇以上且保持一定的稳定性。2006 年、2009 年出现这十年间环境新闻报道的最值。报道数量的相对稳定和一定量的增长，表明《贵州日报》的环境新闻报道意识在逐渐增强。2008 年环境新闻报道数量有所减少，是由于《贵州日报》进行了改版，增加了一些区县的专版，而区县大多以报道经济发展为主。

从图中可以看出：从 2002 年以后，随着贵州经济社会的发展，关于贵州环境新闻的报道从不到 8 篇逐渐增加到 8 篇以上。随着时间的推进，2003 年以后的每一年，环境新闻的报道数量均数在 14 篇左右。到 2006 年，报道篇数已经增至 17 篇，相当于 2002 年下半年报道总数的近 3 倍，换句话说，在一年选取的 12 天的样本里，几乎每天都有一篇环境新闻报道出现在《贵州日报》上。

总之，从《贵州日报》这十年间的 133 篇环境新闻报道中，不难发现，环境问题不仅成为社会普遍关注的问题，还是党报关注的焦点。环境意识也逐渐深入人心，人们的环保观念也日渐增强。贵州人民对贵州环境新闻的需求、对贵州生态环境保护与建设的关注和重视，促使《贵州日报》的报道数量在不断增加。从 2002H1—2012H2 年《贵州日报》环境新闻报道总数趋势来看，《贵州日报》的环境新闻报道数量将会逐渐上升，在反映民生诉求和保护环境方面，《贵州日报》的环境新闻呈现出乐观的报道前景。

（二）环境新闻报道体裁分析

2002H1—2012H2 年《贵州日报》环境新闻报道体裁以消息报道为主，通讯和深度报道为辅的报道方式。臧国仁先生认为，"消息来源为社会行动之竞争者，彼此竞相在媒介领域中争取言说论述的主动权。这些竞争者各自透过组织文化动员资源与人力，建构符合组织框架的言说内容并试图接近媒介，以争取其接纳论点，成为新闻框架的核心与基本立场，从而影响社会大众，构建社会主流思潮"。消息是各种新闻体裁中用得最多、最活跃的一种体裁，在《贵州日报》环境新闻报道中占有重要地位，是报道的主要形式。

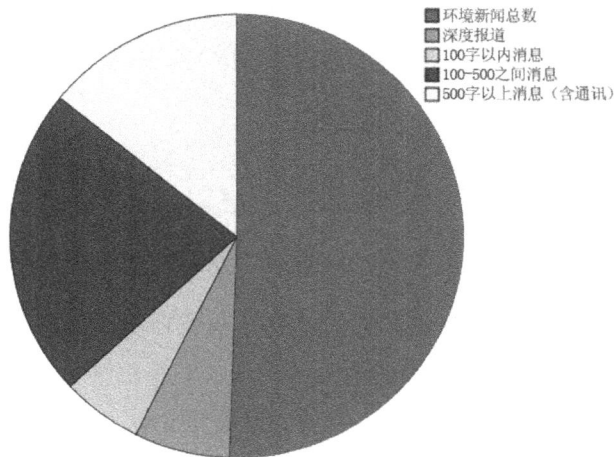

图 2　2002H1—2012H2 年《贵州日报》环境新闻报道体裁分析图

十年间,《贵州日报》环境新闻报道体裁中消息的报道数量始终占据榜首。100 字～500 字的占了三分之一以上,500 字以上的消息(含通讯)也占了绝对数量的篇幅,比重大(图 2)。消息、通讯是一种详细、生动的新闻报道体裁,《贵州日报》中出现的基本消息(含通讯),如 2002 年 7 月 1 日《贵州日报》记者张健报道的《抗洪中履行入党誓言》、2010 年 8 月 12 日报道的《绿色的金字招牌——看正安县如何挖掘发挥生态优势》、2010 年 9 月 10 日报道的《印江推进林业生态建设呵护"地球之肺"——西部大开发 10 年,林地面积增加到 10.2 万公顷,绿化率达 51.62%》等。这些新闻消息、通讯包括在宣传环境保护、身体力行治理环境方面具有突出表现和献身精神的人,也包括环境保护领域的志愿者、环保工作者、环保科研人员以及国家机构,政府部门在保护贵州生态环境方面所作的贡献。

图 3　《贵州日报》2007 年 5 月 28 日所报道的一篇环境新闻

在 2007 年 5 月 28 日报道的一篇消息《我省环境质量进一步改善》中(图 3):"近年来,游客们惊喜地发现,花溪公园里出现了野鸭、河鸥、鸳鸯等野生水鸟,而且数量逐渐增多,特别是今年开春以后,竟达到上百只。这仅仅是贵州省实施生态立省战略以来收获的环境改善成果的例子之一。省第十次党代会提出实施环境立省发展战略,并将该战略列为五大发展战略的首位，这是在生态立省基础上的创新和发展……"这样的环境新闻报道，为贵州认真贯彻《全国生态环境保护纲要》，全面开展全省生态环境现状调查，加大自然保护区建设和管理力度，建立了省生物物种资源保护联席会议制度和自然保护区评审会议制度，进一步改善生态环境质量等起到积极的舆论监督作用，是消息报道中的范本。

由于《贵州日报》在报道环境新闻时以文字为主要报道形式，本文此处采用文字的长短来进行研究，并非有意设计，实则是一种无奈的结果。除消息图片以外，另一个重要报道方式则属于深度报道。在 2005 年的报道中，《贵州日报》以"生态立省"为报道方向，出现了"生态立省，关注森林"这样的固定性专栏，使得《贵州日报》的环境新闻报道朝向深度化方向发展，并出现了占有一定比例的深度报道。如 2005 年 11 月 10 日报道的《山区石漠化治理又一亮点——中韩"修文喀斯特石质山地造林示范项目"实施的效应》、2009 年 8 月 24 日报道的《生态文明是人类社会发展的必由之路》《建立稳固持续和良好生态保护体系》等，而评论和访谈这两类体裁报道数量少、内容少，甚至是没有，当然，也并不常用。总的来说，从图示（图 3）资料不难得出，消息报道的方式成为《贵州日报》这十年间报道环境新闻的最主要方式。

总之，在《贵州日报》环境新闻的报道中，消息占据了 70% 左右，其余的报道体裁如图片报道和深度报道则较少。但随着改革开放的发展，《贵州日报》按照"抓大带小，搞活全局"的方略，对报纸进行多方位的改革，尤其是在通讯、深度报道、言论等报道体裁上，将形成合力，有量增，有深度，有特点，有声势，能引起反响。

（三）环境新闻报道主题分析

经济社会的全面发展和科学技术的进步，环境新闻报道主题也发生着越来越明显的变化。环境新闻报道主题内容涉及现实生活的多个方面。

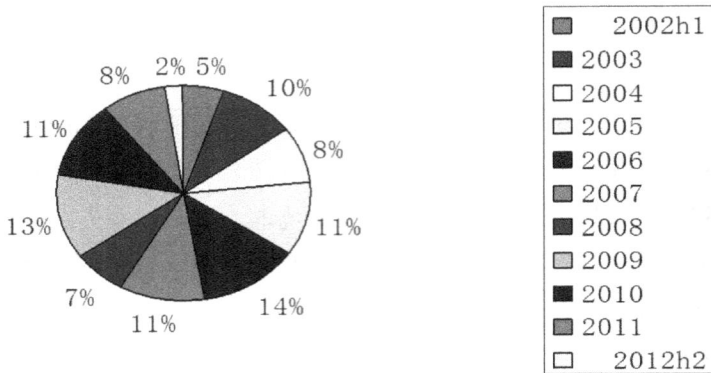

图4 2002H1—2012H2 年《贵州日报》环境新闻报道年份主题统计图

首先，简要说明图中出现的报道内容：一是污染，主要指工业污染、生活污染以及农业污染，例如工业"三废"、生活污水和生活垃圾、高残留农药、交通噪声等污染；二是矿难，在贵州主要以煤矿的安全生产、人员事故以及煤矿安全整治等为内容；三是泥石流与滑坡，主要涉及山体滑坡、泥石流等灾害对人们生命财产造成的损害与对生产生活的影响；四是生活，主要内容为农村、城市环境卫生综合整治，包括对江河湖泊的清淤疏浚、脏乱差地区的改造清理、绿化美化、基础设施建设等；五是环保，主要是指人们在保护环境的过程中与人们的生产、生活、实践以及所产生的社会意识、政策法规等有关内容；六是台风、干旱、气象、雪灾、火灾、暴雨等直接自然灾害。最后，其他主要是指不属以上分类的报道，但这样的情况极少。

结合图4和表1可以看出，十年间环境新闻分类主题每一年的报道量在10%左右波动。十年的报道中，"污染"、"洪水与交通"、"环保"的比例占到了大部分。其余的报道主题零星分布。

在"洪水与交通"报道方面，如2002年7月1日报道的《抗洪抢险中履行入党誓言》、2006年6月15日报道的《石宗源石秀诗指示全力组织抗洪抢险》等。数量较多且基本上与"环保"都是当年报道的主体。明显，"洪水与交通"的大量报道，与贵州省自然地理特征和脆弱的生态环境，以及所处的亚热带季风气候有着很大的关联。

表 1　2002H1—2012H2 年《贵州日报》环境新闻报道主题报道统计表

年份	环境新闻总数	矿难	泥石流与滑坡	洪水与交通	污染	生活	台风	干旱	环保	气象	雪灾	火山与地震	火灾	其他	暴雨
2002h1	7	1		1	2				3						
2003	13	1		4		4			2						
2004	11		1	4	4			1	1					1	1
2005	14	1			1		1	2	5	1		1			1
2006	17	2		2	2	1			3	2		1		1	1
2007	14			6					6			2	2		
2008	9			1		2			3		2			1	1
2009	17			1	1	1			10			1			
2010	15			1		2			7	1		3		1	
2011	11			2					4		2			2	1
2012h2	3								3			1			

在"环保"方面，《贵州日报》环境新闻报道涉及到了环境综合整治，环保政策、环境管理制度与法律法规等多方面，给贵州的生态文明建设起到了宣传舆论的作用。如 2007 年 5 月 28 日报道的《从"生态立省"到"环境立省"——我省环境质量进一步改善》、2009 年 1 月 17 日报道的《环境整治与新闻监督相结合——贵定县整脏治乱搞掉黄牌》、2009 年 3 月 23 日报道的《贵阳市依法应对 2008 年特大凝冻灾害的基本做法——写在低温雨雪冰冻极端灾害一周年》、2010 年 9 月 10 日报道的《提高居民环保意识强力推进环境立市——安顺在平坝设立环境资源保护法庭》等。这些报道中所提及的环境整治、环保政策、环境管理制度与法律法规等，是贵州环保工作的主线，也是贵州媒体希望通过自身正面引导、舆论监督能够改善、

有效解决环境问题。

除"环保"和"洪水与交通"之外，由于"污染"方面的报道量也相对较多，本文以 2008 年 5 月 9 日报道的《我省农业污染源普查全面展开》这样一篇新闻文本进行分析（图5），以求更客观真实地反映出《贵州日报》环境新闻报道主题的全貌。

图5　2008 年 5 月 9 日报道的《我省农业污染源普查全面展开》新闻

《我省农业污染源普查全面展开》这篇环境新闻的报道，既关注于民生，又立足于实际。以"你家养了多少头猪，采用什么方式清粪？庄稼种植用的是什么肥料、农药？农作物秸秆采用什么方式处理……"这样的方式开头，突出环境新闻报道的亲切感。同时，介绍"长期以来，贵州省农户地块种植模式、排水方向、农药、化肥施用量等是影响土壤中重金属含量超标并受污染程度的重要因素；秸秆田间焚烧等处理方式会僵化土地、引发火灾，秸秆燃烧的烟尘中含有大量的二氧化碳、一氧化碳及挥发性有机物等污染物会造成空气污染；不可回收的地膜长期滞留在土壤中将严重破坏土壤性质，阻碍作物根系对水分、养分、肥料的吸收，影响作物根系的正常发育及均匀分布和土壤的透气、透水性"。从而报道要改变这些不利因素，只有通过改善作物的生长环境，才可以提高农产品的质量安全，防止化肥、农药等污染地下水和江河湖泊。这样的报道既科学又合理。文本还突出了普查工作的重要性。不难发现，这一报道将新闻的主题鲜明地表达了出来。

总之，在 2002H1—2012H2 年十年间《贵州日报》环境新闻报道中，报道关注的焦点、当前普遍存在的环境问题等都会或多或少出现在环境新闻报道的行列。可以说，以环保和洪水与交通两大报道主题为主线，其他的主题报道如暴雨、干旱、气象、雪灾、火灾等多重主题跟进报道的模式，已成为《贵州日报》独特的主题报道风格。当然，在轻重缓急、侧重点有所不同的情况下，使得有些题材数量略显微薄，应逐步均衡。

（四）环境新闻报道视角分析

分析环境新闻报道视角时，需要指出的是，本文所区分的环境新闻视角，是从环境新闻报道内容本身归因出发的，也就是说，这种分类是以环境内容的引起者作为参照点，而不是环境新闻的写作者。

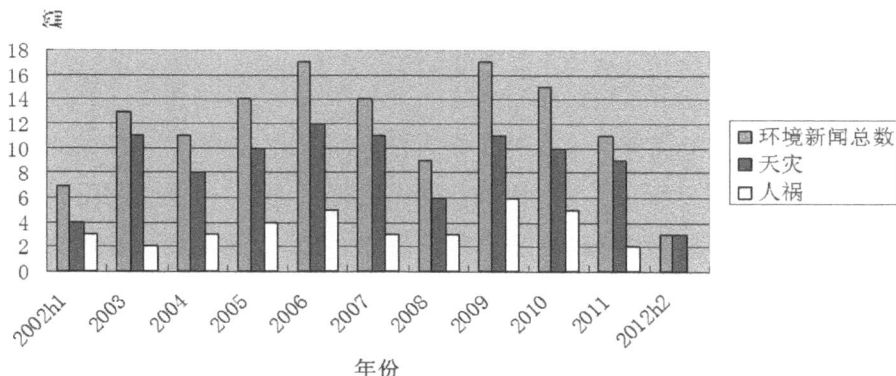

图 6　2002H1—2012H2 年《贵州日报》环境新闻视角图

对《贵州日报》报道视角的分析，本文选取了引起环境新闻发生的"天灾"和"人祸"这两个视角进行归因。就环境问题的归因看，以公众认为环境事件是由企业、公众、政府或者是其他主观原因等引起的环境问题，视为"人祸"；而非人为祸患因素，多由自然的灾害因素引起的环境问题，视为"天灾"。

从《贵州日报》2002H1—2012H2 年环境新闻报道不难看出（图 6），从 2002 年下半年到 2011 年，在《贵州日报》环境新闻报道数量中，天灾的报道数量远远大于人祸的报道数量。这样的报道，客观上反映出近些年来自然灾害的频发。

总之，以 2006 年为一个基准参照年，往 2006 年以前的两年和往 2006 年后的两年，《贵州日报》报道的环境新闻"人祸"视角呈现对称性，无疑，与"生态立省"战略的提出与实施密切相关；同时，2008 年是中国自然灾害较为频繁的一年，以这一年为分水岭，世界各地多发自然灾害，包括贵州在内，引发大量环境新闻事件和环境问题，环境新闻报道视角也随之出现了一定的变化，"人祸"报道数量呈现下降趋势。到 2012 年上半年，环境新闻报道"天灾"视角数量已基本和环境新闻总数相平，未来的报道趋势也将保持这一特点。

三、《贵州日报》环境新闻报道存在问题和对策分析

（一）《贵州日报》环境新闻报道存在的问题

1. 报道内容单薄，缺乏有效策划

在内容上，浏览《贵州日报》所有的环境新闻报道，发现以"环境保护""生态文明"等为主的报道占绝大多数。这说明两个问题：一是贵州脆弱的生态环境和污染问题较为明显，应引起广泛的重视；二是新闻工作者没有全方位、多角度、深层次地关注与报道其他环境问题，仅把目光停留在"环保"问题上，使得稿件整体效果欠佳。

在责任上，《贵州日报》的环境新闻报道中，《贵州日报》缺乏"责任媒体"的意识，例如在刊登于 2010 年 6 月 8 日《李军在贵阳市花溪区调研时强调：扎实推进十里河滩生态湿地公园建设和花溪大道综合整治》、《万户农民沐浴生态文明》、2010 年 9 月 10 日报道的《安顺在平坝设立环境资源保护法庭》等报道中，虽然反映了影响贵州环境、为受众所熟知的环保治理问题。但实际上，这样的报道实属"结果事实"报道，更令人遗憾的是，有关"矿难、企业污染"等问题，只见"治理"不见前期"预警"报道。当然，政府在处理环境问题的时候，也应该为媒体树立"责任政府"的形象，在经济社会的过程中，有担当，懂责任。

在体裁上，《贵州日报》这十年所有的环境新闻报道，基本都是以消息为主要报道方式，至于通讯、评论、深度报道等体裁更是少之又少。与此同时，翻看这十年的环境新闻，以"公益"为主角的环境新闻也鲜有报道。最为重要的是，在环境新闻人物的塑造上，具有影响力的根本没有。实际上，对社会公益、环境新闻人物和环保行为的报道才是整个环境新闻报道的主体，而在"社会公益、环境新闻人物和环保行为"这三者中，环境新闻人物又居于主导地位，因为环境公众人物的一举一动都或多或少的影响着他们所生存的环境和周围的人。显然，环境新闻人物的报道，不仅是关注身边为我们带来感动的英雄，在某种程度上更是需要形成舆论"典型效应"。就此而言，《贵州日报》在这些方面的报道，是最为缺少的。

2. 专题专栏较少，缺乏长期议程

目前而言，专栏是用得最为广泛的一种组织方式：灵活，易操作。对于专栏来说，其优势体现在四个方面：一是发挥组合效应、增加强势，将原本分散的独立稿件组成一个统一的稿群，一方面能使稿群比各篇稿件分散刊发有更大的分量和更强的视觉冲击力，另一方面还可以使版面看上去整齐有序。二是专栏自成格局，往往比较引人注目，成为读者的兴趣激发点。三是专栏内各稿件的共同性得以强化。四是特别适合发表短稿。

然而，《贵州日报》却并未设置好的专栏，对贵州环境新闻进行集中报道。例如"两湖一库"生态修复报道，是由政协发起，连同立法部门、行政部门、执法部门等相关单位，对贵阳环境执法问题是否如期按要求完成而进行的定期检查。检查的同时，由媒体派出记者随行进行报道。"两湖一库"是一项具有新贵州特色的环保传播活动，但事实上，在全国范围来看，这一报道并未形成一项环保传播的"典型案例"。

因而，作为贵州核心的党报《贵州日报》，有专题专栏意识，能设置专题专栏，有长期议程的议程设置，与法律监督、舆论监督和群众监督相结合，推动环境与资源保护方面法律、法规的贯彻落实，提高广大人民群众和各级领导干部的法律意识和环境意识，已经刻不容缓。

3. 报道人员匮乏，缺乏专业环境记者

环境记者是指以环境新闻为主要报道对象的专业新闻工作者。《贵州日报》作为综合性党报，没有专门进行环境新闻采写工作的记者，只是根据不同的分工对记者采写工作进行相应的安排。贵州日报社记者数量有限，但人均写稿量较大，多数记者都是一人负责多篇稿件的完成。所以从某种程度上来说，没有过多的时间和精力进行某一方面专门的新闻采写工作。

其次，在我国尚没有一门专业学科来指导专门的记者和报道指导学习。因而，《贵州日报》记者不仅要了解当前国内外及本地区的环境趋势，及时把这种理解融会贯通到新闻报道中；还要联系贵州实际情况，结合读者周边的环境问题，如国际性的生态文明会议、森林之城的环境保护、喀斯特环境下的干旱等，从而对本地区的环境趋势及环境问题做到理智的、客观的、科学的报道。

（二）《贵州日报》环境新闻报道对策

前文深入分析研究了《贵州日报》的环境新闻报道的过程和特点。当然，对于《贵州日报》环境新闻报道中存在着的一些问题，是需要改进的。

1. 加强舆论监督，做好社会的"瞭望者"

人们经常形容媒体传达的舆论为"观察世界的一面镜子"，新闻媒体集中了各个领域、各界人士对世界的看法，传达了一种较为全面的认识。人们获得舆论的影响多来自大众媒体，它以巨大无形的媒介网格覆盖人类的生活空间。《贵州日报》最大限度地发挥着舆论引导的作用，具有较高的舆论效率。作为舆论传播的大众媒体，充当着社会思想的引导部门，既是社会舆论的集合主体，又是舆论的创造发布源头。因此，《贵州日报》肩负着引导舆论、监督控制舆论的作用。

作为贵州机关报的《贵州日报》，在舆论监督方面有着天然的优势，更应该在环境问题方面加强舆论监督，对各地存在的环境问题进行揭露，对环境漏洞进行报道，履行媒体的社会责任，有担当、敢作为、能作为，做好社会的"瞭望者"。

2. 设置专题专栏，强调长期效应

《贵州日报》2005 年有一个特色专栏《生态立省，关注森林》。通过几年历练，虽有些名气，但现在已经不复存在。名牌栏目的打造，在环境新闻报道中作用极大。如何开辟出更新更好的栏目为报纸增光添色？应该思考。

《贵州日报》需以贴近民生热点问题为切入点，进行一系列专题报道。在"十七大"提出了"生态文明"，"十八大"再次重提的背景下，《贵州日报》应设置此类贴近百姓生活的专栏，为"美丽中国"建设营造好良好的舆论监督环境。并通过进行有序而长期的报道，在潜移默化中形成生态文明、环保意识，这样才能号召更多的人投入到环境治理的支持与建设中去。

简而言之，除了常规性的日常报道之外，设立固定栏目或版面作为长期阵地，既可以对某些环境新闻做进一步的挖掘、阐释，也可以介绍各种环保知识、环境法规，让公众不断了解环境状况、丰富知识，提高环保认识。

3. 加强与非政府组织的合作

非政府组织英文缩写为 NGO，环保 NGO 在环境保护中具有举足轻重的地位。目前，几乎所有的发达国家都有许多非政府环境保护群众组织，许多重大的环境保护运动和环境保护工作，都离不开环保 NGO 群众组织的参与，他们的活动和声音几乎传遍环境与发展的各个角落，他们在环境保护领域的作用和影响越来越大，已然成为衡量一个国家环境保护事业兴旺发达程度的标志。

政府、公众、非政府组织作为环境保护的主体力量，既是媒体进行环境报道的信源，同时也是传播环保信息的信宿。《贵州日报》提供环保信息公共平台，将政府、公众和非政府组织连接起来，有效地推动信息交流与主体公平对话。加强与三者之间的联系与合作，能够更加有效地推进环境保护工作。例如《贵阳日报》记者黄成德组织的环保 NGO，就与《贵阳日报》有很好的交流合作，推动了环境保护。

4. 重视环境新闻，培养专业记者

环境记者是指以环境新闻为主要报道对象的专业新闻工作者。一般来说，这一群体由两部分人员构成：一部分是跻身于综合性媒体从事环境新闻报道的记者；一部分是在专业环境媒体从事环境新闻报道活动的记者。在综合性媒体中，由于环境新闻是其重要组成内容的一部分，因此许多媒体都设有专职或兼职的环境记者从事报道工作。

环境新闻涉及经济、法律、化学、医学、气象学、生态学、城市规划等多学科知识，对记者、编辑的素质要求较高。没有相关的知识结构与储备，缺乏环境专业素质的记者在采写中容易捉襟见肘、力不从心。西方特别是在美国，环境新闻已成为新闻学的一门分支学科，一些新闻院系设置有环境新闻专业，或鼓励学生选修一些这方面的课程，培养专业报道人才。

因此，一方面可在高校设立环境新闻专业（方向），系统培养这方面的人才，或鼓励学生选修一些与环境相关的课程丰富知识结构，便于其毕业后走上新闻岗位能较好地开展工作。另一方面，媒体可以组织专家及环境报道的资深编辑记者开展培训，强化青年从业者的相关学科知识，以提升报道水准。

结 论

本文通过对《贵州日报》环境新闻报道的分析研究，深刻体会到了《贵州日报》作为贵州的主流党报在改善贵州的环境问题过程中的舆论监督作用，但同时也为存在的问题提出对策。因此，笔者认为：一方面，《贵州日报》始终充分发挥思想政治宣传教育，始终保持在政策方面的权威性解读，始终坚持在舆论引导和舆论监督上的指导和示范作用。而就贵州环境新闻报道这一版块而言，环境新闻的报道内容涉及到百姓生活的各个方面，水、空气、土地、生态……《贵州日报》不妨以"瞭望者"为定位，以"坚持四项基本原则"和"科学发展观"为指导思想进行宣传报道。坚持以正面宣传为主，团结、稳定、鼓劲，坚持邓小平同志建设有中国特色的社会主义理论，坚持新闻工作的党性和真实性原则，正确地宣传党的路线、方针、政策，弘扬时代主旋律，以正确的舆论引导人。解决百姓关注的环境问题，推动环境治理的法制化进程，切实为百姓营造舒适健康的生活环境。

另一方面，环境新闻报道信息量要大、要有特色，全方位满足受众对各类环境新闻的需要；报纸上刊登的党和政府协同环保部门治理"两湖一库"、中韩"修文喀斯特石质山地造林示范项目"、"生态立省关注森林"等长期报道，都是百姓感兴趣且与之相关的焦点问题。媒体的宣传越有力度，受众就越多，对环保问题的认识也就越清楚，也就更有利于增强全民对环保工作的支持。实用性要强，切切实实从身边环保问题着手，如何处理"水含氟量高"、"地沟油污染"等有怎样的现实意义……从而做到保护好环境和人们的身心健康。要不断开拓创新，与时俱进。努力提升新闻报道的美学价值、社会价值，积极进行新闻改革，从报道的内容、结构、题材、版面等多方面，进一步提高质量。

主要参考文献：

[1] 张威. 环境新闻学的发展及其概念初探 [J]. 新闻记者，2004（9）.

[2] 王积龙，颜春龙. 美国环境新闻 40 年的发展与流变 [J]. 西南民族大学学报（人文社科版），2009（10）.

[3] 包玉青. 论环境新闻报道的新特点——以《解放日报》的"PM2.5 报道"为例 [J]. 今传媒 2012（8）.

[4] 减国仁. 新闻媒体与消息来源——媒介与真实的建构之论述 [M]. 台北：三民书店，1999.

[5] 王积龙. 抗争与绿化——环境新闻在西方的起源、理论与实践 [M]. 北京：中国社会科学出版社，2010.

[6] 王积龙. 美国环境记者组织的作用分析 [J]. 当代传播，2009（2）.

[7] 冯一栗. 大众传媒导论 [M]. 北京：科学出版社，2009.

[8] 范丽珠. 全球化下的社会变迁与非政府组织 [M]. 上海：上海人民出版社，2003.

西部高校环境新闻学教育体系的构建研究 *

赵奉军　古　娅

随着人们物质生活水平的不断提高，以往追求高效益、高增长、无节制的发展模式受到质疑，人们在自身需要得到充分满足之后，开始审视发展过程中所显现出来的问题。面对环境污染严重、自然资源短缺等日益严峻的环境问题，经济增长与环境之间的矛盾日益凸显，并成为制约一个国家可持续发展的重要因素。环境危机带来的紧迫感，激起越来越多的民众开始关注环境变化的信息，在此基础上，环境新闻报道的重要性越发彰显。在国外，新闻界很早就开始意识到环境报道的重要性，学术界对环境新闻的研究如今也较为成熟。美国、英国等国家在 20 世纪 90 年代就设立了环境新闻学，将其作为一项专门的学科来研究，并将研究结果运用于实践，以此来提高环境新闻的质量，促使公众对环境问题有更深、更全面的了解。

在中国，随着环境新闻逐渐受到关注，在 20 世纪 90 年代开始与世界潮流相融合。但是在学术界，对于环境新闻学的研究仍还属于起步阶段，对环境报道进行系统性、整体性的研究较少。直到 2005 年 11 月《绿媒体：中国环保传播研究》的出版，改变了这一现状，作为中国第一本环保传播研究专著，让人们看到了环境新闻逐步受到学界的重视、被纳入系统性研究的希望。

环境教育已成为世界教育的一个共同课题，肩负着培养人才重任的高

★本文系贵州省省长基金项目《西部环境新闻教育体系构建与人才培养模式研究——以贵州省为例》（项目编号：201030）的阶段性研究成果。

校，必须要适应国际社会的需要，开拓创新的教育模式，培养出既懂新闻学又懂环境科学的新型实用人才。改善"学新闻的写不出深度的环境新闻报道，学环保的写不出生动的新闻稿件"的局面。尤其在西部，环境问题极其突出，干旱、地震、泥石流、火灾、石漠化等日益严重，如何培养高层次的环境新闻传播人才，是西部高校新闻学教育体系中亟待解决的问题。

一、中国环境新闻报道背景

目前，中国的经济正处于高速增长的时期，从以往发达国家经济发展的历史可以看出，这个阶段的环境问题最为严重。因此，我国在这一时期所承受的环境压力将更为沉重。自 20 世纪 70 年代的"世界地球日"运动爆发后，环境问题日益成为全球公众关注的焦点，面对越发严重的环境危机，各国纷纷建立环境组织，环保运动蓬勃发展。在此背景下，我国的环境新闻报道应运而生，从无到有，从少到多，从单调到丰富，经过 40 多年的积累和发展，已逐渐走向成熟。

（一）中国环境新闻报道兴起的原因

随着人类生存环境的不断恶化，环境报道数量的逐渐上升，环境新闻成为了新闻类别中一个不可忽视的亮点。

目前，中国脆弱的环境系统正在承受着人口众多和经济发展的压力，环境问题尤为突出，传统的经济发展模式和发展理念令我国的生态环境遭到严重破坏。据调查，2007 年世界上污染最严重的 20 个城市里，中国占 16 个，同时约有 300 个中国城市面临严重的水资源短缺问题；中国温室气体（GHG）排放量在过去十年中迅速增长，是世界上最大的温室气体排放国之一。另外水环境污染、工业污染、大气污染、土地荒漠化、水土流失、生物破坏、旱灾水灾等问题也愈加严重。面对日益严峻的环境问题，如何及时正确地对其进行反映并通过媒体固有的功能及时发出警告显得迫在眉睫。

再者，如今的媒体已经进入到"受众时代"，公众的注意力是媒体新闻报道的方向标。再加上政府、环境组织、媒体的介入，环境新闻也越来越多的出现在受众的眼前，成为众多新闻类别中不可或缺的一部分。因此，作为舆论监督主力军的新闻媒体，关注环境保护，关注生态，起到良好的引导作用，更好地让社会与生态环境和谐发展成为了新闻传媒义不容辞的责任和义务。

（二）中国环境新闻报道兴起的历程

环境新闻始于美国 19 世纪的资源保护运动，20 世纪 60 年代走向成熟，70 年代随着各国环境组织的建立，西欧、北美、日本、澳大利亚的环境新闻报道逐渐被重视。由于我国环境新闻报道起步相对较晚，从而经历了一个较为漫长的发展阶段。

1985 年，《中国环境报》成立，标志着中国环境报道迈出了重大一步；1986 年中国环境新闻记者协会成立；1993 年，中国加入了国际环境新闻记者协会。直到今天数以百计的新闻传播机构对环境新闻的报道和重视，标志着我国的环境新闻正以极快的速度迎着世界潮流发展。

通过研究发现，在我国众多环境新闻报道中，最先引起公众强烈关注的环境报道是"中华环保世纪行"活动。1998 年，对于长江流域发生的大洪水事件，震撼了许多人，也让大众进行了深刻的反思。1999 年 6月 5 日，中央电视台现场直播了 2 小时的《为了绿色家园》长江源纪念碑揭牌仪式，从抨击污染事件到积极呼吁生态保护，可以说是我国环境报道的一大突破。据不完全统计，目前我国公开发行的中央和地方环境报刊已达 423 种，环境网站数百家，中央电视台、省级电视台甚至县级电视台均相继开创环境类栏目。各大媒体如《人民日报》、中央电视台、中央人民广播电台、《光明日报》等先后开辟关注环境的专栏。环境报道的分量不断增大，进入 20 世纪后期增长速度更是惊人，并出现了专业类的媒体如《中国环境报》。

二、环境新闻报道存在的问题

随着各媒体对环境新闻的关注和重视，经过不断的摸索和完善，我国的环境新闻报道的功效日益显现。

一方面，一些严重的环境问题由于媒体的揭露报道，形成了强大的舆论压力，在公众的参与和监督下，使这些尖锐的环境问题得到最好的解决。在增强公众环保意识的同时，也可提高公众参与保护环境行动的积极性，帮助公众接受先进的环境保护理念。另一方面可以对政府和有关部门的环境治理措施的落实情况进行监督，从而促进环境建设的法治化进程，在完善环境法体系的同时又能够规范公众的环境行为。可以说，现在媒体在环境新闻的报道中所产生的影响对于个人乃至国家都起到了举足轻重的作用。

当然，在全国大主流的条件下来看，对于环境新闻的报道具有众多积极因素，但深究至地方环境新闻报道中就出现了诸多问题。如模仿报道严重、消息来源单一、信息多重过滤、视角狭窄、报道缺乏常态机制等诸多问题。

（一）消息来源单一

现在我国地方环境新闻报道，消息来源较为单一，过多地依赖国家党报、大报和行业报，在信息方面过度依赖体制内的信息源，并没有发掘到自身优势，利用公众与地方媒体和新闻事实的接近性，深入到群众生活和新闻事实中去，真正了解公众关心的问题;信息获取上依旧存在严重的"等、靠、要"情况，缺乏真正发现问题、提出问题、解决问题的能动力。从许多地方媒体对环境新闻的报道来看，可发现地方媒体的环境意识较为浅薄，对于一些较大的环境事件，多是进行转载，并没有主动积极地获取第一手资料，也没有将其与当地环境相结合给出意见，在环境新闻报道中严重缺位。消息来源单一对新闻客观性的危害也较大，容易使新闻被宣传化和广告化。

环境新闻报道出现这样的问题的深层原因是记者的职业道德、职业技能和职业精神的不足。记者们为了图一时的安逸，亦或是为了自己本身的利益，不愿意去深度挖掘新闻，而只是依赖于那些安全没有争议的新闻信息。在真正事发时，记者并没能第一时间到达现场。

（二）新闻报道缺乏深度

当前的大多数环境新闻报道面极其狭窄，对于实际环境问题报道涉及甚少。主要是行政性、宣传性和通报性较强的报道，相反真正涉及到比较严重，有危害性的报道却避而不谈，对根本上的环境危机视而不见。新闻话题比较中庸，正面新闻多，负面新闻较少，就算出现负面新闻时，对其的报道也不够深入，不够尖锐。从环境新闻报道的体裁运用上来看，以消息居多，报道多是只停留于表面，对于新闻事件背后的价值没有深入的挖掘，对于环境问题的解决之道也没有全面的阐释。以深度报道、调查研究等形式出现的环境新闻更是少之又少。如每年凝冻时期，贵州地区的媒体将视线统一对准凝冻事件，并且报道内容几乎都是同一主题，都是以受灾情况、经济损失、人员伤亡为主，毫无新意。而除了灾害高发期的新闻外，环境新闻还以另一种最为常见的形式出现，即侧重于会议、领导活动、成果经验分享、环境治理制度建设的新闻。这一类的环境新闻报道采访的内容多是从会议或材料中得来的素材，而读者真正关心的新闻就被淹没在没有营养的"空话"、"套话"中。

出现这一问题的主要原因在于现在的记者们虽然通识性知识和新闻敏感度较强，可以通过环境问题发现一些极易被公众关注的话题，但是在传播环境保护方面由于没有专业的环境保护理念作支撑，容易使报道流于平面化，对环境问题的根本性原因剖析不到位。

（三）环境新闻记者缺乏专业能力

现在许多记者认为"环境新闻"就是负面消息，如污染、恶化、威胁等；有些地方的环境记者甚至将此定义为物质资源，如水、空气、陆地等；还有的环境记者将此集中到指定的人身上，仅仅从片面的角度指出污染对人类的威胁，要么是人类对环境的威胁。对于环境新闻的报道多带有批评性和揭露性，一味地追求"轰动效应"，带来不良的传播效果，给受众留下了环境新闻多是"负面"的误区，仿佛环境新闻就是各种污染，各种灾害的集合。另外，一些记者为了避免引起纠纷和政府的压力，导致许多环境新闻的信源主要来自于政府部门，因为它既固定又安全。这些对环境新闻狭隘且不专业的看法和报道，正是因为记者缺乏专业能力导致的。

现在许多地方都没有特定的环境新闻记者，对于环境新闻的采写大多是由媒体指定某些记者担任。虽然这些记者是新闻科班出身，但是都是文科生，自然科学知识缺乏，在从事环境新闻报道前，大多数人都没有参加过与之相关的专业知识培训。这样一来就导致他们对一些专业性的问题了解不够全面，比较肤浅，对一些环境专业名词的把握不到位。一些做环境新闻报道的记者也许并不懂什么叫做生态平衡、水体污染、臭氧空洞，甚至一些记者即使写出了新闻，但是对新闻中专业部分的内容自己也弄不清楚，更别说深入地挖掘新闻了。

（四）环境报道缺乏常态机制

在信息泛滥，传播迅速的今天，新闻报道的焦点很少停留在同一事件上，往往很快就转入下一个主题。新闻媒体通常会"跟风"报道水土流失、水资源枯竭、水污染、全球变暖等一系列公众十分熟知的话题，但是这些信息并没有给受众以足够的时间来消化和思考，就被媒体迅速的转移了关注点。如每年3月12日的"植树节"、4月22日的"世界地球日"、5月22日的"保护生物多样性日"、6月5日的"全球环境日"等，许多媒体都会在这个时候大肆报道，刮起一阵环境新闻风，而当这阵风一吹而过后却很少出现相关的报道。

中国环境新闻报道出现这样的问题的原因主要是由于媒体指导思想的模糊性，一直就没有形成一种行之有效的常态报道模式。与成熟理性的西方环境新闻报道不同的是，中国的环境新闻报道还处于一种激情报道的阶段，即对自己所报道内容的核心价值认识不够充分，无法找准环境新闻报道持续发展的战略点，没有建立一种环境新闻报道的常态机制。

三、西部高校建立环境新闻学教育体系的重要性及必要性

随着新闻业的发展和公众新闻意识的提高，新闻报道逐渐呈现由高向低、由大城市向中小地域转移的趋势。环境问题的日益严峻影响着每一个人，于此，对于环境新闻的受众构成面亦逐渐向普通大众转移。但就现今西部地方新闻对环境新闻的报道来看，存在诸多弊病的新闻并不能真正满足受众的需求。作为西部地方媒体，如何更好地满足受众对于环境新闻的需求，如何发挥媒体的引导和宣传作用，如何转变新闻报道模式，从而提高环境新闻质量，成为了媒体急需解决的一个重要问题。由此，也可以看出对于西部环境新闻人才的培养是大势所趋。

（一）西部高校建立环境新闻学教育体系可加大环境报道的力度

地方环境问题点多面广、五花八门，各种各样的地方环境问题给环境新闻的工作者提供了丰富的采写内容。关键是怎么去采，怎样写好真正的针砭时弊的报道，写出有深度有意义的环境新闻，这是目前地方环境新闻报道中存在的不足之处，或者说是急需解决的环境新闻报道中的难题。

现阶段，我国公众环境意识已经初步确立，但是环境知识缺失、环境教育缺乏效果。对于这些问题的出现，新闻媒体有着不可忽略的责任。环境新闻不仅要将新闻事实清晰地传达给受众，还应当肩负起对公众启发、引导、教育的作用。所以对环境新闻内容的筛选与撰写更应该引起重视。环境新闻学的开设将成为促使环境新闻报道走向专业化的重要手段之一，它的开设将融合新闻学知识和环境专业知识，培养专业的环境新闻从业人员，并使之将环境道德感、责任感和正确的环境价值观、新闻素养相结合，促使从业人员素质提高和能力的增强，有效地发挥新闻报道的积极作用。

设立专业的环境新闻学学科，让即将走向传媒岗位的新闻专业学生了解与环境相关的理论知识、学科发展背景和最新成果，具备不可或缺的专业本领，在新闻工作中能够学以致用，以专业的、辩证的、发展的视角去报道客观环境变化。并将专业知识与自身写作语言融合，将乏味的专业环

境术语转变为生动的新闻写作语言传至大众，达到良好的宣传效果，引起大众的思考。

综上所述，笔者认为只有从源头上解决问题，才能真正做到环境新闻的大换血、大转变。为了完善环境新闻报道的不足，改变环境新闻报道劣势，提升环境新闻报道力度，应当迅速在西部高校设立专业环境新闻学学科，通过专业化、系统化的教育，提高从事环境新闻报道人员的整体素质，使其成为促进环境保护工作的良好催化剂。从而在提高公众环保意识、推动政府相关工作、改善公众的生活环境方面发挥更大的作用。

（二）西部高校建立环境新闻学教育体系可提高记者的专业水平

环境新闻与传统的新闻相比，具有更严密的科学性。环境新闻对从业者的要求，除了要具有新闻专业的系统教育之外，还应该要掌握自然科学的知识。但观察现今从事环境新闻报道的记者群体不难发现，他们并没有多少能够达到硬性要求。

第一，地方媒体机构中从事环境新闻报道的人员大多都是"半路出家"，并没有经过专业训练，没有真正弄清楚环境新闻报道的真谛。环境新闻是一个涉及面极其广泛的新闻类型，不但涉及学科知识众多，而且与之相关的法规体系也较为庞大，各地环境更是千差万别。由于缺乏完备的环境知识，记者们所报道出的新闻缺乏专业性、仅仅漂浮于表面，并过多地带有其他新闻报道的模式，新闻结构、语言、色彩、角度都与环境新闻相距甚远。

第二，环境问题是一个复杂的问题，它背后往往会牵涉到一系列的政治和经济矛盾，在挖掘的过程中难免会与不同的利益产生冲突。在环境新闻采访报道中会遇到难以想象的阻力，记者随时会面临着危险和利诱，此时，大多数地方记者处于不负责任和自保的心理就会选择避重就轻，将矛盾尖锐的环境新闻按压下去，或者"以大化小"，甚至是扭曲事实。

第三，环境新闻的报道对象是环境，而对环境的解析通常都是专业性比较强的科学探究，这对一般普通大众来说是非常难懂和枯燥的，而大众又极其想要获取这方面的信息。如何才能将枯燥的环境新闻信息和环境知识传播出去，让普通大众能够较为直观较为容易地接受，并达到传播目的，便成为对新闻从业人员素质的最大考量。

正是因为许多记者虽然具有专业知识，却很少有过系统的自然科学知识的教育或者培训，才导致了以上各种问题的发生。为了保证媒体在做环境新闻报道时能真正及时、准确、全面地反映最新的环境信息，在环境新闻记者的培养上下功夫成为了最为直接也是治疗根本的办法。然而为了做到这一点，在高校设立环境新闻学学科，规范环境教育的专业化就必然要引起重视，也是达到这一目标的重要前提。

（三）环境新闻学的设立是西部高校创新教育的需要

目前，在高等教育多样化发展的格局中，创新教育作为高等教育重要组成部分，在其中占据的比例越来越重。从环境新闻学创立的实际情况来看，这一新兴学科正逐渐融入高校学科体系之中，并成为应对环境恶化这一实际问题的重要显现。在此基础上，许多高校对环境新闻学的创新进行了诸多有益的探索和实践，并已然初具成效。

美国自19世纪起就一直注重对自然生态保护和环境新闻的报道。美国高校很快意识到环境教育对新闻记者的重要性，这促使了高校新闻系与一些环境专业的联合，鼓励新闻专业学生选修与环境科学相关的课程，继而在高校开设环境新闻课程。目前，美国分散各地的有38个大学设置环境新闻学教育，在教研规模和内容上也日渐成熟。美国的密歇根州立大学就是其中之一，因其处于五大湖区，具有地方特色，而且因其创办时间较早，规模大，所以运作较为成熟，影响力非凡，具有一定的代表性。该大学环境新闻中心每年都要求媒体著名的环境新闻记者做客大学。另外，该校还与当地以及美国各大相关研究机构、大学和环境组织保持着良好的互动关系，定期到中心给学生讲学。而在环境新闻学的课程设置上，面向实际、着重对学生素质的教育。而且分散于美国各地的38所拥有环境新闻学教育的大学所研究的对象都有所区别，他们的研究都是以当地环境问题为对象。这种本地化的教学和研究与传统新闻学有很大的不同，也体现了美国环境新闻学实用性的特点。

创新教育是素质教育的重要内容，现在我国高校正面临着由知识灌输的传统型教育模式向培养创新精神和创新能力的现代型创新教育模式的转变。在中国，环境保护作为一项基本国策，由于越发严峻的环境问题，环境新闻报道的必要性、重要性越发凸显，但由于专业人员的严重匮乏，导致中国环境新闻报道全无生气。肩负着培养专业人才、创新人才的高等院校，在顺应世界潮流的情况下，设立环境新闻学，培养专业新闻人员既是职责所在，又是其创新发展的需要。

学校可根据教育教学规律和人才培养的需要，减少部分与培养目标联系较小的课程，增加一些新的与培养目标相关的科学技术成果和社会发展的知识。另外，学校教育应该要注重理论与实践相结合，着重考查学生分析问题、解决问题的能力，以此来培养学生的创新意识和创新能力。

四、西部高校设立环境新闻学的可行性

作为培养记者的摇篮，我国各大高校并没有真正意义上的以培养专业环境记者为目标的教育活动，在西部院校中尤其缺乏。目前，我国只有山东大学等少数教育研究机构在尝试进行环境新闻学的研究。但从中国新闻学教育的整体情况来看，环境新闻学仍然有待开垦。就如今环境问题受重视的程度来看，我国构建环境记者培养新机制，开展环境新闻专业教育已迫在眉睫。并且就这些年来我国环境新闻学的发展和中西方学者对其的研究探索以及国外环境新闻学的成功设置，笔者认为在高校设置环境新闻学不仅具有必要性还具有一定的可行性。

（一）理论基础

任何一门科学都必须有自己的研究对象和基本问题，环境新闻学也是如此。在探讨它的研究对象之际，一个不可避免的问题是如何理解"环境新闻学"这个基本概念。从 1960 年就开始从事环境新闻报道的记者、学者麦克尔·弗洛姆，给环境新闻学下了这样一个定义："（环境新闻学）是在制定决定过程中，在调查研究的基础上，一种有目的、为公众而写的，以充分准确的材料为依托、反映环境问题的新闻写作。"到 1998 年，美国环境新闻记者、犹他州州立大学教授麦克弗·罗梅提出了一个较完整的环境新闻概念，他认为："（环境新闻学）是一种有目的、为公众而写的、以严谨准确的数据为基础的反映环境问题的新闻；它要求记者理解传播的目的和性质，具有研究能力和简洁的语言；它不仅仅回答谁、何事、何时、何地、为何，还要有一种广阔和综合的眼光纵览全局。"

在中国，环境新闻也逐渐受到关注，一些记者和学者开始探索环境新闻学的内涵。山东大学威海环境新闻与国际传播中心主任张威这样概括环境新闻学：它是有关环境报道的学问，它探求环境报道的独特规律，聚焦于人与自然环境的矛盾及其产生的社会问题，重在将人类环境的现状告知受众，引起社会的警示。2007 年上海交通大学媒体与设计学院传播学系副教授王积龙分析了环境新闻学在业界、教育领域、学者领域三个领域中对其的研究和阐释后，认为：环境新闻学就是探求媒介通过环境报道来实现环境、人与社会和谐发展之规律的科学。

中西方学者对于环境新闻学概念的探索和阐释，无疑为其学科的建设提供了一定的理论基础。除此之外，我国在环境新闻理论方面也有很大的突破。在 2003 年 10 月由中国环境报所编写的《环境新闻读本》的问世，宣告了环境新闻学无教材历史的结束。《环境新闻读本》首次较系统地介绍了环境新闻的业务知识，初步构架了环境新闻知识体系，具有一定的学术水平。2005 年 11 月发行的《绿媒体：中国环保传播研究》一书，较深入而全面地总结、分析了中国环保传播的历程、未来，让环境新闻理论著作实现了零的突破。即使在中国对于环境新闻学的研究还在起始阶段，理论研究和实践经验上还不够成熟，但是对于任何学科来说，对其的研究都会有一个摸索的过程，如今的中国正是在走这样一条探索之路。

（二）研究队伍

环境新闻学教学的关键在于师资队伍的建设，虽然当前中国没有专业的为环境新闻学讲学的教师，但是通过结合我国的实际情况与国外经验，构建起师资队伍是切实可行的。

第一，可以鼓励理工科高校的新闻学院从事新闻教育的教师自觉学习环境新闻传播的方法与技巧，或是组织环境科学专业的教师学习新闻传播类的相关知识，研究学科融合的前景和具体的实施方法，结合环保科学的专业要求和现实情况，转变新闻学单纯的理论与方法，研究出新的教学思路。

第二，师资队伍应具有深厚的业界背景。高校可选聘在一线从事环境新闻报道的资深媒体记者做客大学，最好能确保进行定期的课堂与实践教学，从而保证环境新闻学教育的可操作性与实践性。此外，高校还可以与各大相关研究机构、环保组织保持良好的互动关系，邀请其专家给学生们做讲座，与师生们共同学习一些新鲜的环境新闻学问题，扩大学生的视野。

第三，环境新闻教育应该遵循本土化的办学原则，教学内容应多与当地环境问题相结合。学校可以邀请当地环境相关部门人员到校，为师生讲解当地环境存在的问题，训练其观察研究当地环境问题的能力，为本地的新闻媒体提供环境新闻人才，能更好地服务于当地社会。

这样的师资队伍构建，不仅保证了环境新闻学这门新兴学科能拥有充足的师资力量，还能使其教育保持着与实际相结合的学科特点，让学生受到最前线新闻业务的训练，也为将来的实践工作打下坚实的基础。

（三）发展前景

环境新闻从 19 世纪开始就出现在了公众的视野之中，一直到 1992 年科罗拉多大学漂石分校环境新闻学中心的建立，标志着环境新闻学被正式带入校园。接着，在 1994 年，密歇根州立大学纳尔特环境新闻学中心成立。截止到 2003 年，美国已经有 38 所高校设立了环境新闻学专业，到 2007 年，根据美国威斯康星大学的统计，大约有 50 个大学设立了环境新闻专业。直到今日对其的研究以及教育机构的发展、人才的培养，已经有了较长时间，并且在国外已形成了一定规模的人才队伍。

由此可以看出环境新闻学的研究从新闻界走入大学，开始了它的新历程，这也表明了环境新闻学已经具有学科与专业内容，在高校设立环境新闻学学科将成为未来发展的趋势。

环境新闻学在国外的成功设立无疑可以为中国大学校园引进环境新闻学提供一定的经验和信心保障。反观中国国情和现实存在的情况，环境问题已经成为 21 世纪中国经济发展的重要障碍，也引起了党和政府的重视。1978 年邓小平同志在十一届三中全会上就提出了应该制定"环境保护法"，1983 年我国政府把环境保护列为一项基本国策，十六大又将环境保护纳入到全面建设小康社会的奋斗目标中。另外，中国环境保护法律体系已经基本建立，执法力度进一步加大，这也一定程度上催化了人们对环境报道的关注。可以看出国家对环境问题很重视，这就为环境报道提供了政策保障，也为环境新闻的快速发展提供了广阔的空间。

政府对环境问题的看重，社会大众对环境问题的关注，无疑都证明了环境新闻报道将越来越受到重视，媒体对环境新闻人才的要求会越来越高，需求量也会越来越大。中国高校可以将国外的办学经验与本国学者的研究、中国国情相结合，开展与学校属地的生态环境问题有关的有特色的环境新闻教育。遵循本土化的办学原则，有针对性地培养出专业的环境新闻从业者，为当地媒体输送人才，满足其要求。

社会和媒体会为环境新闻人才提供巨大的舞台，环境新闻学在中国高校的设立是未来发展的方向，这一新兴学科在中国的兴起将是是众望所归。

结　语

综上所述，笔者认为，提高环境新闻记者的整体素质是解决我国西部环境新闻报道诸多问题的关键。然而，只有在专业的师资团队和系统的教育体系下训练出来的专业素质能力强的环境新闻记者，才能更好地服务于社会，而环境新闻学在中国高校的设立成为了达到这一要求的必经之路。再者，环境新闻学发展至今已有了较为坚实的理论基础，并且结合中国西部的国情和国外设立这一学科的成功经验，不难看出，中国西部高校也完全具备开设这一学科的基础和条件，它在中国西部高校的设立指日可待。

主要参考文献：

[1] 王莉 . 我国环境新闻报道的公众参与及调整——环境风险的视角 [J]. 新闻知识，2011（1）.

[2] 王积龙，蒋晓丽 . 美国大学如何构建环境新闻学教育——以密歇根州立大学环境新闻学中心为个案 [J]. 现代传播，2007（4）.

[3] 王积龙，蒋晓丽 . 什么是环境新闻学 [J]. 江淮论坛，2007（2）.

[4] 张威 . 环境新闻学的发展及其概念初探 [J]. 新闻记者，2004（9）.

[5] 余梦 . 环境新闻对记者专业性的要求 [J]. 新闻爱好者，2012（2）.

[7] 陈华明 . 中国环境新闻学发展现状研究 [J]. 西南民族大学学报（人文社科版），2010（4）.

[8] 田力，赵岚 . 建构环境记者培养的新机制——高等院校环境记者双学位培养模式探索 [J]. 新闻界，2011（8）.

[9] 李希光 . 新闻教育的下一步：从非新闻专业里培养优秀的记者 [J]. 新闻与写作，2008（3）.

[10] 闫艳 . 环境新闻报道宣传对环保工作的作用 [J]. 中国传媒科技，2012（12）.

附表：西部高校环境新闻学拟开设专业必修课课程表

序号	课程名称	学分	学时分配与合计				教学进度							
			讲授	实验	实践	学时合计	一年		二年		三年		四年	
							秋季	春季	秋季	春季	秋季	春季	秋季	春季
1	新闻学概论	2	36			36	√							
2	新闻语言学	2	36			36	√							
3	大学物理（一）	4	54	18		72	√							
4	环境学导论	2	36			36	√							
5	环境法学	2	36			36	√							
6	传播学概论	2	36			36		√						
7	新闻实训一（报刊采编）	2			36	36		√						
8	新闻采访与写作	3	36		18	54		√						
9	环境工程学	6	72	18		90		√						
10	大学物理（二）	4	54	18		72		√						
11	环境保护基础知识	2	36			36		√						
12	环境经济学	2	36			36		√						
13	新闻摄影	2	18		18	36			√					
14	平面媒体电子编排	2		36		36			√					
15	新闻实训二（网媒编评）	2			36	36			√					
16	新闻编辑	3	54			54			√					
17	环境化学	4	54	18		72			√					
18	环境生态学	3	36	18		54			√					
19	城市环境分析	3	54			54			√					
20	新闻评论	2	18		18	36				√				

（续表）

序号	课程名称	学分	学时分配与合计				教学进度							
			讲授	实验	实践	学时合计	一年		二年		三年		四年	
							秋季	春季	秋季	春季	秋季	春季	秋季	春季
21	新闻实训三（专题评播）	2			36	36				√				
22	新闻心理学	2	36			36				√				
23	环境质量评价	2	36			36				√				
24	政策环境概论	2	36			36				√				
25	调查性环境报道	3	36		18	54				√				
26	新闻报道策划	2	36			36					√			
27	传播研究方法	2	18		18	36					√			
28	新闻实四（专题深度报道）	2			36	36					√			
29	环境监测	6	72	36		108					√			
30	环境微生物学	4	54	18		72					√			
31	网络与新媒体新闻实务	2	18	18		36						√		
32	新闻实训五（媒体运营）	2			36	36						√		
33	环境医学	2	36			36						√		
34	环境规划与管理	2	36			36						√		
35	环境污染与控制	2	36			36						√		
36	噪声控制工程	2	36			36							√	
37	区域环境与生态	3	54			54							√	
38	批评性环境报道	2	36			36							√	
39	水文与水资源学	3	54			54								√
40	自然灾害学	2	36			36								√

贵州《黔东南日报》2003—2012年环境新闻报道抽样研究 *

姚 静 杨昌柳

　　黔东南苗族侗族自治州东邻湖南，西接广西，位于贵州省的东南部，处在云贵高原向江南丘陵的过渡地带，境内山川秀美，气候宜人，资源丰富，民族风情浓郁。苗、侗等 32 个少数民族人口占全州人口总数的 81.87%。作为西部省份的一个贫穷落后地区，西部大开发战略的实施，使黔东南地区的经济发展水平较以前有很大提高，就如民族风情与原生态环境使黔东南地区的旅游一度无限风光，但随之而来的过度开发带来的社会环境问题却也不少，生态比较脆弱，滑坡、泥石流时有发生，干旱、洪水也随季节变化而经常出现，此外，还有一些生活污染、工业污染，这些都对社会发展和人民生活造成很大影响，甚至危害生命财产安全。因此，黔东南地区的环境新闻报道也是整个西部生态脆弱环境的一个缩影。

一、样本的选择、采集及研究方法

　　我国西部的环境新闻报道起步非常晚，在进行西部大开发后，西部各省的报刊虽有相关报道，但数量还是很少，环境新闻在西部地区没有受到很大的重视。四川省由于曾受地震影响严重，对环境新闻的报相比西部其他省区虽为较多，但主题不够丰富，主要集中在与地震相关的报道。2012年中共十八大明确提出将"生态文明建设"提高为"五位一体"的国家重

★本文系贵州省省长基金项目《西部环境新闻教育体系构建与人才培养模式研究——以贵州省为例》（项目编号：201030）的阶段性研究成果。

大战略之一，意味着环境新闻报道也将进入一个新的发展阶段，尤其对贵州这样一个典型的西部环境脆弱省份而言，环境新闻报道更将获得较大的发展。为此，选择贵州省黔东南这一民族地区的党报作为研究对象，并以其 2003 年到 2012 年十年的环境新闻报道为样本来进行分析，希冀对西部未来的环境新闻的兴盛和发展提供资鉴。

本文的样本采集采用随机抽样法，选取《黔东南日报》2003 年 1 月至 2012 年 12 月的关于环境新闻的报道。按月份抽取，按星期轮回计算，一月只抽取一份报纸，一年共 12 份。如第一个月抽取星期一的一份，第二个月抽取星期二的一份，第三个月抽取星期三的一份，以此循环进行抽取。这样抽取可使样本分布均匀，且不连续。以 2003 年的抽取样本为例，所要抽的日期是：1 月 1 日，2 月 1 日，3 月 1 日，4 月 3 日，5 月 2 日，6 月 1 日，7 月 6 日，8 月 4 日，9 月 9 日，10 月 8 日，11 月 6 日，12 月 12 日。以此类推，十年共 120 份报纸。在查阅、收集文章过程中，因发现该报每星期的星期天是停刊的，于是抽取与当天相邻日期的报纸，（如 2003 年的 7 月 6 日是星期天停刊，就抽取了 7 月 5 日的报纸）以确保每年所抽数量的均等。

对样本数据的研究采用的是内容分析法，也就是用系统的方法分析传播的讯息和内容的一种方法。美国学者克里朋多夫认为"内容分析是可重复地、有效地从数据推论其情境的一种研究方法"。这个定义简洁地包含了内容分析法的一些概念：数据、情境、研究目的、信度和效度。

内容分析法具有自身的优点，它不打扰研究对象，使内容分析能够取消研究对象所造成的抽样误差；内容分析法使研究者所获得样本的途径更容易；内容分析法的研究具有较强的可信度；内容分析法还可以节省人力和资金。用内容分析法分析《黔东南日报》近十年来关于环境新闻的报道情况，用以了解黔东南地区的经济发展模式，了解社会力量之间的相互关系，并且还能从中了解到当地环境问题发生的规律，从而在以后的发展中对环境问题的发生能够提前做出预防措施。

本文研究中对报道主题的类目构建根据当地情况主要分为以下几个方面：污染（包括生活污染、工业污染等）、灾难（包括自然灾难与人为灾难）、环保（包括环境宣传教育、环保人物、环保活动等）和气象等。根据界定的标准还对报道的指向区域进行了划分，主要划分为黔东南自治州区域内、黔东南自治州区域外（中国）、国外，并且还对其报道倾向进行正、中、负的划分，以确保其全面性。

二、《黔东南日报》环境新闻报道分析

（一）环境新闻报道总数量分析

对环境新闻报道数量的分析能够了解到不同阶段环境问题的不同面貌，了解环境新闻在当地的发展趋势，对环保事业的发展有很大意义。本文随机抽取了十年的样本进行分析、归纳，其总数量情况如图1。

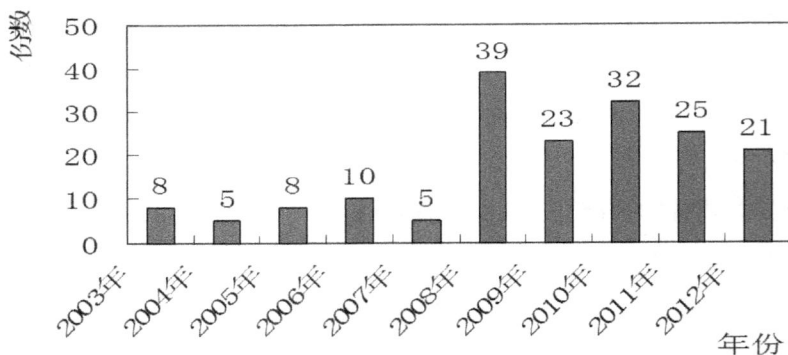

图1　2003—2012年《黔东南日报》环境新闻报道总数量图

从上图中可看出，2003—2007年这五年中的环境新闻报道数量很少，波动不是很大，在2008年以后的五年中，环境新闻报道数量明显增多，而且数量有起伏。在前后五年之间的比较中，波动很大，2007年的报道量为5篇，而2008年直接跳到了39篇。

从总体上看，这十年来环境新闻报道数量在上升，其中2008年的报道数量最多，这是因为这一年北京奥运会将要举办，黔东南凯里市将成为火炬

传递的城市之一，为此，该地区加大了对环境的整治与关注，这说明在相关事件的发展中，环境新闻的报道量会有所增长。而且在 2008 年，《黔东南日报》进行改版，从以前的四个版面加到了八个版面，报道数量也有所增加。

从图上直观的样本数量统计中可以得出，主流媒体的环境新闻报道是随着近年来环保事业的不断发展而发展的，是随着人们对环境的重视和受众对信息的渴求而增多的，报道数量的上升直观地体现了十年来环境新闻在媒体地位的不断上升，也说明了媒体人的环保意识在加强。

（二）环境新闻报道主题分析

有学者指出，媒体关于环境新闻事件的报道与其他一般性事件不同，它除了传递信息、告知受众事实真相外，还承担着启发受众的环保意识的使命，使受众形成保护环境的强烈责任感和参与环境决策的积极性。而要实现这种强烈的责任感，不能仅是让受众认识到环境问题的严重性，还要有明确的主题，以促使人们采取集体行动。

本文的研究中，根据黔东南地区的具体环境情况，把报道主题分为地质灾害、洪水、干旱、污染、环保、气象、雪灾、能源八类。黔东南地区虽然很容易发生滑坡、泥石流，但在样本收集中发现媒体对其的报道很少，所以把其归进地质灾害类。而干旱虽然属于地质灾害，但它还是有一定的报道量，具有典型性，因此把它单独作为一类。其情况如图 2，图 3。

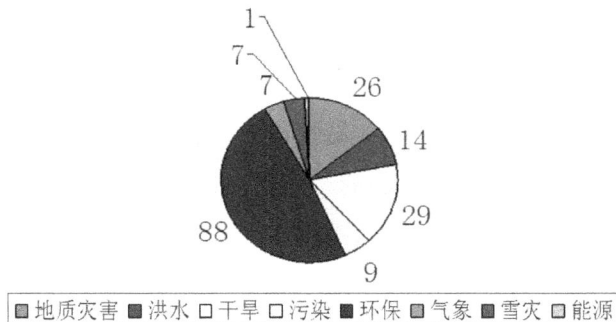

图 2 2003—2012 年《黔东南日报》环境新闻报道主题分布图

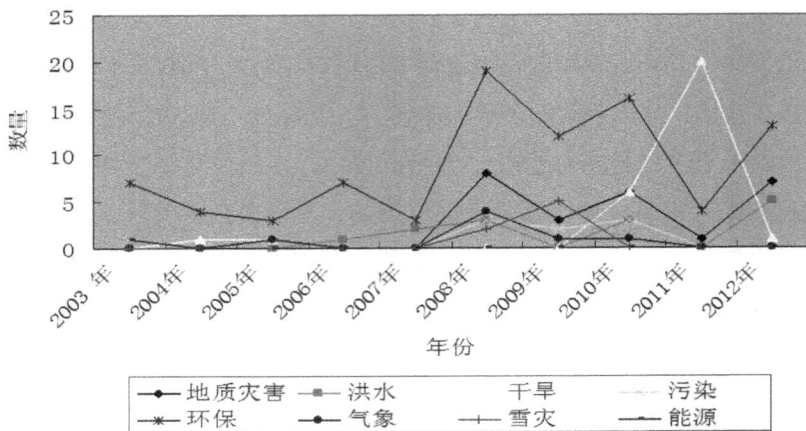

图3　2003—2012年《黔东南日报》环境新闻报道主题数量变化趋势图

从上两图中可以看出，环保类的环境新闻报道所占比例很大，几乎占了所有报道的一半，其次是干旱和地质灾害方面的报道也占了不少比重，其他的则较少。环保为主题的报道中除了2008年呈上升趋势外，总体来说前五年和后五年的比重都是呈下降趋势，这说明环境新闻报道的主题越来越丰富。在所抽取的样本中，2007年以前的五年里，关于雪灾这一主题的报道基本没有，关于污染、洪水、地质灾害和气象的报道都只有一篇，而且都不是揭露性报道。如：2005年12月2日的《环保总局副局长王玉庆强调——重特大污染事件须及时报告隐瞒将追责》，这就是关于污染的报道，它并不是对环境污染事件进行揭露，而是一个政策性很强的政府环保追责的报道。2005年8月31日的《台风"泰利"千里奔袭我国大陆东部和台湾东部》是一篇气象环境新闻报道，它主要是对台风的登陆进行预报，让大家做好防灾准备，它的报道篇幅很小，只有100字左右。而在2008年以后的五年里，关于雪灾、污染、洪水等的报道都出现了很多，如：2009年11月17日那天的报道就有《湖北北部遭遇暴雪袭击，36县市出现积雪》、《北方地区严重雪灾已造成32人死亡》、《安徽迎来历史同期罕见大雪，20市县拉响暴雪警报》这些都是关于雪灾的报道，都是说雪灾带来的影响和人们为此做出的对策。

对于干旱的报道其实主要分布在 2011 年，这主要因为该年当地在自然环境、气候的影响下，大部分地区都遭遇了旱情。地质方面的报道在前五年非常的少，而 2008 年以后逐渐增多，并呈平稳状态发展，主要因为汶川地震的发生使大家加大了对该方面的关注。总体来说，环境新闻报道主题的数量在这十年中也有了很大的突破，呈上升趋势，说明该报越来越重视通过媒体力量来提高公众的环保意识。

（三）环境新闻报道倾向分析

环境新闻报道倾向的分析能够让我们了解到媒体对环境问题的态度，同时也能了解当地环境危机程度，以及人们对环境问题的重视度。在所抽取的环境报道样本中报道倾向的报道数量分布情况如图 4。

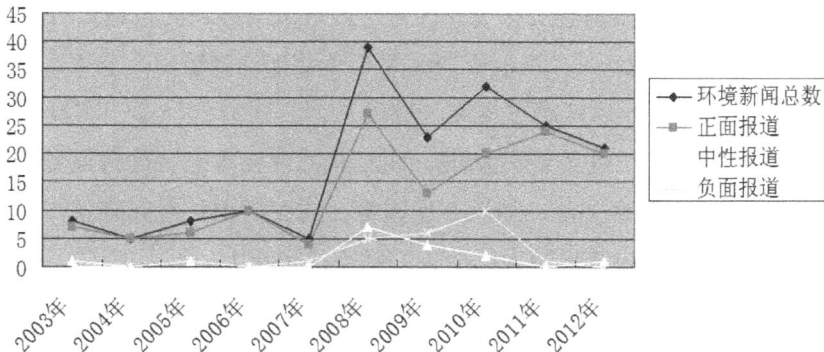

图 4　2003—2012 年《黔东南日报》环境新闻报道倾向数量图

从上图中可知，在 2003—2012 年的样本中，环境新闻的正面报道占了77.3%，而负面报道仅占 9.1%，倾向性不明的中性报道占了 13.6%。也就是在所有的样本中赞扬的报道居多，中性报道数量居中，批评性报道最少，而这主要与"以弘扬主旋律为主"的指导思想有关。例如：在 2011 年 8月 9 日中关于旱灾的一系列报道中，新闻报道的内容全都是政府、社会在抗旱救灾中的一系列救援行动，其中有:《州农委全力投入抗旱救灾》、《镇远干群全力抗旱保民生》、《凯里"党员突击队"活跃抗旱一线》等。

在 2003 年到 2006 年期间，正面报道呈上升趋势，在 2006 年至 2009 年之间环境新闻的正面报道起伏很大，而在 2009 年以后却有上升趋势。负面报道与中性报道在 2007 年以后都有所增长，但增长到一定高峰后又有所回落。

在搜集与统计过程中发现，《黔东南日报》中对本地区进行的负面的报道非常很少，对本地以外的地区和国家的报道较多，因为这涉及到一个责任问题，如果对本地区的负面消息进行揭露过程中出现了数据、人物等方面的错误问题，该报道媒体或个人很可能会被问责，而且过度地进行揭露性报道可能会对某些集体的利益造成影响，报道者的生命安全很可能都会受到威胁。而对本地区以外的地区和国家进行一些负面报道则不大会受影响。在样本中，2009 年对本地区环境新闻的负面报道只有一篇，还是一个图片新闻，其解说内容也很少。而对本地区以外区域的报道却有 1 月 10 日的《圣何塞发生里氏 6.2 级地震》和《哥斯达黎加地震造成至少 4 人死亡》，11 月 17 日的《北方地区严重雪灾已造成 32 人死亡》等 5 篇，其中不仅有纯文字的消息报道，也有图片新闻，而且其图片较本地区的报道更具震撼力，更容易引起受众关注。如图 5 比较中，前面的图片看起来就比后面一张更具视觉效果，破坏性更大，给人们的震撼也更大。

图 5　图片新闻对比

（四）环境新闻报道指向区域分析

环境报道指向区域是指媒体报道的内容说的是哪个地区发生的事实。对其的分析可以知道媒体对当地环境与外地环境的不同态度，同时也能通过对外地环境的了解来促进本地环保事业的发展。本研究中把指向区域分为三类:黔东南地区内,黔东南地区外（中国）及国外。其具体情况如表 1。

表 1　2008 年—2012 年《黔东南日报》环境新闻报道指向区域统计表

年份	总数	黔东南内	正面报道	中性报道	负面报道	黔东南外（中国）	正面报道	中性报道	负面报道	国外	正面报道	中性报道	负面报道
2003 年	8	8	7	1	0	0	0	0	0	0	0	0	0
2004 年	5	5	5	0	0	0	0	0	0	0	0	0	0
2005 年	8	4	4	0	0	4	2	1	1	0	0	0	0
2006 年	10	10	10	0	0	0	0	0	0	0	0	0	0
2007 年	5	5	4	0	1	0	0	0	0	0	0		0
2008 年	39	29	24	3	2	6	2	4	0	4	1	0	3
2009 年	23	14	12	1	1	6	1	3	2	3	0	0	3
2010 年	32	21	16	0	5	6	3	1	2	5	1	1	3
2011 年	25	24	24	0	0	1	0	0	1	0	0	0	0
2012 年	21	19	19	0	0	2	1	0	0	0	0	0	0
合计	176	149	125	5	9	25	9	10	6	12	2	1	9

从上表的样本数量来看该报对本地区的报道数量最大，占了 78.9%，对黔东南地区外（中国）及国外的报道量相对较少，而且在前五年中对国外的报道几乎没有,对黔东南地区外（中国）的报道也只有在 2005 年有《陕西 7800 多名农村妇女成为"妈妈环保志愿者"》、《台风"泰利"千里奔袭我国大陆东部和台湾东部》等四篇，而且这四篇中有两篇是正面性报道，一篇是负面性报道，一篇中性报道。在后五年中,对于黔东南地区外（中国）

及国外的报道不断出现并有增多趋势。样本中，在 2009 年这年关于环境新闻的报道就有 9 篇，而且许多都是与雪灾有关，为本地区该年雪灾的预防提供了借鉴。同时也说明了媒体的专业视野在不断扩大，对环境新闻报道的力度在加强。

（五）环境新闻报道体裁分析

新闻报道体裁常见的有：消息、通讯、评论、特写、专访等。本文的研究主要根据样本采集情况分为消息、通讯、评论及其他（图片新闻、环保教育、读者来信等）。这些体裁的新闻报道数量在研究所抽取的样本框里基本呈上升趋势，说明了媒体对环境新闻报道手段愈加丰富，愈加重视受众对信息的需求。具体来看，消息在这些体裁中所占比例最大，约为78.4%，其他的都比较少，说明《黔东南日报》对环境新闻的报道还是以消息这种简短、精悍的形式为主。

从 2008 年开始，消息的报道比重每年都有了一些下滑，而对于通讯、评论等方面的报道有所提高，这表明了，随着环境问题的日益严重，媒体对环境新闻报道的手段也逐渐增多。不再向以前那样单独以告知性的消息为主了，而是全方位地加强报道，从以消息为主到消息与通讯、评论、特稿共同发展，从单独的文字报道到图片新闻或图片加文字式报道，从单一的新闻事实报道到系列报道、深度报道等。

三、《黔东南日报》环境新闻报道存在的问题

（一）报道内容稀少，不丰富

一份报刊是否被读者喜爱，很大程度上取决于该报刊的内容是否丰富，是否满足每个阶层的阅读需求。《黔东南日报》是黔东南地区的唯一党报，主要在本地区发行。但是，在平常的观察中发现，该报除了在政府部门大量出现外，平常百姓很少阅读，这反映了该报并没有完全满足所有受众的需求，其报道的内容不丰富。在所研究的《黔东南日报》环境新闻报道中，该报对环境新闻这方面的报道也很少。

在所研究的样本总数量中，《黔东南日报》在改版前与改版后的总数量都呈下降的趋势，虽然有的年份有些增多，但总体上看还是较少的。而且在搜集的样本中发现，有的年份连续一两个月都没有发现一篇关于环境方面的报道，如：在样本中，2007年关于环境新闻的报道除了二月份、三月份、六月份、七月份外，其他月份都没有相关报道，特别是八月份到十二月份连续五个月，基本上是半年，都没有关于环境新闻的报道。

在报道主题中，《黔东南日报》的环境新闻报道大多数都是关于环保类的，其次就是关于干旱和灾害方面的，对于环境污染问题、能源的合理利用、气象的预警等方面的报道非常少。而且对于单方面类型的报道，其报道方向也较单一，如：对于环保类方面的报道报道虽然较多，但主要集中于一些环保行动（植树活动、环保宣传活动等）和环保相关政策的报道，对于在进行该类环保活动过后所产生的效果基本没有找到相关的追踪报道。在2010年3月27日出现一篇《节约用水从我做起》的报道，它主要是提倡大家节约用水，但在这之后却没有了相关的后续报道，在其后面的版面中也没有发现相关报道。这些都体现出了该报环境新闻报道内容的稀少。

（二）报道深度不足，可读性差

在分析研究过程中发现，《黔东南日报》关于环境新闻方面的报道深度很不足。从报道体裁上看，环境新闻报道主要以消息为主，通讯、评论方面的报道非常少。而消息大都是一事一报，简短、精悍，没有什么可读性，但通讯与评论就不一样，通讯与评论在字数上都比消息多很多，而且都是用多个事件来体现一个报道主题，内容丰富且鲜明，具有很强的可读性。如，样本中关于洪水方面的报道，2012年6月15日的一篇消息《文松波深入蓝田镇瓮洞镇检查指导抢险救灾工作》中就只像平常的一般报道一样，采用"某地发生了洪灾，某领导迅速到该地去救灾"的形式，报道手法很单调。而当日的一篇与此相关的弘扬主旋律通讯《抗洪一线勇争优——蓝田镇党员干部抗洪抢险救灾纪实》，不仅具有许多文字报道，还有鲜明的图片，内容也非常丰富，具有深度性，可读性很强，给受众的震撼力也很大。

而且在该报中，环境新闻报道的专题性报道几乎也没有。在样本研究中发现，该报对"整脏治乱"的报道比较常见，可见，该地区（主要是政府领导）对整脏治乱的重视。但在报道过程中大多数都是对"整脏治乱"的相关会议与其活动过程进行报道，并没有把它做成整版的专题来报道，使得对这方面的宣传也不是很好，而且分开报道的内容很分散，没有一定的深度，可读性不强。

（三）专业报道记者极度缺乏

专业报道记者就是专门针对某一领域进行专业性新闻报道的工作者。环境新闻专业报道记者则是专门针对环境方面进行专业性报道的工作者。《黔东南日报》作为一份地区性党报，却没有专门针对环境新闻方面进行采访报道的记者。该报社中的记者大都"身兼数职"，一般只要有新闻信息源，不管是不是对此有很专业的了解都会去进行采访报道。再加上该报记者每人的工作量都很大，也没有多余的时间来进行专业性的学习。所以，该报纸中关于环境新闻的报道大都是该报社中的一些记者进行采写的，专业性不是很强。目前，我国尤其是西部地区，还没有专门针对环境新闻记者进行培养的院校和基地，使得整个社会对环境新闻的专业性要求不高。加上黔东南地区由于经济发展等多方面的原因，政府对环境新闻记者的培养不够重视，所以导致环境新闻专业报道记者极度缺乏。

四、对《黔东南日报》环境新闻报道的建议

（一）社会与政府应加大对环境新闻报道的互动和关注

社会人士对环境新闻的重视是环保意识提高一个重要表现，环保团体进行的环保活动相当与于在制造新闻，而且还是属于环保类的环境新闻。其举行的一系列环保活动对环保意识的宣传和带动他人参加环保行列具有重大意义，具有一定的新闻报道价值，而媒体对其进行的报道也能增强该媒体在环保类新闻报道的知名度。因此，环保组织加强与媒体的合作，为媒体提供相关内容，能提高宣传力度，使双方到达共赢。

政府加大对环境新闻报道的重视，加强与媒体的合作非常的重要。俗话说，巧妇难为无米之炊，媒体想要提高环境新闻的数量、质量，这需要许多人力、物力的投入，需要资金的保障，而对黔东南地区来说，单靠媒体是办不到的，还需要政府的支持。支持举办一些具有潜力的环境新闻栏目，使之做成品牌。如，"幸福地球村"栏目，就是既可以引导舆论，又可实现自负盈亏，且保障新闻专业自主的品牌栏目。

此外，政府还应积极的将与环境话题相关的信息告知媒体，增强信息的真实性、权威性，增加新闻报道量。如，对环境问题相关会议的报道，就能够很好的体现政府与媒体的合作，且信息真实。

（二）媒体应加强对环境新闻的报道

1. 加强环境新闻报道的深度

深度报道就是要对某一新闻事件进行深入挖掘，阐明事件的因果关系，揭示报道的意义，探索事件的发展趋势，它的可读性非常强，很受受众喜爱。而环境新闻不像娱乐新闻、社会新闻那样对受众具有很强的眼球吸引力，因此要加强其报道的深度，以提高可读性和舆论引导。

加强环境新闻报道的深度首先是对环境新闻的背景进行深度挖掘，挖掘背后的价值，有的新闻从表面上看不出有什么价值，因此对于许多普通受众来说这只是一件新闻事件，没多大价值，所以这就需要记者帮助其解读，而且还要在挖掘的基础上对背景进行放大。因为随着环境问题的不断出现，读者更想了解环境新闻事件的幕后真相。

环境新闻深度报道最重要的是对事件发展过程的追踪，并在此过程中揭示其本质。事件的发展过程是整个新闻报道的主体，更是受众所想知道的内容。对此报道要有条理，具有层次感，内容丰富，语言优美，让读者具有耳目一新的感觉，总之，就是要使文章具有可读性。

2. 扩大环境新闻报道的题材

扩大环境新闻报道题材，可以丰富报道内容，增加报道数量，利于提高宣传，引导舆论。环境新闻的报道题材不仅仅只有环境与资源、环境与发展这些方面，它还可以扩大到环境与政治、环境与文学、环境与教育、环境组织、绿色生活等方面。加强对环境新闻各个方面的报道可以扩展受众的眼界，使他们对环保问题有更深的理解，而且还能够为政府的相关决策提供借鉴。

丰富的题材内容还可以扩大读者范围，提高媒体的知名度，同时也促使记者加强对环境新闻的报道手法研习，提高新闻可读性，使该媒体越办越红火。

3. 加强环境新闻记者素质的培养

环境新闻报道所涉及的面很广，有经济、法律等方面的知识，如果没有相关知识的储备，所报道的新闻专业性不强，可读性很弱，所以对环境新闻记者专业素质的培养极为重要。如何培养好记者的专业素养，这主要是从记者自身着手，认真学好专业知识和其他科学理论知识，了解我国的相关法律法规，运用理论来指导实践。此外，媒体还要多组织专家及环境新闻的资深从业者对记者进行相关培训，以提高报道水平。

除了对环境新闻记者专业素质的培养外，更要重视其道德素质的培养。环境新闻报道可能会触犯到一些人的利益，但作为记者就必须遵守一定的职业道德规范，要真实地报道事件，而且还要让所报道的内容体现良知和社会责任，让新闻报道的意义扩大化、正义化。

环境问题是社会经济发展到一定阶段的产物，其持续的时间长，影响的范围大，而且很难恢复原貌，所以环境问题需要动员所有的社会力量来解决。执法部门应加大环保执法力度，加强环境政策的制定；各地方环保组织积极行动起来，进行更多的环保活动，倡导更多的人加入环保行动中，并且要配合媒体的环境报道。媒体是提高我国公民整体环境意识，促进环保工作的一项重要手段，因此媒体要加大对环境新闻的报道力度，保证环境新闻的报道质量，提高环境新闻的影响力。

主要参考文献：

[1] 徐艳旭 . 人民日报 30 年环境新闻报道分析 [J]. 青年记者，2009（18）.

[2] 王积龙 . 环境新闻研究的西方模式及其研究方向 [J]. 西南民族大学学报（人文社科版），2007（11）.

[3] 王积龙，颜春龙 . 美国环境新闻 40 年的发展与流变 [J]. 西南民族大学学报（人文社科版）2009（10）.

[4] 王婷婷 . 环境新闻的嬗变历程及发展趋势 [J]. 新闻实践，2008（12）.

[5] 杭春燕 . 深化党报环境新闻报道的"核心因子"[J]. 传媒观察，2007（11）.

[6] 王积龙 . 环境新闻的核心价值 [J]. 当代传播，2008（2）.

[7] 李畅 . 煮蛙效应——中国环境新闻报道的问题研究 [J]. 西南民族大学学报（人文科技版）2010（4）.

[8] 李红利 . 环境困局与科学发展——中国地方政府环境规制研究 [M]. 上海：上海人民出版社，2012.

"多彩贵州"品牌研究 *

李盛龙　陈　骞

一、"多彩贵州"的发展历程

"多彩贵州"是贵州省委、省政府为推动贵州经济发展，拉动贵州旅游业兴起，以打造贵州文化名片为目的，在结合贵州独特的自然景观及民族文化的基础上，通过开展系列文化活动来展现贵州、宣传贵州、建设贵州的一个强势文化品牌。其发展历程可划分为三个阶段：2005—2007 年为"多彩贵州"的萌芽阶段，2008—2009 年为"多彩贵州"的初始阶段，2010 年至今为"多彩贵州"的发展阶段。

（一）萌芽阶段（2005—2007 年）

2005 年，"多彩贵州"歌唱大赛的成功举办标志着"多彩贵州"的品牌构建的正式启动。此后三年期间，开展了包括"多彩贵州"歌唱大赛、形象大使选拔赛、舞蹈大赛等一系列文化活动。这一时期，可看作是"多彩贵州"品牌的初始阶段。

1. "多彩贵州"歌唱大赛

2005 年 4 月 1 日，首届黄果树杯"多彩贵州"歌唱大赛正式启动，标志着"多彩贵州"文化品牌的开始萌芽，贵州从此踏上了一条以文化促繁荣，以品牌谋发展的兴黔之路。首届歌唱大赛的报名节目达到 50562 个，报名

* 基金项目：2014 年度国家民委民族问题研究项目：少数民族文化品牌推进路径研究（2014-GM-054）。

人数突破 5 万人，开创了贵州文化产业的新局面。

在歌唱大赛的成功举办下，贵州省委省政府聘请国家著名编导、舞美，以"多彩贵州"歌唱大赛部分优秀歌曲为基础，打造了一台名为《多彩贵州风》的大型民族歌舞诗表演。演出在国内外众多城市进行巡演，在促进文化繁荣发展的同时依靠其文化品牌创造了可观的经济效益，资料表明，"2005 年 10 月 1 日公演至今，《多彩贵州风》四个不同版本的演出总量已经达 2000 场，观看人数达上百万人次，票房收入达 2000 多万元"。

2. "多彩贵州"形象大赛

为继续推动以文化促繁荣，以品牌谋发展的兴黔之路，2006 年 1 月 12 日，首届国酒茅台杯"多彩贵州"旅游形象大使选拔赛正式启动。形象大使代表着"多彩贵州"的品牌形象，这标志着"多彩贵州"在品牌构建上的初步完善。比赛分别在广州、香港、上海、北京四个城市设置了不同的比赛主题（广州主题为"贵州，一个神奇的地方"；香港主题为"奇风异俗动魂魄"；上海主题为"沪黔两地情"；北京主题为"走进贵州原生态"），吸引了数百万人参与，9.6 万人踊跃报名。通过此次大赛，"多彩贵州"逐渐被人们所了解和认可，其品牌的知名度也日益增加。

3. "多彩贵州"舞蹈大赛

为进一步扩大"多彩贵州"的知名度，打造"多彩贵州"的美誉度，贵州在 2007 年 2 月 28 日举办了首届黄果树杯"多彩贵州"舞蹈大赛。此次比赛历时半年，累计海选次数多达 1600 场，报名人数多达 10 万人次。"多彩贵州"借助舞蹈的平台将贵州独特的民族文化和民族风俗进行高度的概括和还原，并以舞蹈的形式加以呈现。在感受舞蹈魅力的同时树立起"多彩贵州"的品牌口碑和美誉度。

（二）初始阶段（2008—2009 年）

2008—2009 年期间，贵州再次成功地举办了"多彩贵州"歌唱大赛、舞蹈大赛，并创新性地举办了"多彩贵州"摄影大赛。"多彩贵州"品牌文化活动的连续举办标志着该品牌的构建工作顺利推进。这期间的文化活动与萌芽阶段相比，其规模更大、影响更广，标志着"多彩贵州"品牌发展进入初始阶段。

1."多彩贵州"歌唱大赛

2008年5月6日第二届中天城投杯"多彩贵州"歌唱大赛正式启动。较首届歌唱大赛相比，此次大赛规模更大、影响更广。据统计，第二届歌唱大赛报名人数多达97000万，比首届歌唱大赛的报名人数多了4万人次。此外，此次歌唱大赛在继承以往赛制的基础上进行了大胆的创新。增加了合唱组的比赛、建立了大赛官方网、开通了观众评选的环节。创新元素的注入给"多彩贵州"带来了全新的亮点，广大群众能够更广泛地参与到品牌活动当中，提高了品牌的覆盖面，扩大了品牌的辐射范围。

2."多彩贵州"摄影大赛

"多彩贵州"不仅在比赛赛制上进行了创新，更在品牌活动的内容上进行了大胆的创新。2008年9月15日贵州举办了"国酒茅台杯"首届"多彩贵州·中国原生态"国际摄影大展。此次比赛设置了民族文化、风光名胜、野生动物、当代贵州等7个奖项，吸引了国内外众多摄影家和摄影爱好者前来贵州采风和创作。这也是"多彩贵州"首次通过纯视觉的影像方式直观地展现品牌形象，标志着"多彩贵州"的品牌宣传从单一化逐渐走向多元化。多方位多角度的宣传活动定将更全面更丰富地展示"多彩贵州"的品牌内涵和品牌形象，从而推动贵州在文化产业多领域的发展。

3."多彩贵州"舞蹈大赛

为进一步强化"多彩贵州"的品牌形象，扩大"多彩贵州"的宣传效应，推动贵州文化产业的进一步繁荣与发展。2009年中天城投杯第二届"多彩贵州"舞蹈大赛提出"政党推动、市场运作、经济搭台、文化唱戏"的指导方针，将大赛分为电视新人选拔赛和民族民间原生态舞专项赛。在指导方针的引领下，"多彩贵州"的品牌发展方向更加明确，标志着"多彩贵州"以文化促经济，经济反哺文化的发展方向基本形成。

（三）发展阶段（2010至今）

2010年以来，"多彩贵州"稳步前进，逐步步入发展阶段。连续5届的两赛一会（多彩贵州旅游商品设计大赛、能工巧匠选拔大赛及旅游商品展销大会）使贵州丰富的旅游资源优势及民间工艺优势转化为了旅游商品优势、旅游经济优势和旅游发展优势。这标志着"多彩贵州"的品牌活动逐步从文艺产业向旅游产业延伸。品牌的延伸扩大了品牌影响力和知名度的辐射范围，从而提升了"多彩贵州"的品牌知名度和美誉度。

为进一步扩大"多彩贵州"的品牌延伸，贵州省委、省政府在以往"歌唱、舞蹈、摄影大赛"的基础上，继续开展了一系列创新性的文化活动，如"多彩贵州"小品大赛、书画大赛等活动。系列活动的开展提升了贵州文化的软实力，实现了以文化构建民族品牌，以品牌带动经济发展的品牌目标。据统计，"2010年全省文化产业总收入达321.65亿元，增加值达112.21亿元。其中文化旅游的收入多达126.29亿元，比2009年增加了0.85个百分点"。

2011年，"多彩贵州"为更好地实现品牌的经济效益，扩大品牌的延伸范围，陆续推出了第三届"多彩贵州"歌唱大赛、摄影大赛、踏春行动、两赛一会等品牌活动。系列活动的举办成功地展示了"多彩贵州"的品牌资源，带动了品牌相关产业的发展，较好地实现了以文化促进经济发展的品牌目标。资料显示："在众多产业中，2011年'多彩贵州'的旅游业实现了突破性增长，共接待游客1亿人次，旅游总收入首次突破1000亿元，同比增长30%，旅游商品销售收入多达186亿元。""多彩贵州"所创造的经济利益使贵州经济呈现台阶式的发展，标志着以文化助品牌发展，以品牌促经济腾飞的品牌发展方向正式形成。

二、"多彩贵州"的发展现状

在"多彩贵州"发展方向的正确指导下，现阶段的"多彩贵州"成功地打响了品牌的知名度，将品牌范围延伸到旅游、演艺、会展各个文化产业领域。"多彩贵州"全方位的发展促使该品牌逐步走向产业化、品牌化、商标化。

（一）"多彩贵州"产业化发展现状

2010 年 11 月 "多彩贵州"商标的成功注册开启了省级文化品牌产业化运作的先河，形成了"品牌入股、商标有偿使用"的产业化发展模式。发展至今，"多彩贵州"的产业化发展更加成熟与全面，形成了"多彩贵州旅游产业群"、"多彩贵州演艺产业群"、"多彩贵州会展产业群"、"多彩贵州民族工艺产品群"等品牌产业集群。

1. 旅游产业群

贵州各州市在"多彩贵州"整体品牌的引领下，结合自身资源优势，打造了众多具有当地文化特色和文化内涵的旅游品牌。如："爽爽的贵阳·避暑之都"、"民族原生态·万象黔东南"、"梵天净土·桃源铜仁"等。逐步形成了"以贵阳文化产业中心为枢纽，黔东南苗侗文化旅游产业圈、遵义红色和茶酒文化产业圈、黄果树文化旅游产业圈，贵州西线喀斯特文化旅游产业带、黔南世界遗产和地质科技文化旅游产业带、梵净山佛教文化产业带、奢香古驿文化产业带、乌蒙夜郎文化旅游产业带、乌江文化旅游产业带'一心、三圈、六带'的旅游产业空间布局结构"，标志着"多彩贵州"旅游产业化的初步成熟。为进一步推动"多彩贵州"旅游产业的发展，贵州省委省政府加大了对景区基础设施的改造力度。据统计："2011 年，贵州省财政对旅游的投入达到 1 亿元，其他州市地区财政投入资金超过 42.6 亿元，新增旅游星级饭店 134 家，旅游客房从 15285 间增加到 25569 间。""多彩贵州"旅游产业群的发展为国民经济创造了近亿元的收入，扩大了品牌的经济价值，标志着"多彩贵州"旅游产业的初步成熟。

2. 演艺产业群

贵州多彩的民族文化和深厚的历史底蕴为"多彩贵州"演艺产业的发展奠定了基础。在音乐、舞蹈、文学、戏剧、美术、摄影、影视剧创作等领域均涌现出不少优秀作品。例如：歌舞表演《多彩贵州风》、歌曲《家乡的味道》、京剧《布依女人》、话剧《天地文通》、黔剧《苍琴》、舞蹈《水姑娘》、大型电视连续剧《雄关漫道》、《绝地逢生》、《杀出绝地》、《奢香夫人》等作品。其中以贵州文化为创作背景的大型民族歌舞诗表演《多彩贵州风》是该品牌演艺产业群中最具代表性的部分。这台演出伴随着"多彩贵州"的品牌成长,前后共经历了四个版本,采用市场化的运作模式在国内外以售票的形式进行公演,标志着"多彩贵州"演艺产业的成熟,并逐步走向市场。

3. 会展产业群

会展产业即通过举办大型会议和展览活动,带来丰富的商流、物流、资金流和信息流,从而形成一个以会展活动为核心的经济群体。据测算,"会展产业的带动系数为 1∶9,即展览场馆的收入是 1,住宿、餐饮、运输、旅游、贸易等相关收入将达到 9"。贵州力争用 10 年左右的时间将贵阳打造成为西南地区最具有影响力、与国际会展业接轨的中国夏季会展名城。围绕这个目标,贵州大力举办了"多彩贵州"旅游商品设计大赛、能工巧匠选拔大赛、旅游商品展销大会、多彩贵州避暑季——民俗节庆与旅游采购博览会、多彩贵州首届贵阳国际汽车展览会、多彩贵州国际绿茶博览会等会展产业。2011 年两赛一会现场销售就达 350 多万元。同年,在多彩贵州·中国(深圳)国际文化产业博览交易会上完成 51 个签约项目,金额达 167 亿元。现阶段,"多彩贵州"的会展产业收入以年均 20% 左右的速度递增,标志着会展产业将成为该品牌中最具潜力的经济增长点。

综上所述,"多彩贵州"在贵州文化产业发展中处于标杆的位置,直接推动着贵州经济的发展。据统计,2011 年全省文化产业实现总收入 321.65亿元,增加值达 112.21 元,其中三分之二的收入是由"多彩贵州"相关的文化产业所创造。所以,进一步增大"多彩贵州"在文化产业中的比重,进一步推动"多彩贵州"文化品牌的后续开发是实现以文化助品牌,以品牌谋发展这一宏伟目标的关键步骤,也是继续全面打造"多彩贵州"品牌知名度和美誉度的必经之路。

（二）"多彩贵州"品牌化发展现状

"多彩贵州"作为贵州文化产业中一个强势品牌，在产业化逐渐成熟的推动下其品牌也从单一化走向多元化，从本土化迈向国际化，实现了从文化活动向文化品牌的华丽转身。

1. "多彩贵州"从文化活动走向了文化品牌

"多彩贵州"由一场文化活动发展而来，时至今日"多彩贵州"已成为一个涵盖当地民族资源和自然资源的文化品牌。"多彩贵州"的发展之路离不开党和政府的支持。贵州省委、省政府为推动"多彩贵州"品牌集体群的形成，斥巨资聘请了国内顶尖品牌策划机构共同编制了《多彩贵州品牌价值研究与品牌"十二五"发展规划报告》。《报告》的出台标志着党政推动、经济搭台、文化唱戏的品牌经营模式正式形成，"多彩贵州"的品牌经营管理走向规范化。

此外，为完善"多彩贵州"的品牌化程度，贵州建立了"多彩贵州品牌研发基地"、"多彩贵州城"等基地项目，推出了众多代表当地特色的子品牌架构体系。2011年8月25日，第七届"中国最佳品牌建设案例"评选中，"多彩贵州"斩获"中国元素国际创意大赛"文化贡献奖及"中国最佳品牌建设"优秀案例奖两项重量级大奖，对"多彩贵州"的品牌发展给予了肯定和赞赏。"多彩贵州"品牌化的形成对内将弘扬当地文化，增强民族文化的认同感。对外将传播贵州文化，提升品牌整体实力。

2. "多彩贵州"从单一化走向多元化

"多彩贵州"在品牌塑造方面从单一化向多元化转变，主要体现在品牌内容的多元化，品牌传播方式的多元化和品牌营销战略的多元化三方面。首先，品牌内容的多元化。"多彩贵州"品牌内容的多元化依托于当地丰富的民族文化和自然资源，音乐、舞蹈、刺绣、蜡染、傩戏、水书等文化为"多彩贵州"品牌内容的延伸提供了基础。品牌内容从开始的歌唱比赛延伸到了茶、酒、演艺、民族手工艺、会展、特色酒店等各文化产业领域。其次，品牌传播方式的多元化。"多彩贵州"的传播方式从最初的歌舞表演和大众媒体发展到网络媒体和新型媒体。最后，品牌营销方式的多元化。"多彩贵州"在建立之初仅仅依靠广告营销的方式，如今推出了体验营销、节庆营销、微博营销等营销方式。

3. "多彩贵州"从本土化走向国际化

"多彩贵州"的国际化品牌之路以《多彩贵州风》为突破口，通过《多彩贵州风》在国内外重要城市的巡回演出带领品牌走向国际化。2012 年《多彩贵州风》将相继登陆英、法、俄、美等多家主流剧院，以原生态与现代相融合的表演方式传播"多彩贵州"的品牌内涵。贵州赴法国举办"贵州苗族服饰展览"时，法国科学院近 200 多名专家和领导出席了当天的开幕式；"多彩贵州"图片展在意大利展出时，向到场的 500 余名意大利上层人士、当地名流和媒体展示了贵州的自然风光和民族风情。诸如此类的活动扩大了品牌在海外的影响力，给"多彩贵州"的品牌发展提供了一个学习和展示的机会。此外，"多彩贵州"在塑造品牌过程中不但注重"走出去"，更重视"引进来"。在贵州举办的一系列面向世界的大型国际风筝会，吸引了 40 多个国家近 100 余支队伍报名参赛。国际化的规模为品牌的发展提供了一个更广阔的平台。

（三）"多彩贵州"商标化发展现状

"多彩贵州"品牌化的成熟预示着其商标化的到来。虽然商标只是品牌的一部分，是品牌中的法律标识，但这并不意味着在品牌构建过程中商标毫无作用。相反，商标是一种重要的信息资源，具有传递信息、创造消费、刺激需求的作用；商标是品牌形象和信誉的集中体现，能创造有益于品牌的良好联想；商标也是一项无形资产，将为品牌创造丰厚的利润。

1. 商标传递着"多彩"的信息

"多彩贵州"的品牌商标是传递该品牌内容的一个重要信息。商标能够使消费者形成对"多彩贵州"品牌的初步印象，对品牌来自何处有何特色有大概的了解。利用"多彩贵州"的品牌号召力扩大商标的知名度，刺激消费者的购买力，创造更大的经济利润。

2. 商标带来有益的联想

对"多彩贵州"的品牌信赖将进一步扩大其商标的影响力和知名度。反过来，这样的行为将有益于培养消费者对"多彩贵州"的品牌忠诚度，产生有益于品牌的联想和行为。例如，人们对"多彩贵州"相关商品的熟悉，可能会带动其对"多彩贵州"旅游品牌的兴趣。或者人们通过购买带有"多彩贵州"商标的产品，并以口碑传播的方式将其传播到其他的地区以吸引人们对该品牌的关注，从而更大地扩大品牌的知名度。

3. 商标是一种无形资产

商标作为一种无形资产，创造着巨大的经济效益。据悉："2011 年'多彩贵州'的商标已应用在网站、房产、白酒、茶叶、饮料等 10 余个行业，涵盖 45 个类别，共 460 件商品，直接拉动投资 40 亿元以上。"商标作为一种资产，必须注意对商标的合理管理，避免市面上盗用商标的行为出现。否则，将严重影响商标的使用寿命和在消费者心中的形象，从而稀释品牌的资产。针对这一现象，贵州省委、省政府出台了《多彩贵州商标使用管理办法》，对违法者进行责任追究，以法律的形式确保了品牌的和谐发展。如今，在贵州省文化产业大发展的全局之下，"多彩贵州"的商标内涵已不仅局限为一个简单的标识，而成为了拉动"多彩贵州"相关产业经济发展的无形动力。

三、"多彩贵州"品牌战略研究

2012 年 2 月，国务院发布了一份《关于进一步促进贵州经济社会又好又快发展的若干意见》（国发 2 号文件）。国发 2 号文件强调必须推动贵州文化产业跨越式发展，将贵州打造成为西南地区的文化强省。"多彩贵州"作为贵州文化产业中的重要组成部分，在发展贵州文化产业和相关经济方面肩负着重任。所以，在当前背景下研究"多彩贵州"的品牌战略能够更好地指导品牌的构建工作，更好地发挥品牌的巨大效益。

（一）"多彩贵州"品牌构建战略

构建品牌一个复杂、系统的工程，需要科学、合理地规划和架构，主要包括品牌目标、品牌定位、品牌产品设计等部分。完善的品牌构建将是一个品牌持续发展的基础和保障,"多彩贵州"在品牌构建的各方面都有着自己的独特之处。

1. "多彩贵州"的品牌目标:以文化之力量长民族之志气

品牌目标是品牌成功的前提和保障,也是品牌战略的核心内容。它是指企业在一定时期内预期在全面经营品牌方面所要达到的理想效果。"多彩贵州"和"七彩云南"、"印象广西"并称为"西南三大文化品牌"。打造"七彩云南"意在弘扬云南丰富的纳西东巴文化,做大做强民族文化产业。打造"印象刘三姐"旨在传承当地的民族文化,提升广西的经济实力。无独有偶,"多彩贵州"的品牌目标和前两者有着共同的地方,都希望在文化产业大发展、多元文化大融合的背景下将自己的文化品牌打造成产业化与品牌化相结合的强势品牌,以品牌的力量带动当地经济、文化的发展。不同之处在于"多彩贵州"的品牌目标还承载着贵州人民的希望与信心。历史上的贵州常常给人"贫穷、荒芜、落后"的印象,对于本民族的文化也是知之甚少。贵州省委省政府希望通过塑造自己的文化品牌增强贵州同胞建设贵州的自信心和对贵州民族文化的认同感。以文化之力量,长民族之志气。

2. "多彩贵州"文化品牌的定位

品牌定位是品牌抓住消费者的需求并实现品牌价值最大化的基础。一个全面的品牌定位包括目标市场的定位、品牌核心价值的定位以及品牌产品的定位。"多彩贵州"的品牌定位在聚焦国内,着眼国外的基础上,重在挖掘原生态的价值。

第一,目标市场定位:聚焦国内,着眼国外。贵州位于中国西南部,东毗湖南、南邻广西、西连云南、北接四川和重庆,这为"多彩贵州"的品牌发展提供了一个良好的市场环境。可同时将品牌定位于国内和国外两个市场。国内的目标市场主要定位于贵州省内以及以重庆、成都、长沙为主的中南地区和以广州、深圳、福州、厦门为主的华南地区。主要是因为品牌在贵州省内的覆盖面较大,能够更好地拉动当地居民的消费和加大"多彩贵州"的宣传力度。贵广铁路等相关交通路线的建设将打破品牌传播的空间障碍,增加品牌在周边地区的辐射范围和影响力。中国大陆以外的目标市场主要定位于港澳台地区和东南亚。据悉,随着东南亚、日本经济的发展,目前亚洲已成为贵州最大的客源市场。同时,新加坡和马来西亚等国的客源市场也发展迅速。这主要是因为在文化传承上东南亚地区与中国有着不同程度的渊源,对中国内地情况比较熟悉。而港澳台地区有着共同的民族文化认同感,对大陆的自然风光和民族文化颇有兴趣。

第二,品牌核心价值的定位:贵在原生态。贵州地处湖南、广西、云南、四川的包围之中,东有凤凰古城、南有"印象刘三姐"、西有"七彩云南"、北有"天府之国","多彩贵州"如何在重重包围中找准自己差异化的品牌价值定位是该品牌突出重围的关键法宝。笔者将对"多彩贵州"的区域价值、人文价值、商业价值、精神价值分别进行定位,从而提出品牌的核心价值,实现品牌价值的聚焦。

"多彩贵州"的区域价值:原生态的自然奇观。"多彩贵州"的区域价值表现为自然景观的原生态。贵州有着众多具有当地地方特色的自然奇观,比如:铜仁的梵净山、镇远的舞阳河、毕节的织金洞等。这些自然奇观有着进一步开发的巨大价值,为"多彩贵州"的品牌开发和延伸提供了资源保障。

"多彩贵州"的人文价值:原生态的民族文化。"多彩贵州"的人文价值表现为文化的原生态。原生态文化是人们在长期相对封闭的生存环境中形成的、人与自然和谐共生的一种文化形态。进入 21 世纪,随着经济全球化与世界一体化,各民族文化进一步交流与融合,原生态文化被纳入世界文化遗产的范畴,其价值也日益凸显。贵州有着丰富的原生态文化,如:侗族大歌、苗族舞蹈、千户苗寨、通道文化、酿酒文化等,这些文化都将为"多彩贵州"注入更多的人文价值。

"多彩贵州"的商业价值:原生态的产品。"多彩贵州"的商业价值表现为原生态的产品。"多彩贵州"的品牌效应带动了贵州众多原生态产品和原生态产业的兴起，如苗家酿酒、农家腊肉、姊妹饭、原生态民歌表演、原生态旅游、原生态体验等，这些子产品不仅推动了"多彩贵州"主品牌的发展，也促进了贵州旅游业及文化产业的发展。

"多彩贵州"精神价值：原生态的生活。"多彩贵州"的精神价值表现为原生态，成为了一种生活方式、一种生活信仰。大量体验者被该文化品牌的原生态所吸引，慕名来到贵州体验一种从未拥有的生活方式，并逐渐喜爱上这样的生活，从而以一种口碑传播的方式传播开来，进一步创造该品牌的美誉度和知名度。

通过对"多彩贵州"区域、人文、商业、精神价值的逐一论述，可以推出"多彩贵州"的核心价值定位为：原生态。正如该品牌口号所宣传的一样："贵在原生态"，一语双关地道出了"贵在原生态"的"贵"特指贵州及其珍贵之处在于原生态。

第三，"多彩贵州"产品定位：美在原生态。对"多彩贵州"文化产品的定位要紧扣贵州丰富的生态文化和民族特色。首先，注重聚焦定位。针对市场的需求挖掘和产品诉求相吻合的消费者，在市场诉求的空隙中争取更多。其次，寻求差异化的定位。根据品牌产品的特点构建自己独特的销售主张，强化品牌的识别和推广。"多彩贵州"将产品定位为"美在原生态"，旅游产品为原生态的山水奇观、美食产品为原生态的健康食品、民族工艺产品为原生态的手工制作、演艺文化产品为原生态的民族情等等。独特的产品定位使"多彩贵州"与同类品牌形成区别，为该品牌产品的延伸保留了空间。

3. "多彩贵州"品牌产品开发

"多彩贵州"涵盖了茶、酒、歌、舞、民族工艺等文化产业领域。对其进行文化产品的开发时应该遵循一些基本规律，把一些抽象的、模糊的文化元素转化为可感知的、具象的产品。"多彩贵州"在整合品牌资源的基础上重点开发了旅游产品、文艺产品和民族工艺产品。

第一，旅游产品方面：精品旅游路线与旅游城市。"多彩贵州"在旅游产品开发方面主要涉及两个方面，一方面是精品旅游路线的打造，另一方面是精品旅游城市的打造。首先，精品旅游路线的打造。该品牌将贵州一些比较有代表性和吸引力的旅游景点串联起来，形成一些颇具知名度的精品路线。比如：西江千户苗寨一日游，天星画廊、万峰林二日游，黄果树、天星桥、天龙屯堡古镇三日游等，并在此基础上开发相应的配套产品。如"多彩贵州"旅游书籍、旅游纪念章、旅游主题酒店等产品。其次，旅游城市的打造。在贵州得天独厚的气候优势和民族资源的基础上，贵州通过一系列旅游项目的开发，推出了众多精品旅游城市。例如：安顺、凯里、镇远等。

第二，文艺产品方面：大型舞台演出和大量影视作品。在文艺产品开发方面贵州借鉴了"印象丽江、印象刘三姐"大型实景演出的成功经验，推出了一场名为"多彩贵州风"的大型舞台文艺演出。通过舞台展示了贵州原生态的文化魅力。并拍摄了大量以贵州为背景题材的电视剧和纪录片，例如：《绝地逢生》《扩红·贵州》等影视作品。2012 年还投资发行了一套以"多彩贵州"为主题的系列纪念邮票。

第三，民族工艺品方面：千年传承，美轮美奂。在民族工艺品和特色产品方面推出了精致的苗绣、苗银和民族乐器。例如：具有苗岭之王的银帽冠、有着"中国刺绣活化石"之称的水族马尾绣、被称为"刺绣中的工笔画"的贵州破线绣、神奇的"贵州蜡染"、箫笛文化的代表"玉屏箫笛"、全国五大漆器之一的"贵州大方漆器"等民族工艺品。这些千年传承的民族绝技和精品将"多彩贵州"的民族文化完美地推向了世界。探索出了一条将精神转化为物质，将文化转化为产业，产业反哺文化的发展之路。

（二）"多彩贵州"的品牌营销战略

面对巨大的市场竞争，"多彩贵州"仅仅依靠品牌构建战略是远远不够的，还需制定一系列合理、科学的营销战略规划。"多彩贵州"采用了内部营销和整合营销的策略，创新性地运用了体验营销、节庆营销、微博营销等方式，为"多彩贵州"的品牌营销注入了新鲜的血液。

1."多彩贵州"的营销策略

第一，内部营销。所谓内部营销是指品牌各主体对自身的营销，包括两个方面的内容。一方面是品牌创造者对品牌接受者进行品牌发展、规划等方面的宣传，另一方面是品牌接受者要主动表述自己的价值诉求，监督并执行各营销决策。内部营销体现的是品牌创造者和品牌接受者之间的一种互动关系。"多彩贵州"由党和政府牵头，成立了"多彩贵州"文化产业发展中心、"多彩贵州"艺术团责任有限公司，创办了"多彩贵州品牌"等刊物。组织了由省委宣传部、外宣办、新闻出版、文化、城建、交通、旅游等部门的领导参加的协调机构。并且为调动当地同胞建设贵州、发展贵州的积极性，举办了多次大型的系列文化活动，紧紧围绕"多彩贵州"这个文化品牌做文章，充分发挥了内部营销的作用。

第二，整合营销。"多彩贵州"在营销方面特别注重整合营销的运用。整合营销是指所有的营销工具和手段向目标顾客传播一致的信息，营销的整个过程都要做到目标统一、策略统一、形象统一、元素统一，使品牌资源朝一个共同的方向努力。通俗来说就是指品牌在营销的过程中用同一种声音说话。"多彩贵州"在营销的过程中整合所有的品牌资源着重突出"多彩"二字。品牌营销的目标意在宣传贵州多彩的文化和美景，提升该城市的形象和地位；品牌形象标识的设计运用缤纷的色彩突出"多彩"特色；相继开发的子品牌，如，"多彩贵州游"、"多彩贵州味"、"多彩贵州艺"、"多彩贵州会"都巧妙地融入了当地丰富多彩的地方特色。品牌整合所有的资源和元素都达到强化品牌价值，扩大品牌影响力为目标。

2."多彩贵州"的营销方式

营销方式的运用和的创新对品牌的塑造和宣传起着不可忽视的作用。传统的营销方式包括网络营销、事件营销、公关营销等。"多彩贵州"作为一个文化品牌，根据品牌的特点选择了体验营销和节庆营销，又与时俱进地尝试了微博营销。其营销方式既有针对性又有创新性。

一是体验式营销。伯德·施密特博士在《体验营销》一书中说，体验营销就是企业以商品为道具，以服务为舞台，围绕客户创造出值得回忆的活动，把为顾客提供令其身在其中并且难以忘怀的体验作为主要目标。在"多彩贵州"众多子品牌的营销过程中就成功地运用了这一营销方式。首先，"多彩贵州游"确定了一个体验营销的主题，即"中国避暑之都"有着"上有天堂，下有苏杭，气候宜人数贵阳"之美誉。重在突出贵州夏季宜人的气候，抓住了消费者渴望在炎炎夏日来贵州体验凉爽气候的心理。其次，"多彩贵州味"通过对贵州独特美食的美好体验引发对品牌的积极联想，从而刺激消费者购买一些含有"多彩贵州"商标的产品以达到心里的体验满足感。再次，"多彩贵州艺"侧重的是品牌的情感体验营销。如：《多彩贵州风》通过艺术的形式带动观者的情绪，在观看表演的同时仿佛自身也处于当时的情景当中，跟着表演者的舞蹈、歌声主动地体会"多彩贵州"的民族文化魅力。通过这一系列的体验营销来实现关联营销的效果，不论是"多彩贵州"哪一个子品牌的消费者都能由一个品牌联想到"多彩贵州"的其他品牌，从而提升品牌整体的联想度和美誉度。

二是节庆营销。节庆营销是"多彩贵州"众多营销方式中最具地方特色及最富差异化的营销方式。贵州有众多具有地方特色的节庆，比如：台江姊妹节、万峰油菜花节、贵州国际百里杜鹃花节、夜郎文化旅游节等。众多的节庆不仅是贵州文化的代表，更是宣传"多彩贵州"的一个平台。如：著名的台江姊妹节被称为"世界最古老的情人节"，节庆内容十分丰富，包括踩鼓舞、芦笙舞、板凳舞等数 10 种舞蹈和飞歌、酒歌等 18 种歌曲以及水上抢鸭、婚俗表演、吃鼓藏（祭祖）等多项活动。"多彩贵州"通过节庆营销的方式吸引了国内外大量的旅客前来贵州旅游观光，在拉动旅游产业发展的同时也进一步扩大了对品牌的宣传力度。资料显示，2012 年 4 月，台江姊妹节共接待海内外旅游团队 39 个，游客 7000 多人，实现旅游综合收入 282 万元，较去年增长 39%。节庆营销不仅展示了贵州悠久的民族文化和民族风情，还促进了品牌经济效益的增长。

三是微博营销。微博营销是一种最新兴起的网络营销方式，以微博作为营销平台，每一个受众都是潜在的营销对象，利用自己的微博向网友传播企业、产品的信息，树立良好的企业形象和产品形象。"多彩贵州"在传统营销方式的基础上创新性地使用了微博营销。注册了名为"多彩贵州印象"和"多彩贵州"的微博，并在微博上及时更新了大量关于"多彩贵州"活动的简介以及展示"多彩贵州"人文风景的图片。目前，"多彩贵州"微博的粉丝已经累计达 36381 万，并有持续上涨的趋势。通过微博这样一种无地域限制、互动性强、传播速度快的新媒体可以进一步扩大多彩贵州的品牌辐射范围，增强品牌的知名度。

（三）"多彩贵州"的品牌传播战略

在泛媒体时代，对于一个品牌来说，"一夜成名"似乎也不算天方夜谭。而在这个过程中信息的获取与传播发挥着重要的作用。任何品牌都需要积极的宣传与推广，否则很容易被大量的信息所淹没。

1. "多彩贵州"的品牌传播主体

传播主体包含两个因素。一是传播者，指的是文化传播过程中制作并提供信息给社会公众中接受该信息的受传者或组织机构。二是受传者，指的是在文化传播过程中接受社会传播者制作并提供信息的对象，可以是个人或者组织机构。

贵州省委、省政府作为"多彩贵州"文化品牌的管理者与经营者亦是该文化品牌的首要传播者。通过出台系列的政策、规划系列的品牌战略、组织系列的品牌活动实现该文化品牌的有效传播。同时，广大的贵州人民也是该品牌的重要传播者。他们通过参与品牌的文化活动，传播品牌的具体信息，以口口相传的方式扩大品牌的传播范围。

2. "多彩贵州"的品牌传播媒介

文化社会学的传播理论认为："文化的传播媒介是多种多样的，可以是人、物，也可以是社会组织。在各种传播媒介中，最为有力的则是大众媒介，因为它克服了区域和文字的限制，可使传播范围更广，传播力度更强。"

一是平面媒介在"多彩贵州"中的运用。平面媒介指的是以纸张为载体发布新闻或者资讯的媒介。比如报纸、书籍、杂志等。在"多彩贵州"的品牌传播过程中，《人民日报》《贵州日报》《当代贵州》等报纸杂志开设了"多彩贵州"文化专栏，针对"多彩贵州"的歌唱、舞蹈、相声大赛及相关活动进行专题性报道。让"多彩贵州"的品牌内涵以浅显易懂的方式为百姓所了解，让百姓通过文字的形式感悟"多彩贵州"的文化精髓，极大地扩大了"多彩贵州"的知名度和认知度，为"多彩贵州"的形象宣传营造了良好的舆论氛围。

二是电视媒介在"多彩贵州"中的运用。电视媒介的基本特点是视听兼备，可同时实现声音、影像、文字的传达，打破了书面文字的传播障碍，具有极强的现场感与参与感。在构建"多彩贵州"文化品牌的过程中，电视媒介发挥着至关重要的作用。"多彩贵州"形象宣传片的播放、"多彩贵州"歌唱大赛的直播、"多彩贵州"形象大使的海选等品牌内容通过电视的方式呈现出来，更直观地展示了"多彩贵州"的品牌魅力。尤其是一些电视节目对"多彩贵州"传统民俗、风味饮食、特色旅游等地方特色的挖掘和展示，带给了观众美好的印象与向往。此外，一些拍摄贵州的纪录片和以贵州为拍摄背景的电视剧也逐渐走入观众的视线。例如：在2011年拍摄的《多彩贵州神奇之旅》系列电视纪录片邀请了苗、侗、布依和水族的四位姑娘担当主持，她们用独特的视角讲述了本民族的文化，展示了"多彩贵州"的魅力，该节目在中央台综合频道播出后引起了强烈的反响。借助电视媒介将"多彩贵州"的魅力予以无限的放大，带动观众对"多彩贵州"的好奇心和探索欲，从而加速品牌的传播。

三是网络媒介在"多彩贵州"中的运用。互联网的出现标志着新媒介的诞生。网络媒介给大众传播注入了新鲜的血液，以其使用的低成本和高互动性受到了公众的欢迎。借助网络平台，贵州省委、省政府开设了"多彩贵州印象"网站。网站集对外宣传、旅游服务、在线互动、招商引资为一体，主要提供旅游产品网上交易、电子地图下载、机票、火车票、景区门票的统一预订和支付，从而保证为游客提供优质的服务。同时，利用网络媒介开通了"多彩贵州"的相关微博，加强了与受众的互动，使受众能够及时有效地了解文化品牌的最新进展和及时对受众的意见给予反馈，有力地强化了"多彩贵州"的品牌形象。

四、"多彩贵州"品牌发展中存在的问题及发展策略

"多彩贵州"品牌极大地改变了贵州的形象，促进了贵州经济和文化事业的兴起，增强了贵州人民建设贵州、发展贵州的信心与希望。但是，发展至今，"多彩贵州"在某些方面存在着一些问题，阻碍了品牌的发展与延伸。为此，应采取相应的发展对策。

（一）存在问题

1.品牌资源缺乏合理的整合开发

"多彩贵州"文化品牌建立在贵州民族文化的基础之上，所以对民族文化的整合是保持该品牌生命力的关键点，是进行品牌延伸的着眼点。目前，贵州对民族文化的资源缺乏系统的整合，对民族文化的开发缺乏科学的规划和统筹性的战略，这样的局面将使民族文化遭受巨大的损失，使民族品牌遭受巨大的挑战。

2.品牌缺乏具有影响力的名人效应

"多彩贵州"发展至今虽然具有一定的影响力和知名度，但品牌的轰动性还远不如"云南印象"、"印象刘三姐"及"神奇的九寨"等文化品牌，关键在于"多彩贵州"未能发挥自己的名人效应。名人对文化品牌的塑造往往起着巨大的作用，比如：浙江绍兴因鲁迅而出名、湖南韶山因毛泽东而闻名、云南映象邀请了国际知名导演张艺谋亲自操刀，丽江也因电视剧《一米阳光》而引起了众多年轻男女对丽江的好奇和向往。而"多彩贵州"除了推出苗家小歌后阿幼朵外，并没有很好地发挥名人效应，这一点的缺失必将制约该文化品牌的传播速度和传播的影响力。

3.品牌缺乏温情动人的情感因素

在观看"多彩贵州"宣传片时，大多观众都有同一种感觉，即宣传片

虽然拍得美，但留在头脑中的印象并不深刻。究其问题的根源则在于品牌宣传太注重写实，浓墨重彩地突出贵州秀丽的自然景观，强调宣传片给观众带来的视觉享受，这样的方式缺乏温情动人的情感因素，难以引起观众在情感上的共鸣。

4.品牌缺乏创新性，影响力有所下降

目前，"多彩贵州"某些子品牌的影响力呈下降的趋势。探索问题的根源可归结为两个方面的原因，一方面是文化活动缺乏创新性，另一方面是文化活动内部运作机制存在问题。例如：在"多彩贵州"歌唱大赛方面，2005年举办首届歌唱大赛时影响颇大，可连续几年下来，该活动除了在赛制上有所创新外，在活动的内容方面并无太大的突破。对于类似反复出现的品牌活动观众早已出现了审美疲劳，并且每次歌唱大赛赛程特别长，有时多达半年之久。长时间的比赛过程和评选战线不仅使参赛选手感到疲惫不堪，就连观众也逐渐失去了兴趣。

（二）发展对策

1.品牌资源整合开发

对于民族资源的整合需要以"多彩贵州"为品牌中心，以服务"多彩贵州"为主线，建立相关的民族文化保护点和民族文化开发点。处理好保护和继承之间的关系，以保障民族文化科学的、系统的的挖掘。从而维持"多彩贵州"文化品牌的可持续发展。

2.充分利用名人效应

在以后的发展中，"多彩贵州"应该充分借用名人效应，进一步扩大品牌的影响力。比如：可聘请知名人士为贵州拍摄一部具有民俗特色的宣传片，或者邀请国内外有名的团队或专家前来贵州考察、采风，又或者可发挥公关营销的优势通过大量的冠名赞助或者其他的公关活动来提高品牌的知名度，从而形成自己的名人效应。

3.注重情感因素

在写实的同时注重写意的表达，加重情感方面的因素。例如：广西的形象宣传片，在塑造广西文化品牌时不仅展示了广西独特的景观和文化特色，还描述了一段男女主角在广西这座美丽城市邂逅爱情的故事。这样的方式使品牌形象不仅停留在视觉的层面上，而是真正走进了观众的内心，引起了观众的兴趣和期待。所以"多彩贵州"在品牌塑造时也应该适当地加入一些情感因素，侧重宣传该品牌带给受众情感上和心理上的满足和成就。可为每一个子品牌或品牌产品设计一个动人的故事，从而加深观众的印象。

4. 坚持创新

"多彩贵州"需进一步加大文化活动的创新性，在其他领域创办一些品牌活动。比如：可以创新性地举办"多彩贵州"人才选拔大赛、"多彩贵州"民间才艺大赛、"多彩贵州"科技创新大赛等活动。对于具有代表性的文艺活动，如，"多彩贵州"歌舞大赛可采用间接性举办方式，停办几年，以退为进的方式吸引观众的注意力，重新唤起观众的兴趣。

主要参考文献：

[1] 苏丹 . 见证"多彩贵州"全国唱响 [J]. 新闻窗，2010（1）.

[2] 周静 . 论"多彩贵州"亮出贵州个性 [J]. 贵阳文史，2009（5）.

[3] 李波 .《多彩贵州风》与"多彩贵州"文化品牌塑造 [J]. 原生态民族文化学刊，2011（2）.

[4] 王富玉 ."多彩贵州"文化品牌塑造与贵州旅游业的发展——在中共贵州省委党校所作的旅游产业发展报告 [J]. 中共贵州省委党校学报，2007（3）.

[5] 朱国贤，石新荣 ."多彩贵州"深入人心 旅游成贵州支柱产业 [N]. 经济参考报，2009–10–15.

[6] 叶丹 . 多彩贵州的品牌之路 [N].《贵阳日报》，2012–01–26.

[7] 王贵山 . 多彩贵州文化产业快速发展 [N].《贵州日报》，2012–03–04.

[8] 段淳林 . 品牌传播学 [M]. 广州：华南理工大学出版社，2010.

贵阳城市形象的媒体传播现状、问题及对策分析

黄丽娜　　杨光裢

城市的发展作为一个 21 世纪的主题,多次被学术界的研究议程所提及。和平与发展是当今时代的主题,怎样通过媒体对城市形象的传播,让城市形象能够高效地传播,优化城市品牌的创建,从而使城市获得更大和更长远的发展,是一个非常值得我们探讨的问题,同样也是每个城市的机遇与挑战。

一、贵阳城市形象的传播历程及其传播意义

（一）贵阳概况及城市形象传播历程

1.贵阳概况

贵阳是贵州省的首府,地处贵州省中部,在云贵高原东部,市内有多条河流穿过。贵阳气候条件优越,气候宜人,是亚热带湿润温和型气候,每年平均气温为 15.3℃,冬无严寒,夏无酷暑。

贵阳旅游资源丰富,市内有许多城市公园,如小车河湿地公园,花溪湿地公园,黔灵山公园等,还有一些人文名胜古迹,如甲秀楼、阳明祠等。加之贵阳夏天宜人的气候,贵阳的旅游产业越发发达,有着中国避暑之都、中国园林绿化先进城市等称号。贵阳作为一个新兴的城市,抓住西部大开发机遇,努力发展经济,近年来,经济增长率相比其他城市有所提升,贵阳致力于打造全国生态文明城市,以生态文明为理念推进贵阳经济社会的发展,在发展中走出了一条经济发展与生态保护双赢的新路子。

2. 贵阳城市形象传播历程

城市形象是指一个城市的内部公众和外部公众对该地区的内在综合实力、外显表象活力和未来发展前景的具体感知、总体看法和综合评价，它是一种客观存在。城市形象传播对于每个城市而言是非常重要的，贵阳为使贵阳城市形象得到良好传播，从而提高其知名度、美誉度，让更多的人记住贵阳，多年来做出了许多努力，如表1：

表1 贵阳城市形象传播历程

时间	贵阳传播史实
1999 年	举办了"献给首都一个清凉的夏季"活动
2002 年	拍摄了《飞越贵阳》4 集电视专题片
	举办了"贵阳媒体南行采访"活动
2004 年	打造了以"建设大贵阳"为主题背景的十集大型电视系列片《林城天地间》
2005 年	参与了中央人民广播电台《直播贵阳》特别节目
2006 年	制作了《爽爽的贵阳》宣传片
2013 年	制作了《2013 年云中看贵阳》电视片艺术片

为了更好地传播贵阳城市形象，近几年来，贵阳大量的在新闻媒体上刊登贵阳城市形象相关专版、专栏、专题。并与中央电视台合作拍摄了介绍贵阳、宣传贵阳这一主题的10 余部具有一定影响的专题片，如《悠悠古风青岩镇》、《民族欢歌》、《森林里的都市——贵阳》，及《走遍中国》和《让世界了解你》贵阳专辑的大型外宣专题片等。几十余部优秀外宣电视专题片被选送到中国黄河电视台、中央电视台和美国SCOLA 电视网上陆续播放，使得贵阳在全国乃至全世界的影响力和知名度得到了扩大。

此外，近年来，贵阳不断的承办、举办了各种全市性、全国性和国际性的重大外宣活动。如表2 所示，这些活动使贵阳吸引了更多国内外媒体的眼球，也使贵阳面孔得到了更多人的关注。现在为了更好地打响贵阳知名度，政府更是不断加大了贵阳城市形象的传播力度，相信这一系列的传播活动，定能提升贵阳在全国乃至全世界的影响力。

表2　贵阳近年举办的大型活动

时间	贵阳举办的大型活动
2007 年	开始每年举办一届的贵阳避暑季
	开始每年举办一届的贵阳市旅游产业发展大会
	开始每年举办一届的亚洲青年动漫大赛
2009 年	开始每年举办一次的生态文明贵阳国际论坛会议
2010 年	"贵阳—台北"旅游文化美食节
2011 年	第九届全国民族运动会
	开始每年举办一届贵阳国际汽车展览会
2012 年	贵阳国际山地自行车邀请赛
2013 年	第九届中国·贵阳中医药（民族药）博览会

（二）贵阳城市形象传播的意义

随着改革开放后我国城市改革的不断深入，以及国际化背景下城市之间交流与合作的增多，城市间的竞争也在不断加剧，在这种形势下，城市如何通过提升自己的形象来提升城市竞争力以实现可持续发展，成为当今城市必须面对的难题。城市形象塑造不仅仅是对城市精神文化的宣传，也是营销城市的重要手段，对城市竞争力的提高起着重要作用。贵阳通过塑造良好的城市形象，并利用各种媒体对其城市形象进行大量的传播，有利于贵阳扩大在全国乃至全球的城市影响力，进而增强贵阳对受众的感染力与吸引力，提升贵阳城市知名度，进而增强贵阳在城市竞争中的竞争力。

1. 提升城市知名度

城市形象传播通过对城市的基础设施建设、生活风貌、人文景观等内容进行发掘、提炼,塑造出城市独特的形象、气质和品格,体现城市的精神、内涵和追求。近两年以来贵阳加强对花溪十里河滩和小车河湿地公园的建设,使其成了市民休闲娱乐的好去处,提高了广大市民的生活质量。加强了孔学堂的建设和宣传力度,并在2014年春节期间在孔学堂举办的多场文化演出,吸引了许多市民和游客前去观赏。于2008年、2012年在中央电视台投放了贵阳城市形象宣传片,为贵阳城市的知名度提高起到很大的作用。

2. 产生直接的经济和社会效益,盘活各种资源

贵阳通过城市形象的传播,可促使贵阳取得了良好的经济、社会成效。在文化方面,贵阳城市形象的传播可展现自身的个性,创建自己独有的、差异化的城市品牌,使贵阳在城市的竞争中具有一定的优势;在经济方面,贵阳通过城市形象传播吸引到了许多外部资金、技术和优秀人才进入贵阳,在充分利用和开发自身各种优势资源的同时,加强了与外部城市的交流与合作,促进了城市的经济建设,产生了直接的经济效益,为自身的建设和长足发展作出了很大贡献。另外,取得外部公众更多的关注、认同和信任,也为贵阳带来了良好的社会效益。

3. 促进旅游业的发展

城市形象传播对城市旅游宣传起着非常重要的作用,外部公众可以通过这个窗口对贵阳城市形象有一个深刻而立体的了解,是外部人员更好地认识和了解贵阳的一种方式,如此一来就会吸引更多的游客来到贵阳旅游,促进贵阳旅游业的发展。同时,对旅游资源的宣传也是城市形象宣传的重要内容,对旅游资源的宣传也有助于人们对贵阳城市形象好感度的提升,给人们留下深刻的印象。

二、贵阳城市形象媒体传播现状及问题分析

（一）贵阳城市形象传播的主题及关键符号分析

1. 贵阳城市形象传播的主题分析

2007 年，贵阳市委八届四次全会报告中指出："建设生态文明城市代表了城市发展的未来方向，建设生态文明城市是贵阳发挥比较优势的理性选择，生态优势是贵阳最大的比较优势。"生态城市对于贵阳而言无疑是一个很好的城市形象主题。

贵阳提出"爽爽的贵阳——全国生态文明示范城市"城市宣传口号，并通过创模宣传片展示贵阳全市森林覆盖率达 43% 以上，空气质量优良率全年高达 95%，贵阳市水质稳定在Ⅲ类，展示了贵阳小河湿地公园、森林公园、花溪湿地公园等生态环境等，意在通过公园良好的生态环境及清澈的水面画面，体现出贵阳全国生态文明示范城市的主题。贵阳也得以成为全国唯一一座生态文明国际论坛的举办城市，可见贵阳在生态文明建设方面所取得的巨大成就。

贵阳在提出"爽爽的贵阳, 避暑的天堂"、"爽爽的贵阳, 中国避暑之都"等城市形象宣传口号时，其城市形象传播主题即是展示贵阳的生态环境和宜人气候，以避暑作为其主打概念。通过一系列的宣传片展示了贵阳的湿地公园、红枫湖、黔灵山等自然环境和气候条件，从而向受众传递贵阳是一个避暑的首选之城。

从 2008 年与 2013 年贵阳城市形象传播的宣传片内容来看，两部宣传片内容虽然有所不同，但都是为了体现贵阳"宜居、宜业、宜游"的城市宣传口号，宣传片中主要围绕贵阳经济、文化、交通和生态环境建设成就等主题展开，通过展示贵阳现代都市建筑、人民惬意的生活方式、便利的交通状态、贵阳湿地公园、森林城市等体现出贵阳多彩文明的城市形象，贵阳是"宜居、宜业、宜游"的城市。

在对贵阳城市形象主题的分析中，可看出贵阳在城市形象传播中虽然宣传口号多样，但是其传播主要是围绕生态环境、避暑等主题进行城市形象传播。

2. 贵阳城市形象传播中的关键符号

城市要想在众多的城市竞争中突显自己的优势，就应利用该城市的关键符号，让这些符号成为城市标志。当人们提起这个符号便想起这座城市，提起这座城市亦想起这座城市的标志符号，那么这座城市的传播便可以认为是成功。

贵阳于 2000 年提出了"森林之城"的主题定位，并为打造森林之城而不断加强贵阳生态城市建设。虽然在定位上不断演变为最终的"爽爽的贵阳"，但是在城市形象传播中，森林之城的概念一直贯穿其中。

贵阳在表现"森林之城"往往是通过展示贵阳风景区，如贵阳花溪湿地公园、小车河湿地公园、长坡岭森林公园、贵阳森林公园、情人谷、百花湖、黔灵山公园、街区绿化地等视觉符号，配以鸟鸣、流水声等听觉符号展示贵阳森林之城形象。

图1　2013 年贵阳城市形象宣传片中百花湖图

图2　2013年贵阳城市形象宣传片中贵阳全景图

图1中百花湖图景让人感受到贵阳森林茂密、环境优美。图2中贵阳城市形象宣传片中的贵阳全景，更是直观地展示了贵阳被森林所围绕，屹立于森林之中，表现贵阳森林之城的意蕴。

贵阳近年来不断打出"休闲旅游胜地"的宣传口号，在贵阳城市宣传片中大量展示贵阳旅游景点，如宣传片中通过对南江大峡谷、桃源河、天河潭、青岩古镇、甲秀楼、孔学堂、乐丰乡、镇山村、香火岩等符号来表明贵阳是一个适合旅游的胜地。

图3　2013年贵阳城市形象宣传片中南江大峡谷图

图4　2013年贵阳城市形象宣传片中青岩古镇图

2013年宣传片中通过对甲秀楼、南江大峡谷、青岩古镇、渡寨、王岩等符号的诠释，从而体现出贵阳旅游胜地之意。

近年来贵阳致力于打造宜居城市形象，在媒体宣传中贵阳通过展示其良好生态环境、现代都市形象、基础设施、便利交通及惬意的生活方式等，从而体现出贵阳宜居城市形象。

图5　2013年贵阳城市形象宣传片中市民晨练图

如在2013年贵阳城市形象宣传片中通过展示花溪湿地公园、小车河湿地公园、长坡岭森林公园、百花湖、红枫湖等景区突出了贵阳良好的生态环境；并通过小车河城市湿地公园、长坡岭森林公园中市民晨练图及花溪公园东舍休闲生活方式展现了贵阳惬意的生活方式，如图5。并通过一家生活在贵阳的主人公到贵阳欢乐世界动漫乐园游玩、购物中心购物场景，人们在花果园步行街购物场景、奥体中心等向人展示了贵阳的现代都市形象，如图6，从而体现出贵阳宜居的城市形象。

图6　2013年贵阳城市形象宣传片中花果园步行街图

（二）贵阳城市形象定位及媒介运用现状

1. 贵阳城市形象定位分析

贵阳为更好的使其城市形象得到有效传播，进而提升贵阳的城市竞争力。贵阳首先对其城市形象进行了新的综合定位，并利用各种媒体积极传播贵阳城市形象。

贵阳城市形象定位经历了不断的演变，也不断趋向成熟，如表3所示：

表3　贵阳城市形象定位演变

时间	名称	定位
2000年	贵阳市政府	森林之城
2004年	贵阳市政府	森林之城，休闲胜地

2008 年	贵阳城市形象宣传片（综合篇）	爽爽的贵阳——中国避暑之都
2008 年	贵阳城市形象宣传片（旅游篇）	爽爽的贵阳——中国避暑之都
2013 年	贵阳城市形象宣传片（综合篇）	爽爽的贵阳——全国生态文明示范城市
2013 年	贵阳城市形象宣传片（旅游篇）	爽爽的贵阳——中国避暑之都

2004 年被评为全国第一个国家森林城市，2006、2007 连续两年，在中国避暑旅游城市排行榜名列榜首。贵阳优越的气候优势，对贵阳提出"爽爽的贵阳——中国避暑之都"显然是无可厚非的，但是就目前贵阳对主题的挖掘不够，多是停留在天气层面，这对于贵阳城市形象的发展及城市发展而言是不利的。

如何使城市在不同的时间里向不同的区域传播一致性的信息，如何使城市形象信息的传播既适合不同人对城市形象的认知与评价规律特点，又不失信息的一致性，这是城市形象塑造过程中一个富有挑战性的难题，也是城市形象营销的关键所在。城市在进行传播的过程当中，城市形象定位与城市形象塑造都对城市形象的传播起着非常重要的作用。因此，贵阳在其进行城市形象传播过程中，应清楚认识城市形象并深入分析贵阳城市形象的定位是否合理，在城市竞争中是否具有一定的优势。

贵阳城市形象主题的提出可以说是经历了两次的变化，2000 年贵阳在其城市形象主题定位上经过反复研究，决定将贵阳城市形象主题定位为"森林之城"。在此之后贵阳为打造"森林之城，休闲胜地"，而不断加强对贵阳生态环境的建设，致力于实现贵阳可持续发展，于 2004 年贵阳被评为了全国第一个国家森林城市。2006 年贵阳举办"森林之城 魅力贵阳——城市形象推广大赛"，旨在打造森林之城的城市名片，之后为传播贵阳"森林之城"而举行了一系列相关活动，为贵阳城市形象传播取得了一定的成效，成功打出了贵阳第一张城市名片。然而"森林之城"作为贵阳城市形象定位并不是那么的完美，特别是随着国内经济的不断发展，各个城市的竞争也变得更加激烈，为增强各城市的竞争力，大多城市都致力于打造成为国家森林城市。在贵阳之后先后有二十几个城市被授予了"全国森林城市"，贵阳林城形象不再具有唯一性，使贵阳城市形象的传播变得比较尴尬。

贵阳市委宣传部为制定新的、出色的贵阳城市形象定位而不断努力的时候，2006、2007 年贵阳连续在中国避暑旅游城市排行榜名列榜首。2007 年中国气象局授予了贵阳"中国避暑之都"的荣誉称号。这给贵阳城市形象定位的探索提供了新动力、新视角。

贵阳于 2007 年举办了首届中国·贵阳避暑节，《爽爽的贵阳》歌曲作为避暑节的主题曲亮相，其歌词清新、朗朗上口，更给人们留下了深刻影响，爽爽的贵阳更是慢慢侵入人们的心中。此后，新的贵阳城市形象便定位为"爽爽的贵阳——中国避暑之都"，此定位可以说是与"森林之城"一脉相承，都突显了贵阳生态环境的优势。但"爽爽的贵阳"不仅直接打出地点贵阳，更是直接突出了贵阳的气候优势，还抓住了受众的感受，做到了以情取胜，也使贵阳城市形象具有唯一性。

2. 传统媒体中的贵阳城市形象传播

贵阳在进行城市形象传播的时，运用传统媒体对其进行传播时非常必要的。就传统媒体中较有影响力的广播、电视、报纸三种媒体而言，它们拥有较高的收听、收视、阅读群体，有利于城市形象的传播。本文主要从传统媒体中电视、报纸两种媒体来谈，传统媒体对贵阳城市形象的传播。

贵阳传播城市形象的手段之一就是投放城市形象广告，特别是在具有影响力的电视或广播台进行城市形象广告播出。表 4 是对贵阳 2007 年、2012 年在电视媒体播出的贵阳城市宣传片的分析：

表 4 贵阳城市形象宣传片分析

名称	投放媒体	内容	投放时间
2007 年贵阳城市形象宣传片	中央电视台的《朝闻天下》、《奥运舵手》栏目及《新闻联播》前投放及贵州卫视及贵阳频道同步播出,宣传片时长 15 秒	展示了贵阳生态环境优势、贵阳凉爽的气候及贵阳现代化都市形象,并对 2008 年贵阳将举办的"中国·贵阳避暑节"进行了预告	2007 年 12 月 5 日至 2008 年 2 月 21 日
2012 年《爽爽的贵阳 中国避暑之都》城市形象宣传片	中央电视台综合频道及新闻频道午间《新闻30分》栏目中插播及贵州卫视及贵阳频道同步播出,宣传片时长 15 秒	突出贵阳生态环境优势、旅游形象及现代化发展成就,综合展示贵阳"宜居、宜业、宜游"城市形象	2012 年 5 月 10 日至 10 月

从上述贵阳城市形象宣传片的分析,看出贵阳在具有影响力的电视媒体投放贵阳城市形象宣传片的时间持续时间较短,且投放时间间隔久,不利于贵阳在受众心中留下深刻影响。

报纸是以新闻为主题的媒体,报纸媒体对城市形象传播时,除了专门的城市形象广告或城市公关、活动事件广告,还有对城市某种公关、活动事件的内容进行报道。《贵州都市报》在贵州报纸中是较有影响力的报纸,贵阳应充分利用其对贵阳的活动进行报道,这样有利于贵阳城市形象的传播。贵阳国际汽车展已举办四届,并且具有一定的影响力,其中 2014 年汽车展吸引了近 350 家商家,90 个汽车品牌,展出车达到了 1000 余辆。而且《贵州都市报》作为汽车展承办媒体,利用汽车展对贵阳城市形象进行传播是一个很好的契机。汽车展的举办在一定程度上有利于贵阳城市形象的传播,表 5 是对 2014 年贵阳国际汽车展期间《贵州都市报》对其的相关报道分析:

表 5 《贵州都市报》对贵阳国际汽车展期间报道的分析

时间	版块	内容	版块性质
4 月 10 日	A13 版	2014 第 4 届贵阳国际汽车展览会，于 4 月 10 日—14 日，在贵阳国际会议展览中心举行，10 日盛大开幕	广告版块
4 月 11 日	D01 版、D02 版、D03 版、D04 版	报道了 10 日汽车展的开幕；汽车销售量、参观人数、车展优惠情况；第二届汽车用品暨改装展览会开幕式；北京国际车展 4 月 21 日开幕；对参展的上汽荣威、观致 3 轿车、特斯拉、广汽丰田、日系车等做了介绍；对如何正确为爱车换油做了详细报道；华晨秀现贵阳国际汽车展览会等	汽车周刊、汽车周刊资讯及汽车周刊服务
4 月 12 日	A01 版、A02 版	在头版展示了汽车展车展图片；在要闻报道了车展第二天卖了 2.4 亿元；《贵州都市报》抽奖人气高等	头版、要闻
4 月 14 日	A05 版	车展男模上阵	贵阳综合

从表 5《贵州都市报》对贵阳国际汽车展期间报道的分析可看出，贵阳都市报对汽车展期间用了 5 个独立版面（A13 版、D01 版、D02 版、D03 版、D04 版）对贵阳汽车展相关情况进行了报道，并且在 11 日为汽车展开设了专栏汽车周刊、汽车周刊资讯及汽车周刊服务，在 12 日汽车展登上头条、要闻版块，但是在 13 日却没有汽车展的相关报道。《贵州都市报》对贵阳国际汽车展的报道主要是从广告、专栏等方面进行报道，没有很好地将贵阳与汽车展进行结合，对于贵阳利用重大活动对贵阳进行报道，间接地向受众传递贵阳的城市形象没有起到更多实质性的作用。

3. 网络媒体的选择与使用

网络媒体是指以网站形式出现的有一定专业性质的信息传播机构。网络媒体具有覆盖面广、受众广泛、互动性强等特点，是城市形象传播的新选择。现在的城市在进行城市形象传播时大多都建立了推出城市形象的网站，进行城市形象传播。本文主要从官网、新闻网站看对贵阳城市形象的传播。

表6 贵阳官网、新闻网站城市形象传播内容分析表

网站名称	贵阳市政府网	贵阳旅游产业发展委员会官网	贵阳新闻网
网站性质	专业网站	专业网站	非专业网站
网站类型	官网	官网	新闻网站
版块设置	领导之窗、生态贵阳、政务公开、公共服务、影像贵阳等版块。生态贵阳版块对贵阳旅游景区、文化进行系统的介绍	党务公开、办事服务、旅游资讯、旅游招商、旅游协会、热点专题、咨询建议、监督投诉	国际、国内、本地、本地即时、社会、娱乐、体育等版块，本地版块主要对贵阳级贵州省份新闻进行报道
贵阳城市形象广告	网站内设有贵阳广告、2006年到2011年贵阳相关影像视频	网站内设有贵阳城市形象广告、2008、2013年贵阳城市形象宣传片	网站内没有专门的贵阳城市形象广告及宣传片

从表6对贵阳市政府网、贵阳旅游产业发展委员会官网、贵阳新闻网三个官网的新闻网站中城市形象传播内容的分析可以看出，在贵阳主要官方网站进行的城市形象传播还存在一些有待加强的地方。贵阳市政府网作为贵阳城市形象的专业网站，对贵阳城市形象的传播起着非常重要的作用，但是该网站内对贵阳城市形象传播的相关内容更新不及时，下面将对贵阳市政府网站中林城印象版块的内容进行分析：

从表7可以看出贵阳市政府没有对林城印象版块中的贵阳市情、贵阳荣誉及影像贵阳的内容进行及时更新，而这些对于受众了解贵阳城市形象都具有重要意义的内容。市政府不对该信息进行及时的更新不利于受众全

面地了解贵阳，特别是贵阳城市形象宣传片，对于受众了解一个城市更是起着直接的作用，但是在网站内却没有贵阳最新版的 2013 年贵阳城市形象宣传片。贵阳市政府网站内的信息更新不及时，不利于贵阳城市形象的传播。

表 7　贵阳市政府中林城印象版块中内容分析

版块	内容
贵阳市情	对 2009 年的贵阳成就的市情介绍
贵阳荣誉	介绍 2006 至 2011 年贵阳所获得的城市荣誉
影像贵阳	2008 年的贵阳城市形象宣传片，2010 年温泉季即将开幕宣传片，2011 避暑季开幕式、生态文明贵阳会议、温泉季开幕宣传片

4.户外媒介广告传播

一个城市的户外城市形象广告可以说是该城市的"门脸"，优秀的户外广告可以对该城市的历史、文化及城市精神进行有效传播，有利于提升城市给人们的第一印象，对该城市产生了解、向往之情。因而，户外媒体作为传播城市形象传播的一种手段是非常必要的。

贵阳进行城市形象传播常见的户外广告形式如（图 7、图 8）所示：

图 7　贵阳旅游景点天河潭夏季户外广图

图8 贵阳筑城广场"爽爽的贵阳"广告

贵阳城市形象户外广告就其类型来看，主要可分为以下两种，即：标语性广告、口号性广告。

标语性广告。如"绿色林城,生态贵阳"、"爽爽的贵阳"、"爽爽的贵阳——避暑之都"、"爽爽的贵阳，旅游度假胜地"。这样的标志性广告多投放在贵阳繁荣街道、城市公园的广告牌、LED 户外广告灯箱及单立柱广告牌与公交站台处。

口号性户外广告。如"创国家环境保护模范城市，建全国生态文明文明示范城市"、"走科学发展路，建生态文明市"等，投放在贵阳人流较大的街道宣传栏、墙体及十字路口处的 LED 看板处。

"爽爽的贵阳"标语在贵阳是街道随处可见，这样醒目的标语，有利于增强内部公众的认同感，也有利于到来的外部公众增强对于贵阳的认同感及感受贵阳氛围。

5. 新媒体的选择与使用

新媒体是相对传统媒体而言的概念，是随着社会的进步和科学技术的不断发展而形成的概念。新媒体有着受众面大、传播速度快、互动性强等特点，并且有着庞大的用户群，对于城市形象的传播有着非常大的优势。

因而，在进行城市形象传播时，应将新媒体运用于城市形象的传播之中。

微博这种新媒介之所以一经问世便备受青睐，一方面是由于它在技术上的革命性变化符合当今大众传媒发展的需求，另一个方面是由于它的功能上的变革满足了受众对媒介功能的新需求。下面将主要从官方微博（新浪微博）来探究微博对贵阳城市形象的传播，以下是从省内几个官方微博，在 2013 中国·贵阳避暑季期间省内主要官方微博信息发布的统计。

贵阳避暑季活动至 2007 年来，从开始的贵阳避暑节变为避暑季，不仅时间上增长，更是在避暑季形式、活动内容也变得更加丰富多样。如 2013 年贵阳避暑季推出了以"游爽爽贵阳 赏十里画廊 享夏季清凉"为主题的活动，并围绕该主题 推出了"城市休闲度假旅游"、"精品景区游"、"美丽乡村游"三个小主题举行了近 20 多项活动。让来到贵阳避暑的受众不仅能感受到贵阳的凉爽，更能感受到贵阳的文化。

表 8　2013 中国·贵阳避暑季期间省内主要官方微博信息发布统计

微博名称	微博数量	微博转发量次数
贵州省旅游局微博	6 条	98 次
贵阳旅游官方微博	4 条	15 次
金黔在线微博	1 条	0 次
贵阳新闻网微博	5 条	25 次

微博作为一种新兴的互动交流平台，让城市形象的塑造与传播有了一种新的方式。因而贵阳在进行城市形象传播时应借助微博的力量，传播贵阳城市形象，提高贵阳城市形象知名度。然而从上表 2013 中国·贵阳避暑季期间省内主要官方微博信息发布统计数据来看，在 2013 年贵阳避暑季期间微博对其的消息发布数量极少，微博转发量极少。并且贵州省旅游局、贵阳新闻网均于 2012 年底开设了微信号，但对 2013 年贵阳避暑季没有发布相关微信信息。可看出贵阳在城市形象传播中对微博、微信的选择

与使用运用力度不够，在贵阳城市形象传播中应加大对微博、微信传播影响力的重视及运用。

6. 其他媒体渠道

在城市形象传播时，除了可以利用以上提到的媒体进行城市形象传播，还可以利用其他媒体进行传播。近年来，城市形象不断通过微电影、电视剧、电影等影视作品进行传播，如陈凯歌导演的《赵氏孤儿》电影与山西盂县进行了合作，山西盂县对电影的拍摄进行了赞助，并提供外景拍摄地，盂县希望借此推广其城市形象。

近年来，贵阳也开始注意在影视中传播贵阳城市形象，如2012年拍摄了首部贵阳城市旅游微电影《贵阳·我爱你》，本片通过在贵阳生活的四位主人公的生活、创业和他们的爱情故事，展示了贵阳城市风景、人文情怀及旅游文化等内容，并从中传递了贵阳的城市精神。

2013年贵阳推出了《嗨起，打他个鬼子》的电影，这部电影是以少数民族抗战为题材，片中讲述1938年国民南京政府，武汉沦陷，并迁往重庆。为了防止敌军切断西南交通通道，中共方面在贵阳建立一个交通站。从此贵州少数民族为抗击日军而进行了英勇抗日的故事。该片选取了甲秀楼、镇山、青岩古镇、阳明祠、开阳南江大峡谷及黔灵山等作为电影拍摄地，片中向观众们展示了贵阳的人文风情、自然风景等。

此外，近年来贵阳也参与了一些电视剧的拍摄中，如《小城大爱》（又名《欢喜冤家闹林城》）其拍摄在贵阳大量取景，电视剧也得到了不俗的收视率，对于贵阳而言也是一个很好的传播城市形象的机遇。

（三）贵阳城市形象传播存在的问题

1. 宣传主题多样，但缺乏标识性符号

贵阳在城市形象传播时打出了"爽爽的贵阳，避暑的天堂"、"宜居、宜业、宜游"、"全国生态文明示范城市"等宣传口号，并围绕避暑、生态文明等主题对贵阳城市形象进行传播。贵阳在传播中虽然运用了贵阳花溪湿地公园、小车河城市湿地公园、长坡岭森林公园、百花湖、红枫湖、黔灵山公园、孔学堂、天河潭、奥体中心等贵阳关键符号，但是贵阳缺乏一个深入人心的具有强烈标识性意义的符号，例如画面中展现故宫、四合院这些视觉符号，人们会知道这是北京；画面展现西湖视觉符号，人们会知道是杭州；画面中展现刘三姐、漓江、石林视觉符号，人们会知道这是桂林。然而贵阳就缺少这样的符号，贵阳在传播城市形象过程中有着许多视觉符号，如甲秀楼、青岩古镇、孔学堂、森林公园等视觉符号。但是看到这些视觉符号，很多人很难想到贵阳，特别是对于省外对贵阳不了解的人。所以贵阳在城市形象传播的过程中应该致力于挖掘和塑造像西湖、故宫、刘三姐这样的视觉符号。如甲秀楼、青岩古镇、红枫湖等视觉符号可以说是贵阳比较有代表性的符号，贵阳在城市形象传播过程中应该，把这些符号打造成为贵阳关键符号，让人们在看到甲秀楼、青岩古镇、红枫湖这些视觉符号时知道这是贵阳。

2. 宣传标识不统一

贵阳在城市形象传播中所用宣传标识不统一。在搜集贵阳城市形象传播资料过程中，发现在贵阳主体传播部门在城市形象传播中所用宣传标识不统一。如：贵阳旅游产业发展委员会官方网站、贵阳旅游官方微博与贵阳政府网站所用宣传标识不统一。如图9、图10：

图9　贵阳旅游产业发展委员会官方网站、贵阳旅游官方微博所用标志

图 10　贵阳政府网站所用标志

　　从以上两张图片来看，其使用标识虽然形式上有些类似，但是还是有些不同。贵阳旅游所用标志就其形象而言是一个森林的"林"字，贵阳政府网站所用标识是两棵树，意为"林"。两个标识的使用都是对贵阳"森林之城"的简称，但在其形式表达上却有所不同，这不利于贵阳城市形象在受众心里形成认知度。贵阳在城市形象传播中应注意统一宣传标志，从而增强贵阳在受众心理的认知度。

　　3. 对贵阳城市形象定位的挖掘不深

　　贵阳城市形象定位从"森林之城"到将其包括其中的"爽爽的贵阳——中国避暑之都"，定位可谓是越来越清晰，有利于贵阳城市形象的塑造，然而在对"爽爽的贵阳——中国避暑之都"的定位挖掘上不够深入。

　　贵阳在对"爽爽的贵阳——中国避暑之都"的城市形象定位传播中，不难看出对其的传播多是主打贵阳的气候、避暑，然而贵阳并不是只有天气优势，还有很多的历史文化精神内涵可待挖掘。

　　贵阳的气候优势是无可厚非的。近年来贵阳更是充分利用其气候优势，从 2007 年以来每年举办的"避暑季"更是使贵阳吸引了更多人的眼球，在一定程度上进一步提高贵阳的知名度。贵阳每年应围绕"避暑季"展开一系列突显贵阳的城市精神文化的活动，让因"避暑季"而来贵阳避暑的受众，能够充分感受贵阳氛围，而不仅仅是天气带给他们的凉爽，更有贵阳精神文明带给他们的精神享受。

4.贵阳城市形象传播中对媒体的使用不足

随着社会的不断发展进步，媒体对城市形象的传播发挥着愈来愈重要的作用，因而贵阳在进行城市形象传播更应该注重媒体对城市形象传播的影响。

从对贵阳城市形象传播媒介运用现状的分析中可看出，贵阳在进行城市形象传播时对媒体的使用不足，没有最大限度地发挥媒体对贵阳城市形象的传播。

在贵阳城市形象传播中，贵阳城市形象宣传片在具有影响力的媒体的播放不持续，不利于受众对贵阳城市形象的持续关注。在报纸中进行贵阳城市形象传播时对城市形象的软性报道欠佳，如《贵州都市报》对2014贵阳国际汽车展期间的报道，报道仅是对汽车展的报道，而没有很好地将贵阳与汽车展进行软性报道，将贵阳城市形象融于汽车展之间，利用汽车展间接地向受众传递贵阳城市形象。

在网络媒体传播的设置上存在一定的缺陷。如贵阳市政府网、贵阳旅游产业发展委员会官网中对贵阳城市形象宣传的信息零散，不利于受众在网站中轻松获取自己所需的信息。而且贵阳旅游产业发展委员会网站版面的设置不够简洁、干净，给人一种眼花缭乱的感觉，也使受众难以找到自己想要的相关信息。而且网站内很多版块的信息更新不及时。

贵阳城市形象的传播没有充分发挥微博的作用。微博拥有着强大的用户群，使用微博发布关于贵阳的信息，有利于增强贵阳城市形象传播的影响力。然而在微博的利用方面来看，如表8，"避暑季"期间省内几个官方微博对避暑季的信息发布量及转发量都很少，不容易引起微博用户对其的关注，因而贵阳在进行城市形象传播中应该加强对微博的利用率。

此外，贵阳应重视影视对城市形象传播的影响，参与或拍摄一些展现贵阳城市特色、城市文明精神内涵的影视作品，从而通过影视作品的传播提升贵阳知名度及美誉度。

5. 整合传播策略欠佳

从对贵阳城市形象的媒体传播现状的分析可看出贵阳在城市形象的整合传播方面即传播工具、传播过程的整合做得较差，并存在着不同程度的问题。如传播工具使用比较单一，在电视、报纸、网络媒体、新媒体、户外媒体、其他媒体渠道等多种媒体的利用上，没有将公关、事件营销等其他传播手段与各种媒体整合，对贵阳城市形象进行全面传播。贵阳电视广告的投放，多是在 3 个月左右的时间里密集投放一阵，这使得传播的范围、时间等具有一定的局限性，对电视广告的投放缺乏长期的传播策略，不利于贵阳城市形象在受众心中留下深刻影响。而且，大部分广告多在本土卫视（贵州卫视）投放广告，这样目标公众的覆盖面就比较狭窄，使得传播的收视率较低，从而导致贵阳形象传播的效果不够明显，贵阳的良好城市形象难以树立。

四、优化贵阳城市形象传播的对策分析

"城市形象的传播是与城市形象塑造和城市的成长过程相一致的，任何城市都有自己的特色和特殊结构，都有现实的条件与个性，不同城市的发展基础、规模、城市的知名度、城市形象的影响广度是不同的，因此，在总体上，城市应该根据其自身的社会、经济条件，创造和选择不同的宣传策略。"因此，城市形象传播不仅要注重城市形象的塑造，也应该重视发展城市形象传播策略，只有为城市形象传播制定良好的策略，才能使城市形象的传播获得较好的传播。

（一）结合城市核心资源差异化塑造城市品牌形象

城市品牌是城市的名称、标志、声誉、承诺、历史传统、地区文化、人文风情的无形综合，是消费者对城市产生的清晰、明确的印象和美好联想，既是区别于竞争对手的标识，也是城市个性化的表现。优化贵阳城市形象应结合城市核心资源差异化塑造贵阳城市品牌形象。城市形象传播要想取得好的效果，就应先打造城市品牌，一个城市只有拥有代表该城市的城市品牌，并且该城市品牌在与其他城市形象相比时具有特色和唯一性，才能使该城市在城市形象传播中处于优势地位。

贵阳有着悠久的"土司文化"，贵阳开阳禾丰布依族苗族乡马头寨古建筑群，就是"土司文化"的代表，在 2006 年马头寨古建筑群被批准为第六批全国重点保护文物。马头寨古建筑群保存较为完整，贵阳可以利用其打造成为具有差异化的城市品牌形象。贵阳花溪青岩古镇，有着悠久的历史和文化，在古代是一个重要的军事要塞，其中明清古建筑的建造技艺高超，数量众多。古镇内保存有曾震惊中外的青岩教案遗址、平刚先生的故居、红军长征时的作战指挥部等历史文化。2010 年中华诗词学会授予其"中华诗词之乡"的美誉。并且在 2013 年的顶峰国际非物质文化遗产保护与传承旅游规划项目中，青岩被誉为"中国最具魅力小镇"之一。应充分利用青岩古镇特色打造差异化城市品牌形象。贵阳具有较多的城市核心资源，在其塑造城市品牌形象时应考虑各种资源的差异性，根据贵阳各种城市核心资源的特色及资源独有的特征作为该城市品牌打造的核心，打造出贵阳各具特色的城市品牌形象，并增强对城市品牌的传播力度，进而增加贵阳的知名度、美誉度。

（二）贵阳城市形象传播的内容对策

1.挖掘传播内容的文化深度

贵阳城市形象传播应提高传播内容的文化深度。城市文化是城市形象的重要组成部分，是城市形象的实质，是城市个性的外在体现，并对提升城市形象有着不可忽视的意义。贵阳在城市形象传播更多的时候仅仅围绕气候作为其传播内容，传播仅围绕"爽爽的贵阳——中国避暑之都"展开，使受众对贵阳的印象仅停留在浅层的天气层面，从长远来看不利于贵阳城市形象的传播。因此，在贵阳城市形象传播的过程中，应注重提高传播内容中的文化内涵，贵阳有着悠久的历史文化，为贵阳奠定了丰富的历史文化资源。如：古夜郎文化、刺绣、地方戏曲（灯花戏、川戏、地戏）、美食文化等。贵阳在城市发展过程中，应注重对历史文化的保护，让历史文化与现代化建设相融合。城市的"现代化"发展不应是简单的去"传统化"，城市现代化进程发展要在城市历史文化、城市独有人文生态、文物保护中去找到最佳的平衡。具有魅力的城市形象不仅有着体现一个城市古典与历史印记的城市建筑，并且能够与城市历史文化生态相融合。在挖掘贵阳历史文化资源过程中，丰富贵阳城市形象内涵，从而增加城市形象的传播内涵，使贵阳吸引更多的受众关注度。

2. 影视植入策略

城市形象的植入对象以影视作品为主，通常情况下是将城市的名称、标志性建筑、城市风光等融入到影视作品的场景、台词、主题中去，借此来传播城市形象。近年来，越来越多的生产商把产品、商标等融入到电视节目、电视剧、电影及歌曲之中，我们称之为"植入式广告"，这样的传播方式有利于受众在无形中记住了产品或商标，从而取得良好的传播效果，因此，在进行城市形象传播时，同样可以借鉴此方法。

影视剧中的软性植入避免了直白的内容重复出现，在传播城市形象时，不再强制灌输，对广大受众进行狂轰滥炸，而是将城市形象与影片水乳交融，使得受众在欣赏故事情节的时候，自然而然地认识、了解、记住一个城市。这样的传播方法更加生动、自然而亲切。避免因传播内容生硬，口号空洞，使受众产生反感情绪，淡化了城市形象宣传广告中因为简单罗列和堆砌城市形象要素而产生的呆板感觉。

因此，贵阳在进行城市形象传播时应充分利用软性植入法，把贵阳城市的背景、文化、风情民俗等融入到影视作品中，通过影视作品的传播无形地将贵阳城市形象传播给受众。

（三）贵阳城市形象传播的媒体运用对策

1. 利用媒体融合助力城市形象整合传播

在这个瞬息万变的社会，新媒体和新技术时代的出现，人们可以很快通过媒体获取信息。一个城市要想使其城市形象的传播达到最大化的传播效果，就应利用媒体融合促进城市形象的整合传播。

媒体融合是指在网络、数字等技术的基础上，报纸、广播、电视、互联网、手机等新老媒体在形式和内容上走向一体化，并且还包括媒体所有权、人员、资源、组织结构等要素的融合；在信息传输渠道多元的情势下，把新媒体传播终端有效地结合起来，资源共享，集中处理，衍生出不同形式的信息产品，最后通过不同的平台传播给受众。从上述媒体融合的定义来看，媒体融合有利于各种信息资源的共享，从而达到节约人力、物力、财力的效果。

贵阳城市形象传播也应利用媒体融合策略，媒体融合有利于贵阳城市形象传播内容的一致性。媒体融合有助于促使贵阳城市形象由统一的组织塑造，然后通过资源共享，集中处理，衍生出不同形式的适合各个媒体的信息产品，分享到各个媒体传播给受众。这样不同媒体传播的贵阳城市形象信息具有一致性，也有利于增强受众对贵阳城市形象认知、了解。

2. 发挥媒体议程设置功能提升传播效果

本文采用的是马克斯韦尔·麦库姆斯和唐纳德·肖的议程设置理论，他们认为"大众媒介或许无法指示我们怎样去思考，但它却可以决定我们看些什么、想些什么，什么问题是最重要的。换言之，大众媒介对某些事件或问题的强调程度，同受众对其重视程度构成了强烈的正比关系。这形成了一种因果关系：大众传播媒介愈是大量报道或重点突出某个事件或问题，受众愈是特别地关注、谈论这个事件或问题"。从其定义来看，城市形象传播可发挥媒体议程设置功能提升传播效果。

贵阳城市形象传播过程，可在塑造成熟的城市形象后，充分利用各种媒体平台，反复传播贵阳城市形象。利用媒体，特别是利用新媒体平台，如：微博、官方网站互动平台、论坛等，这些媒体与受众有着直接、快捷的互动功能。当一条信息被反复发布后，容易引起受众对其信息的关注，并对信息进行反复谈论，在谈论事件过程中去关注事件本源。当贵阳相关信息被大量发布，并被受众反复谈论，贵阳城市形象在这样的过程中不断影响受众舆论，从而使人们倾向于关注和思考那些媒体给他们传播的贵阳城市形象，并在这个过程中接受媒体所设置的贵阳城市形象。

在媒体对"爽爽的贵阳——中国避暑之都"的不断传播中，使受众慢慢接受贵阳避暑之都的城市形象。然而这个城市形象并没有使大众所熟知，更有人对贵阳没什么印象。因此，贵阳在运用媒体对其城市形象进行传播时，应充分发挥媒体议程设置功能，以提升贵阳城市形象传播的影响力。如 2011 年民运会活动就有体现了媒体议程设置功能，2011 年的第九届全国民族运动会，在其举行之前及过程中媒体非常重视对其的报道，对九运会的相关内容进行大量的报道及将其内容放在头条新闻部分，从而引导受众对九运会的关注，更是使贵州及其贵阳引起了更多人的注意力，间接地起到了传播贵阳城市形象的作用。

贵阳在传播"爽爽的贵阳——中国避暑之都"的城市形象过程中，同样应注重发挥媒体议程设置功能。贵阳政府及媒体应加大对"避暑季"的重视，充分利用每年举办的"避暑季"活动，通过各种媒体加大对"避暑季"的宣传，引导受众关注、谈论"避暑季"，从而打响"爽爽的贵阳——中国避暑之都"的贵阳城市形象。

3. 借助社会化媒体完善对外传播体系

社会化媒体（social media）是一种给予用户极大参与空间的新型在线媒体，博客、维基、播客、论坛、社交网络、内容社区是具体的实例。社会化媒体具有参与、公开、交流、对话及社区化等特征。社会化媒体能够与受众进行直接交流，得到受众的反馈，从反馈中可发现城市形象传播的不足并加以改正。因此，借助社会化媒体有利于完善城市形象传播体系。

目前，就国内用户较多的微博、手机来看，城市形象的传播可以充分利用社会化媒体对其进行传播。就目前贵阳城市形象传播效果来看，并没有达到理想状态，贵阳城市形象还没有被众多受众所认知，如"国际服装节"会让我们想起辽宁大连，"啤酒节"会让我们想起山东青岛，"椰子节"会让我们想起海南。贵阳每年也在打造"中国·贵阳避暑季"、"中国·贵阳温泉季"等一系列具有贵阳特色的大型活动，然而从其传播效果来看并不是那么理想，提到"避暑节"、"温泉季"人们并不是第一时间里都会想起贵阳。从表 8 的统计数据中，可看到在对贵阳"避暑季"进行传播时，微博数量很少，其转发量更是很少，可以说没有很好的利用微博对"避暑季"进行大量的传播，从而提升微博用户对贵阳"避暑季"的关注度，促进贵阳"避暑季"的知名度，进而让更多的人关注贵阳。

一个城市只有有着精准的城市形象定位，清晰的城市主题，才能使城市形象有别于其他城市形象，在城市竞争中处于优势定位。贵阳要想在激烈的城市竞争中提高自身的知名度、美誉度，就应该结合自身特色，塑造符合贵阳的城市形象，而良好的贵阳城市形象的传播有利于提升城市竞争力。在贵阳城市形象的塑造及传播中，首先，应结合城市核心资源差异化塑造城市贵阳城市品牌形象，利用马头寨古建筑群打造"土司文化"和打造花溪青岩"魅力小镇"。其次，在城市形象传播的内容中应提升贵阳城市形象传播的文化深度并把城市形象植入于影视作品中。最后，在贵阳城市形象传播的媒体运用中应利用媒体融合助力城市形象整合传播，并发挥媒体议程设置功能提升传播效果，借助社会化媒体完善贵阳对外传播体系。

主要参考文献：

[1] 郭旭，陈光，杨小薇. 构塑 21 世纪城市想象的灵魂 [J]. 哈尔滨建筑大学学报，2001（4）.

[2] 寇非. 传播战略与城市形象传播 [J]. 新闻战线 .2012（5）.

[3] 樊传果. 城市品牌形象的整合传播策略 [J]. 当代传播，2006（5）.

[4] 董天策. 网络新闻传播学 [M]. 福州：福建人民出版社，2009.

[5] 舒永平. 新媒体广告 [M]. 北京：高等教育出版社，2010.

[6] 陈柳钦. 城市形象的内涵、定位及有效传播 [J]. 湖南城市学院学报，2011（1）.

[7] 于宁.城市营销研究:城市品牌资产的开发、传播与维护 [M].大连:东北财经大学出版,2007.

[8]（美）唐·舒尔茨著,何西军译.整合营销传播 [M].北京:中国财政经济出版社,2005.

[9] 陈斌华,袁品.影视作品中城市形象传播研究 [J].新闻前哨,2011（6）.

[10] 丁菲菲."植入"——城市形象传播的新方式 [J].新闻知识,2009（9）.

[11] 李良荣.新闻学概论 [M].上海:复旦大学出版社,2009.

[12] 邵培仁.传播学 [M].北京:高等教育出版社,2007.

[13] 李兴国等.北京形象 [M].北京:中国国际广播出版社,2008.

[14]（美）凯文·林奇著,方益萍,何晓军译.城市意象 [M].北京:华夏出版社,2001.

[15]（加拿大）简·雅各布斯著,金衡山译.美国大城市的死与生 [M].南京:译林出版社,2006.

城市弱势群体在电视新闻中的形象探析

——以"贵阳背篼"为例

谢丽娟　　黄　英

改革开放以来，我国社会经济迅速发展，城镇化水平不断提高，农村剩余劳动力大量涌入城市，促进了城市建设和发展以及社会结构的转型，但随之也带来了大量社会问题。这些在发展过程中出现的问题尤其是城市弱势群体问题日益突出，不得不引起社会的关注和重视。2002 年 3 月，朱镕基总理在九届全国人大 5 次会议上所作的《政府工作报告》使用了"弱势群体"这个词，从而使得弱势群体成为一个非常流行的概念，引起了国内外的广泛关注。2010 年 3 月 14 日，十一届全国人大三次会议闭幕会后，温家宝总理接见中外记者并回答记者提出的问题时说："我们的经济工作和社会发展都要更多地关注穷人，关注弱势群体，因为他们在我们的社会中还占大多数。"

2013 年 3 月 7 日，两会上农民工代表刘丽提出：关注城市弱势群体的生存现状，缓解弱势群体解决农民工等城市弱势群体的城市住房问题，关注城市弱势群体的由于长期分居导致的"临时夫妻"现象，扭转城市弱势群体因现实因素导致的扭曲的婚姻状态。关于城市弱势群体的生存现状，引发的不正常的婚姻观及社会问题，激起了受众对城市弱势群体新一轮的关注。

随着构建和谐社会方针政策的落实，党和国家对弱势群体高度重视，社会弱势群体也逐渐成为新闻传媒高度关注的对象，尤其是在网络媒体，报刊媒体中最为突出。但电视新闻对城市弱势群体的报道，存在着报道量少，信息屏蔽，社会地位不高，社会形象不客观，过于刻板，深度不够等很多问题。基于此，笔者拟从电视新闻角度出发，以贵阳背篼为个例，深入走访调查，探析了目前我国城市弱势群体的生存状态，分析了他们在电视新闻中的社会形象，探究了其形成原因以及对策。为城市弱势群体的真实形象平反，在城市中争取到更多的社会尊重感和生存空间，让他们在为城市服务的同时，也享有自身的权益。

一、城市弱势群体的社会生存现状及社会评价

（一）城市弱势群体界定及生存现状

关于弱势群体，国内外的专家学者有不同的定义。学者王思斌将社会弱势群体作为社会工作的对象，认为"弱势群体是在遇到社会问题的冲击时自身缺乏应变能力而易于遭受挫折的群体"。学者沈红则从经济学的角度，认为"脆弱群体指的是这样一些人口群体：由于各种外在和内在原因，他们抵御自然灾害和市场风险的能力受到很大限制，在生产和生活上有困难。脆弱群体一部分已经是贫困者，另一部分是潜在的贫困者"。沈红将弱势群体看作是贫困群体或者是贫困群体的一部分，契合通常的对弱势群体的界定，即弱势群体指生活中的困难人群。本文采用弱势群体是困难人群这一说法。无一例外，弱势群体都具有经济上的低收入性，生活上的贫困性，社会上低地位，政治上低影响力等特征。

据有关机构调查分析，目前我国有 2.6 亿城市弱势群体，具有人数多，流动性大，没有一个具体的数目，不好管理等特点。城市弱势群体包括农民工，蚁族，下岗工人，地摊小贩，背篼等来自社会底层的人民。他们大多来自农村，在农村，没有过多的生产资料；在城市，没有稳定的经济收入，没有自己所有权的住房，游离在城市与农村边缘之间，生活往往是入不敷出，在贫困线上苦苦挣扎。几乎在城市的每一个角落，随处都可以看见城市弱势群体的身影，他们卑微地生活着，为城市的建设出力，给人们提供方便，但他们在社会的生存空间狭小，生活条件差，往往获取与劳动不成正比。

大多数城市弱势群体租住在城中村廉价的房屋或者自搭窝棚。其居住环境大多较为恶劣，居住条件差。偷盗、抢劫、打架等各类案件时有发生。作为低收入的社区，其商业、服务业的发展也处于较低水平，社区内的商铺大多只是出售一些质差价廉的基本生活用品，其他的商业、服务业设施则大都处于空白。即使是这样，现实中还有大量弱势群体露宿街头，枕着背篼或头钻进背篼里便睡下，其生存状态堪忧。

（二）社会对城市弱势群体的评价

城市弱势群体作为城市底层人民，没有自身的社会位置，他们流落在异乡，没有归宿感，在大多数人眼中，尤其是对城市本地人而言，城市弱势群体肮脏，丑陋，文化程度低下，没有良好的文化素质，甚至是道德低劣，认为他们扰乱了社会秩序，影响了城市形象。因此一般只要城市有不好的新闻或者信息时，人们的第一反应，往往就是弱势群体所为。甚至很多人把弱势群体中的农民工，"背篼"等当成了骂人的代名词，城市弱势群体不能享受到城市的繁华，理由只因为他们的真实身份。可见，城市弱势群体在社会生活中，过的是一种谨小慎微的生活，他们卑躬屈膝，活在城市的底层。在贵阳，大多数人怀着一种畏惧警惕的心理，远离和排斥着弱势群体；他们看不起城市弱势群体，觉得不干净，影响不好；因此对弱势群体的生活及生存现状冷漠，不关心，尽量与他们世界保持距离，几乎是大多数人的心理。而广大的底层城市弱势群体们，似乎也深知这一点，他们一般只在与自己相似的圈子交际，自娱自乐。

从社会角度看，城市弱势群体是社会城市化，工业化发展的产物，它不仅是个别城市的问题，也是整个国家经济发展中的一个特殊现象。城市弱势群体在现有的制度条件下，对城市或者说国家的社会经济的发展具有不可替代的作用。他们的长期存在也反映出广大农村落后的现状，从长远来看，是不利于城市弱势群体群体乃至国家社会经济可持续发展的。

二、电视新闻对城市弱势群体的报道状况

据调查，在我国众多的新闻媒体中，电视新闻媒体作为社会的一个主流媒体，其家庭占有量高达 98.3%，拥有 13 亿人口的受众。具有可信度高，报道覆盖面广，时效性快，互动性强，交融性好等特点。集音效、图片、文字为一体，远优于其他新闻媒体。电视新闻分为政治新闻、文化新闻、社会新闻、体育新闻等。多以报道百姓有关的新闻为主。

近年来，随着建设和谐社会的方针政策的不断落实和完善，电视新闻在社会发展过程中，多以报道百姓有关的新闻为主，起到重要的传播作用。城市弱势群体作为城市的外来者，拥有着庞大的受众量，但在电视新闻报道中，也总是被屏蔽，被遗忘的一群人。背篼作为城市群体的一种，尤其是具有贵州特色的贵阳背篼，在城市弱势群体中具有很强的代表性。电视新闻媒体对贵阳背篼的报道，在很大程度上代表着电视新闻对城市弱势群体的报道现状，呈现出以下特点：

（一）报道方式

从本地电视新闻台贵州电视台、贵阳电视台的电视新闻节目中可以看出，城市化过程中农民特质向市民特质、民俗社会向法理社会的转化现象，双方在生活方式、价值取向等方面的巨大差异，伴随着的两种不同性质文明的冲突与交锋。在对城市弱势群体的新闻报道中，城市群体很少甚至无法成为新闻的叙事主体。对背篼的报道都是以个别突出故事性为主，多以叙事性的故事报道为主。通过个别突出的新闻事件来写背篼生活，例如在 2013 年 4 月 6 日的"好心背篼倾囊相助流浪狗"。此外，在国家大政方针政策中有关医保、城乡建设、社会和谐等政治新闻和会议中，电视新闻中对背篼的报道，都是以政策性新闻的解读为主。

（二）报道内容

电视新闻对民生的关注仅仅限于对"农民工"的关注。大众媒体就像一堵看不见的墙，通过屏蔽城市弱势群体话语将市民和城市弱势群体两个群体人为地隔离开来。城市弱势群体被置于传媒注意力的边缘，造成了电视新闻里城市弱势群体缺位的尴尬，城市弱势群体日益成为弱势和边缘化群体，成为沉默的大多数。而偶尔对弱势群体的报道，也只是在重大的新闻价值信息时。

第一，电视新闻中对背篼等弱势群体的报道，故事性报道多以背篼的好人好事，个别恶性事件的报道为主。而在电视政治新闻及会议新闻中，则以政策报道为主，一般只简单地提到弱势群体，包括背篼在内的生活状态，一带而过。第二，在城市建设及规划过程中，对于背篼的报道，则是从城市形象维护中，对弱势群体背篼的管理及规劝。例如在 2010 年贵阳"三创一办"的文明城市建设及 2013 年在对贵阳五里冲段花果园新区的城乡棚户区改造中，对背篼所涉及的报道多以负面的破坏城市形象的报道为主，以及政策上对他们的管理方式，处理措施，法律法规的颁布等。此外，在对城市弱势群体的报道，电视新闻受时间限制，层面比较浅，没有深入到背篼的深处去挖掘。

（三）报道的频率

城市弱势群体多居住偏僻，信息封闭，新闻素材相对短缺的城乡结合部，具有新闻价值的素材少，同时电视新闻受户籍制度和交通不便的限制，以及较低的文化素质导致对信息需求的不强烈，参与性低等因素，因此城市弱势群体一般时期不会受到媒体关注，其受到关注的时刻一般具有如下规律：第一，部分节日期间，比如因"返乡潮"和"进城潮"造成运力紧张的春节期间。第二，政府发布关于农民工文件的一段时间内，因时间而分，在特殊的关键政策性时期，党的十八大会议期间，在构建和谐社会的历史大背景下，城市弱势群体，贵阳背篼，作为一个影响城市和谐的一大因素，不免经常被提上城市整改目录。第三，当某些城市恶性事件出现，而人们又没有明确的犯罪嫌疑人时，人们的目光，社会舆论就会指向背篼，把目光集中到背篼这个弱势群体身上。电视新闻处于对事实舆论的报道，也会提到城市弱势群体。但一般情况下，城市弱势群体这个群体，是不会轻易出现在电视新闻中的。

（四）报道的态度

纵观众多的电视新闻，不难发现，不管是地方电视台、省级电视台或是中央电视台，在对于弱势群体背篼的报道中，除了少数个别以正面的尊重态度之外，多以一种同情，或者淡漠的态度。针对某些特殊恶性事件发生或者城市整顿的电视新闻中，偶尔也有批判、嫌弃、憎恶在里面。但城市弱势群体，不管是在生存空间，还是在情感世界，都在遭受着来自社会，来自都市的排挤，他们是寂寞的一群人，是被冷落的一群人。

（五）报道角度

省级电视台贵州电视台，中央电视台则多从方针政策上报道，是站在城市规划及建设者的角度出发，较为客观。而地方电视台贵阳电视台报道多以民生新闻为主，其中有关注城市背篼的，但站在背篼角度，体会他们生活的报道，少之又少，更多时候，电视媒体都是站在都市人的角度，代贵阳人发言，而去伤害和排挤着可怜的背篼等弱势群体。其他地方电视台多从娱乐节目方向，把背篼这个弱势群体当成取乐的道具，增加节目效果，比如以娱乐著称的湖南卫视。

三、电视新闻中城市弱势群体的形象

2012 年是国家政策对城市弱势群体较为关注的一年，各大电视台也相应做出调整，提高了对他们的关注。在电视新闻对贵阳背篼的报道中，本文截取了从 2012 年 1 月到 2013 年 5 月的多条比较有代表性的新闻，分析出城市弱势群体贵阳背篼在电视新闻中的形象。反映出在对贵阳背篼的电视新闻报道中，媒体给受众呈现的背篼形象具有多面性，有正面的，也有负面的，其中以负面形象为主。

（一）正面形象

1. 正直善良，不辞辛劳

城市弱势群体大多来自农村，为了生活，为了梦想来到城市打拼，靠卖劳力来获取经济收入。他们身上有着农村人的正直淳朴的美好品质。由于自身文化素质和职业技能的限制，他们来到城市就只能靠劳力过日子。他们分布于大街小巷，寻找活计，不管春夏秋冬，风雨无阻，不辞辛劳。在没有丰厚经济收入时，他们不能与城里人攀比富贵，也相对缺乏丰富的精神世界，依然辛苦的为生活奔波，为城市服务。

《贵阳的背篼毛叔》：2012 年 8 月 26 日广西电视台《新闻夜总汇》特别节目"中国人的一天"，以贵阳背篼毛叔为切入点，用摄像镜头记录了贵阳背篼大军的一员，毛叔一天的背篼生活，反应了城市背篼弱势群体的生活现状："他们需要的，不是休息，而是一份工作。他的双手满是老茧，但那也是一双撑起一个家的手。他们只希望每天都能挣到钱；只希望，过年能够吃得好一些；他们的生活全是等待。"

这是关于毛叔，关于城市里贵阳背篼一天的生活，充满了辛酸和不忍。他是典型的城市弱势群体的代表。

图 1　贵阳背篼大军

《"背篼哥"杨文学获中华慈善奖载誉归来》贵州新闻联播 2013 年 4 月 24 号，贵州背篼杨文学把自己十年背篼挣来的十三万元捐助给家乡希望工程，用于家乡织金的道路建设，并荣获"中华慈善奖"。

2. 心态好，容易满足

不管是对艰辛的生活现状，还是对流浪式的工作，背篼总是乐呵呵的，每天背着自己的背篼，在贵阳城市的街头等候雇主，有货的时候干活，没活的时候，几个背篼聚在一起打牌，摆龙门阵，女背篼则是在一旁拉家常，绣十字绣。乍一看上去，背篼过的一种清静无为、与世无争的世俗生活。

贵阳背篼的《背篼歌》，是城市弱势群体背篼组的真实生活的集中体现："又是一个阳光明媚勒早晨，背起箩筐准备六点中出门，心头想到早餐搞碗牛肉粉，但是点个双加就没得中午啊一顿。背篼勒生活还是可怜，每天就靠廉价劳动力来赚钱。有些背起箩筐整天游手好闲，只种人简直是给背篼脸。贵阳生活现在多元化时尚，就连背篼也有自家勒偶像。背篼克商店打哦几斤包谷沙，喊哦几个隔壁邻居克拉家坐哈。"

3. 真实，不掩饰

每天或三五一群，或十几人组成一个圈子在街头等待活计，有活就干活，没活就休息，单纯的生活使背篼的思想方式也极为单纯。电视媒体透过图像呈现的背篼形象真实，不掩饰，不造作，他们不会伪装自己，他们也不太懂得表达，面对媒体的聚光灯，他们或是三言两语，或沉默无语，那是真实的底层弱势群体的生活方式。

2013 年 12 月 22 日，中央电视台 13 频道《新闻直播间》，讲述了背篼老吴，杨昌才为了省住宿费，露宿瑞金北路街头，但是为了孩子的教育，为了家庭，20 多年的背篼生涯里，他们总是带着笑容。他说："不去救助站，在这里晚上卸货比较多，方便赚钱，人家那边是给流浪汉的，我们背篼是有家有室的，不能去坏了那个名声。"

4. 自我意识增强

进入都市，随着生活节奏的加快，渐渐对城市有所了解，受都市多元文化的影响，背篼们也有着自我意识的觉醒，电视新闻在对贵阳背篼的情感生活，娱乐文化上，从反应背篼生活《贵阳背篼》歌曲的蹿红，到对背篼音乐室的成立，都可以看到在电视新闻报道中，背篼的自我意识在一步步提高。其中以 2013 年 3 月贵州 5 频道"法制第一线"的《背篼"三不背"你怎么看》最具代表性。

2013 年 3 月 28 日贵州电视台第五频道"法制第一线"今日话题社会新闻，通过主持人自己对背篼群体遇挫的见闻，以及贵阳头桥派出所同志接到的来自背篼雇主的两个电话，讲述所雇背篼偷东西逃跑，到走丢误会以及背篼电话还物的对比，分析了对于贵阳背篼在都市生活的不易，来自人们的极度不信任。资深背篼采访，解说背篼行业"三不背"行规，对背篼弱势群体维护自己尊严的行为，唤起人们对背篼行业的尊重，理解和关注。

（二）负面形象

1. 穷困潦倒，粗俗懒惰

贫穷，是背篼的特质，他们为了钱来到都市，大都没有受到良好的教育，不文明、没修养，不讲卫生，不懂得城市生活的游戏规则，总是在城市中展现乡村生活粗俗的一面。懒惰，不思进取，电视新闻中关于背篼等弱势群体的形象报道，通常是他们慵懒安逸的生活状态，因此不思进取，没有目标和方向，安于现状。甚至是当别人救助他们时，也是一副自以为是，不领情的态度。

2012 年 12 月 22 日中央电视台 13 套新闻联播《贵州：免费寄宿"背篼"不领情》：针对贵阳背篼，农民工等城市弱势群体露宿街头的严重社会现象，贵阳民政局在贵汇路和百花山路建立救助站，为城市弱势群体免费提供住宿，并配有完善的基本生活设施。此外，贵阳救助站人员还上街劝导农民工，背篼等弱势群体到救助站登记，接受救助，遭到多数背篼，农民工人员的拒绝。

2. 封建落后的代表

背篼群体来自广大农村，有着封建迷信，重男轻女等落后思想残余。很多农民工背井离乡，大多数是生活所迫，有的却是为了躲避政策如计划生育等。电视新闻中很多对背篼的报道，比如背篼不顾计划生育政策，冒险超生，传宗接代，重男轻女，不让女儿接受教育，以及在社会生活中歧视女性，把女性当作男人的生育和发泄性欲的工具等现象，给背篼群体贴上了一个消极标签。

2013年3月13日，上海东方卫视《子午线》播出"农民工临时夫妻现象"播出两会上农民工代表刘莉提出：解决农民工等城市弱势群体的城市住房问题，缓解弱势群体由于长期分居导致的多人共妻，临时夫妻现象。给受众以包括背篼在内的部分城市弱势群体扭曲落后，混乱不堪，为了生育，自由，破坏原有家庭的印象。对很多城市弱势群体为了多生逃避罚款、与人妻生子等现象，引发了受众强烈反响。

2013年5月13日东方卫视《东方新闻》报道贵州毕节杨士海重男轻女，虐待亲生女儿，致其全身伤势严重，并出现精神障碍，目前杨某已被公安机关拘留。而杨某系常年在外打工的城市弱势群体。

3. 文化素质低，品德恶劣，犯罪率高

背篼等弱势群体由于受教育程度不高，有的甚至连初中都没有毕业，大多数人文化素质低，缺乏法律知识。因而缺乏一定的道德约束，思想极端，没有很好的自律能力，因此当受到不公平待遇，大多数会因无知而莽撞倾向于用暴力维护自身权益。在背篼聚居区，打架斗殴的事情经常发生，有的人甚至因此而锒铛入狱。

2012年1月26日江西卫视《视新说法》：《背篼兄弟讨薪出新招，背着债主照片满街跑》以口播报纸新闻的方式，讲述了贵州背篼因债主欠债，想出奇招，把债主名字及照片贴在背上满街跑的事情。主持人提出，背篼兄弟侵犯他人名誉权，肖像权，提出希望相关部门应进行调查。

4.哗众取宠，低俗可笑

电视媒体中，为了娱乐大众，往往会拿城市弱势群体的缺点去博受众笑点，迎合受众需求。另外，某些弱势群体也会用低俗化的表现来卖弄自己，来赚取他人的眼球，给大众制造娱乐，如当街斗殴，互相谩骂等，当围观的人多了，他们不仅不偃旗息鼓，反而变本加厉，故意做给别人看，让人哭笑不得。贵州电视新闻对背篼街舞的滑稽表现，给受众一种低俗不堪的无赖形象。

如湖南电视娱乐节目对背篼街舞小新的街头表演的报道，通过对小新的各种古怪表演，加之小新的特殊身份，受众没有感受到来自街舞的艺术魅力，更多的是街舞艺术与这个落魄的城市底层人的生活格格不入，显得滑稽可笑，引发电视观众阵阵嘲笑。而表演者小新，也成了一个低俗不堪的无赖形象。

四、 电视新闻中城市弱势群体形象报道偏差的原因

（一）长久以来的刻板印象，个别恶性事件以偏概全

李普曼在《舆论学》一书中已经指出：媒介所呈现出的世界在人与他的环境之间插入了一个"拟态环境"，而当我们无法真实地接触到某一群体时，人的行为实际上是对"拟态环境"的反应。但是这种行为的结果并不作用于媒体所提供的"拟态环境"，而是作用于行为发生地的现实环境。其结果是恶劣的，一旦受众从电视新闻对城市弱势群体的污名化报道中得到一个糟糕的刻板印象，在现实环境中城市弱势群体必然受到歧视性对待。

电视新闻人在制作过程中，受个人主观因素对城市弱势群体长期的刻板印象的影响，在报道中就会不自觉出现对背篼及弱势群体的形象定位。此外，我国媒体正处于走向市场的过程中，在传播方式上逐渐实现了从"以传播者为中心"到"以受众为中心"的转变。当媒体与资本结盟后，资本直接影响传媒的编辑方针和新闻报道的价值取向。媒体行为的最高原则非常简单：收视率、收听率或销量＝利润。而背篼等弱势群体，他们在媒体

中没有发言的主动权，也没有能给收视率带来效益，因此制作者往往会从心理上忽视背箨群体，而去考虑受众，重视经济效益。

对某些弱势群体的个别暴力行为，违法行为的影响，加之社会舆论的导向作用，电视新闻容易出现以点代面，以个别归类群体，给背箨群体扣上不该有的罪名。同时，受众没有经过调查分析，背箨的负面形象却已经先入为主了，造成了对背箨等城市弱势群体的排斥和不相容的社会状况。

（二）片面追求高收视率，缺少人文关怀

我国城乡发展不平衡，经济及政策上的巨大差距，造成了对城市弱势群体的政策歧视和实际上的弱势地位，而城市弱势群体在新闻媒体中所谓的平等，也是缩水之后的自由和平等。电视新闻作为人民大众的新闻媒体，理应以广大的受众为出发点，但某些电视台为了追求高收视率，为了娱乐大众，迎合受众心理需求，于是利用某些个别弱势群体低俗化卖弄自己，来赚取他人的眼球的心理，赚取节目收视率，就目前的大众媒体而言，无论是报纸还是杂志，都是以都市主流人群为目标受众；电视新闻的受众定位也都是市民或白领，服务于城市弱势群体这一弱势群体的栏目越来越少，受众定位有明显的城市化、白领化、年轻化趋势。因此当代的大众传媒无论是在运营宗旨上，还是在传播信息的内容和形式上，绝大部分都是针对城市目标受众的需要进行制作，而背箨等城市弱势群体，在新闻报道过程中就被沦为了娱乐大众，扭曲形象的牺牲品。

电视新闻是大众的话语平台，但现代电视媒体追求报道效果，而忽略了电视节目，新闻节目的人文关怀，致使在电视新闻中，出现对弱势群体形象的歧视，歪曲，节目冷漠，没有从广大的弱势群体出发，考虑他们的感受，没有顾忌弱势群体的形象和利益。对城市弱势群体的忽略一旦形成，弱势群体对城市的排异性加大，对城市的冷漠感也将更加严重，如此恶性循环，城市的融合性变差，社会的和谐又从何做起？

（三）报道深度欠缺，过于表面化

在过去电视新闻对城市弱势群体的报道中，大多还停留在播新闻的形式，只是浅显地提及和简单地叙述，并没有如报纸新闻、网络新闻一样，对城市弱势群体进行一个全面的，系统的深度分析，使受众对弱势群体与我国城市发展现状中发展不平衡，贫富差距大，社会不稳定等因素有一个全面的认识。同时电视新闻的报道时间也比较短，没有充分利用到电视新闻广阔的传播力，发挥好自身的优势。对于某些关于城市弱势群体的政治新闻，政策法规，也只形式性的走过场，并没有做到给受众解说，剖析相关的利害关系，给受众，给弱势群体一个很好的自我对社会环境，社会政策的理解和认知。

城市弱势群体在新闻媒体，尤其是电视媒体中形象的模式化，与电视新闻对它鲜少的报道，浅显的报道方式有着重大关系。长此以往，受众对城市弱势群体的认知没有得到很好地纠正，形象得不到改观。而弱势群体在电视新闻中的淡化，不存在，则会引起城市弱势群体在电视媒介中的失语，他们的生存状态被忽视，信息被屏蔽，也将面临着在社会中的失语，影响社会和谐与安定。

五、优化电视新闻中城市弱势群体形象报道的策略

（一）转变观念，正确看待弱势群体

电视新闻不仅要符合国家的宣传政策及法律法规，还要有是非观念、伦理观念，让电视观众可信。电视新闻报道一旦丧失了真实性，也就失去了价值。在当前的中国社会，不同群体之间的沟通不畅，污名化和客体化的"他者"建构初期成为一种"刻板印象"，长期形成"文化偏见"。如果这种"文化偏见"固化为日常生活的一部分，会扭曲公众正常的认知。因此，电视新闻对城市弱势群体进行污名化报道，将直接影响受众的认知，激发潜在风险，放大原有风险甚至导致新的风险，最终有可能导致大规模的社会排斥和群体抗议。因此电视新闻从业者在电视新闻的报道中，要立足事实，从观念上转变对城市弱势群体的看法，试着去走进他们的生活，理解他们的不易，体谅他们从乡村到都市的艰辛，从内心深处去对弱者给予同情和关心，真正地做到倾听弱者的声音，时刻把握社会公正的天平。这不仅是对编辑记者学识和观念的要求，更是一个具有社会责任感的媒体必须具备的素质，是媒体的职业伦理。

从新闻学研究的视角出发，城市弱势群体电视媒介形象日益污名化。大众传媒中的城市弱势群体形象都不是他们自主表达与建构起来的，而是由城市主流人群形塑出来的，是需要帮助、拯救的对象，而非权利主体。对待弱势群体中的个别不良的社会现象，电视新闻应公正客观的去报道，不能为追求新闻价值和收视率，而对事件大肆渲染，模糊受众视线；也不能以点概面，以偏概全，一概而论，因个案而给这些没有掌握媒体话语权的弱势群体带上帽子，贴上标签。

（二）加大对城市弱势群体的关注，注重人文关怀

电视新闻作为社会的重要媒介，应该体现出自身价值，在现实中反思电视新闻自身行为，不能只站在受众的角度，只重视上层都市人的生活，而应该多关注一下城市弱势群体，为包括城市背篓在内的弱势群体的发展提供传播渠道，同时也借助电视新闻媒体广大的号召力，呼吁社会多关注背篓等城市弱势群体，让大众都能更多地去理解背篓，理解弱势群体，让他们在给城市的发展和建设中，拥有一个可以生存的空间，感受到社会带来的关爱。

媒体在新闻报道中要注入人文关怀。"人文关怀就是关怀人的灵魂，是对人的自觉意识的追求，是对人自身自由的关怀与追问。"传媒不仅是信息的传播者，也是人文精神的体现者、倡导者和重要载体。大众传媒在向受众传播与弱势群体有关的信息时，应以弱势群体为中心，不仅要真切地关心他们的物质生活情况，还应关心他们的精神文化状况。新闻工作者在报道中要抛弃过去那种只是一味的对弱势群体贫困的生活状况的渲染，以获得广大受众的同情；或者是报道与他们相关的负面新闻。媒体从业者应对他们的心理感受，精神文化需求给予关注和报道，帮助他们进行人格上的塑造，以促进城市弱势群体的全面发展。

（三）深入对城市弱势群体的报道，正确引导舆论

对弱势群体的报道，要精心策划，不能只是简单的描述问题，以博取人们的同情，要强化报道的内涵，丰富报道的形式，深化报道的内容，让受众能够真正地去认识，理解城市弱势群体，做到从思想和行为上去关心他们的生存现状，而不是不再排挤，歧视。城市弱势群体是构成电视新闻广阔的受众群之一，电视新闻一旦不顾城市弱势群体的呼声，真真完全地失去这个潜在的巨大市场，对于电视新闻来说，也是一个巨大的损失。

电视新闻作为党和人民喉舌的媒体，必须义不容辞地承担起激励社会变革、传播先进文化、鼓舞亿万民心的历史使命；在社会中起到要对受众，对社会舆论起到一个很好的导向作用，才能面对蓬勃发展变化的现实。媒介的责任、媒介的权利和媒介的利益，都不允许电视媒介对城市弱势群体视而不见、正确对待和报道城市弱势群体，是我国实现全面发展的重要内容，也将带来电视媒体自身的进步。

在近几年政策调整与社会语境的变化中，社会弱势群体在电视新闻中形象逐渐有所改善，他们作为城市建设者和贡献者而不是破坏者和索取者的形象日益突出，而且，媒体对于这个群体的道义支持和舆论支援的力度越来越大。这种变化无疑是正向的，反映出舆论错位的社会修复与媒体偏见的自我校正的良好趋势。但城市弱势群体在新闻媒体电视新闻中的形象固定化现象，依然时有发生。大众新闻媒体应该扭转自身态度和报道角度，更多地从实质上去理解背篼，理解城市弱势群体，不仅能给社会的发展带来正能量，也有利于电视新闻业的全面进步。

主要参考文献：

[1] 王思斌 . 社会工作导论 [M]. 北京：北京大学出版社，1998.

[2] 田新强 . 贵阳市农民工生存状况调查分析 [J] . 贵州财经学院学报，2005（5）.

[3] 哈洪颖 . 贵阳市"背篼工"及权益保护问题研究——以花溪区为例 [J]. 理论与当代，2005（5）.

[4] 杜哲 . 浅析十八大后电视新闻节目的变化与创新 [J]. 新闻爱好者，2013（4）.

[5] 杜洁思 . 对新闻报道中弱势群体的思考——由媒介对城市农民工的传播偏向谈起 [J]. 经济论坛，2008（23）.

[8] 俞虹 . 当代社会阶层变迁与电视传播价值取向 [J]. 现代传播，2002（6）.

[10] 王春光 . 农民工：一个正在崛起的新工人阶层 [J]. 学习与探索，2005（1）.

[11] 俞书婷 . 浅析新闻报道的平民化视角 [J]. 新闻传播，2012（11）.

《贵州日报》留守儿童报道的分析

胥宇虹　　石海波

近年来，我国农村大量青壮年劳动力涌入东部沿海发达城市，农村留守儿童日益增多，留守儿童问题也日益凸显并受到重视。各大媒体给予关注，纸质媒体也不例外。留守儿童问题主要表现在认知偏差、人际交往以及心理健康等方面，报纸媒体也加大了对留守儿童问题的报道，报道角度有社会群体和个人举办的爱心公益活动、政府和学校实施的政策措施、留守儿童的生活和学习以及心理健康等内容。报道的方式也不再是单一的文字新闻，而是运用图文结合的方式，报道体裁多种多样，消息、通讯、评论、深度均有呈现。贵州省经济相对较落后，外出务工人员不断地增多，留守儿童成为社会主义新农村建设急需解决的大问题。《贵州日报》作为党报，关于留守儿童的报道具有积极作用。一方面通过客观、全面、真实的报道，将留守儿童的生活学习各方各面呈现给受众；另一方面起到引导、倡议和监督的作用，对这一问题的解决，意义深远。但是，在报道数量增加的同时，也存在模式化报道现象。在报道内容上，主要以倡导关爱留守儿童和宣传政府学校政绩为主；在新闻报道体裁上，以消息居多，评论和深度报道过少；在报纸版面呈现上，主要以文字新闻为主；在报道立场上，正面报道占据大多数，负面报道几乎没有。《贵州日报》作为党报除了客观、真实和全面报道之外，还应该肩负社会责任，增加人文关怀，远离模式化报道，追求创新报道的同时，起到引导和监督的作用，为政府解决相关留守儿童的问题提供更多、更大的帮助。

一、留守儿童和留守儿童报道现状

（一）留守儿童现状

所谓留守儿童，是指年龄在十八周岁以下、留在家乡、不能随外出务工经商或从事其他活动的父母在一起共同生活的未成年人。据全国妇联儿童工作部于 2009 年 5 月 26 日在北京举行的"2009 年度关爱农村留守流动儿童家庭教育系列活动启动仪式"上获悉，中国农村目前留守儿童数量超过5800 万，其中 57.2% 的留守儿童是父母一方外出，42.8% 的留守儿童是父母同时外出。留守儿童中的 79.7% 由爷爷奶奶或外公外婆抚养，13% 的被托付给亲戚或朋友，7.3% 的不确定或无人监护。处于我国西部的贵州省，经济欠发达，是劳动力输出大省，留守儿童数量也居高不降，留守儿童问题严重。

留守儿童无法与父母生活在一起，存在着一系列的问题。在教育方面，缺乏家庭教育，监护不力，容易导致留守儿童厌学和辍学；在生活方面，留守儿童与爷爷奶奶生活在一起，疏于照顾，缺乏抚慰；在心理上，容易产生自卑心理，孤独无靠，甚至厌恨父母。这些问题伴随而来便是留守儿童犯罪、辍学等严重后果。例如，中国安徽太湖一个 12 岁少年祠堂边自缢身亡，留下遗书称想念外出打工的父母，自缢前深情吻别陪伴自己的爷爷。贵州省毕节五个流浪儿童在垃圾箱里生火取暖导致悲剧发生。

（二）留守儿童报道现状

目前，报纸媒体对于留守儿童的报道，报道角度有社会各种帮扶公益活动、政府和学校政策措施、留守儿童的生活和学习、留守儿童心理健康以及人物专题等方面内容。新闻报道的体裁也多种多样，有消息、通讯、评论和深度报道。呈现给读者的不再是单一的文字，图文结合也常常在报纸中出现。

"走转改"之后，越来越多关于来自于贫穷落后山村的留守儿童的报道，给受众呈现了我国留守儿童的生活和学习各方各面。媒体也不在是简单地报道新闻，告知信息，而是通过报道引导社会舆论，倡议更多的社会人士关心和关爱留守儿童。

然而，报纸媒体对于留守儿童的报道，存在模式化报道现象，存在的不足表现在：对留守儿童的关注不均衡；新闻报道角度单一；缺乏深度报道；缺乏新闻图片和负面报道。

二、《贵州日报》留守儿童报道的数据统计

本文通过内容分析法和文献调查法，分析《贵州日报》留守儿童报道是否存在模式化报道现象，是否存在不足之处。以《贵州日报》为例，主要是基于贵州省是我国劳动力输出大省，留守儿童人数多，问题复杂，而《贵州日报》作为党报，受众面广，阅读者多。笔者在网上检索了《贵州日报》自 2009 年 8 月 1 日至 2012 年 7 月 31 日三年来关于留守儿童报道的新闻文章，三年里，涉及留守儿童报道的新闻众多，一共有 144 篇报道。所选择的新闻文章，是将留守儿童作为报道重点，而不仅仅是涉及或提及留守儿童。下面将从报道数量随时间的变化、报道角度、新闻体裁、报道呈现方式等方面进行数据统计，所有的数据均是笔者通过查阅并整理得来。

（一）关注程度：报道数量随时间变化数据统计

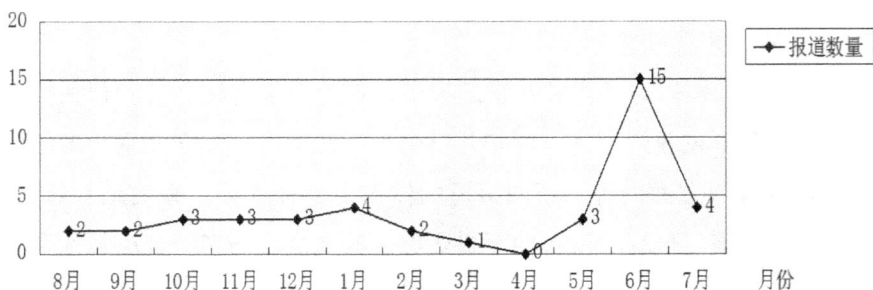

图 1　2009 年 8 月至 2010 年 7 月各月报道数量

图 1 显示的是《贵州日报》从 2009 年 8 月 1 日至 2010 年 7 月 31 日，一年中关于留守儿童报道随时间变化的统计图。从图中，可以很清楚地

看出，2009 年 8 月至 12 月各月的报道篇数分别为 2、2、3、3、3 篇，而
2010 年 1 月至 7 月各月的报道篇数分别是 4、2、1、0、3、15、4 篇。在
报道数量上，一共有 42 篇，各月的篇数除了 2010 年 6 月份之外，其他的
月份起伏不大。2010 年 6 月报道篇数为 15 篇，明显多于其他月份，显然
这是受六一儿童节的影响。除了 2010 年 4 月之外，其他月份均有对留守
儿童的报道，说明《贵州日报》对留守儿童的关注程度基本持续。

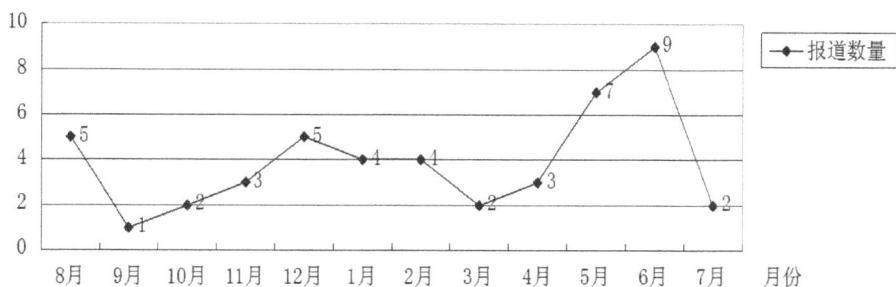

图2　2010 年 8 月至 2011 年 7 月各月报道数量

从图 2 可以看出 2010 年 8 月 1 日到 2011 年 7 月 31 日，《贵州日报》
留守儿童报道的篇数一共为 47 篇，每一个月均有报道。报道篇数最多的
月份与上年一样是 6 月份，6 月份报道了 9 篇，报道最少的是 9 月份，只
有 1 篇，相差 8 篇，较之上一年，这一年的报道起伏大。

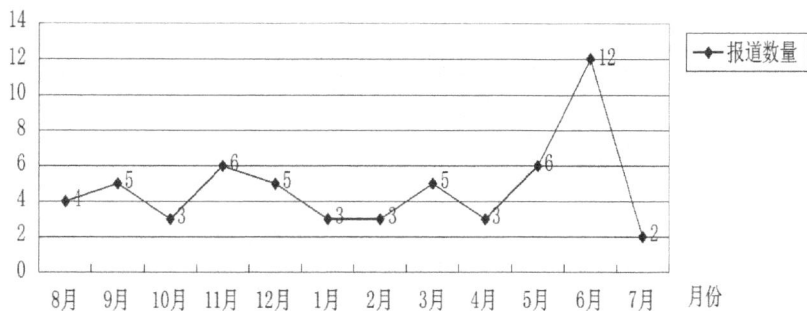

图3　2010 年 8 月至 2012 年 7 月各月报道数量

图 3 显示的是《贵州日报》从 2011 年 8 月 1 日至 2012 年 7 月 31 日，一年中关于留守儿童报道随时间变化的统计图。从图中可以很清楚地看出，2011 年 8 月至 12 月各月的报道篇数分别为 4、5、3、6、5 篇，而 2010 年 1 月至 7 月各月的报道篇数分别是 3、3、5、3、6、12、2 篇。在报道数量上，一共有 55 篇关于留守儿童的报道，较之前两年，均有增加，不过与前两年一致的是，六月份依旧报道篇数最多。

表 1　2009 年 8 月至 2012 年 7 月三年报道篇数比较

时间	篇数
2009 年 8 月至 2010 年 7 月	42
2010 年 8 月至 2011 年 7 月	47
2011 年 8 月至 2012 年 7 月	55

表 1 显示，2009 年 8 月 1 日至 2010 年 7 月 31 日：42 篇；2010 年 8 月 1 日至 2011 年 7 月 31 日：47 篇；2011 年 8 月 1 日至 2012 年 7 月 31 日：55 篇。

（二）报道角度数据统计

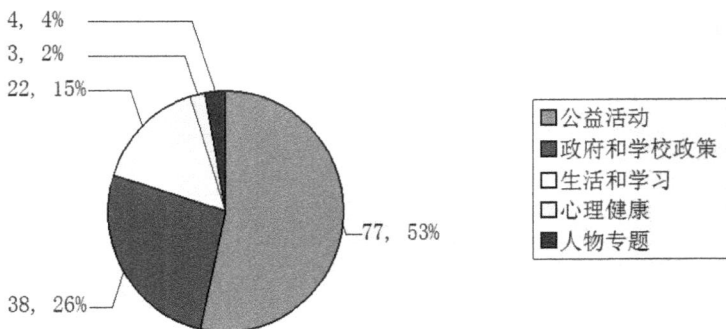

图 4　2009 年 8 月至 2012 年 7 月报道角度比例

在抽样中的 144 篇关于留守儿童的报道，报道角度上主要分为社会爱心公益活动、政府和学校政策措施、留守儿童的生活和学习、留守儿童心理健康以及人物专题。图4显示，144篇报道中，社会帮扶公益活动最多，一共77篇报道，占了53%；政府和学校政策38篇，占26%；留守儿童的生活和学习22篇，占15%；留守儿童心理健康3篇，占2%；人物专题4篇，占4%。

（三）新闻体裁的数据统计

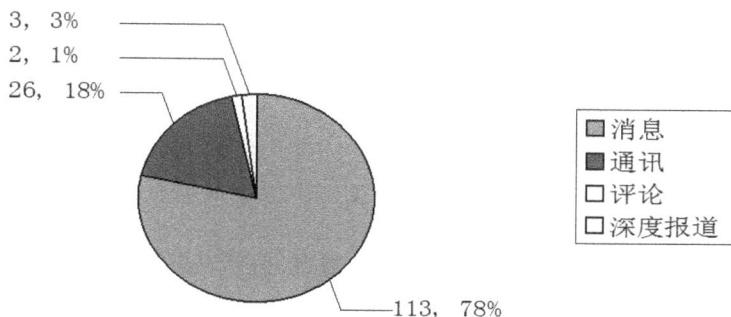

图5　2009年8月至2012年7月新闻体裁比例

2009年8月1日至2012年7月31日，在144篇报道中。《贵州日报》选择的新闻报道体裁，主要有消息、通讯、评论和深度报道。从图5可以看出，消息报道有113篇，占78%；通讯报道有26篇，占18%；评论文章有2篇，占1%；而深度报道有3篇，占3%。

（四）新闻报道的呈现方式和正、负、中性报道数据统计

表2　新闻报道的呈现方式

报道呈现方式	篇数	比例
文字新闻	115	80%
图片新闻	0	0%
图文结合	29	20%

在144篇报道中，主要是以文字新闻居多，一共115篇，占80%；图片新闻几乎没有，这也与纸质媒体的特点有关；而图文结合的新闻有

29 篇，占 20%。

表3　正、负、中性报道

报道	篇数	比例
正面报道	136	94%
中性报道	8	6%
负面报道	0	0%

从表3可以看出，《贵州日报》关于留守儿童的报道以正面报道为主，一共有136篇，占94%；负面报道0篇；中性报道为8篇。占6%。

三、《贵州日报》留守儿童报道的数据分析和结论

（一）模式化报道现象

模式化意味着存在相对统一的标准、制作流程以及表现方式。在新闻领域中，模式化新闻是指在一定的新闻思想指导下构建的表达新闻事件的基本稳定的程式或方式，具体表现为新闻业务的执行标准、新闻作品或产品的构造样式以及语言形式等。模式化报道对于新闻而言没有活力，缺乏社会责任。

从上面的数据统计，可以明显的看出，《贵州日报》留守儿童的报道存在着模式化报道的现象。主要表现在以下四个方面：第一，从2009年8月1日至2012年7月31日，报道篇数随时间变化的图中，可以发现每一年的六月份报道篇数最多，分别为15、9和12篇，高于其他所有月份。笔者认为，这是与六一儿童节相关，媒体在儿童节这一天将重心转移到儿童身上，自然而然也就会加大对留守儿童的报道；第二，在报道角度的选择上，《贵州日报》近三年的144篇报道中，社会公益活动和政府学校政策一共有115篇，占79%，而关于留守儿童的心理健康报道力度不够；第三，在新闻体裁的选择上，消息为主，深度报道与评论报道只占4%;第四，

正面报道与负面报道的比例悬殊大，主要是宣扬社会关爱的功效成果。

（二）《贵州日报》留守儿童报道的不足

通过对《贵州日报》2009年8月1日至2012年7月31日关于留守儿童报道的分析，我们可以看出在报道的数量分布、报道角度选择、报道方式以及新闻体裁上都存在一些不足，可以归纳为以下几点：

1. 对留守儿童的关注不均衡

分析图1、2、3，可以得出三个结论：首先，从数据上，除了2012年4月份没有报道之外，其余月份均有对留守儿童的报道，可见，《贵州日报》对留守儿童的关注度很高；其次，三年里，每年的六月份关于留守儿童的报道篇数最多，说明对留守儿童的关注不均衡，集中在六一儿童节；最后，三年的报道篇幅不断增多，分别是42、47、55篇，《贵州日报》加大对留守儿童的报道力度。

笔者在查阅资料的时候，发现这些报道主要集中在7版的科教文卫新闻上。六一儿童节是儿童的节日，大部分的媒体都将焦点放在儿童身上，加大对留守儿童的报道，也是理所当然，能够在当天引起读者的广泛关注，达到引导受众关爱留守儿童的效果。然而，正是因为六月的关注度过高，与其他月份形成反差，往往让人忽视这一群需要帮助的弱势群体。

2. 报道角度单一

在抽样中的144篇关于留守儿童的报道，通过分析数据，社会帮扶公益活动最多，一共有77篇报道，占了53%；政府和学校政策38篇，占26%；留守儿童的生活和学习22篇，占15%；留守儿童心理健康3篇，占2%；人物专题4篇，占4%，可见报道角度单一。

现代社会中，新闻媒介与舆论之间建起一种天然的、密切的关系。新闻事业除了具有沟通情况，提供信息最基本的功能，还具有进行宣传，整合社会以及实施舆论监督的功能。

社会公益活动和政府学校政策报道占据79%，主要是发挥媒介的社会功能，可以在很大程度上宣传社会主义精神文明建设的相关政策，使更多的人投入到这一事业中去，有利于留守儿童得到更多的帮助和关爱。但是留守儿童实际生活方面的一些困难和在成长过程中遇到的一些挫折，却没能引起媒体的高度关注。

在公益活动的报道上，分为两个方面。一方面是六一儿童节以及其他节假日社会各单位和人群看望留守儿童，关爱和慰问留守儿童；另一方面是企业和个人的捐款活动。而政府和学校政策报道，针对留守儿童的具体情况，修建留守儿童学校、制定留守儿童代理"父母"、购买留守儿童校车等政策措施。留守儿童问题不仅仅存在于生活缺乏物质和教育不足上，心理健康以及缺爱的问题不可忽视，然而，《贵州日报》在这方面的报道篇幅较少，存在不足之处。

3. 缺乏深度报道

在 144 篇报道中，《贵州日报》选择的新闻报道体裁，消息报道有113 篇，占 78%；通讯报道有 26 篇，占 18%；评论文章有 2 篇，占 1%；而深度报道有 3 篇，占 3%。从数据上，得出结论：在 144 篇报道留守儿童的文章中，主要以消息为主，深度报道和评论所占比重过小。

消息是一种传递迅速、文字简明的事实信息，是新近发生的、有价值的事实报道。消息作为一种最广泛、最经常采用的新闻体裁，往往只报道事实的概貌而不必讲述详细的经过和细节，以简要的话语迅速传播新闻事实。消息具有真实准确、讲究实效和短小精悍等特点。在报道留守儿童问题上，以消息为主，传播动态新闻，将新闻事件及时地呈现给受众。上面提到报道角度主要以社会关爱留守儿童为主，所以在一定程度上也就决定了消息的新闻体裁。

然而，消息只能讲述事件的大概，往往导致报道只停留在浅层次上。留守儿童父母的外出原因探究、父母外出给留守儿童带来的伤害、留守儿童现状应该如何进行科学地解决等深层次问题，显然消息体裁就不能满足。深度报道和评论通过对事情的全方位的分析，触及到问题的方方面面，挖出出现问题的原因及其对策，这才是留守儿童报道所急需的新闻体裁。

4. 缺乏新闻图片和负面报道

在 144 篇报道中，主要以文字新闻居多，留守儿童的报道以正面报道为主。现今纸质新闻已经不再局限于文字，许多新闻甚至通过图片的冲击吸引和感染受众，从而达到传播的效果。在查阅资料时，笔者发现以消息为主的新闻配图较少，而通讯类新闻常常配有图片。图片新闻在纸质媒体中常常有局限，但是图文结合已经成为国内很多报纸选取的一种报道方式，它将文字和图片并重，将各自的优势发挥出来。如果只是仅仅选择文字新闻，就很难将留守儿童生活的环境以及存在的问题，一针见血地呈现给读者，文字新闻往往也比较容易淡忘，不能产生视觉冲击。

正面报道主要有报道事物的光明面、积极面，着力宣传先进文化，鼓舞和启迪人民群众奋发进取，从而鼓舞人民信心，投身建设，推动社会进步的作用。适当的正面报道可以把握正确的舆论导向，利国利民。但是，如果只是一味地追求正面报道，就很难深层次地挖掘问题的关键所在。而负面报道往往能起到弥补的作用，负面报道通过揭露社会的阴暗面起到预警的作用，对于某些问题的本质和本性报道意义重大。

《贵州日报》留守儿童的报道，以正面报道为主。宣传社会爱心集体和个人帮扶留守儿童，各种捐款活动以及政府学校针对留守儿童问题制定的政策和措施。一方面告知留守儿童的生活和学习需求，另一方面传达人文关怀，倡导社会人士积极关心和关爱留守儿童。但是，如果对于留守儿童的报道仅仅停留在正面报道上，就很难让受众和政府真正地了解留守儿童存在的问题。留守儿童远离父母，从小缺乏家庭教育，单方面依靠爷爷奶奶管教，容易力不从心。如今网络蔓延至农村，各种社会恶习诱惑不断，留守儿童缺乏自律，常常误入歧途。近年来，留守儿童厌学、辍学甚至犯罪的现象越来越普遍。

四、呈现模式化报道的原因分析

根据前面的数据分析，得出结论，《贵州日报》在报道留守儿童这一群体的过程中，存在一定的模式化报道现象。模式化报道现象的出现并不是因为《贵州日报》的新闻工作者不优秀，而是由于受到各方面因素的影响，主要归纳为以下四个方面。

（一）报纸媒体对留守儿童的形象存在着刻板认知

报纸媒体对留守儿童的形象存在着刻板认知，这种认知会将纷繁复杂的现象简单化与条理化。也就是留守儿童问题在人们看来就是远离父母，缺乏家庭教育，在物质上缺乏衣服和生活用品，生活困难，急需社会爱心人士关心和关爱，这也就导致媒体在进行报道和宣传的同时，潜意识地跟随大众理解的留守儿童。在公益活动和政府学校政策报道占 79%，也足以说明媒体主要是报道留守儿童的生活困难，宣传社会爱心价值观。如此一来，留守儿童问题的一些细节不容易被媒体重视，比如有一个留守儿童在他的作文里这样写道："一个人就是一个家，一个人想，一个人笑，一个人哭 ......"留守儿童问题解决的根本办法就是不存在留守儿童这样一种弱势人群，有了父母，他们也就不存在各式各样的问题。留守儿童的心理健康、内心孤单等问题，没有受到足够的重视，也就致使记者和编辑在报道留守儿童新闻时，潜意识地选择特定的主题。

（二）留守儿童报道信息缺失

留守儿童报道信息缺失，导致报道角度选择的单一。留守儿童的家大多数处在偏远的农村，一方面交通闭塞，信息传播缓慢，一些留守儿童的新闻事件就很难以最快的时间传递到新闻媒体手中；另外一方面，如今扎根基层农村的记者并不多，发生在农村的第一线索和第一手材料就很难得到。相反，关于留守儿童的帮扶公益活动和政府学校政策的新闻源很多，所以在报道这方面的新闻也就很多。

（三）报道角度单一决定体裁片面

留守儿童报道角度的单一决定了体裁选择的片面。在上面的数据统计中，不难发现关于留守儿童的帮扶公益活动和政府学校的政策报道数量大，由于这些报道角度适合于消息体裁，消息具有真实准确、讲究实效和短小精悍等特点，社会关爱留守儿童的新闻事件本身不具有复杂的情节，而且也没有必要深挖其中的意义，就能达到宣传和引导受众帮扶的价值观效果。所以，在 144 篇报道中，如此多的消息体裁新闻，也是在情理之中。而新闻体裁的选择也就决定了新闻的呈现方式，消息为主的新闻，只需要文字就能达到传递信息的效果，配图一方面纸质媒体的空间有限，另外一方面消息配图容易喧宾夺主。

（四）我国新闻体制的影响

在我国新闻体制的大背景下，我国的报纸媒体已经逐渐形成了以正面报道为主的报道风格。其实，留守儿童问题的负面报道主要集中在留守儿童犯罪问题、厌学和辍学问题、无人监护问题、生活困难问题等方面，这些问题在受众心中已经有了根深蒂固的存在。所以媒体在正、中、负面报道的选择上，经常以负面报道为辅，正面报道为重。例如：《贵州日报》在 2012 年 2 月份报道一篇叫作"印江志愿者开展关爱留守儿童活动"的消息新闻，在新闻结尾处，一名受到帮扶的留守儿童胡柳说："爸爸妈妈又出去打工了，只有我和奶奶在家，大哥哥和大姐姐们这样关心我，我非常谢谢他们！"显然，父母出去打工，留守儿童与爷爷奶奶在家，缺乏关爱与家庭教育是负面的问题，但是志愿者帮扶，关心和关爱留守儿童，就是正面报道，而新闻标题就告诉我们，这是一个关爱活动，媒体报道也是侧重帮扶，属于正面报道。所以，《贵州日报》偏向正面报道，除了受到我国新闻体制的影响，也有新闻事实本身这一个因素的影响。

五、对留守儿童报道不足提出的相关对策

留守儿童问题需要凝聚社会力量，对症下药，同时解决留守儿童问题也是一个长期的过程，不可能凭单方面的力量，也不可能一蹴而就，媒体作为政府和人民的喉舌，在留守儿童问题上，肩负着社会给予的重担，需要承担责任。

（一）远离模式化报道，注重传播效果

1. 报道角度上，囊括留守儿童的方方面面

事物不仅仅只有一面性，我们需要辩证统一的看待问题。留守儿童的报道不应该停留在社会关爱这一点上，况且社会关爱的报道已经取得了显著的成效。在报道社会爱心帮扶的同时，也应该看到留守儿童其他方面的事情。南方沿海某省一项调查显示，19.6% 的留守儿童觉得自己不如人，11.4%觉得自己受歧视，9.5%有过被遗弃的感觉。北方某省的一项调查显示，在青少年犯罪中留守儿童所占比例已高达 20%。可见，留守儿童的问题不仅仅是在物质的缺乏，心理的健康和精神的充实对于留守儿童的成长也是至关重要的。

只有对留守儿童进行全面有效地报道，才能让社会了解到留守儿童的方方面面，才能替政府有关部门提供解决留守儿童问题的切入点。相比于报道社会关爱留守儿童的公益活动，报道替留守儿童进行"一对一"心理咨询和"阳光列车与父母团聚"这方面的新闻，更能帮助到留守儿童的健康成长。

此外，并非所有的留守儿童都有问题，都缺乏快乐和关爱，有的留守儿童在爷爷奶奶的监护下，有自己的健康生活方式，取得优异的学习成绩，对未来充满信心。类似于这类留守儿童，媒体也可以给予关注，通过报道这类留守儿童，带动别的留守儿童。

2. 均衡新闻报道体裁，运用图文结合

通过上面的分析，消息这类新闻体裁受到媒体的青睐，然而留守儿童问题，仅仅依靠消息的报道，是远远不能深挖其中的连带问题，需要增加深度报道或者开专栏。深度报道是一种以深刻和全面为传播旨趣的新闻报道。它具有深刻性、广泛性、整合性和递延性特征，通过关注新闻事件的"过程性"，整合宏观、中观、微观各个层面的背景，剖析新闻事件现实与历史的关系，关注现实走向。留守儿童问题复杂而多变，需要具体问题具体解决。通过深度报道和评论专栏等报道体裁的运用，可以使人们对留守

儿童的认知推进一个层次，而不仅仅只是停留在表面现象。

从功能上来讲，通讯的感染力和感受性要比消息强烈，它甚至可以让人痛苦，让人伤感，让人落泪，也可以让人兴奋、雀跃、欢呼，而消息一般做不到。所以在加大深度报道的同时，应加大通讯体裁的报道。

现今的报纸受众已经习惯了阅读标题和浏览新闻图片，恰到好处地运用新闻图片，不仅不会取代文字，而且作为一种辅助，一方面给读者以视觉冲击，增加印象，另一方面帮助读者对新闻的理解。

3. 处理好正面和负面报道的力度

正面报道对于宣传爱心价值观和引导正确的舆论有着功不可没的作用，但是如果只是一味的正面报道，往往难以一针见血地挖出问题关键所在。负面报道在某些程度上，通过揭露社会阴暗面和批评错误形式作风，能够起到监督和约束的传播效果。留守儿童问题百出，如果媒体只停留在正面报道上，一方面不符合新闻本身的要求，另一方面也达不到传播效果。

贵州毕节 5 名留守儿童在垃圾箱里取暖导致死亡，一时间媒体将所用的目光都关注在这一事件上，最终导致有关人员受到处分，最重要的是事件报道不久，毕节就制定措施，逐一排查留守儿童，采取一对一帮扶措施。所以，负面新闻的报道，在某些程度上，能取得更好的传播效果。当然，也不能一味地进行负面报道，两者需要取得一个平衡点。

4. 加大对留守儿童的关注

随着城乡差距的拉大，越来越多的农民将选择进城务工，伴随而来的也就是产生越来越多的留守儿童。从抽样统计《贵州日报》近三年来的报道情况，基本上每一个月都有对留守儿童报道的新闻，但是平均下来一个月只有 4 篇报道，而且主要以短消息为主，需要加大对留守儿童的关注。

在抽样查阅资料时，笔者发现关于留守儿童的报道基本上集中在六一儿童节和其他的节假日，其余的时间，就比较少。留守儿童问题是一个长期的问题，留守儿童的新闻事件也是每天都有发生，因此，媒体需要持续并且加大对留守儿童的关注和报道。

（二）发挥媒体的主动性，实践"走转改"

留守儿童生活和学习都是在偏远的农村，交通不便，信息闭塞。媒体工作者应该发挥主动性，深入基层，才能在第一时间获得第一手资料，并尽快见报。记者应该提高自身的新闻敏感度，在没有新闻源的时候，主动发现新闻。同时，媒体也应该发挥主观能动性，除了简单地报道现象，还需要深入地进行分析，从各个角度给予受众阐述。如果只是等待新闻，或者是跟随领导慰问留守儿童，参加公益活动，然后写出来的新闻，难以打动人心。

"走转改"是"走基层、转作风、改文风"的简称。要求在增进同人民群众感情、提高服务群众的同时，回答解决好"为了谁、依靠谁、我是谁"的问题，继承弘扬新闻工作的优良作风，始终把社会责任放在首位。"走转改"要求记者坚持和发扬新闻工作的优良传统，从思想感情上、从工作作风上真正回到群众中，要求记者不仅要身入基层，更要心入基层。"一头汗两腿泥"才能写出好新闻，媒体工作者应该深入留守儿童之家，与留守儿童生活在一起，体会与了解留守儿童真正的需求，写出"短、新、实"的报道。

（三）联合其他地方媒体和新型媒体，加强报道力度

《贵州日报》作为贵州省的党报，应该起到带头作用，带动其他媒体以及地方党报一同加大对留守儿童报道的力度。留守儿童问题复杂，发生在留守儿童身上的新闻也是层出不穷，仅仅依靠《贵州日报》一家报纸是远远不够的，在人力和财力上都不能满足。但是，如果《贵州日报》与地方媒体联合，新闻线索共享，这样一方面不需要耗费大量的人力，另外一方面也可以体现新闻的及时性，而且各地方报纸加大对留守儿童的关注，形成自上而下的报道形式，地方媒体以消息为主的短新闻，而《贵州日报》推出深度报道和评论报道，这样的传播力度和效果就比较明显。

此外，随着科技的发展，互联网普及，报纸媒体的影响力已经受到冲击。视频新闻与文字新闻相比，视频新闻可以还原现场，使观众身临其境，对

于追踪报道更加具有视觉冲击力和感染力。近年来，手机新闻也受到广大受众的青睐。所以，报纸媒体需要与新媒体进行合作，资源共享，根据留守儿童新闻事件本身而选择媒体，或者是在某些重大新闻上，通过与电视、广播、互联网等媒体，一同报道，追求最好的传播效果。

（四）肩负责任，凝聚社会各部门解决留守儿童问题

我国的新闻工作路线是全党办报、群众办报，新闻事业是依赖于群众的需要而存在，满足群众需要是新闻工作的天职。不怕上告，就怕上报，这是在社会上流传很广的口头语，很形象地反映出新闻媒介开展舆论监督的巨大威力。可见，报纸媒体应该坚持为人民服务的办报方针，发挥舆论监督的作用。

《贵州日报》作为党报，不仅仅只是传播信息，而且还具有服务人民、宣传国家方针政策的责任。基于留守儿童问题的解决是一个漫长的过程，媒体需要步步为营的报道，不能操之过急。在报道的同时呼吁社会人士、单位集体关爱和关心留守儿童的健康成长，也要监督留守儿童的各项权益是否受到侵害。毕竟留守儿童问题不是单一的问题，是因为贫富的差距，导致父母外出务工，所以媒体也要给予农民工足够多的重视，相关部门出台相应缩小贫富差距的政策措施，最终得以落实，进一步减慢我国留守儿童人数的增长。

首先，通过加大对留守儿童的报道，挖掘出关于留守儿童的法律漏洞，协助司法部门，完善立法。一方面，留守儿童的权益需要法律给予保证，例如留守儿童的抚养和监护问题，留守儿童辍学问题，许多留守儿童无家可归，流浪街头，司法部门应该完善相应的法律，保护留守儿童健康成长。另外一方面，留守儿童犯罪问题也应该完善相应的立法，对留守儿童保护的同时也对其约束。

其次，联合社会各单位，开展一系列关爱留守儿童的活动。媒体可以联合留守儿童所在的村委会或者是学校，举办留守儿童心理咨询和捐助活动，此外，通过媒体呼吁，社会上的志愿者和爱心单位对留守儿童进行一

对一的帮扶，对于留守儿童的健康成长意义重大。"爱心直通车"帮助留守儿童与父母相见，笔者认为这样的活动，留守儿童可以得到父爱母爱的心理满足，而且也教育了父母，在追求金钱的同时，不能忘记对子女的关心和教育。

最后，媒体应该监督帮扶和政策落实过程，增加人文关怀。在报道社会公益活动和政府学校政策时，媒体一定要坚定为人民服务的立场，敢于用事实说话，监督政策是否普及到留守儿童手中。留守儿童作为弱势群体，替留守儿童说话，彰显媒体的人文关怀，通过新闻的报道，引导社会舆论偏向留守儿童的健康成长，呼吁越来越多的人关爱和关心留守儿童，同时为政府提供解决留守儿童问题的相关意见。

留守儿童的报道不能仅仅只停留在社会关爱这一个层面上，新闻媒体也不能仅仅依靠消息报道，应该一切从群众出发，坚持为人民服务的宗旨，肩负社会责任，远离模式化报道，充分发挥媒体的传播功能，协助相关部门从根本上解决留守儿童的问题。

主要参考文献：

[1] 王乐文. 中国农村留守儿童超 5800 万　亲情饥渴致自卑懦弱 [N]. 人民日报，2011-8-18.

[2] 马连湘. 模式化新闻的表现及形成因素分析 [J]. 新闻爱好者，2010（2）.

[3] 欧阳霞. 新闻采访与写作 [M]. 北京：清华大学出版社，2009.

[4] 符映珊. 相见，让父母不做"最亲近的陌生人" [N]. 南方都市报，2011-8-27.

[5] 裴显生，方延明. 新闻写作教程 [M]. 北京：高等教育出版社，2008.

[6] 陕文喜. 浅谈新闻体裁通讯与消息的区别 [J]. 山西师大学报（社会科学版），2012（4）.

民族地区政府形象的媒介传播研究

——以《人民日报》2007年—2013年对贵州的报道为例

吴海进　　吴　静

我国是一个统一的多民族国家，除了西藏、新疆、宁夏、内蒙古、广西这五个少数民族自治区外，贵州、青海、云南作为少数民族大量聚居的省份也受到了国家和公众足够的重视。

本文从主流媒体对少数民族地区政府形象的新闻传播状况入手，选取《人民日报》这一具有代表性的中央级报纸对贵州民族地区政府形象的相关新闻文本进行系统的分析。通过内容分析的方法，从新闻学、传播学等角度对十七大召开以后7年来《人民日报》对贵州民族地区政府形象的呈现进行研究，希望通过对《人民日报》中贵州民族地区政府形象报道的分析研究，了解《人民日报》是如何呈现以及呈现了一个怎样的贵州民族地区的政府形象，并提出相应的建议，从而为国内媒体在报道我国民族地区的政府形象提供有益的参考与借鉴。

一、政府形象和大众传媒

（一）政府形象的定义

1. 政府形象的概念

政府是代表国家社会公共权力的特殊组织，由于其特殊性，政府所表现出的形象更容易被人们所关注。政府形象是"政府这一巨型组织系统在运作中即自身的行为与活动中产生出来的总体表现与客观效应，以及公众对这种表现与客观效应所作的较为稳定与公认的评价"。通俗来讲，政府形象是指国家行政机关所实施的公共活动对社会公众所引起的主观和抽象的具体评价和整体印象，其实质是政府的客观状态在社会公众心中的投影。

政府形象是社会公众对政府主体的行为产生的一种主观认识，由于政府有广义和狭义之分，因而对政府形象也有广义和狭义上解读。广义的政府是指国家机构中构成立法、行政、司法等公共机关的总和，拥有社会公共权力，代表着国家的权威性。狭义的政府是指国家的行政机关，它是国家权力机关的执行机关。在我国，政府的形象常常是由执政党的形象所体现的，故在本研究中，政府形象包括党的形象和政府形象。

通常，人们一般采用的是狭义的政府概念。本文基于狭义的政府含义，来探讨政府形象的媒介传播问题。

狭义的政府形象是政府在实施公共行政管理活动中所体现出来的综合能力、施政方略、精神面貌、工作效率等给社会公众留下的一种主观上的总体印象和评价。

2. 构成政府形象的要素

对于政府形象的构成要素，虽然许多学者都各有其阐述，但多数是将政府形象的构成要素定义为既包括政府本身的客观实在和状态，又包含公众对政府的认知和评价两个方面。由此可知，构成政府形象的要素主要分为三个部分：

（1）政府行为

政府形象塑造的主体不是只包含政府机构和政府公务人员本身，更多的是政府在公共管理活动中的施政行为，因为公众对政府所产生的印象和评价主要是通过政府在社会公共事务中"做了什么"，并由这些作为所产生的结果形成的。政府和政府法人行为在社会大众心目中留下印象并由此形成政府形象，这说明政府可以通过提高其自身的综合素质和行政能力等积极主动地给公众留下印象，并达到提升良好形象的目的。

（2）公众认知

政府本身的行为是政府形象形成的首要条件，通俗来讲，如果政府行为是事件的"因"，那么公众对政府印象的评价则是事件的"果"，是公众对政府形象的主观意见。社会公众对当地政府的认知和评价是影响政府形象的塑造和行为的重要因素，也是本研究的主要内容之一。

（3）媒介传播

政府作为被认知的对象，其理念、行为和政策想要为广大公众所知，必须依靠媒介将其广泛传播。媒体好比连接起政府和公众的一座桥梁，既可以把政府形象的主体（政府的理念和行为）传播到认知主体（公众）那里去，又可以把公众的声音进行集中并反馈给政府，使政府形象达到塑造战略和控制实施紧密相连的目的；而政府的决策又会根据反馈结果做出适当的修正和改进，既增加政府公务的透明度，又能争取公众的信任和认同，改善和提升政府形象。

（二）大众传媒与政府形象的关系

1. 大众传媒是呈现政府形象的重要方式之一

在日常生活中，我们能够看到以不同方式呈现的政府形象，政府的行政管理、施政理念、各种机构以及社会公众等在一定程度上都会呈现出政府形象。但随着新兴通讯技术和大众传播的快速发展，大众传媒因其广泛迅速的影响力在呈现政府形象方面有着独特的作用。虽然大众媒体的主要任务是传递信息，但大众媒体通过文字、图片等符号的运用，在传递政治、经济、文化等信息的同时，在无形之中通过这些所传递的信息给人们呈现出了一个个政府形象。

2. 大众传媒影响受众对政府形象的认知

一般而言，我们在日常生活中所看到的信息是经过了媒介的筛选、处理、整合之后由大众传媒所传递出来的。这些处理过的信息不是完全意义上客观事物的真实再现，但受众会把这些处理过的信息当作是真实的客观现实，从而影响到受众对某一事物的认知。大众传媒在传播信息之外，还会通过文字、图片、版面等有形的符号表达自己无形的意见。大众媒体所呈现的形象直接影响了受众的认知。比如西方媒体对非洲和其地方政府的报道大多和"饥荒"、"战争"、"灾难"等负面词汇有关，导致在西方受众的眼中，非洲和其地方政府是一个充满了贫穷、落后、灾荒的地方。

大众传媒的支持与配合对塑造良好的政府形象发挥着关键性的作用。虽然树立政府形象是一个全面系统的工程，涉及到各个层面并受到多方面因素的影响，但大众传媒的传播塑造作用却是无法被其他途径取代的。政府通过大众传媒显示正面积极的形象，从而树立政府开放、开明、积极的形象，而政府的良好形象又促使政府对大众传媒赋予更多的报道自主权，鼓励其为维护社会的和谐作出贡献。

3.通过政府媒介形象看大众传媒形象

如果媒体收到政府政策的限制而不揭露政府的问题，肯定是有损于政府形象的，因为政府的问题摆在社会公众面前，媒体里只有正面宣传而不说问题，公众容易对政府产生逆反心理，政府形象也在公众心中大打折扣。既正面宣传又揭露问题，政府会在公众中树立起实事求是的良好形象。社会公众用自己的智慧去辨别传媒报道的政府新闻，从而在心中留下认知和评价。他们通过媒体传播的信息评价政府，也对信息的真实性来评价媒体的可信度。

（三）大众传媒对民族地区政府形象的呈现状况

我国是一个民族成分复杂的统一多民族国家，这样的国情决定了民族地区的和谐社会建设是构建我国社会主义和谐社会全局的重要组成部分。身处民族地区的各级政府是当地社会和谐发展的中枢，民族地区的政府形象建设关系和谐社会的构建全局。

1.民族地区政府形象依靠大众传媒塑造

民族地区政府形象的良好塑造除了自身的建设之外，与大众媒体的沟通互动是必不可少的手段和渠道。威尔伯·施拉姆从政治功能、经济功能、一般社会功能这三个方面对大众传播进行了总结，得出传播功能有社会雷达、决策与操纵、教育、娱乐这四种类型。

在施拉姆总结出的大众传媒的四大功能中，社会雷达、决策与操纵对政府形象的塑造有重大的影响。其中涉及到政府对社会的决策、预警、消除隐患等各种行为。如果政府能够充分有效地利用大众传媒的社会功能，并把它转化为树立良好政府形象的一部分，就会有效地提升政府形象，反之则会损害政府形象。

在一些重大社会危机面前，如果政府能够充分地利用危机，采取恰当的传媒公关处理政策，反而会收到良好的效果。比如说，2008年汶川大地震，中国政府通过央视等权威的大众传播媒体，以全天24小时直播的方式，及时、全面、深入、准确地向社会公众发布灾情和救灾的进展情况，国务院新闻办公室和四川省每天召开新闻发布会，及时准确地通报灾区的有关情况，其高效的信息渠道确保灾情在第一时间得到汇总。中国政府通过汶川地震危机方面的灵活处理，为自己创造了一个更加成熟、理性、务实的政府形象，并得到了中国人民和世界人民的认同。

民族地区的政府形象与大众传媒关系密切，依靠于使用大众传媒的传播功能，增强、建立民族地区政府的良好形象，是每个政府都应该重视的。在大众传媒中保持良好的民族地区政府形象，政府在贯彻实施各项政策和措施时，就很容易得到公众的理解和支持，从而达到施政的目的。

2. 民族地区政府形象影响大众传媒的发展

民族地区的政府形象是社会公众对该地区政府在社会公众事物中的整体素质、综合能力和施政业绩等表现在心中留下的认同和辨别，即，政府在社会生活中的知晓度和美誉度。它是作为行政主体的民族地区政府在作为行政客体的公民头脑中的有机反映，它能凝聚公众精神，使人们形成心理上的认同。产生这种心理认同，可以采用很多的方法，利用面向广大社会公众的大众传媒是能产生最大作用的。没有发达的传媒，民族地区的政府形象就不可能得到有效的塑造。因此，公开、开明的民族地区政府，想要提升自身的形象，实现走进群众、为群众办实事、办好事的目的，就应该制定一套行之有效又科学、宽松、合理的大众传媒政策，允许媒体按照新闻传播规律，以真实、客观、公正的立场树立大众传媒的公信力，使之为更好地塑造政府形象做出贡献。

民族地区政府形象在少数民族地方政治中发挥着重要作用，它影响着我国各地区的民族关系和民族政策的实施，也影响着各族人民之间的相互了解和交往。在民族交往互动中，要使少数民族同胞产生归属感，政府就要扮演指路人的角色，起到凝聚精神的中心作用。由于大众传媒具有在短时间、大范围内实现精神传播的特点，因而当仁不让地成为民族地区政府与少数民族人民中间的中转站。实际上，良好的民族地区政府形象其中的一个指标就是大众传媒的自由度。如果传媒的自由度较低，就会影响到政府形象的塑造，换言之，良好的政府形象包含相对宽松的媒介政策，允许传媒讲真话、说实话，这也有利于大众传媒的发展。

二、《人民日报》2007年—2013年对贵州民族地区政府形象的内容分析

（一）内容分析的设计

1. 目标媒体的选取

本文主要研究国内主流媒体对贵州民族地区政府形象的传播，从2007年至2013年，时间跨度为7年，由于其跨度较长，广播、电视等媒体的资料收集难度较大，故选择纸质媒体作为研究对象。本研究以《人民日报》作为媒体研究对象。《人民日报》作为我国政府的机关报，权威性和影响力在全国报纸中的地位是不言而喻的，它既是广大干部群众了解国内外重大新闻信息的重要载体，也是世界了解和观察中国最新变化的重要窗口之一。《人民日报》呈现的贵州民族地区政府形象在影响公众认知贵州方面有着重要的作用。

2. 样本时间的选取

本文将选取2007年至2013年共7年的《人民日报》纸质版（不包括海外版）中关于贵州省民族地区政府形象的报道为研究对象。包括消息、评论、通讯、图片、读者来信等。之所以选择 2007 年至 2013 年这一时间段，一是因为这段时间是十七大到十八大召开的过渡时期，在这个时期内可以观察《人民日报》对贵州省民族地区政府形象报道的变化，二是考虑到《人民日报》是国家机关党报，其中对贵州省民族地区政府形象的新闻报道可能较少，不利于数据材料的收集，研究对象的时间跨度拉大，能够更全面、细致地收集到第一手详细资料，对于论文的学术性和严谨性有重要意义。

3.分析单位的选取

本文主要通过人工阅读的方式翻阅《人民日报》2007 年 1 月 1 日至 2013 年 12 月 31 日内的所有报纸，收集所有内容涉及贵州政府形象的报道，体裁包括消息、通讯、特写等，共得到 279 篇文本，剔除与贵州民族地区政府形象无关的报道，如政策发布、信息发布等报道共计 102 篇，最终得到本研究所需样本 177 篇，样本利用率为 63.44%。之所以没有进行抽样，是因为《人民日报》上关于贵州民族地区政府形象的报道题材较少，为了确保研究的精确性，因此未对报纸进行抽样。

（二）数据分析

本文将对搜集到的样本从报道数量、时间分布等多方面进行统计，从而分析《人民日报》涉及贵州民族地区政府形象报道的特点。

1.报道总量及报道篇数时间分布

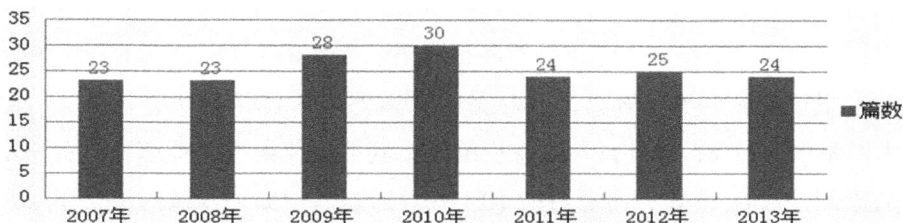

图 1 报道篇数时间分布图

从图 1 可以看出，2007 年至 2013 年，7 年的时间中《人民日报》涉及到"贵州民族地区政府形象"的报道一共 177 篇。这七年来，《人民日报》对贵州民族地区政府形象的报道数量虽然较少但也相对稳定，每年的报道数量都超过了 20 篇，其中到 2010 年时报道数量达到了一个高峰。2010 年春耕时，贵州受特大干旱的影响，农耕不能正常进行，《人民日报》在这段期间，高度重视贵州的受灾情况，在 4 月持续发布了多篇报道关注贵州各地的抗旱救灾进展情况。因而在这 7 年的报道中，2010 年的报道数量达到了一个高峰。

2. 报道媒体来源分布

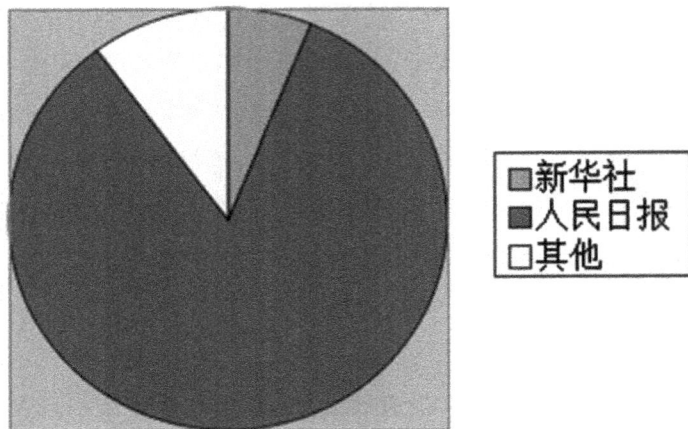

图 2　媒体来源分布图

从图 2 可以看出，人民日报的驻站记者是稿件的主要来源，在涉及贵州民族地区政府形象 177 篇的新闻报道中，媒体来源于《人民日报》驻站记者报道的新闻有 148 篇，占总量的 83.62%，来源于新华社的有 11 篇，占总量的 6.21%，此外，不可忽视的是，其他投稿渠道的报道也占有一定的比例，共有 18 篇，占总量的 10.17%。通过其他渠道投稿的报道主要是读者的来稿、地方宣传部来稿等，其中，有 16 篇来自读者的稿件被《人民日报》刊登在读者来信这一版面上，内容涉及贵州民族地区的地方政治、民生建设、经济发展、生态环境等内容，极大地丰富和充实了《人民日报》对贵州民族地区政府形象的报道内容。

3. 新闻体裁分布情况

表 1　新闻体裁分布表

体裁	消息	通讯	深度报道	特写	图片
数量	69	50	34	7	17
百分比	38.98%	28.25%	19.21%	3.95%	9.60%

　　从涉及贵州民族地区政府形象报道的新闻体裁看，消息占了较高的比例。在 177 篇样本中，消息体裁共计 69 篇，占总量的 38.98%，其次是通讯，共计 50 篇，占总量的 28.25%，再次是深度报道，共计 34 篇，占总量的 19.21%，图片报道共计 17 篇，占总量的 9.60%，特写共计 7 篇，占总量的 3.95%。从以上数据可以看出，《人民日报》倾向于用消息、通讯和深度报道、图片这几种体裁来对贵州民族地区的政府形象进行报道。

　　消息一般较短，虽然时效性强，但缺少深度和后期报道跟进，这就需要通讯和深度报道的深度和厚度来弥补。在 177 篇样本中，通讯共有 50 篇，深度报道共有 34 篇。通讯报道广泛分布在各个版面，与消息配合刊登，更全面充实了稿件可读性。50 篇通讯报道中，政治类的报道共有 18 篇，民生类的报道共有 16 篇，对经济的报道有 8 篇，对民族文化的报道有 3 篇，对教育和生态的报道各有 2 篇，对科技的报道有 1 篇。深度报道常常围绕党的方针政策和工作全局，结合实际的发展状况来采写刊登。《人民日报》34 篇对贵州民族地区的报道中，有 13 篇是对贵州政治生活发展情况的报道，有 9 篇是对贵州经济发展状况的报道，有 6 篇涉及到民生类的报道，对科技、生态和文化的深度报道各有 2 篇。

　　7 篇新闻特写中，主要是对民族地区政府典型公务人员的描写。2008 年贵州遭受百年难得一遇的凝冻雪灾，为抗凝救灾减少群众受灾损失，很多公务人员奔波在一线。《人民日报》特别对这些坚守在自己岗位上的公务人员做了人物特写，为贵州省民族地区的政府形象添上了浓墨重彩的一笔。

在 17 篇图片新闻中，有 5 篇刊登在头版上，有 6 篇刊登在仅次于头版的要闻版，从新闻体裁的内容上看，有 12 篇的图片内容是与地方老百姓生活息息相关的民生类，有 3 篇反映了当地民族地方的民俗民间文化，有 2 篇是对地方经济发展的报道。这些图片新闻直观地呈现出了贵州省民族地区的经济发展状况和社会生活状态，能拉近与读者距离，达到传播的效果。

由此看出，《人民日报》对贵州民族地区政府形象的报道，报道范围广泛，聚焦关注点明确，能够灵活运用各种新闻体裁对贵州省民族地区的政府形象进行传播。

4. 报道篇幅分布情况

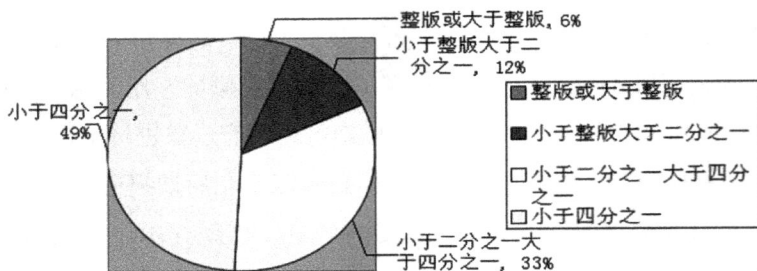

图 3　报道篇幅分布情况

报纸由于其版面的有限性，一条新闻在报纸上所占的空间即报道的篇幅说明了报纸对这条新闻的重视程度。由图 3 我们可以看出，《人民日报》对贵州民族地区政府形象的报道大多是小于四分之一篇幅的，共有 87 篇，整版或大于整版的相关报道出现了 11 次，小于整版大于二分之一的报道有 21 篇，介于四分之一版和半版之间的报道有 58 篇。

由此看出，在《人民日报》的整个报道版面中，中短篇的报道共有 145 篇，占总量的 81.92%，这些占据了大部分比例的中短篇报道中，有很大一部分是与贵州省民族地区政府形象相关的动态新闻，虽然有一定比例的通讯和深度报道，但由于报纸的版面有限，所占的篇幅数不是很多，因而中短篇报道在整个报道版面中占据了大多数。

5. 报道态度分布

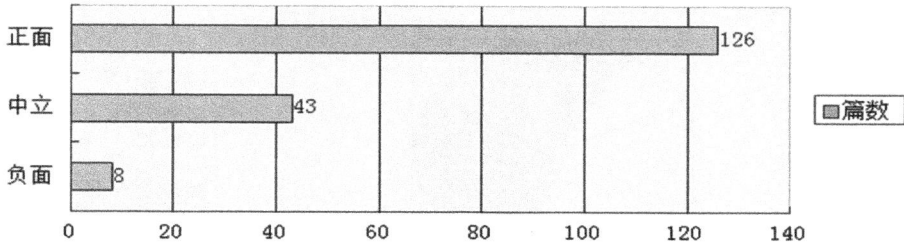

图 4　报道态度分布图

由图 4 可以看出，在 7 年的《人民日报》中，正面态度的报道占据了绝大多数，共计 126 篇，占总量的 71.19%，中立态度的报道 43 篇，占总量的 24.29%，负面报道 8 篇，占总量的 4.52%。

《人民日报》是我国的国家机关报，在某种程度上它对某个地区的态度能反应出国家在该地区的重视程度。近些年来，贵州民族地区经济发展迅速，特别是国发二号文件发布以来，贵州后发赶超，从政治、经济、科技、教育、文化等方面多管齐下谋发展，使贵州的经济发展状况进入了一个新台阶。《人民日报》在对贵州省民族地区的新闻报道中正面积极的态度，能够有利于贵州省的社会经济发展和民族安定团结，对于贵州省民族地区的政府形象传播有积极的作用。

此外，在《人民日报》对贵州民族地区政府形象的新闻报道中，负面态度的报道多来自人民日报在读者来信这一版面上刊登的报道，老百姓把对当地政府的意见和建议通过《人民日报》传递给地方政府，地方政府得到意见反馈后及时的修正完善，形成了政府、媒体、受众三方的良性互动。如 2010 年 9 月 21 日，《人民日报》在读者来信版刊登了贵州锦屏县老百姓对库区新路没有护栏的担忧，10 月 26 日，锦屏县人民政府将新路正在补建防护栏的信息刊登在读者来信版上，通过《人民日报》传播给广大受众。

6. 报道版面分布

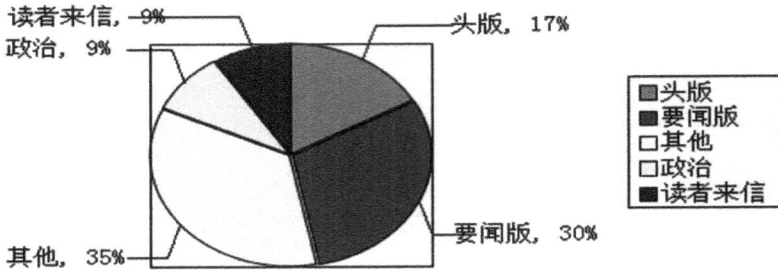

图 5　报道版面分布图

从图 5 上看，7 年来，《人民日报》对贵州民族地区政府形象的报道多在包括经济、文化、党建等在内的其他别的版面，共计 62 篇，占总数的 35.03%，但从独立的版面来说，多数出现在仅次于头版的要闻版共有 53 篇，占总数的 29.94%，出现在头版的 30 篇，占总数的 16.95%，出现在政治版和读者来信版的各有 16 篇，各占总数的 9.04%。

《人民日报》对贵州民族地区的政府形象报道广泛地分布在各个版面，但就版面的重要性来说，在头版和要闻版的分布所占的比重比较大。头版在整个报纸版面中有着绝对的优势，上面发布的报道多是时效性最强、重要性最显著的报道，其传播的效果能产生巨大的影响力，要闻版是《人民日报》中仅次于头版的版面，它也是读者阅读时关注的重点。

7. 报道主题分布

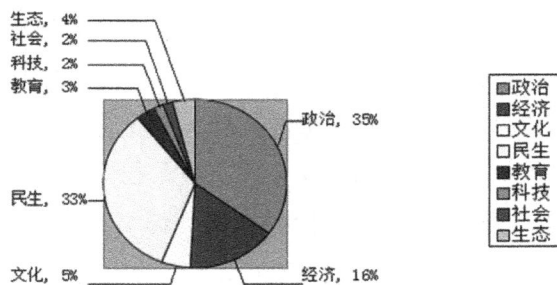

图 6　报道主题分布图

《人民日报》在贵州民族地区政府形象的报道主题上,涵盖了政治、经济、民生、文化、社会、科技、教育、生态等多个领域,从图6可以看出,在7年对贵州民族地区政府形象的报道中,对贵州政治和民生这两个领域的报道所占的比值最重,政治类的报道共有62篇,占总值的35.03%;民生报道共有59篇,占总值的33.33%。除了这两个领域以外,对贵州的经济报道也有占有较大的比例,其报道共有28篇,占总值的15.82%。而受贵州经济发展水平、地区民情等多方面因素的影响,其文化、教育、生态环境、社会生活、教育水平也受到了不同程度的关注,其中对贵州少数民族地区的民族文化报道共有9篇,占总值的5.08%,生态环境类的报道共有7篇,占总值的3.95%,教育发展情况的报道共有6篇,占总值的3.39%,而对贵州省民族地区的社会生活、科技发展的报道数量较少,各有3篇,各占总值的1.69%。

值得一提的是,《人民日报》对贵州民族地区政府形象的报道主题中,政治、民生、经济这三种类型的报道在《人民日报》的头版中所出现的概率较大。根据数据统计分析,《人民日报》对贵州民族地区政府形象的177篇新闻报道中,共有30篇分布在头版,其内容涵盖了政治、经济、文化、生态、民生等各个主题,其中政治类报道在头版的30篇报道中就占有9篇,经济类报道占有8篇,民生类报道更是占有了10篇,文化类报道和生态类报道各占1篇,这说明《人民日报》非常关注贵州省政治、经济和民生的发展情况。而头版在报道体裁上,《人民日报》共有15篇报道以通讯的形式对新闻进行了较为深度的挖掘,有10篇以消息的形式对新闻做了较简单的描述,有5篇以图片新闻的形式向受众直观地呈现了所报道的新闻内容。虽然这30篇在头版的报道只占177篇报道的一小部分,但头版在《人民日报》中的地位不言而喻,其时效性更强、国家的政策导向性更重、公众的关注度更高,其传播效果的影响力是巨大的。

（三）研究结果

1.《人民日报》对贵州民族地区政府形象报道的特点

（1）报道范围全面

通过研究发现，《人民日报》对贵州民族地区政府形象7年的报道，涵盖了贵州民族地区的政治、经济、文化、民生、教育、科技等方方面面，这其中，既有对宏观政策方略的深度描写，也有微观上对少数民族社会生活、民族民俗文化、老百姓生活发展变化的细微报道。报道范围的全面性能开阔读者的视野，将真实的贵州民族地区政府形象展现给公众，于"润物细无声"中把贵州民族地区的政府形象丰富充实地描绘出来。

（2）以正面报道为主

《人民日报》这7年对贵州民族地区政府形象的报道以正面报道为主，并不是刻意为之的。主要是基于国家经济发展状况和民族矛盾的变化考虑的。2008年以来，我国的民族矛盾常有摩擦，在国家大力发展社会主义现代化建设，构建和谐社会的今天，积极的民族地区政府形象是有利于国家和地区的社会稳定发展的。

但是，正面报道重视展示成果，对存在问题的揭露力度不足。这体现在两个方面：首先，在报道数量上，正面态度的报道占据了绝大多数，而持中立态度的报道一般不带有感情色彩，且批评性的报道数量较少，报道态度两极化程度严重；其次，正面报道多出现在头版和要闻版这样的重要版面，影响受众的认知。

（3）报道题材分布不平衡

从报道的题材领域上看，《人民日报》对贵州民族地区政府形象报道关注的领域冷热不均，对贵州民族地区政治、经济、民生的报道比重比较大，对民族文化、科技创新、生态环境保护及社会生活等的关注较少。

2.《人民日报》呈现的贵州民族地区的政府形象

（1）乐于服务群众的公务人员形象

贵州境内少数民族众多，民族民情复杂，想要建设一个让人民满意的政府，需要政府公务人员共同的努力。很多在基层的公务人员，在日常的工作中，能够做到尊重民俗民风，积极融入少数民族的生活环境中去，并为他们服务。在荔波县瑶山瑶族乡的工作的公务人员，结合当地的民情民俗，积极为群众服务，用自己的热心、细心和贴心受到了老百姓的欢迎；长顺县的领导干部常常下乡走访，力所能及地为老百姓解决实际困难，受到了群众的爱戴。《人民日报》对贵州民族地区政府公务人员的报道，塑造了民族地区公务人员乐于服务群众的良好形象。

（2）政府积极帮扶人民脱贫致富的形象

贵州地处我国西南地区的高原山地，地势西高东低，山高谷深，而贵州省的民族地区大多集中在地理环境偏僻、气候条件恶劣、道路交通不畅、经济发展较为落后的地区，且由于历史的原因，经济发展的起点较低，经济发展速度较为缓慢，经济发展水平较低。贵州民族地区政府一直致力于发展经济，脱贫致富、共同奔小康的目标。如：2007 年贵州就大力开发民族村寨，挖掘民俗文化，通过乡村旅游带动农户致富；2007 年黔西南布依族苗族自治州大力推广"生态建设＋扶贫"的石漠化治理模式，共同闯致富路；2008 年毕节地区大力发展生态建设，通过生态环境的建设，带动农民致富；2012 年丹寨通过保护性地开发古法造纸等非物质文化遗产达到致富的目的。从这些报道内容中不难看出虽然贵州民族地区的经济发展状况较为落后，但各族人民齐心协力，发挥创新精神，努力向着脱贫致富，共同奔小康的目标迈进，政府在其中起到了关键作用。

（3）政府努力完善基础设施建设的形象

贵州是个农业省，从《人民日报》多次关于贵州自然灾害的报道中可以看出贵州的农业基础设施薄弱，抗灾能力差，农业生产受到天灾的影响程度严重。如 2010 年贵州遭受重大旱灾，贵州各地的春耕受到不同程度的影响，各地纷纷在为抗旱救灾做努力，减少受灾损失。而且受贵州省地质地貌的影响，基础设施发展较为落后，贵州一直致力于基础设施的建设，并取得了一定的成绩，如 2012 年仁怀为了创造良好的发展环境，就积极强化城乡的发展基础，取得了不错的成效。

（四）贵州民族地区政府的形象期待

1. 大力发展经济，建设有为政府的形象

随着贵州省经济社会的不断深入发展，为改变贵州省贫穷落后的形象，贵州省民族地区政府应该加大经济发展力度，在未来的社会公共事务中，以经济建设为中心，坚持发展为要、民生为本、企业为基、环境为重的工作理念，积极推进转变政府职能，创新管理模式，以更加亲民化的姿态服务于少数民族群众，拓进发展贵州省民族地区政治、经济、文化、科教等事业的新跨越，建设有作为的政府。

2. 完善基础设施，平衡发展科技教育和文化生态事业的形象

想要脱贫致富，达到同步小康，实现共同富裕的目标，就需要有良好的基础设施作为支撑，在今后的发展中，既要抓经济发展，又要抓基础设施的建设，这样才能互补互助实现共赢。良好的科技、教育、文化和生态事业的发展有助贵州省民族地区政府形象的塑造，平衡各方发展有利于贵州省政治、经济和民生的发展，也更有利于贵州省民族地区政府形象的传播。

三、对我国民族地区政府形象传播的思考与建议

（一）培养和树立政府形象意识

要树立政府形象的意识，需要从政府公务人员和政府政策形象方面共同努力。民族地区的公务员应该树立政府形象的意识。由于少数民族公务人员能够使用少数民族语言，熟悉当地的历史、文化、风俗习惯，并了解本地民族人民的意愿和要求。所以，少数民族公务员所发挥的力量，是其他公务员很难代替的。公务员树立好政府形象意识，有利于在开展日常工作中建立并维护好民族地区的政府形象，促进民族地区的和谐发展。

树立政府政策形象。政府政策与政府形象的关系形影不离，政策如果不能有效地执行，政府的意志就难以体现，失信于民，伤害民族地区人民群众的感情，损害政府的形象和威信。我们应该充分发挥传媒的作用，通

过政府政策形象来树立政府形象，通过对公众潜移默化的影响，最终达到塑造良好政府形象的目的。

（二）民族地区政府塑造传播自身形象要有创新特色

我国少数民族众多，由于历史发展和地理环境的差异，各民族的民族情况、风俗习惯、宗教信仰、民族共同心理等也各有差异，而身处其中的民族地区政府，除了提高该地区的经济发展水平之外，在传播其自身的形象时，应该结合当地的实际民情，把民族文化和特色以更加有创新的方式通过媒体传播出去。

民族地区政府在塑造传播自身形象时要有民族文化特色。我国少数民族的文化生活丰富多彩，政府在塑造自身形象时，应当重视这些文化特点，将其融入到自身的施政理念和政策执行中去，使少数民族群众更容易产生心理认同，从而为提高自身的政府形象做铺垫。比如民族地区政府发挥自己带头人的作用，自觉地保护本地区民族传承历史悠久的非物质文化遗产资源，并通过多种形发展、发扬其文化精髓，发挥政府在其中的推动作用。

政府要增加与少数民族群众交往的渠道。民族地区政府在塑造传播自身形象时，要重视与当地少数民族的交流和沟通，增加少数民族群众与政府交往的机会，为政府宣传新思想、新政策打好扎实的基础，也为政府在地方社会公共事务中及时获得第一手的群众反馈资料埋下铺垫。比如将干部引入大民族地区，让他们与少数民族通过朝夕相处，把进步的思想、政策和信息传递给当地的少数民族通报，又将收集的民族同胞意见和建议反馈给当地政府，从而完成其政府使者的使命。

（三）媒体创新报道形式和内容，积极塑造民族地区政府形象

当前，公众对大多数的时政新闻兴趣缺乏，主要是由于记者在编写时政新闻稿件时常常赋予了稿件严肃、形式的特点，让公众觉得这类新闻过于官方化；且一些重大的时政新闻题材，常与公众自身的生活相去甚远，拉开了彼此之间的距离，减弱时政新闻的价值。因而媒体在传播民族地区政府形象时，要重视传播的效果。

媒体在传播民族地区政府信息时，为达到理想的传播效果，应该重视群众的需求，从"会议新闻"、"领导"、"高大全"的选材视角中解放出来，将更多的关注放到与百姓息息相关的民生主题中，将政府发布的重要政策与老百姓生活结合起来，用另一种更加亲民化的方式呈现给公众。

媒体在传播信息时要重视民族地区政府信息与公众反馈的平衡。公众在接受媒体传播的民族地区政府信息时，会对该地区形成一定的印象和认知，媒体有责任将这些印象和认知进行收集，并传递给政府，从而做到媒体传播信息和反馈信息的职责。《人民日报》在传递贵州民族地区的政府信息时，也会重视当地公众的反馈，将这些进行收集整理后刊登在报纸上，传递给贵州民族地区的政府甚至是全国各地的民族地区政府，取得了不错的效果。

（四）媒体要增强议程设置和媒介导向功能

媒体在传播民族地区的政府形象时，可以根据《人民日报》议程设置的策略，即《人民日报》采稿和组稿的规律来呈现民族地区的政府形象，也可以在民族地区政府形象传播时加强议程设置。媒体从业者在根据《人民日报》议程设置呈现民族地区政府形象时，要提前准备，抓住特殊日期增加民族地区举办相应活动的供稿量；也可根据国家政策热点和社会关注热点增加反映民族地区政府形象现实的稿件供应；最后要紧跟国家的民族政策战略步伐，多方位地展示民族地区社会经济建设的新动向、新成果，树立良好的民族地区政府形象。

（五）政府加强与媒体合作，扩大自身影响力

在"全民皆媒体"快速发展的当下，民族地区政府应重视和加强与媒体的合作，除了公布政府信息，更应该借助媒体的力量，公开向社会公众收集意见和建议等信息，降低投入获取公众反馈信息的成本，不断修正、提高自身的形象。政府在与媒体合作的同时，也拓宽了服务公众的范围，增加了服务公众的渠道，达到一举多得的目的。

此外，政府还可以利用媒体当下最新的信息技术，建立其民族地区政府网络信息公开，充分了解民意、向广大人民群众展示政府的公众情况，

自觉接受公众的监督，取得群众的信任与支持，建立畅通无助的互动渠道。尤其是在突发事件发生时，政府可以及时采取应对措施，主动在媒体上披露时间信息，变被动为主动，摆脱信任危机，有助于自身良好形象的塑造。

在涉及贵州民族地区政府形象的报道中，报道数量虽然较少，但相对稳定，报道以消息为主配以深度报道适时深入，对政府的创新能力、施政方略、履行政府职能以及典型公务人员为题材的报道数量较多。

主要参考文献：

[1] 胡宁生.中国政府形象战略 [M].北京：中共中央党校出版社，1998.

[2] 李娜.浅论我国民族地区政府形象建设 [D].新疆大学硕士学位论文，2010.

[3] 何志武.论公共危机背景下民族地区政府形象塑造 [J].湖北社会科学，2013（9）.

[4] 马学杰.浦东新区政府形象传播实证研究 [D].复旦大学博士学位论文，2006.

[5] 张宁.中国转型时期政府形象的媒介再现 [D].复旦大学博士学位论文，2007.

[6] 秦芹.新媒体环境下的政府形象传播研究 [D].内蒙古大学硕士学位论文，2012.

[7] 杨燕.政府形象塑造策略研究 [D].华中师范大学硕士学位论文，2012.

[8] 王鸿雁.我国政府形象建设的思考 [D].湖北大学硕士学位论文，2012.

[9] 刘小燕.政府形象传播的本质内涵 [J].国际新闻界，2003（6）.

[10] 赵宇峰.试析政府公共关系与政府形象策略 [J].社会科学家，2003（5）.

[11] 王剑敏，闻曙明.新时期政府形象建设探析 [J].苏州大学学报，2004（2）.

[12]Cai Peijuan，Lee Pei Ting，Augustine Pang. Managing a nation's image during crisis: A study of the Chinese government's image repair efforts in the "Made in China" controversy[J]. Public Relations Review，2009，353.

[13]Anonymous. UK Government: Changing the image of UK fashion: Government launches fund to make fashion industry more ethical[J]. M2 Presswire，2009.

贵州少数民族地区青少年媒介素养研究

——以盘县普古彝族苗族乡为例

陈　妍　　万乃华

一、问题的提出

　　当今社会，信息的发展以前所未有的速度占据着人们生活的各个领域，随之而来的是大众传媒在社会生活中的地位越来越重要。21 世纪，计算机技术的发展让因特网走进了平民百姓家，中国的网民数量迅猛递增，网络的普及使得青少年接触网络变得频繁起来。目前青少年已经变成网民的重要组成部分。据 CNNIC 2012 年发布的《2012 年中国青少年网络行为调查报告》中指出，截止到 2012 年的 12 月，中国青少年网民数量已经达到了 2.35 个亿，占中国青少年总比重的 66.4%。这已经远远超过全国平均水平（42.1%）24.3 个百分点，较 2011 年增长了 2.0 个百分点。而，对于手机青少年网民，截止 2012 年 12 月中国青少年手机网民的规模已经达到了 1.96 个亿，占使用手机上网的总人数的 83.5%。面对每天的海量信息，人们如何对信息进行筛选、甄别就显得尤为重要。网络、电视、广播等媒介逐渐削弱了学校和家庭在青少年教育中的地位，成为最能够影响到青少年的外界因素，在青少年社会化的过程中起着关键性作用。然而由于青少年社会经验较少，人生观，世界观，价值观等都不成熟，对负面信息辨别能力不强等，因而极为容易受到不健康思想与行为的影响，而不良媒体所报道的各种负面信息将会直接影响到青少年的健康成长，从而诱发其他各种潜在的危害，这不得不让我们更加关注和重视青少年媒介素养教育。

我们不可能禁止青少年去接触媒介，也无法完全屏蔽不良媒介所传播的负面信息，但是我们可以通过对媒介信息传播进行有效监管，以及对青少年进行媒介素养教育，加强引导。通过外因内因一起，为青少年创造良好的成长环境，为他们提供正确利用媒介认识、发展自我的方法与途径。同时我们也应注意到，受众媒介素养的提高，有利于推动大众传媒，受众自身以及整个社会的发展。全面正确地认识媒介，是我国现代文化发展、社会稳定、经济发展的关键环节。因此，媒介素养教育的开展不仅仅是迫于社会发展的需求，更是国家文化发展的必然要求。一方面：大众传媒迅猛发展，每天接触和使用媒介已经不可置疑地成为了人们生活中的一部分，然而信息污染以及为了赚取更高的收视率，点击率，标题党新闻等的出现，让我国受众选取有价值的信息更为困难，尤其是对于没有太多鉴别能力的青少年而言更是一项挑战。另一方面：我国受众的媒介素养存在着各种不尽如人意的地方，主要表现在：第一，理论认识存在缺陷。一部分人对媒介素养概念认识模糊甚至是不知道或完全错误。一部分人肯定媒介对自己发展的重要性，但是也有人对媒介进行以偏概全的否定，例如：许多家长对于孩子上网这一简单的媒介接触行为，进行坚决的杜绝打压，甚至认为只要是网上的就一定是不利于孩子学习及成长的。第二，受众的媒介道德水平有待提高。这突出的表现为一些网民不负责任地散播谣言及带有人身攻击性的言论，以及盲目追捧网络上的不良言论，疯狂转发不雅视频等。第三，媒介素养教育滞后。我国对于媒介素养教育的研究多停留对外国文献的追溯和引用上，对我国受众的教育也只是轻描淡写，对于如何开展媒介素养教育方法与途径的研究也是少有涉及，除了高校新闻专业外，也极少有学校真正开展媒介素养教育课程。从世界范围内来看，媒介素养教育正逐渐走向全民教育，终身教育。但是，从现阶段我国媒介素养的研究现状来看，经济发达地区的受众（尤其是城市受众）几乎成为了唯一的关注对象，而对生活在经济不发达地区少数民族（本研究中指生活在少数民族地区的农村居民）的媒介素养还很少有学者提及，学界也未给予应有的关注。

二、盘县普古彝族苗族乡青少年媒介素养调查设计情况

（一）研究思路

1. 调研地点的选取

盘县位于贵州省的西部，六盘水市的西南部，是贵州的西大门，素有"黔滇咽喉"之称。盘县共辖 20 个镇、6 个乡、11 个民族乡。现阶段，盘县依托"多彩贵州——金彩盘县"这一品牌，着重打造当地特色旅游产业。在经济发展情况上，在 2010 年的中国西部百强县（市）评比中盘县排名第 21 位；在贵州经济强县的评比中，盘县排名第 2 位。盘县还被评为"中国最具区域带动力"和"最具投资潜力"中小城市百强县市。基于以上条件，本文的研究对于盘县经济文化的发展将有着极强的现实意义。

从 11 个民族乡镇中选取普古彝族苗族乡（以下简称普古乡）为调研地点，笔者从地理位置、少数民族人口分布、经济文化发展程度上进行了综合考虑：普古乡位于盘县北部。总人口数为 24448 人，彝族，苗族人口居多分别占总人口数的 45%、12%。以当地彝族的"酒令"歌舞为代表的少数民族文化，尤为盛名。本论文的研究将试图探索有效的媒介素养教育方法和途径为普古乡青少年媒介素养的提高尽绵薄之力。

在对普古乡进行调查的前提下，笔者还选取了盘县第二中学高一的部分学生作为调查的对比对象。为何选择盘县第二中学原因如下：

首先，盘县第二中学是六盘水市第一所省级示范性普通高中，在一定程度上代表着盘县中学的最高水平。其次，在县城的中学里，汉族学生占大多数，为数不多的少数民族学生大部分来自盘县各个民族乡镇。选取盘县第二中学高一学生为调查的对比对象能更加真实，有力地呈现盘县青少年媒介素养的总体情况。

2. 调研对象的选择

首先，对于贵州少数民族地区青少年媒介素养情况的调查目前并没有成型的定量研究报告。同时考虑到少数民族地区、风俗、语言、文化水平的差异等因素，故选取初、高中在校学生。这样可以更为集中地反映在国家普及9年义务教育的大背景下，贵州少数民族地区青少年媒介素养教育的现实状况，具有一定的典型性和可行性。

其次，在调查的可行性以及典型性的考虑范围之内选择了盘县普古乡初中部分学生作为调研对象。对于为何只选取盘县第二中学高一部分学生是基于现实情况的限制：高二、高三学生学习任务繁重，时间紧迫，不便打扰。且班级较多，人数多，调查数据量过大，已经超出了笔者的能力范围。故只选取高一部分学生为调查样本。

3. 调研的具体步骤

第一，通过对"媒介素养"以及"媒介素养教育"的内涵与外延进行梳理，同时归纳对比国内外媒介素养教育发展历程以及开展情况。最后明确贵州少数民族地区青少年媒介素养教育的迫切性以及重要意义。

第二，通过选取以盘县普古乡初一至初三的部分学生，盘县第二中学高一部分学生为调查对象，发放调查问卷。通过具体数据分析，对比反映贵州少数民族地区青少年媒介素养现实状况。

第三，对当地部分教师，家长进行采访，记录下他们对青少年的媒介素养教育的认识。

第四，根据上述基本概念的界定，文献的梳理，数据的分析，以及老师、家长的意见，提出一条适合贵州民族地区青少年媒介素养教育的发展道路，以及对于如何开展青少年媒介素养教育探索积极有效的方法。

4. 样本构成

（1）研究的总体

本文选取盘县普古乡——普古中学在校初一至初三的部分学生；盘县第二中学在校高一部分学生为调查研究的对象。

（2）样本说明

此次调查共计发放调查问卷350份，回收350份。其中有效调查问卷304份。其中，男生159人，女生145人，少数民族学生148人。普古乡中学有效调查问卷为166份。其中，少数民族学生129人，汉族学生37人；盘县第二中学有效调查问卷为138份。其中，少数民族学生22人，汉族学生116人。

（3）抽样步骤

一级抽样：

从乡镇到学校，从县城到学校。根据盘县普古乡只有一所中学的实际情况，故抽取对应中学即普古乡中学组成第一级样本。以及盘县第二中学高一年级为一级对比样本。

二级抽样：

从学校到班级。为了调查工作的可行性，以及更真实科学地反映真实情况,在该阶段中在七年级至九年级中分别抽取七年级（1）班;八年级（1）;九年级（1）班;盘县第二中学抽取高一两个班级，分别为:高一（21）班;高一（13）班，作为调查研究的第二级样本。

三级抽样：

从班级到个人。该阶段中，从以上抽取到的班级中的350名学生作为研究的第三级样本，即为调查问卷的具体填写对象。

5.调查问卷的设计

问卷问题的设计主要由媒介素养的定义逐步展开，一共分为四大个部分，其中第二部分分为两小个部分，分别是：

part1：主要为调查对象的基本信息填写；

part2.1：主要为接触和使用媒介的基本情况；

part2.2（附件）：这其中主要是为了近一步深入了解具体媒介接触情况。在这一部分中细分为：纸质媒介接触行为；广播媒介接触行为；电视媒介接触行为；网络媒介接触行为；手机媒介接触行为；

part3：主要为解读和批判媒介的能力情况调查；

part4：主要调查学校媒介素养教育的开展情况。

问卷的设计涉及以下变量：

（1）媒介的类型：报纸，广播，电视，网络，手机。

（2）媒介接触行为：接触的时间，地点，是否有家长老师的监管等。

（3）媒介接触动机：包括学习，娱乐及交流等不同动机取向。

（4）媒介信息认知能力：对媒介信息的选择、搜索、理解、质疑和反思能力正是媒介素养的核心所在。因此，这也构成了整个问卷的最重要组成部分。

（5）媒介使用及参与：是否积极主动地参与媒介，是否有效地利用媒介进行传播也是媒介素养的关键内容。

（6）学校的开展情况：这一部分是对青少年媒介素养调查的一个有力补充，学校媒介素养教育的开展，在很大程度上决定着青少年媒介素养的高低。

6.深度访谈问题的设计

在这一环节里，主要选取在校老师及学生家长，作为访谈对象，并且分别以两名访谈对象为基础。在访谈问题的设计上以青少年媒介素养教育为落脚点，从而从另一个视角更加清楚地了解贵州少数民族地区青少年媒介素养的真实情况。

三、盘县普古彝族苗族乡青少年媒介素养调查情况分析

（一）盘县普古乡青少年媒介素养调查问卷信度、效度分析

为了保证问卷调查结果的准确性和科学性，笔者对所设计的调查问卷本身进行可信度（Reliability）、有效度（Validity）的评价分析，有效地检验调查的准确性、统计分析结论的科学性以保证研究成果的质量不受到影响和质疑。

1. 信度分析

问卷信度（Reliability），又称为可靠性，它是指问卷的可信程度，是体现问卷检测结果一贯性、一致性、再现性和稳定性的标准。调查问卷编制是否合理将决定着评价结果是否可用和可信。

本问卷采用目前最常用的 Alpha 信度系数法进行问卷信度检测。一般信度系数被分为以下几个等级：

理论上来说信度系数应该在 0 ~ 1 之间。表示信度极好的信度系数为 0.9 以上；表示信度在可接受范围的信度系数在 0.8 ~ 0.9 之间；表示量表需要修订的信度系数在 0.7 ~ 0.8 之间；表示量表部分项目需要删除的信度系数在 0.7 以下。经过信度测试，本调查问卷，Alpha 值达到了 0.894，说明此调查问卷具有良好的信度，具有可信性与可用性。

2. 有效度分析

有效度（Validity）亦称效度，通常是指测量结果的正确程度。即测量结果与试图测量的目标之间的接近程度。

本文采用结构效度对问卷进行检验，结构效度一般采用 KMO 值来测试数据是否适合做因子分析。通常来说，KMO 的建议标准值为 0.5 大于 0.5 则表示此问卷适合做因子分析，问卷有着良好效度。表 1 是本调查问卷各项效度分析结果：

表 1 青少年媒介素养调查问卷 KMO 值情况统计

问卷内容	接触和使用媒介	纸质	广播	电视	手机	网络	解读批判能力	教育情况
KMO 值	0.762	0.751	0.706	0.688	0.609	0.769	0.749	0.831

从表中可看出，问卷各部分测试的 KOM 值均在 0.6 以上，大于建议标准 0.5。说明调查问卷适合做因子分析，能真实有效的反应盘县普古乡青少年媒介素养的基本现状，具有良好效度。

（二）盘县普古乡青少年接触和使用媒介的基本情况（part2.1）分析

1. 多选题因子、交叉制表分析

此部分的分析中分别以性别，年级，民族这三项为基本因子，分别对：获取信息的媒介；接触媒介的目的；媒介制作经历；这3道多选题进行单独的因子、交叉制表分析。表格中百分比和总计以响应者为基础。

（1）获取信息的媒介类型

表2　年级和通过不同媒介获取信息交叉制表

			获取信息的媒介类型				
			报 纸	广 播	电 视	网 络	手 机
年级及班级人数	初一 50 人	计 数	19	8	49	15	34
		百分比	38.0%	16.0%	98.0%	30.0%	68.0%
	初二 63 人	计 数	18	9	60	18	49
		百分比	28.6%	14.3%	95.2%	28.6%	77.8%
	初三 53 人	计 数	30	13	51	8	36
		百分比	56.6%	24.5%	96.2%	15.1%	67.9%
	高一 138 人	计 数	30	12	128	57	117
		百分比	21.7%	8.7%	92.8%	41.3%	84.8%
共计： 304 人		总计数	97	42	288	98	236

从表2中可以看出，电视和手机是学生们获取信息的重要渠道。选择通过电视获取信息的学生人数为288人，占被调查总人数的96%。选择通过手机获取信息的学生人数为236人，占被调查总人数的75%。网络和报纸选择的学生人数分别为98，97。广播成为最不受欢迎的选项，仅有42位学生选择通过广播获取信息。电视和手机毫无疑问成为青少年获取信息的重要渠道。随着手机通讯工具的普及，以及便携等特点使得手机在青少年人群中的影响力超过网络。

表3 民族和通过不同媒介获取信息交叉制表

			获取信息的媒介类型				
			报 纸	广 播	电 视	网 络	手 机
民族	少数民族 148 人	计 数	52	21	140	42	104
		百分比	35.1%	14.2%	94.6%	28.4%	70.3%
	汉 族 156 人	计 数	45	21	148	56	132
		百分比	28.8%	13.5%	94.9%	35.9%	84.6%
共 计: 304 人		总计数	97	42	288	98	236

通过表 3,我们可以看出,在少数民族学生,通过网络及手机获取信息的比例均低于汉族的学生(分别为:少数民族学生为 28.4%,70.3%;汉族学生为 35.9%,84.6%)。少数民族学生通过报纸和广播了解外界信息的比例高于汉族学生。但,不容忽视的是,广播媒介不管是在少数民族学生还是汉族学生当中,作用都相当微弱。

通过两个表格的对比,我们也应注意到,在通过网络及手机获取信息的学生人数比例上,盘县第二中学高于普古中学。(高一学生为 84.8% 均高于普古中学初中组学生)。电视还是当仁不让地成为青少年接收信息,了解外界的最重要媒介。贵州大众媒介如何利用好电视媒介影响贵州少数民族地区青少年生活,以及能给青少年成长带来多少益处,值得我们思考。

(2)接触媒介的目的

通过表 4,我们可以了解到,有 218 名学生选择通过接触媒介来学习知识,占被调查总人数的 76%。有 205 名学生选择通过接触媒介来了解新闻资讯,占被调查总人数的 67%。通过接触媒介学习知识的学生多集中在普古中学初中组学生群体中,比例均高于盘县第二中学高一的学生。(初一 94%,初二77.8%,初三 71.7%,高一 60.9%)。不可忽略的是,分别有 183 人和 160 人选择通过接触媒介进行休闲娱乐和社交沟通。学习知识,了解新闻资讯是大部分学生接触媒介的最主要目的。大众媒介是青少年了解世界，认识社会的窗口。大众媒介的传播内容直接影响到青少年的世界观和价值观。

表 4　年级和接触媒介的目的交叉制表

			接触媒介的目的			
			休闲娱乐	社交沟通	学习知识	新闻资讯
年级及班级人数	初一 50 人	计 数	16	27	47	35
		百分比	32.0%	54.0%	94.0%	70.0%
	初二 63 人	计 数	40	30	49	36
		百分比	63.5%	47.6%	77.8%	57.1%
	初三 53 人	计 数	30	30	38	37
		百分比	56.6%	56.6%	71.7%	69.8%
	高一 138 人	计 数	97	73	84	97
		百分比	70.3%	52.9%	60.9%	70.3%
共计：　304 人		总计数	183	160	218	205

表 5　民族和接触媒介的目的交叉制表

			接触媒介的目的			
			休闲娱乐	社交沟通	学习知识	新闻资讯
民族	少数民族 148 人	计 数	81	74	115	99
		百分比	54.7%	50.0%	77.7%	66.9%
	汉 族 156 人	计 数	102	86	103	106
		百分比	65.4%	55.1%	66.0%	67.9%
共 计：304 人		总计数	183	160	218	205

在少数民族学生与汉族学生的对比中我们发现，少数民族学生与汉族学生接触媒介的目的多是为学习知识和了解新闻资讯，而休闲娱乐则位于

第三。少数民族学生有占 77.7% 的学生是通过媒介来学习知识，高出汉族学生（66%）11.7 个百分点。在以休闲娱乐为目的的对比中，汉族学生占65.4%，高于少数民族学生的（54.7%）10.7 个百分点。汉族学生多集中于县城，相对少数民族学生来说接触到的媒介内容更为丰富，形式更为多样。少数民族地区由于地理条件，经济发展滞后等因素，接触的媒介内容较为单一，形式固定。大众媒介传播的内容便是少数民族学生眼中所了解的世界，它在少数民族地区扮演着极为重要的角色。

（3）媒介使用经历

表6　年级和媒介使用经历交叉制表

			媒介使用经历				
			数码影像制作	开设微博	参与话题讨论	发表文章	网上购物
年级及班级人数	初一 48 人	计数	4	18	30	8	16
		百分比	8.9%	40.0%	66.7%	17.8%	35.6%
	初二 63 人	计数	7	27	41	11	21
		百分比	11.1%	42.9%	65.1%	17.5%	33.3%
	初三 53 人	计数	6	27	28	5	11
		百分比	11.3%	50.9%	52.8%	9.4%	20.8%
	高一 135 人	计数	16	73	74	22	80
		百分比	11.6%	52.9%	53.6%	15.9%	58.0%
共计：　299 人		总计数	33	145	173	46	128

在这一多选题的填写过程中，因为部分学生信息填写不完整，系统进行了删除，故有效响应者为 299 人。上表中，173 人参与过网络热点话题的讨论，占被调查总人数的 60%。145 人有开设博客、微博的经历，占被调查总人数的 47%。随着电子商务的发展，被调查的学生当中有 128 人有网上购物的经历，占被调查总人数的 37%。同时我们可以了解到，高一组学生网上购物人数比例大约超出初中组平均值（30%）28 个百分点。这也证明了县城中学里的学生利用媒介的方式更为多样。

表 7　民族和媒介使用经历交叉制表

			媒介使用经历				
			数码摄像制作	开设微博	参与话题讨论	发表文章	网上购物
民族	少数民族147人	计　数	14	62	87	20	47
		百分比	9.8%	43.4%	60.8%	14.0%	32.9%
	汉　族152人	计　数	19	83	86	26	81
		百分比	12.2%	53.2%	55.1%	16.7%	51.9%
共计：　299人		总计数	33	145	173	46	128

　　在少数民族与汉族的交叉对比中我们可以看出，大部分学生都有博客、微博开设经历。作为受众，学生们也积极参与到网络热点话题的讨论中。不管是少数民族学生还是汉族学生，对于自身观点的反馈多是通过发表评论、微博等呈现的。由于电脑，手机的普及，网络媒介的参与度高于纸质媒介参与度。对于网上购物，县城高中明显高于乡镇中学，汉族学生比例高于少数民族学生。

　　2.媒介使用情况单选题分析

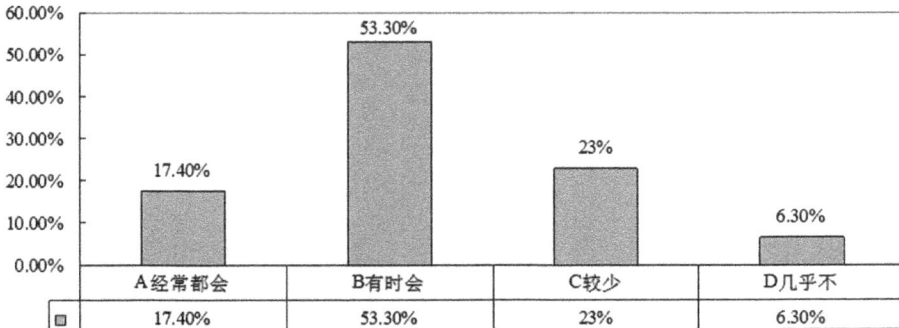

	A经常都会	B有时会	C较少	D几乎不
▢	17.40%	53.30%	23%	6.30%

图 1　是否会主动选择媒介内容

通过调查研究发现，17.4% 的青少年会积极地进行媒介内容选择；有 53.3% 的青少年表示有时会主动选择媒介内容；23% 的青少年在面对媒介内容时选择较少。不容忽视的是有 6.3% 的青少年在媒介内容的选择上完全处于被动状态。这说明大部分青少年在对媒介内容的选择上还是有着一定的自主性。

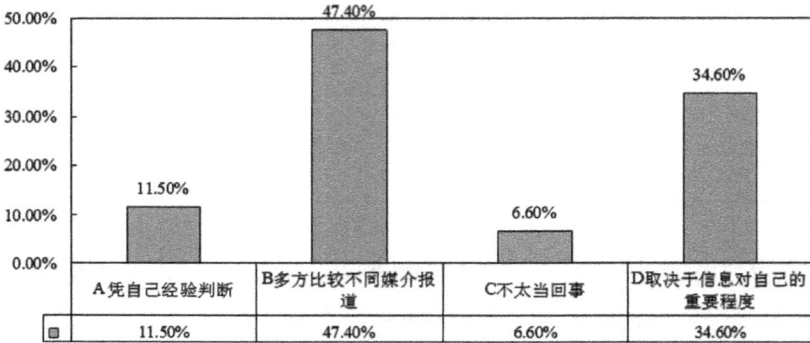

	A凭自己经验判断	B多方比较不同媒介报道	C不太当回事	D取决于信息对自己的重要程度
	11.50%	47.40%	6.60%	34.60%

图2　如果对接触的媒介产生怀疑，你的做法是

当对媒体信息产生怀疑时，有 47.4% 的学生，选择多方面比较不同媒体的报道；34.6% 的学生会根据信息对自己的重要程度来进行判断比较；也存在 11.5% 的学生凭自己的经验进行判断；6.6% 学生并不关心在媒介所传播的信息是否真实有效。这里我们可以看出有超过 50% 的学生还是会选择比较理性科学的方法，对信息进行核实。

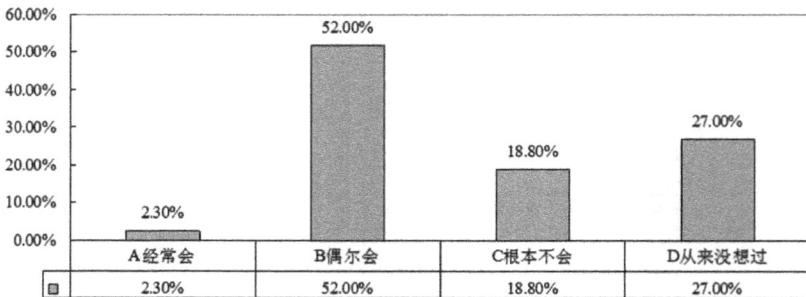

	A经常会	B偶尔会	C根本不会	D从来没想过
	2.30%	52.00%	18.80%	27.00%

图3　是否会效仿媒体报道的内容

在对于是否会对媒体上报道的内容进行效仿的调查中发现，52% 的同学偶尔会对报道内容进行效仿；有 27% 的同学从来没有想过效仿媒体上报道的内容；18.8% 的同学表示，一定不会效仿媒体报道的内容；但是，仍有 2.3% 的同学经常效仿媒体上报道内容。也就是超过一半以上的同学会受到媒介报道内容的直接影响，这同时也警醒大众媒介，传播的内容直接关乎青少年的生活及成长。

3. 盘县普古乡青少年纸质媒介接触行为

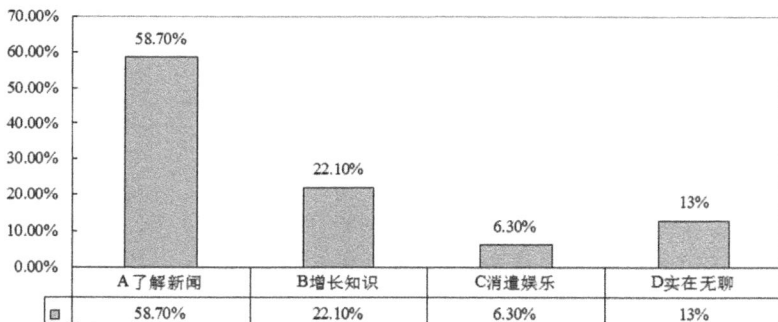

	A了解新闻	B增长知识	C消遣娱乐	D实在无聊
	58.70%	22.10%	6.30%	13%

图 4　看报纸的动机

通过图 4，我们知道有 58.7% 的青少年通过阅读报纸了解新闻；22.1% 的青少年通过阅读报纸增长知识；13% 的青少年表示实在无聊才会选择阅读报纸；6.3% 的青少年看报纸的目的是为了消遣娱乐。

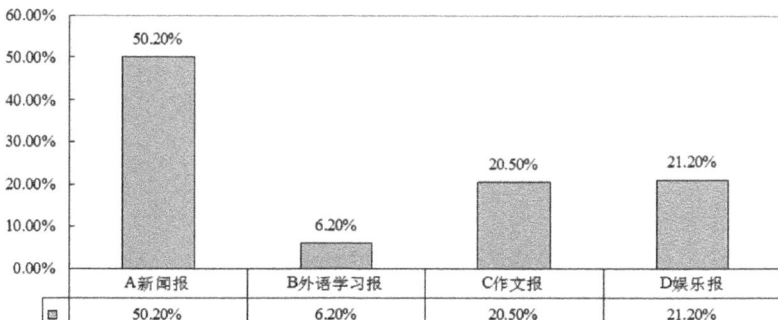

	A新闻报	B外语学习报	C作文报	D娱乐报
	50.20%	6.20%	20.50%	21.20%

图 5　常看报纸的类型

50.2% 的同学选择新闻报，有 20.5% 的同学会选择作文报，增长知识，同时有 21.2% 的同学选择娱乐报打发时间，消遣娱乐。仅有 6.2% 的同学选择外语学习报。新闻报纸在青少年人群中的阅读比例比较高。

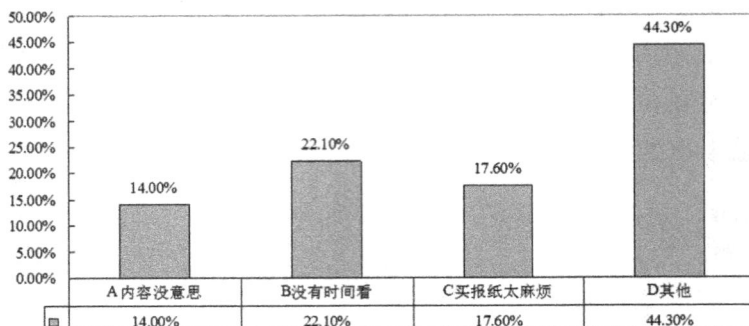

图 6 不看报纸的原因

在不看报的原因调查中，44.3% 的同学因为其他原因，从而不选择报纸阅读；22.1% 的同学因为时间原因，不选择报纸；17.6% 的同学因为买报纸麻烦，所以选择不买；14% 的同学认为报纸内容没有意思，所以不作为选择的对象。

4. 盘县普古乡青少年广播媒介接触行为

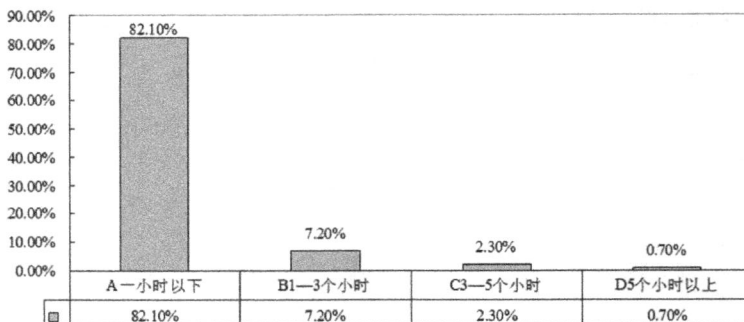

图 7 每天收听广播的时间

在对收听广播的时间的调查中，82.1% 的学生每天收听的广播时间在 1 个小时以下；有 7.2% 的学生每天收听 1 ～ 3 个小时的广播；只有 3% 的学生收听时间在 3 个小时以上。这在一定程度上说明，广播这种大众媒介普及程度较低，对青少年成长影响较小。

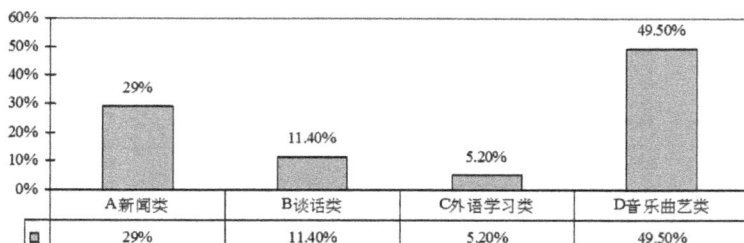

图 8　喜欢的广播节目类型

在对喜欢的广播节目类型的调查中，有 49.5% 的同学选择音乐曲艺类节目；29% 的同学更偏好于新闻类节目；同时也有 11.4% 的同学选择谈话类型的广播节目；在 304 份有效调查问卷中仅有 5.2% 的同学喜欢外语学习类的广播节目。广播的功能在这里更倾向于休闲娱乐。

5. 盘县普古乡青少年电视媒介接触行为

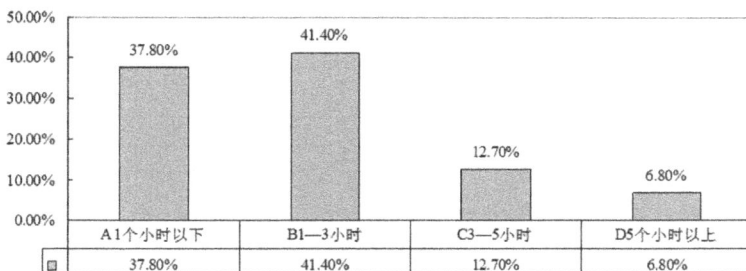

图 9　每天看电视的时间

参与调查的学生当中有 41.4% 的学生每天看电视的所花费的时间是 1～3 个小时；37.8% 学生看电视的时间在 1 个小时以下；有 12.7% 的学生每天看电视的时间是 3～5 小时；6.8% 的学生看电视的时间超过 5 个小时。

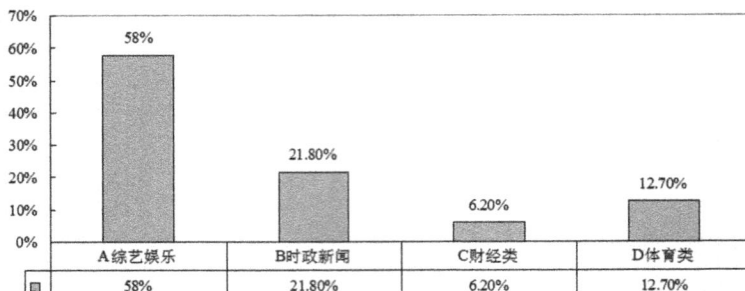

图 10　常看的电视节目类型

相比报纸，58%的同学看电视时更喜欢收看综艺娱乐类节目；21.8%的学生会选择时政新闻；12.7%的学生选择收看体育类节目；6.2%的学生会选择财经类电视节目。这也不乏从另一个侧面解释了为什么现在电视节目娱乐化严重的这一现象。

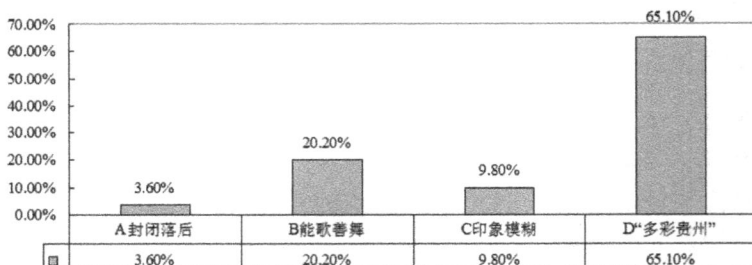

图 11　电视中贵州少数民族印象

在对贵州少数民族的印象调查中，有65.1%的学生对"多彩贵州"这个品牌印象深刻；有20.2%的学生认为贵州少数民族电视化的形象是能歌善舞；9.8%的学生对于贵州少数民族在电视中的印象模糊；3.6%的学生表示贵州少数民族的电视印象为封闭落后。"多彩贵州"这一品牌是贵州着力打造的贵州形象，调查数据也从一方面印证了"多彩贵州"良好的宣传效果。

6. 盘县普古乡青少年网络媒介接触行为

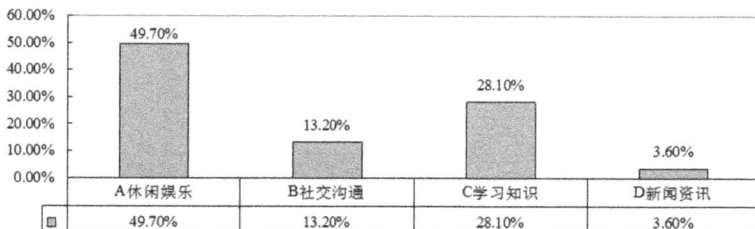

图 12　上网的目的

49.7% 的学生上网目的是进行休闲娱乐，28.1% 的学生会在网上进行知识学习，13.2% 的学生通过网络进行社交沟通，只有 8.6% 的学生通过网络来了解新闻资讯。这样的比例与报纸相比，似乎网络的娱乐功能更强于报纸。

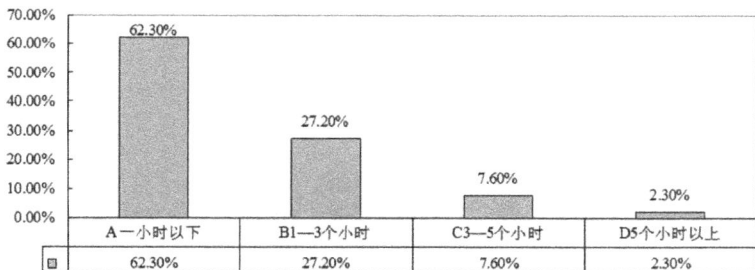

图 13　每天上网的时间

每天上网的时间在一个小时以下的学生的比例为 62.3%；有 27.2% 的学生上网时间为 1 ～ 3 个小时；7.6% 的学生上网时间在 3 ～ 5 个小时之内；2.3% 的学生上网时间为 5 个小时甚至更长。相比电视，青少年接触电脑的时间较短。

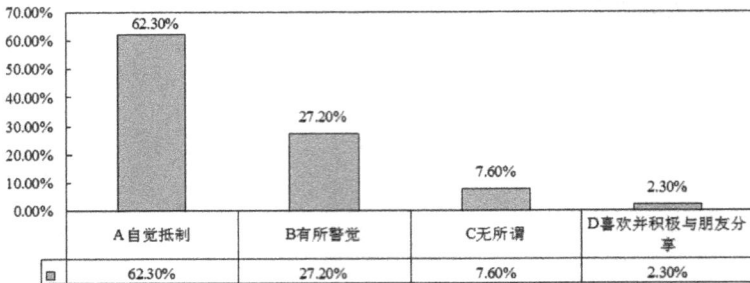

图14　当网上出现虚假、暴力、色情等信息时，你的态度是

　　当问及面对网上出现的虚假、暴力、色情、迷信、反动的信息的态度时，有 69.5% 的学生会自觉抵制；对于这些信息有所警觉以及报以无所谓的态度的学生比例相同均为 13.6%；当然，也有 3.3% 的学生喜欢，并且积极与朋友进行分享。这里可以看出，还有一小部分学生，当面对这些不良信息的自我抵制能力较差。

　　7. 盘县普古乡青少年手机媒介接触行为

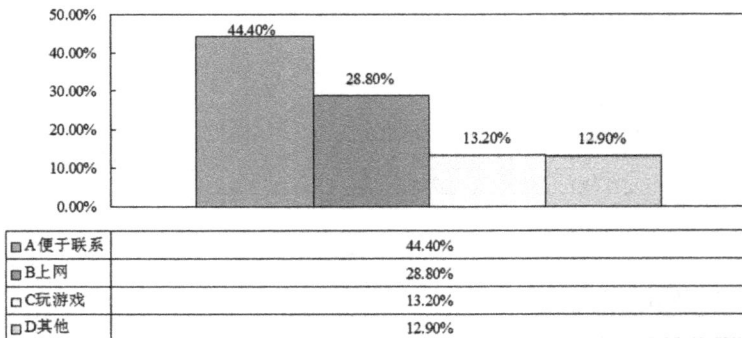

图15　用手机一般会做什么

　　在对手机使用情况的调查中，44.4% 的学生用手机是为了便于联系；28.8% 的学生用手机上网；有 13.3% 以及 12.9% 的学生用手机玩游戏和做其他事情。这里调查显示，手机在青少年群体当中，扮演的角色还是以通讯工具为主。

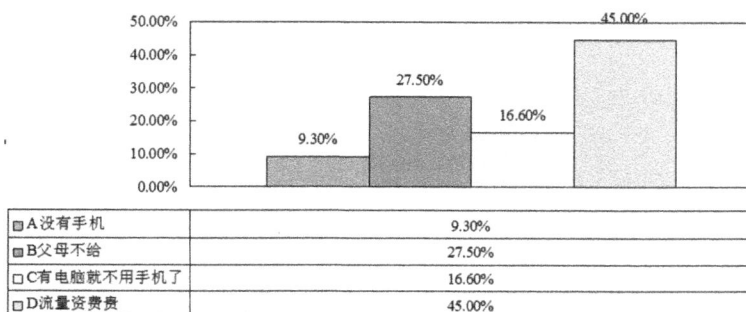

☐A没有手机	9.30%
☐B父母不给	27.50%
☐C有电脑就不用手机了	16.60%
☐D流量资费贵	45.00%

图 16　不用手机上网的原因

对于为什么不用手机上网的原因，图 16 显示 45% 的学生认为流量资费贵，所以不选择用手机上网；再次也有 27.5% 的学生是因为受到父母的教育，不给他们用手机上网；16.6% 的学生有电脑就不选择用手机上网；9% 的学生没有手机。

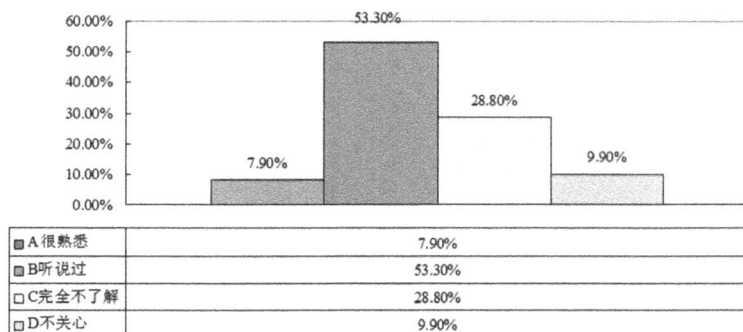

☐A很熟悉	7.90%
☐B听说过	53.30%
☐C完全不了解	28.80%
☐D不关心	9.90%

图 17　你知道手机媒体吗

在对手机媒体的调查中，53.3% 的学生对手机媒体这一概念有所耳闻；28.8% 的学生完全不了解什么是手机媒体；9.9% 的学生表示对手机媒体并不关心；7.9% 的人很熟悉什么是手机媒体。

8. 解读和批判媒介的能力

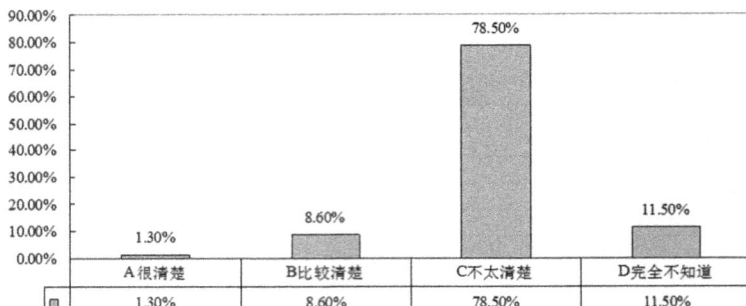

图 18　你是否了解媒介素养的概念

在调查中，提及什么是媒介素养时，78.5% 的学生表示并不太清楚何为媒介素养；11.5% 的学生完全不知道媒介素养的概念；8.6% 的学生比较清楚；仅有 1.3% 的学生对媒介素养的概念很熟悉。

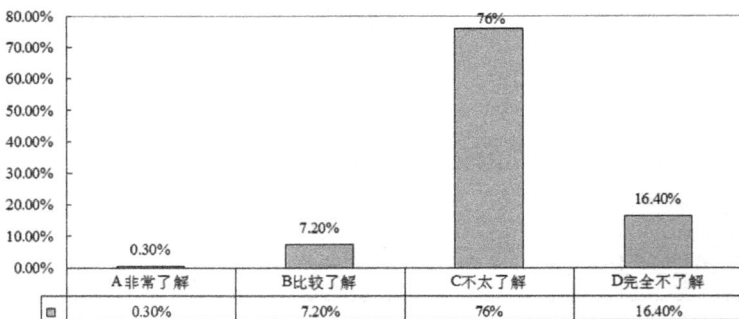

图 19　你是否了解媒介运作方式

在对媒介运作方式是否了解的调查中，76% 的学生对媒介运作方式并不太了解；16.4% 的学生对媒介运作方式没有概念；7.2% 的学生比较清楚；仅有 0.3% 的学生非常了解媒介运作方式。几乎有超过 90% 的学生对媒介的运作方式处于未知状态。

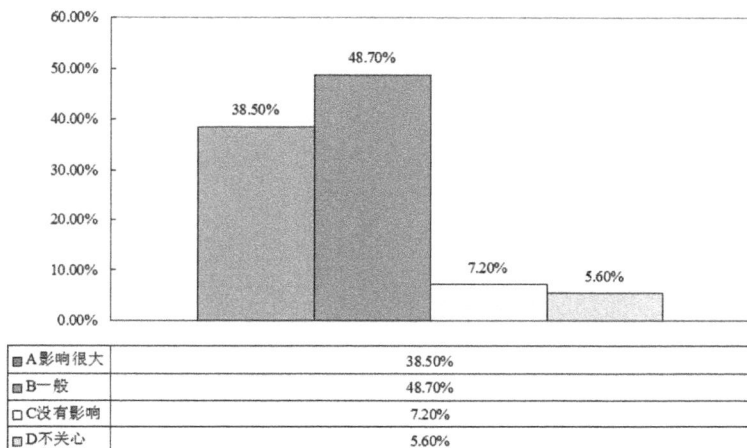

▣ A影响很大	38.50%
▣ B一般	48.70%
▢ C没有影响	7.20%
▢ D不关心	5.60%

图 20　媒介素养的高低是否影响自身的发展

48.7% 的学生认为媒介素养的高低对自身素质的发展影响不大；38.5% 的学生认为媒介素养的高低与自身发展关系密切；7.2% 的学生认为媒介素养和自身发展并没有关系；还有 5.6% 的学生表示对此并不关心。

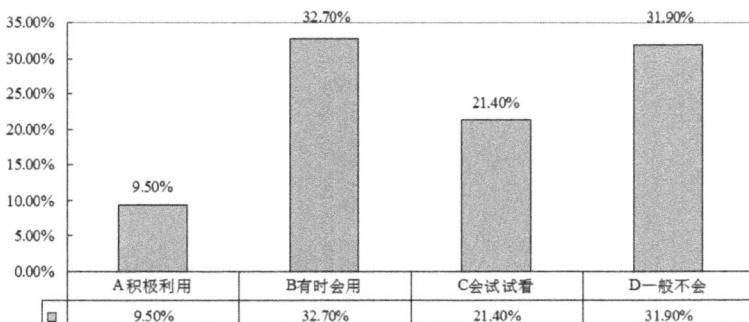

	A积极利用	B有时会用	C会试试看	D一般不会
▢	9.50%	32.70%	21.40%	31.90%

图 21　遇到问题是否会主动利用媒介

在关于媒介利用方面的调查时，32.7% 的学生在遇到问题时会时不时主动利用媒介；31.9% 的学生表示一般不会主动利用媒介；21.4% 的学生认为会试试看；只有 9.5% 的学生在遇到问题时会积极利用媒介。说明普古乡青少年媒介利用能力较低。

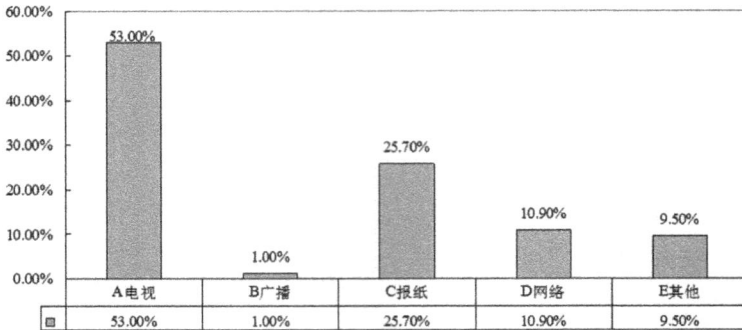

图 22　与媒体报道出现分歧时，你更相信

在媒体报道信任度调查中，当同媒体报道出现分歧时，超过一半的学生（53%）更相信电视媒介；25.7%的学生更倾向于相信报纸；选择相信网络的为10.9%，选择相信其他媒介的为9.5%；仅有1%的人更相信广播。相比其他媒介，电视媒介拥有极高的信任度，电视媒介所传播的内容直接影响青少年对外界事物的看法。

9. 媒介素养教育开展情况

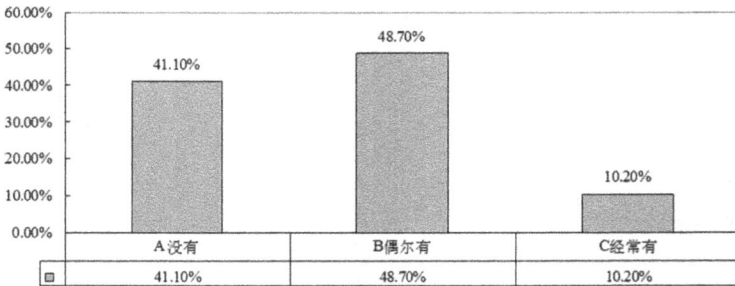

图 23　学校是否开展媒介素养教育的课程

在关于学校媒介素养教育课程开展情况的调查中，有48.7%的学生，认为学校偶尔会开展媒介素养教育；41.1%的学生认为学校没有开展过媒介素养教育课；10.2%的学生认为学校经常开展媒介素养教育课程。由此看出，初、高中，媒介素养教育课程开展情况并不乐观。

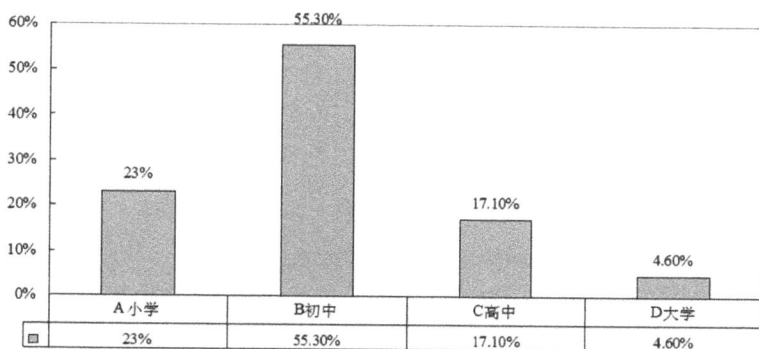

图24　你认为应该在什么阶段开展媒介素养教育

有 55.3% 的学生认为在初中开展媒介素养教育更为合适；23% 的学生认为应在小学开展媒介素养教育；17.1% 的学生认为应在高中开展媒介素养教育；4.6% 的学生觉得媒介素养教育在大学开展更合适。在这里我们可以看出，大部分青少年对媒介素养课程应在初高中阶段。而中国的媒介素养课程多在大学新闻类专业中，这与青少年的诉求背道而驰。

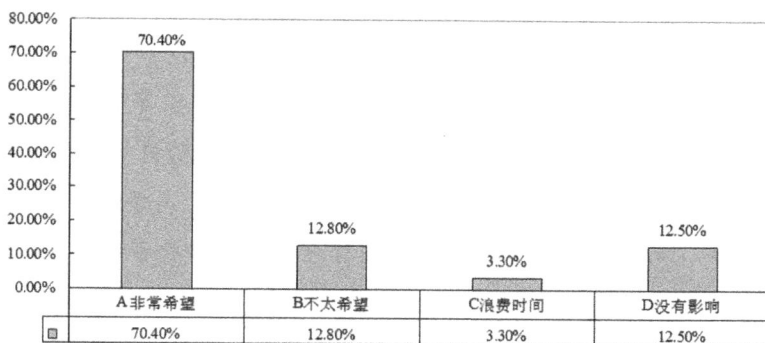

图25　你希望学校开设媒介素养教育课程吗

在对媒介素养课程的诉求上，有 70.4% 的学生非常希望学校能开展媒介素养教育课程；12.8% 的同学并不愿意；12.5% 的学生认为媒介素养教育课程对他们并没有影响；3.3% 的同学认为开展媒介素养教育课程是在浪费时间。

10.深度访谈调查内容及分析

（1）深度访谈内容

教 师 1

笔者采访的是盘县第二中学高一（21）班的语文老师。

笔 者：您听说过媒介素养或者媒介素养教育吗？

汪老师：从来没有听说过。

笔 者：您对学生看电视或者上网有什么看法？

汪老师：从看电视和网上能够得到有用的信息最好不过，当然现在网上很多不良信息对学生造成的负面影响也很大，因此我认为学生们应该合理规划时间，健康上网。有意识有明确学习目的的上网我是很支持的。

笔 者：您觉得媒体对学生的自我发展有作用吗？

汪老师：肯定有作用，通过收看新闻，能更好地了解社会，扩大自己视野，从网上能得到的丰富的学习资源对学生也是非常重要，如果学生们能对这些进行有效合理利用，这对于他们的发展是很有帮助的。

笔 者：您觉得有必要对学生进行媒介素养教育吗？

汪老师：肯定是有必要的，也是很及时的。现在很多学生沉迷于网络游戏，沉迷网络暴力，学校应该对学生进行积极健康的引导就尤为关键。

笔 者：您觉得对于学生的媒介接触行为应该进行怎样的指导？

汪老师：对学生的媒介素养教育进行分门别类的教育和引导。比如有些学生他很少接触网络，那你就可以告诉他一些对学习有帮助的网站等，引导这一部分学生如何利用。但对于一些时常接触网络，但是却用于聊QQ，打游戏的这些学生，肯定就要告诉他们这样既浪费青春，又浪费金钱，同时对学业的影响也是很大的。

笔 者：您觉得媒体对贵州少数民族文化发展有什么影响？

汪老师：现在有一首歌叫《我在贵州等你》，它唱出了我们的心声，通过歌曲广而告之，让更多的人来了解咱们贵州少数民族文化。同时通过媒介的宣传，把民族文化融合进更为优秀的文化，使我们的民族文化的精髓发扬光大，传承下去。从另一个方面来说，通过媒介的宣传，抛弃少数民族里的一些落后封建的思想，接受更为先进的文化，对于少数民族人们自身发展来说也有着巨大的帮助。

教 师2

笔者采访到的是普古中学九年级（1）班的班主任。

笔　者：您听说过媒介素养或者媒介素养教育吗？

李老师：有所耳闻，但是不是很清楚。

笔　者：您对学生看电视或者上网有什么看法？

李老师：还是支持的，学生能从电视，网络上学到很多课本里面学不到的知识，能帮助学生开阔视野。但是往往因为学生自律能力差，网络上的不良信息他们无法识别，上网就是为了打游戏，看电视。

笔　者：您觉得媒体对学生的自我发展有作用吗？

李老师：媒体是一把双刃剑，利用好就能给学生们的自我发展提供很大的平台，但是如果利用不好就会影响学生们的成长。

笔　者：您觉得有必要对学生进行媒介素养教育吗？

李老师：我个人认为是很有必要的，现在很多学生在对信息的选择，特别是网络信息的识别上存在很大问题。如果对学生进行有效的教育的话，我想，学生对网络游戏，QQ空间这些会有一个正确的认识。

笔　者：您觉得对于学生的媒介接触行为应该进行怎样的指导？

李老师：其实作为老师，平时在上课的过程当中，都有提及到一些媒介方面的知识。比如我会在班会上给学生们讲解网络安全知识，网上聊天注意不要上当受骗，列举一些典型的事例，告诉学生要学会保护自己。

笔　者：您觉得媒体对贵州少数民族文化发展有什么影响？

李老师：媒体的宣传作用是巨大，就像你调查问卷中提到的"多彩贵州"

品牌一样。其实普古乡风景也很漂亮，只是缺少媒体打造和宣传。在对外形象塑造这一方面，乡镇还是很欠缺的。

家 长 1

笔者采访的是盘县第二中学一位高一学生家长。

笔　者：您听说过媒介素养吗？

王女士：原来有听说过，但是对这个没有更详细的了解，也只是听说一些表面的。现在我也说不清楚，是不是就是看电视，上网这些嘛。

笔　者：您支持您的孩子看电视或者上网吗？

王女士：说不上支持，在把学习搞好的情况下，是可以看电视，也可以上网的。但是，对于上网呢，我还是比较担心。现在这些小孩子对网上的内容不会进行有效筛选，害怕会被一些不健康的信息沾染上，对他的学习和以后的人生有些隐患。

笔　者：您有没有对您的孩子看电视或上网或者接触其他媒体进行过指导教育吗？

王女士：没有系统的教育，只是一些简单的教育。因为工作忙嘛，有时候也就给他们说上网带来的危害。比如现在电视上，网上报道的许多青少年因为上网，去网吧，沉迷网络游戏，影响学习，甚至走上犯罪道路。作为家长，最担心的就是这一块。

笔　者：您希望学校开设媒介素质教育课程吗？

王女士：我作为学生家长，我还是很支持学校能开设这方面课程。因为，作为学校，我想，老师肯定会更系统的。从良性，积极方面对小孩子进行教育。而且，我觉得这也是我们以后教育发展的一个趋势，尤其是对农村以及少数民族地区文化的发展，还是很有前瞻性的。

笔　者：您认为媒体对少数民族文化发展有什么影响？

王女士：媒体对少数民族文化的影响，肯定是好的影响啊！为什么呢？少数民族地区，接触媒介信息少，比如网上的一些东西也只是听说，并没有看见，对于他们就是新鲜事。如果媒体介入，对民族文化进行系统，有效的宣传，那肯定是有很大帮助的。

家 长2

笔者采访到的是普古中学7年级（1）班的一位学生家长。

笔　者：您听说过媒介素养吗？

姜先生：没有听过。

笔　者：您支持您的孩子看电视或者上网吗？

姜先生：看电视可以，但是上网是坚决不行，网吧那种地方全部是社会上的小混混，进去一定会被带坏。

笔　者：您有没有对您的孩子看电视或上网或者接触其他媒体进行过指导教育吗？

姜先生：做完作业才能看电视，我的娃娃只要被我发现去网吧，回来就一定要打，不打他，他记不住，下次还会去。

笔　者：您希望学校开展媒介素养教育课程吗？

姜先生：媒介素养这个东西我也不了解，如果学校开肯定好。我们都是老农民，文化水平有限，拿给老师教娃娃的话，总比我打他来得好。

笔　者：您认为媒体对少数民族文化发展有什么影响？

姜先生：很少有记者什么的来我们这里，如果他们来拍摄一下我们这里的人文风情啊，在电视上放出来，肯定是有帮助的。

（2）深度访谈分析

在对家长的访谈中发现，家长与教师一样，对于媒介素养的概念都是比较模糊的。由于自身文化水平的差距，县城高中学生家长对媒介素养的理解高于普古中学学生家长。在对于青少年媒介接触行为的指导方面，县城高中学生家长的教育方法较之普古中学学生家长，也更为合理。这里也体现了家庭教育对青少年媒介素养的巨大影响。

通过访谈，学校教师对媒介素养教育这一概念还处于比较模糊的状态。对青少年接触媒介的行为有着一定的指导和教育，但是，尚处于零散教育的阶段，并未进行系统教育。同时，对于媒介素养与民族文化的关系的理解上较为科学。除了家庭影响以外，学校教育直接影响青少年媒介素养的高低。

四、 提升贵州少数民族地区青少年媒介素养教育的方法与途径

中国媒介素养教育正处于起步阶段，各项探索都有待完善，但，纵观和借鉴西方媒介素养教育，结合我国实际情况，媒介素养教育的目的是要通过媒介素养的教育，使公众自觉抵制不良信息，最大限度地削弱媒体传播中所带来的负面影响；同时，要培养公众自主积极利用媒介，帮助和完善自身发展的能力。对于青少年而言，要通过媒介素养教育，督促青少年对媒介信息，特别是负面信息保持清醒头脑，并自觉抵制。从而形成抵御媒介负面效应的防线，而这也正是西方各国媒介素养教育的核心部分及目标。

结合贵州实际，对于少数民族地区，当务之急是培养青少年主动接触媒介的意识和从媒介获取信息的能力；其次则是培养他们主动利用媒介，并且通过媒介发表信息，表达自我，并且利用媒介帮助自我发展的能力。

（一）以学校为依托，重点打造媒介素养教育特色课程

在贵州少数民族地区，学校是媒介素养教育普及的重头戏。贵州少数民族地区，大部分为贫困地区，一个乡镇一所学校，而父母多为农民出身，文化水平并不高。再让他们对孩子进行系统的媒介素养教育更是难上加难。再次，很多父母常年外出打工，很多青少年是与爷爷、奶奶等一同居住的留守儿童，家庭教育的缺失，让媒介素养教育的重点自然而然地转移到学校教育上。学校可以通过以下方式开展媒介素养教育课程：

1.根据年级的不同，针对性地开展媒介素养教育课程

在调查中，大部分学生希望能在小学及初中开展相关媒介素养课程。在国外，媒介素养教育早已被纳入终生教育的项目。借鉴国外成功经验，

结合贵州少数民族地区实际情况，媒介素养教育可以针对青少年不同年龄阶段开展不同的教育。由浅入深，最后让青少年能充分利用媒介发展自身，真正做到从授之以鱼到授之以渔。具体来说，我们可以从以下几个方面入手：

（1）小学阶段：在这一阶段中，媒介素养教育以认识和区别各种不同媒介为宗旨。可以通过把媒介素养知识编成儿歌，或者绕口令等纳入教材，这样不仅易于学生接受，更是为以后进一步深入学习奠定扎实基础。

（2）中学阶段：在这一阶段中，媒介素养教育以判别和分析媒介为宗旨。可以开展分析优秀的影视作品。比如了解摄影、摄像的入门知识等等。

（3）高中阶段：在这一阶段中，媒介素养教育着重于培养青少年的媒介批判能力。在此阶段，努力通过学校教育引导为青少年打造一道自我抵制不良信息的屏障。

（4）大学阶段：在这一阶段中，媒介素养教育着重于培养青少年利用媒介发展自身的能力。在此阶段，让青少年充分认识媒介的运作模式，比如自我制作影像作品等等。

2.以主题班会为形式，普及媒介素养教育知识

在笔者调查的过程当中，在问卷填写完毕后，尝试为学生简短地介绍何为媒介素养以及传播学中一些简单易懂的知识，并且收到了较为良好的效果，同学们在与笔者的互动中，轻松地了解一些媒介知识。当然，这只是笔者一次为时不长的尝试。

学校课程安排较为紧凑。但，以主题班会的形式，以小组为单位，班主任老师提前布置授课任务，制定班会主题。学生自主搜集资料，自己上讲台授课讲解媒介素养知识，最后由老师总结，通过这样在老师的引导和监督，学生自主学习，讲解。有利于学生自发地进行媒介素养教育，由内而外，提高媒介素养。

3.学校与当地媒体机构积极合作

在调查过程中，有超过90%的学生并不了解媒介运作方式，而对于媒

介的利用程度也处于较低水平。学校可与当地媒体机构，广电局，文体局等部门合作，采取双向的学习互动模式。一方面，"引进来"，即，学校可以聘请专职或兼职的新闻记者、媒体人走进课堂，为学生上专门的媒介素养课程。或者邀请当地新闻记者等媒体人到学校进行统一的主题宣讲活动，为在校学生普及媒介知识。另一方面，"走出去"，学校可组织学生定期到当地媒体机构进行实地参观学习，并写参观心得体会等，进一步加深学生们对媒介具体运作模式的了解。

4.学校积极开设校园电视台，广播站，校园报纸等

在调查中，不管是普古中学，还是盘县第二中学，都拥有自己的广播站，播报时间段多为中午或下午放学（12:00 ~ 12:30 或 5:30 ~ 6:00）。但是，值得一提的是，盘县第二中学拥有自己的校园电视台，（周播）并且由学生主持。笔者认为，学校还可在校学生会中设置相应的部门，如新闻部，记者团等，鼓励学生自主采写校园新闻。这样更加有利于学生自主掌握媒介知识，提高学生媒介利用能力。

（二）政府给予大力支持，从宏观上普及媒介素养教育

十年树木，百年树人。媒介素养教育的开展是一项庞大工程，不仅需要青少年自身、家庭、学校、政府、大众媒介的共同努力。更需要有一项长期有效的政策引导。中共中央国务院发布《关于深化教育改革全面推进素质教育的决定》，对全面推进素质教育进行了总体部署。决定认为，学校素质教育是以促进学生身心发展为主要目的，以提高国民的思想道德、科学文化、劳动技术、身心素质为宗旨的基础教育。为此，媒介素养教育纳入终身教育是应时代要求。政府可以从以下几个方面入手：

1.加大资金投入，编写符合当地情况的媒介素养教育教材

媒介素养教育在中国多在大学的传媒体系教育中进行授课，许多中小学并没有完整的授课体系，尤其对于地势偏远，发展欠佳的贵州少数民族地区媒介素养教育更是少之又少。调查中，有90%以上的学生希望在小学初中及高中开展媒介素养教育，有超过70%的学生渴望学校能进行媒介素

养教育。而少数民族地区青少年媒介素养的高低直接影响到少数民族文化的传承和发展。

政府可以把媒介素养教育教材的编写内容融入进学生的思想教育，社会科学，贵州省情等科目，如，在计算机课程上教授学生如何制作简单视频等。将媒介素养教育的成绩纳入"三好学生"，优秀学生的评选标准。同时，政府可加大资金投入编写适合当地的媒介素养教育教材。教材的编写内容应贴近学生生活，反应现阶段媒介真实情况，把握青少年心理。教材的形式也可不拘一格，如，学生手册等。不容忽视的是，以教育局为出发点，可以定期开展媒介素养知识普及宣讲活动，免费发放宣传手册。如开展"媒介素养进社区"等社区活动等。

2. 加强教师队伍媒介素养培训

在贵州少数民族地区，媒介素养重要阵地在学校教育，而在学校教育中，教师的媒介素养高低，影响着学生媒介素养课程的学习。这就要求教师有较高的媒介素养，这样才能授之以渔。

（1）对于已经在岗授课的教师队伍。以当地教育局为出发点，定期、分批抽调各学校教育骨干，进行媒介素养教育的相关培训。

（2）对于还在校的师范类院校学生。把媒介素养教育作为选修课程，纳入大学教育教学体系。

（3）同时，还可扩大招收专职教师，招收新闻类专业毕业生。这样有助于更为系统地教授学生媒介素养知识。

3. 积极引进"多彩贵州"系列品牌活动

在调查中我们发现，学生在选择，贵州少数民族在电视中的形象时，对"多彩贵州"这一品牌印象深刻。政府可以依托"多彩贵州"这个平台，积极开展媒介素养教育活动，如以《"多彩贵州"走进"金彩盘县"》为主题等，引进"多彩贵州"各项活动，在活动开展过程中，征集新闻稿件，并且在各校，选拔学生记者组成学生记者团，参与新闻采写，以及节目的整个制作流程。这样既有利于提升青少年的民族认同感，也能让青少年亲身参与媒介传播活动，真正做到授之以渔。

4. 以乡村文化活动室为中心，开展对家长的媒介素养教育活动

虽说，贵州少数民族地区青少年媒介素养教育的中心阵地在学校，但也不能忽视家庭教育的积极作用。在此次调查中，笔者发现，盘县普古彝族苗族乡的村民文化活动室开展得有声有色。政府可以投入一定资金，为乡村文化活动室购入媒介素养教育相关书籍。召集乡里或者村里的农民，围绕着媒介素养教育对于青少年的重要性等开展宣传讲座活动，例如："如何让孩子远离网络游戏""别让你的孩子活在电视剧里"等。这样有利于孩子与父母的双向沟通，同时也在一定程度上为村民媒介素养的提高奠定了基础。

（三）构建良好传播环境，大众传媒责无旁贷

大众传媒在展示现代文明成果，改变长期处在封闭状态的民族文化陋习的同时，由于受众媒介素养能力的低下，也在悄然地消解着少数民族的传统文化。在调查中，相比其他媒介，学生对于电视媒介所传播信息有着较高的信任度（53%），同时，大部分学生接触电视的时间，远远超过其他媒介。所以，如何立意于贵州少数民族地区本位文化，制作相应电视节目，宣传贵州少数民族文化值得深思。大众媒介可以开展形式多样的媒介素养知识普及活动，如以"带你走进不一样的'多彩贵州'"为主题，制作专题节目，开设教育专栏、拍摄纪录片等。

在调查过程中，我们发现，青少年尤其是少数民族地区青少年，与外界接触并不频繁，他们接触媒介的目的，有很大程度上是学习新的知识，了解社会，融入社会。所以在电视、网络、手机等媒体的使用中，受众处在极为被动的地位。传播内容的好坏，直接关系青少年的成长。如何把好这一道文化关，为青少年提供绿色，健康的媒介成长环境，贵州大众传媒任重道远。

主要参考文献:

[1] 中国互联网络信息中心 . 2012 年中国青少年网络行为调查报告 . http://www.cnnic. cn/qsnbg/201312/t20131225_43524.htm，2013-12-25.

[2] 马萍 . 西北少数民族地区青少年媒介素养调查研究 [D]. 兰州 : 兰州大学硕士学位论文，2010.

[3] 康强 . 中国受众媒介素养教育的困境和出路 [D]. 湘潭 : 湘潭大学硕士学位论文，2009.

[4] 陈龙 . 媒介素养通论 [M]. 长沙 : 中南大学出版社，2007.

[5] 邵培仁 . 传播学（修订版）[M]. 北京 : 高等教育出版社，2011.

[6] 沈广彩 . 少数民族大学生的媒介素养与少数民族文化传播 [J]. 贵州教育学院学报，2009（7）.

[7] 卢锋 . 媒介素养教育的本土化研究 [D]. 南京 : 南京师范大学博士学位论文，2011.

[8] 郭富平，汪舒仪 . 我国媒介素养教育研究发展的实证分析 [J]. 电化教育研究，2011（7）.

[9] 张宏树 . 媒介素养与民族地区社会发展问题研究 [J]. 北方民族大学学报（哲学社会科学版），2011（3）.

[10] 胡永刚，白浩然 . 少数民族大学生媒介素养状况调查报告——以西北民族大学为例 [J]. 东南传播，2009（3）.

[11] 宋爽 . 新媒体环境下我国青少年媒介素养教育研究 [D]. 石家庄 : 河北经贸大学硕士学位论文，2012.

大众传媒增强少数民族文化认同的效果研究

——以雷山县为例

龙丽双　郑舒丹

　　大众传媒是人们生活中密不可分一部分，它改变着我们的生活方式、学习方式。在少数民族地区也不例外地成为满足少数民族群众信息需要的主要渠道。在这样的背景下，我们不禁会想大众传媒能达到我们预想的传播效果吗？特别是在信息泛滥的今天，少数民族受到其他文化的冲击和影响也更大，他们能否在大众传媒的影响下增强对本民族的认同感和归属感并坚定地传承和发扬本民族文化。大众传媒增强少数民族文化认同在实际传播中能否加强，作为传者我们应该怎样做得更好，这些问题都值得我们去思考。

一、大众传媒增强少数民族文化认同效果的调查概况

（一）调查研究的目的及内容

　　研究大众传媒增强少数民族文化认同是为了了解大众传媒在传播中的实际效果如何，特别是在少数民族地区，大众传媒应该传承发扬少数民族文化和增强少数民族认同感的实际效果是否达到，对此，大众传媒怎样能做得更好，才能真正达到我们所期望的传播效果。

　　大众传媒特别是广播电视可以通过各种信息、节目加强少数民族的民族辨识以增强对本民族文化的认同，进而传承与发扬少数民族文化。大众传播媒介，凭借着先进的传媒技术和传播手段，能够跨越时间和空间的限

制，对于扩大少数民族文化的传承范围、延长少数民族文化的传承时间、丰富少数民族文化的传承内涵所起的作用让人际传播所望尘莫及。

蝴蝶妈妈、姜央射日月等民间故事、民间文学，以笔录和图形的方式，经由印刷媒介被保存下来，在大众传播媒介的大量复制传播中，得到了保护。苗族祭鼓歌、酒歌、侗族大歌等传统音乐、戏曲，通过录音机等音频设备被记录下来，既是从事学术研究的资料，又是获得民族认同的桥梁。芦笙歌舞、木鼓歌舞、铜鼓、苗族手工制银饰及刺绣技艺等民间舞蹈、杂技、传统技术被照相机、摄像机、DV 等拍摄下来，这些具体的、物质化的视频中所呈现的中华民族传统的民族文化得到了较好的保存和发扬。同时，广播电视尤其是电视可以对少数民族文化起到修补的作用。就像电视可以通过反映少数民族传统文化的节目来重现和强化少数民族文化。

随着科技的发展，信息的传播方式、传播内容、传播范围也发生了巨大变革。它使这些共同的民族语言、共同地域和共同经济生活的逐渐淡化，少数民族独特文化的传承和发扬遭到挑战。在年轻一代中，许多少数民族对自己的民族文化不再有自己祖辈一样的虔诚信仰。对于这样的现状，大众传媒者应该履行好自己的职责，通过提高自己的业务素质、改善和丰富自己报道形式等，使大众传媒在增强对少数民族文化的认同报道中发挥更好的作用，从而更好地服务受众。

（二）调查地概述

本次调查研究选择的地点是雷山县。雷山县位于贵州省黔东南苗族侗族自治州的西南部，苗岭山脉自西南向东北横贯全境。最高峰雷公山海拔2178.8 米。地势东北高，西南低。境内山峦重叠，谷深壑幽，是九山半水半分田的山区县。1987 年，全县有 25467 户，123447 人。世居有苗、汉、侗、瑶、彝六个民族，苗族人口占 82.6%，为苗族聚居区之一，富有极其深远的文化内涵，被誉之为苗族的民族文化中心。全部少数民族人口占县总人口的 95% 以上，是一个边远的少数民族聚居县。

近年来，雷山县旅游、社会经济得到较好发展，大众传媒也变得更受重视，大众传媒与民族认同的关联也成为大众关注的话题。所以选择雷山县为调查地也是比较合理的，也能够说明苗族地区大众传媒与民族认同感之间的现状及存在的问题。

（三）调查及分析方法

本研究综合运用观察法、访谈法、调查法和文献法。在运用这些方法收集原始资料的基础上，根据已有的相关理论和研究成果，自行编制了《大众传媒增强少数民族文化认同效果调查问卷》，采用配额抽样的方法选取问卷调查对象，到该县中学、县城中心地带、县各单位部门等地点根据随机抽样方法抽取不同年龄、不同身份的人发放问卷。总计发放了300份问卷，实际收回有效问卷289份。

在分析过程中主要采用频率分析的"根据"原则，根据每一个方面所设定的相关问题，主要分析和考察大众传媒和少数民族对此所持不同态度的反应程度。同时采用交叉比较分析原则，少数民族的民族认同是在个体与环境的交往互动中建构起来的，对于大众传媒与少数民族文化认同的研究，必须从各种不同视角的比较中展开。为此，根据问卷中所设的基本信息选项，又将"年龄"、"接触媒介的频次"、"喜爱的少数民族节目"、"接触的媒介种类"、"对新闻报道的少数民族的评价"及"媒介对自身的影响"分别与"民族认同"方面所设选题进行交叉分析。

（四）少数民族文化认同调查问卷设计

民族文化是民族认同的基础，因此我们从这点入手，来分析少数民族文化认同的主要特征，把握其根本。根据研究的需要我们主要从认知、情感、评价和行为四个维度，就少数民族文化认同设计了"你所属的民族有自己的语言吗"（简称"民族语言"）、"你所属的民族有自己独有的宗教信仰吗"（简称"宗教信仰"）、"你所属民族有自己的独有的本民族图腾吗"（简称"民族图腾"）、"你了解本民族服饰吗"（简称"民族服饰"）、"你了解本民族的主要节庆和重大活动吗"（简称"节庆了解"）、"你了解家乡的风土人情、生活习俗吗"（简称"家乡了解"）、"你喜欢本民族服饰吗"（简称"服饰认同"）、"你经常使用的媒介是"、"你每天花在媒介上的时间大约是"、"你对现在大众媒体对少数民族的报道评价如何"等十余个调查选项。该问卷不仅立足从本民族语言文字、宗教信仰、风俗习惯等方面调查少数民族对本民族的认同，还从民族文化的保护和发展、本民族文化和大众传媒之间的关系等方面，力求能深入研究少数民族对本民族文化认同的传承与发展的责任。

二、大众传媒增强少数民族文化认同效果的结果研究

少数民族是一个特定的社会群体，研究大众传媒与少数民族文化认同的现状，既要植根于民族文化认同理论的一般性，也要根据大众传媒发展的现实性，更要思考少数民族的特殊性。共同文化是产生共同心理素质的基础，共同心理素质则是共同文化在思想意识领域的集中体现，因而也是整个要素的核心内容。所谓共同心理素质，通俗地说，就是同一民族的人之间存在着一种族属亲近感、文化认同感。这种心理是客观存在的，而且每个人都会以自己的生活经验而体验到。世界上许多丧失了共同地域、语言的民族就是用认同感来维系其文化的。所以说对民族文化的认同是对民族认同的基础，同时，民族风俗习惯是民族文化认同的主要表现形式，少数民族的民族文化认同与其社会环境相关，更面临选择文明的挑战。

（一）媒介使用频率不同与少数民族文化认同的比较研究

从表1的数据可以看出，使用媒介时间不同的少数民族与"节庆重视"两者之间具有相关性。常使用媒介的少数民族对这一选项的认同程度高，特别是微博、微信等新兴媒介的快速发展和流行起来，让很多鲜为人知的节庆活动被大家所熟悉。同时，少数民族对民族服饰、主要节庆、风土人情和生活习俗了解程度是比较高的，也比较感兴趣。我们传媒工作者可以从少数民族喜闻乐见的内容入手进行报道，增加报道少数民族文化内容的时间和深度，让大众对少数民族的节庆有更近一步的了解。

表1 媒介使用频率不同的少数民族与"节庆重视"的比较分析统计表

问题 每天使用媒介时长		你很重视本民族的主要节庆和重大活动					合计
		很重视	重视	不一定	不重视	很不重视	
1小时以下	人数	3	12	20	16	6	56
	比例	4.8%	20.6	35.5%	28.8%	10.3%	100%
2-3小时	人数	18	69	75	3	1	167
	比例	11.0%	41.5%	44.9%	1.7%	0.8%	100%
4小时以上	人数	10	40	13	3	0	66
	比例	15.6%	60.5%	19.3%	4．5%	0.0%	100%
合计	人数	31	121	108	22	7	289
	比例	10.7%	41.8%	37.3%	8.0%	2.0%	100%

表2 媒介使用频率不同的少数民族与"服饰认同"的比较分析统计表

问题 每天使用媒介时长		你喜欢本民族服饰					合计
		很喜欢	喜欢	不一定	不喜欢	很不喜欢	
1小时以下	人数	12	28	11	4	1	56
	比例	21.4%	50%	19.6%	7.1%	1.7%	100%
2-3小时	人数	13	32	46	73	3	167
	比例	7.8%	19.2%	27.5%	43.7%	1.7%	100%
4小时以上	人数	5	10	18	29	4	66
	比例	7.5%	15．0%	27.3%	43.9%	6.0%	100%
合计	人数	30	70	75	106	8	289
	比例	10.4%	24.2%	25.6%	36.7%	2.8%	100%

从表2的数据可以看出，使用媒介时间不同的少数民族与"服饰认同"两者之间具有相关性。随着接触媒介的频率的增加，少数民族对民族服饰

的认同呈现一定的下降趋势。这也是由于少数民族服饰的现代化和大众化程度较低，少数民族在日常生活中接触和使用本民族服饰的机会较少，所以认同程度要低。针对这样的情况，我们的大众传媒在报道中应该尽量保持呈现出民族的原生态服饰等文化，让大众对少数民族文化有更加深入的了解，这样才能够提升少数民族的文化认同感。

这说明，经常接触媒介的人信息素养比不经常接触的或不基本不接触的高，并且与对本民族的民族文化认同具有较强的相关性。媒介的使用频率越高接受的信息越多，对本民族的文化认同程度也发生着相应的变化，有的方面可能加深了认同，但有的方面也会出现淡化的可能。

（二）关注媒介类型不同与少数民族文化认同的比较研究

表3　关注媒介类型不同的少数民族与"宗教信仰"的比较分析表

问题 最常使用的媒介		你愿意严格遵从你所属民族的宗教信仰					合计
		很愿意	愿意	不一定	不愿意	很不愿意	
手机	人数	14	24	32	4	1	74
	比例	18.4%	33.0%	42.9%	5.0%	0.7%	100%
电视、广播	人数	38	54	13	3	1	109
	比例	35.3%	49.6%	11.6%	2.6%	0.9%	100%
杂志、报纸	人数	15	20	6	14	0	42
	比例	35.2%	47.5%	13.8%	3.4%	0.0%	100%
网络	人数	10	19	20	4	1	54
	比例	18.0%	34.6%	36.4%	10.1%	0.9%	100%
其他	人数	3	5	2	1	0	10
	比例	26.3%	49.5%	13.7%	10.4%	0.0%	100%
合计	人数	80	122	73	26	3	289
	比例	27.7%	42. 2%	25. 2%	8.9%	1.0%	100%

从表 3 的数据可以看出，选择"电视、广播"和"杂志、报纸"的少数民族比选择"手机"、"网络"的少数民族更愿意严格遵守本民族的宗教信仰，而使用手机和网络的大众多是年轻的一代。这说明，手机和网络的报道内容更能影响少数民族的年轻一代对本民族传统文化的认同。由于信息的大量涌入，年轻一代的少数民族将面临遵从民族传统的宗教文化信仰和现代文明之间的抉择。在他们抉择的过程中难免会受到现代文明的影响而淡化民族文化，而对传统民族文化的不遵从就是不认同的开始。同时，电视、广播、杂志、报刊等传统媒介的受众大都是年长的少数民族，他们从小接触和生活的环境中的民族文化比年轻的这一代要多得多，从媒介获得的少数民族文化的信息也比网络报道的更加规范、更具有一定的深度。对此，媒介需要丰富少数民族特色的节目类型，特别是网络媒体更要加强少数民族传统文化报道的深度，从而提高少数民族的民族文化认同。

从表 4 的数据可以看出，使用各种媒介的少数民族对这一选项选择"赞同"和"很赞同"的比例相差不大。这说明大部分媒介对少数民族文化保护和传承的报道内容或许差不多，也可能媒介对少数民族文化保护和传承的报道并不显著。

目前我们的少数民族对民族文化的传承与保护都具有一定的危机感和焦虑感。随着现代社会的发展，人们的生存境遇发生了很大的变化。网络化、信息化不断更新着人们对世界的认知，人员、信息和货物的跨境流动，使全球化的进程不断加快，人们脱离了单一的文化环境开始不断接触到其他国家、不同地域的"他文化"，形成文化的相互碰撞和融合，自身的文化也不可避免地会逐渐淡化。我国少数民族的民族文化也不例外。对此，在发扬保护和传承少数民族文化方面，大众传媒应该从各个不同的角度和层次来进行宣传报道，比如开办专门的少数民族语言节目、开展少数民族纪实类节目等。另外，由于网络比较自由的现状，网络媒体可以进行更多灵活形式的报道，同时还可以与大众进行互动交流，以到达更好的效果。最终达到传者所期望的增强少数民族文化认同并产生强烈民族认同感的效果。

表4 关注媒介类型不同的少数民族与"文化保护"的比较分析表

问题 最常使用的媒介		在现代社会，有必要积极保护你所属民族的民族文化					合计
		很赞同	赞同	不一定	不赞同	很不赞同	
手机	人数	22	38	12	2	1	74
	比例	29.6%	50.7%	16.1%	2.8%	0.7%	100%
电视、广播	人数	30	50	23	5	1	109
	比例	27.5%	46.3%	21.3%	4.2%	0.7%	100%
杂志、报纸	人数	11	19	10	2	0	42
	比例	26.3%	44.3%	23.7%	5.7%	0.0%	100%
网络	人数	17	24	11	2	0	54
	比例	30.8%	44.5%	20.7%	4.0%	0.0%	100%
其他	人数	2	4	3	1	0	10
	比例	18.0%	44.3%	24.8%	12.8.0%	0.0%	100%
合计	人数	82	135	59	12	2	289
	比例	28.4%	46.7%	20.4%	4.2%	1.0%	100%

（三）对媒介报道内容评价不同与少数民族文化认同的比较研究

从表5的数据可以看出，觉得媒介报道内容客观公正和基本属实的少数民族，对本民族的服饰认同程度要高。目前很多节目为了追求收视率，在进行少数民族节目制作的时候只选取一些怪诞的习俗来报道以增加收视率，在一些地方甚至采取摆拍的方式，比如重大节日报道为了拍摄需要提前摆过节日，这让少数民族的节日失去了意义。也让大众对媒介报道内容的真实性产生质疑。所以说，媒介报道的少数民族节目只有符合和贴近少数民族的现实生活，才能增强少数民族的民族认同感。

表5 对媒介报道内容评价不同与"服饰认同"的比较分析统计表

问题 对媒介报道内容评价		你喜欢本民族服饰					合计
		很喜欢	喜欢	不一定	不喜欢	很不喜欢	
客观公正	人数	49	65	11	2	0	127
	比例	38.8%	51.1%	8.7%	1.4%	0.0%	100%
基本属实	人数	59	67	14	1	0	141
	比例	41.7%	47.3%	9.6%	1.4%	0.0%	100%
略带偏见	人数	3	7	10	1	0	21
	比例	16.3%	31.6%	49.7%	2.2%	0.0%	100%
非常有偏见	人数	1	1	2	1	0	5
	比例	19.1%	22.9%	38.2%	19.8%	0.0%	100%
合计	人数	112	140	37	5	0	289
	比例	38.7%	48.4%	12.8%	1.7%	0.0%	100%

表6 对媒介报道内容评价不同与"文化保护"的比较分析统计表

		在现代社会,有必要积极保护你所属民族的民族文化					合计
		很赞同	赞同	不一定	不赞同	很不赞同	
客观公正	人数	77	42	7	2	0	127
	比例	60.9%	32.8%	5.2%	1.2%	0.0%	10%
基本属实	人数	68	57	7	6	3	141
	比例	48.3%	40.1%	5.0%	4.3%	2.2%	100%
略带偏见	人数	4	6	9	1	1	21
	比例	19.4%	30.8%	42.5%	4.3%	3.0%	100%
非常有偏见	人数	1	1	1	2	0	5
	比例	19.8%	21.2%	20%	40%	0.0%	100%
合计	人数	150	106	24	11	4	289
	比例	51.9%	36.6%	8.3%	3.8%	1.3%	100%

　　从表6的数据可以看出，相信媒介报道内容客观公正和基本属实的少数民族比带有偏见的少数民族在对待"文化保护"方面态度积极些，因为少数民族对本民族文化具有较深的感情，并且具有积极传承和保护的责任。所以说，大众传媒对少数民族文化的真实宣传，影响着少数民族的民族认同感。宣传客观、能反映出实在问题的内容更能积极的引导少数民族保护本民族的文化，增强对本民族文化的认同程度。

（四）媒介对个人影响不同与少数民族文化认同的比较研究

表7　媒介对个人的影响不同与"节庆重视"的比较分析统计表

问题 媒介对个人的影响		你很重视本民族的节庆和重大活动					合计
		很重视	重视	不一定	不重视	很不重视	
认知社会动态	人数	8	9	2	1	0	19
	比例	39.7%	46.4%	9.7%	4.2%	0.0%	100%
引发辩证思考	人数	8	11	2	1	0	23
	比例	36.3%	49.3%	10.4%	3.9%	0.0%	100%
思想观念的转变	人数	11	16	3	1	1	32
	比例	34.4%	48.9%	9.9%	3.5%	2.3%	100%
仅作了解	人数	42	51	14	2	1	111
	比例	38.1%	45.8%	12.7%	2.0%	1.3%	100%
消遣和谈话的素材	人数	29	48	14	1	1	93
	比例	31.0%	51.4%	14.7%	1.6%	1.3%	100%
其他	人数	4	6	1	0	0	11
	比例	37.0%	52.8%	12.3%	0.0%	0.0%	100%
合并	人数	102	141	36	6	3	289
	比例	35.2%	48.8%	12.5%	1.7%	1.0%	100%

从表 7 的数据可以看出，大多数少数民族关注媒介是"仅作了解"或者"消遣和谈话的素材"，而这部分人对节庆表现出很重视和重视的与其他选项相差不大，媒介对个人的影响与"节庆重视"成弱相关。在少数民族地区民族文化氛围很浓，每逢过年过节大家都会做足准备，准备充足的食物和原生态的歌舞来招待客人。他们对节庆的重视是与生俱来的，虽然会随着现代文明的发展逐渐淡化，但这并不是短时间就能发生的改变。

表 8 媒介对个人的影响不同与"宗教习惯"的比较分析统计表

		你愿意严格遵从你所属民族的宗教信仰					合计
		很愿意	愿意	不一定	不愿意	很不愿意	
认知社会动态	人数	4	4	5	4	1	19
	比例	21.3%	23.0%	26.6%	22.7%	6.4%	100%
引发辩证思考	人数	4	4	7	5	2	23
	比例	18.4%	18.0%	30.0%	22.9%	10.7%	100%
思想观念的转变	人数	6	6	10	8	1	32
	比例	19.3%	20. 1%	29.9%	25.9%	4.3%	100%
仅作了解	人数	39	53	15	4	0	111
	比例	35.2%	47.6%	13. 7%	3.5%	0.0%	100%
消遣和谈话的素材	人数	29	37	13	4	3	93
	比例	31.4%	39.7%	13. 8%	4.8%	3.1%	100%
其他	人数	3	5	2	1	0	11
	比例	24.1%	43.7%	14.3%	17.9%	0.0%	100%
合并	人数	85	109	52	26	7	289
	比例	29.4%	37.7%	17.9%	8.9%	2.4%	100%

从表 8 的数据可以看出，媒介对大部分少数民族的作用是"仅作了

解"、"消遣和谈话的素材"而这部分人对这一选项持很愿意和愿意。这表明，随着媒介对个人的影响，不同少数民族对宗教习惯的遵从意愿有所差别。对此，大众传媒应该思考其报道内容的深度和广度对不同受众的影响。

大众传媒与少数民族文化认同具有很强的相关性，大众传媒增强少数民族文化认同的实际并没有完全达到应有的效果，大众传媒在一些方面加深了少数民族对本民族文化的认同，从而增强了少数民族的民族认同感和归属感，但另一方面也淡化着少数民族的民族文化和传统生活方式。所以说，大众传媒增强少数民族文化认同的过程是一把双刃剑，只有不断地改善和加强大众传媒的传播环境和内容方式，才能更好地保护和传承少数民族文化，增强少数民族的民族认同感和归属感。

三、增强少数民族文化认同的传媒对策

随着社会交往的不断深入，各民族文化的交流、沟通和碰撞在增强，需要加强少数民族对民族文化的认同感。在这个过程中大众传媒发挥着不可忽视的作用，对于怎样增强少数民族的民族文化认同，在实际调查的基础上提出几点建议。

（一）改进少数民族文化的传播内容和形式

目前，在民族地区的大众传播中，少数民族文化的信息内容比较单一，以少数民族语言进行传播的新闻媒体、出版物总量较少，信息传播的形式和方法上缺乏少数民族特色，以及对少数民族群众健康有益、老百姓喜闻乐见的信息传播的份额明显不足，还无法满足少数民族群众的需要。

对此，我们可以改进传播方式让其更加灵活多样。大众传媒可以采用少数民族群众乐于接受的方式来传承与发扬少数民族文化。我国许多少数民族群众都能歌善舞，唱歌跳舞是少数民族日常生活中的重要内容。如世世代代的苗族人通过歌舞解除疲乏，也通过歌舞在游方场上寻找到知心爱人，使苗族族群代代繁衍、生生不息。而木鼓、芦笙更是已经与苗族、侗族血脉相连。大众传媒在传承与发扬少数民族文化时，可以采用歌舞弹唱、

山歌情歌、民族歌剧戏剧、音乐歌舞或风情艺术片等方式来展示丰富多彩的民族文化。

在传播的形式及内容上突出少数民族文化的特色。大众传媒通过自己的创造力制作出具有少数民族特色的新闻报道及作品。就像电影中导演运用纪实手法展现出少数民族独特的风俗、语言、服饰、歌舞、婚俗及饮食文化等民族文化特色产物，最终保存和展现了传统的少数民族文化。

（二）完善传播少数民族文化的载体

由于我国少数民族多分布在西部偏远的地区和省份，从事大众传播行业的人素质普遍较低，且地区的信息基础设施落后，即使是在已接入互联网的许多少数民族地区，由于带宽有限，网速较慢，也影响了少数民族群众使用互联网的积极性。在民族地区，由于信息技术人员自身知识结构的原因，很多新的信息技术并不能够及时引入民族地区。加上一些民族地区党政领导自身对信息服务体系建设的价值认识不足，或者是对信息技术心有余而力不足，习惯于沿用传统的工作思路和工作方法开展工作，这在客观上延缓了民族地区信息服务体系建设的速度。

对此，应该在传播主体上提高少数民族传媒人的素养并发挥其能动性，多方式、多途径培养人才。民族地区不仅仅要引进信息技术人才，更重要的是要立足于本地培养人才。要重视民族地区高校在信息技术人才培养方面的作用，支持民族地区高校发展信息技术相关专业，特别是计算机、互联网以及新闻传播专业。如雷山县一乡镇的《苗语广播》，虽然是当地苗族群众欢迎的一档本民族特色的新闻广播，但是该节目仍然存在着播出范围不大（仅在本乡镇播出）、题材作用单一（主要作用是通过广播告知村民集体购买农作物之类）、深度和广度不够等问题。造成这些问题的原因较多，其中比较突出的是播报人员的素质低和地区经济条件限制传播载体的引进。因此大众传媒在传承与发扬少数民族文化时应该要把人的因素放到重要的位置。

同时，在科技飞速进步发展的背景条件下，大众传媒也得到充分发展。

我们应该利用好新兴传媒技术并因地制宜的发挥不同媒介的优势，展示出少数民族的各个方面和层次的文化，保护和传承好少数民族文化。

（三）优化少数民族文化的传播环境

近年来，随着民族风尚的流行，越来越多的都市人将目光聚焦到了充满神秘情调的少数民族文化上。在这个过程中，大众传媒成为展示少数民族文化风采的重要窗口，增强了各民族之间尤其是汉族与少数民族之间的沟通和交流。少数民族地区的传播体系受到前所未有的考验。

为此，政府应高度重视信息服务体系，建设一个完善的传媒传播体系。加强对信息基础设施建设的整体规划，建设一个自上而下、从点到面的信息基础设施体系。同时，加大民族地区信息服务体系建设的资金投入。

推进民族地区传播信息共享机制建设。信息共享，既能迅速把别人的知识、技术、经验学到手，也能把自己的产品推向市场，网络的公平打破了历史和地缘的差异，为每个民族和个人创造均等的机会。既可以满足少数民族群众日常文化生活需要，也可以满足民族地区经济发展的需要。

主要参考文献：

[1] 雷山县志编纂委员会 . 雷山县志 [M]. 贵阳：贵州人民出版社，1992.

[2] 高晓虹 . 电视传播思想力：在中国传媒大学听讲座 [M]. 北京：中国传媒大学出版社，2010.

[3] 李艳波，廖莹 . 传媒实践力 [M]. 北京：中国传媒大学出版社 .2010.

[4] 程郁儒 . 民族文化传媒化 [M]. 北京：中国社会科学出版社 .2012.

[5] 万明刚 . 多元文化视野价值观与民族认同研究 [M]. 北京：民族出版社，2006.

黔东南苗族民间影视创作研究

严思嘉　　李玳蒟

目前，我国对黔东南苗族民间影视创作领域研究不多，甚至对黔东南苗族民间影视创作研究未曾涉足。在黔东南苗族民间文化研究领域中，研究较多的是黔东南苗族的服饰文化、银饰文化、生态文化、建筑文化、习俗文化、刺绣文化、历史人类学、药学、审美文化以及苗族歌舞和音乐。在中国知网中能搜索到与本文相关联、能参考的文献资料只有杨正文、肖坤兵《贵州雷山县苗语电视剧调查》。黔东南苗族民间影视创作的研究处于一种空白的状态。

杨正文、肖坤兵《贵州雷山县苗语电视剧调查》首先从苗语电视剧的出现探究，其次从苗语电视剧出现受众对这种现象的认可与质疑，最后从苗语电视剧现象存在的问题进行反思三个部分来分析调查研究贵州雷山县苗语电视剧。文章重点研究黔东南州雷山县苗语电视剧出现，对当地传统苗族文化的传承与保护，这种新生文化现象对当地苗族文化产业今后发展的启示。但是，文章未对贵州雷山县苗语电视剧创作做深入研究。

黔东南苗族民间文化对扩大影视题材的丰富性有着重要意义。将影视创作同黔东南苗族民间文化有机结合，为中国影视创作注入新的能量，在"主流"文化和"原生态"文化相互融合、汲取中不断发展和创造新的大众文化。黔东南苗族民间文化的发展对加强民族凝聚力有着重要意义，黔东南苗族民间影视意味着当地苗族文化的存在以及苗族文化通过影视技术手段发展到一定程度，增强了民族认同感、自豪感。黔东南苗族民间影视创作对保护和传承苗族文化有着重要的作用。这些影视作品中潜藏并孕育着当地丰富多彩的苗族文化艺术。通过影视作品在当地传播，有助于当地苗族文化得到保护、传承和发展。

可以看到当前我国关于贵州苗族民间影视创作目前没有研究，结合当前的现状，作者在本论文中尝试从黔东南苗族民间影视创作的发展演变、黔东南苗族民间影视作品的文本、黔东南苗族民间影视作品的接受和黔东南苗族民间影视创作中存在的问题及发展对策来研究，以供参考。

一、黔东南苗族民间影视创作的发展概况

陈思和提出文学史上"民间"的特点："（一）它是在国家权力控制相对薄弱领域产生的，保存了相对自由活泼的形式，能够比较真实地表达民间社会的面貌和下层人民的情绪世界。虽然国家主流意识对它有影响，但它毕竟有自己独立的历史和传统。（二）自由自在的审美风格。民间的传统意味着人类原始的生命力紧紧拥抱生活本身的过程，由此迸发出对生活的爱和憎恨，对人生欲望的追求。这是任何道德说教都无法规范，任何政治条例无法约束，甚至是任何文明、进步、美这样一些抽象概念也无法涵盖的自由自在。（三）因为拥有各种民间宗教、哲学、文学艺术的背景，因此构成藏污纳垢形态，对之难以做简单价值判断。"

以上的这些"民间"特点说明了民间社会形态、民间文化形态具有本源性以及丰富多彩自由自在的特性。然而，黔东南苗族民间文化形态也是丰富、且多层面的。

黔东南苗族民间影视不同于政府部门制作的对外宣传当地苗族文化的旅游宣传片，不同于影视公司制作发行的影视作品，黔东南苗族民间影视作品的创作完全属于民间自发的行为。导演、演员都是当地非专业出身的群众，导演和演员之间没有相互雇佣关系，双方自愿拍摄。

黔东南苗族民间影视作为当地的一种新生文化现象，打破了传统文化产业的单一模式，使我们看到了当地发展特色影视业、生产特色影视产品

的可能。黔东南苗族民间影视是运用现代文明的科学技术手段，展现的是黔东南苗族人民日常生活中所呈现出来的"文化"，这是在国家定义下的"文化"与黔东南苗族传统文化融会贯通的产物。

（一）黔东南苗族民间影视的历史演进

1. 萌芽期

20世纪末为黔东南苗族民间影视创作的萌芽期。初期的作品主要是以纪实性为主，黔东南苗族民间DV爱好者用DV记录着传统苗族节日活动的现场盛况，刻成光碟，当作礼物送给亲戚朋友。如姊妹节中的盛装踩鼓、牯藏节、斗牛等节日活动。这时期的作品主要在亲朋好友之间小范围传播，没有形成商品走向市场。

2. 生长期

21世纪初为黔东南苗族民间影视创作的生长期。此期间黔东南苗族民间影视作品逐渐走向当地市场，在当地的音响店开始出现成批量销售民间影视光碟。作品主要以个人DV创作为主，当地苗族群众的个人专辑或几个人的合辑。这一时期的代表作品有《巴拉河苗歌》、《相约梨树下》、《苗族酒歌》、《苗族飞歌》等。

3. 发展期

近几年，黔东南苗族民间影视创作走进了蓬勃发展时期。这时期的影视作品呈多样性发展。在这个百花齐放的发展时期，影视作品的表现形式向多样化发展，苗歌个人专辑、叙事说理苗歌专辑等苗族民间影视创作蜂拥而出。台江县民间艺人苗人金山的个人专辑苗语说唱，传唱孝道、用苗歌歌唱党的好政策等深受当地群众喜爱。在这一时期，也出现了黔东南苗族民间苗语电视剧，代表作品如《金钱惹的祸》、《逼嫁》等，开创了黔东南苗族民间影视创作的新局面，拓展了黔东南苗族民间影视创作的新形式。

（二）黔东南苗族民间影视创作的发展态势

黔东南州是一个苗族聚居地，苗族民间文化丰富多彩，在表现形式与传播方式上，当地苗族民间文化已从单一的歌舞传唱、习俗传承发展到影视、旅游、服饰等行业。影视创作在当地苗族民间文化中起到举足轻重的作用，本土民间影视创作是当地苗族民间文化重要组成的部分。黔东南苗族民间影视作品对当地厚重的传统苗族艺术的运用具有重要的文化意义。这些影视作品呈现出原汁原味的乡土苗族文化意识，有着深厚的苗族文化积淀，也是宣传当地民间文化的有利途径。

当地苗族民间文化历经的历史积淀，经过现代文明的创造和对未来的观照，在影视创作过程中的社会认同，影视作品反映并再现着当地的风土人情。引领着受众的消费，使受众在不知不觉中接受并感知黔东南苗族民间影视作品传播的苗族精神和苗族艺术。

黔东南苗族民间影视创作者立足本土文化、传播当地苗族文化，影视创作者利用黔东南苗族本土文化元素，在影视作品中运用具有很强的影响力和说服力，使受众在观赏中心甘情愿地接受它的影响。

二、黔东南苗族民间影视作品的文本分析

（一）叙事特色

黔东南苗族民间影视题材真正能打动我们的是透过人物性格以及影视对命运书写的民族心灵史，黔东南苗族有着无比深厚的文化资源，为苗族影视题材提供了无限广阔的叙事空间，同时也赋予了影视创作者不竭的创作灵感，促使影视创作者们的艺术想象力得到充分的自由伸展与张扬。

黔东南苗族民间影视创作者的苗族血统决定了创作者的创作思维。在当地苗族文化环境中成长，受到当地苗族文化的影响和熏陶，形成了具有苗族文化特色的本真、初始、质朴人格，他们创作的黔东南苗族民间影视作品在叙事上也有着本真、初始、质朴的特征。

1.黔东南苗族民间影视作品文化视角

黔东南苗族民间影视作品是当地苗族文化的音像化反映，采用当地苗族文化视角实际上是一种创作行为。影视创作者的文化视角就是创作立场和观念，也是指影视创作者看待当地苗族文化的角度。

当地苗语电视剧《金钱惹的祸》以现实社会生活为题材，描述和审视当地苗族孝文化。《金钱惹的祸》讲述的是当地苗寨一对年轻夫妇外出打工，将一个未满月的男婴给婆婆抚养。这对年轻的夫妇在外打工的四年里，婆婆把孙子抚养长大，生动细腻地展现了当地留守儿童和留守老人艰难的生活，场面令人动容，催人泪下。

这对离家打工的夫妇怀揣两万块钱喜滋滋地回家之时。母亲病倒了，儿子主张把打工挣来的钱给母亲治病，却遭到媳妇强烈反对。狠心的媳妇趁丈夫上山砍柴之机，把拌好毒药的饭端给不知情的婆婆吃，婆婆一边吃一边喂孙子吃，最后造成祖孙俩惨死。这是一部关于孝道为主题的苗语电视剧。

《逼嫁》里阿星的母亲以死相逼，阿星准备和阿卡私奔，但阿星始终放不下从小独自抚养自己长大的单亲母亲，担心母亲以后生活没有人照顾，决定放弃和阿卡私奔，发自内心的孝顺，最后答应母亲嫁给了阿卡的哥哥，成了阿卡的嫂子。《苗人金山专辑》台江县民间艺人苗人金山的苗歌说唱教育人们讲孝道、传孝道等，这些都反映了当地苗族孝文化传承和发扬。

黔东南苗族民间影视创作者立足于当地苗族民间文化，创作者作为主位文化视角，文化立场和观念都体现了把当地苗族民间文化作为主体来看的倾向。影视创作者与表现对象之间具有一致性的文化身份，文化视角具有民族文化内涵，显示出当地苗族民间特色。

2. 黔东南苗族文化倾向性

文化倾向性指一种文化处在同一种文化语境里，民族主体所体现出来的指向关系。指向关系是从观察主体立足点、文化立场和观察客体所决定。文化立场指把哪一种文化作为立足点来看问题。从这点来说，黔东南苗族民间影视创作者对当地民间文化立场具有根本性的决定作用，决定着黔东南苗族民间影视创作者和影视作品的文化视角。黔东南苗族影视创作者站在当地苗族民间文化立场来审视和思考创作，反映出黔东南苗族民间文化。

黔东南苗族民间影视作为一种文化产品，黔东南苗族民间影视与苗族主体之间必然会存在着一种满足于需要的关系，这种关系决定着黔东南苗族民间影视的文化倾向性。黔东南苗族民间影视作品若能够满足苗族主体需要，那么，其文化倾向就应该符合苗族主体的利益，体现出一种具有积极价值的功能，是值得发扬的。

（二）视听风格

1. 黔东南苗族民间影视作品声音与画面

（1）声音

声音能在空气中传播，声音符号的形成一般是由振动物体（包括人的声带）发出的声音。如果是人的语言，是一种能独立完整表达特定意思的语言符号。"从音乐形态上讲，影视音乐又可分为有声源和无声源两大类。有声源音乐，也称画内音乐、客观音乐，即画面内的生源提供的音乐。"

在电视剧《金钱惹的祸》、《逼嫁》等，人物之间的对话都采用苗语。口语化的语言，朴素自然，富于表现力。《巴拉河苗歌》、《相约梨树下》、《苗族酒歌》、《苗族飞歌》等，音乐形态以有声源音乐为主，音乐就是影视作品的主体，比较容易引起观众的共鸣。《台盘六月六斗牛》、《凯棠斗牛》、《台江姊妹节斗牛》、《南瓦斗牛》、《阳芳牯藏节斗牛》等，画外音是现场的欢呼声，展现斗牛现场氛围和地方色彩，声画合一具有现场感和逼真感。

在影视作品中，人物语言、声音是为人物形象塑造服务。声音也是一种特殊的艺术造型手段，声音作为一种戏剧元素进入影视创作中，使影视变得更为真实，同时，使影视语言变得丰富多彩，声音美化了影视画面。

（2）画面

黔东南苗族民间影视作品都以长镜头为主，主观性、纪实性较强。对黔东南苗族民间影视作品来说，画面传播的优越性可以提供广阔的想象空间，同时，赋予了它更为丰富的表现力，影视画面的语言功能也得到了增强。画面传播不仅包含了画内的内容和意义，同时，可能蕴含了画外的及可能喻示画外的内容和意义。

在影视作品《逼嫁》中的一个镜头画面中：月色清寒惨淡，灰蒙蒙的夜色，主人公阿星和阿卡心事重重地坐在草地上默默无言。在这个大全景画面上，林子里黑压压的树枝占据大部分空间，具有沉重质感和向下动势，使身黑压压树枝下的阿星和阿卡成了被挤压的物体，象征着阿星和阿卡身心处在极度压抑和矛盾之中。

《台盘乡六月六斗牛》、《凯棠苗年斗牛》、《台江姊妹节斗牛》、《南瓦斗牛》、《阳芳牯藏节斗牛》等，以本民族独特的文化视角，运用长镜头忠实地纪录斗牛激烈角逐的场面，没有经过雕琢和修饰，真实而淳朴。《阳芳牯藏节》长镜头纪录当地苗族牯藏节祭祖过程，部分特写镜头展示了当地群众对先祖的膜拜和虔诚祈祷，是当地苗族民俗真实的再现。长镜头在黔东南苗族民间影视作品的运用是很典型的，这样能使影视作品表现出来的画面呈现出真实以及淳朴的自然审美风格，就像复制现实生活中的场景移植在影视画面上。

2.黔东南苗族民间影视艺术风格

黔东南苗族民间影视艺术风格能够反映黔东南苗族民间影视创作者的艺术个性、创作倾向，这是黔东南苗族民间影视创作者共同特色。黔东南苗族民间影视艺术风格是从黔东南苗族民间影视作品的内容形式与思想艺术整体中统一表现出来的。

《台江姊妹节游演》、《阳芳牯藏节踩铜鼓》《台盘六月六游演》等作品影片中千位男女老少身穿节日盛装的盛大场面，有效地表现了当地苗族文化氛围，是影视民族风格的表现。作品中自然景观、地域风光、风土人情、习俗礼仪构成了影视民族风格的因素，是当地苗族特有民俗风情的真实再现。

黔东南苗族民间影视艺术中，以显现或潜在的形式来反映当地民间文化和审美。影视作品中民族审美差异性是客观存在的。黔东南苗族民间影视作品反映的是当地苗族民间的社会生活与民族精神，主要是反映当地苗族民间的文化，创造出鲜明的民族风格和民族特色。

在黔东南苗族影视作品中，民俗是当地苗族民间文化中反映当地苗族民间最核心的思想感情、宗教信仰及节俗礼仪等文化要素。影视作品中展示当地苗族民间的民俗风情，构成了当地苗族民间影视审美中一道独特靓丽风景线。

盛装在当地苗族对姑娘意义重大，盛装一般都是在姑娘的小时候，母亲为女儿绣制的，盛装上的银饰都是父母为女儿置办，一代一代的传承下去。只有在隆重的场合、隆重的节日和出嫁时才穿。在《逼嫁》中展现的婚嫁习俗，阿星从小父亲离世，和单亲母亲相依为命，阿星的母亲要求阿卡的哥哥倒插门，意味着阿卡的哥哥"嫁"到阿星姑娘家。结婚当天阿卡的哥哥身穿当地苗族姑娘出嫁时穿的盛装，渗透着苗族文化深深的印痕，展现了一种对事实和民族文化的尊重。

（三）审美特质

1. 对当地苗族文化的书写

黔东南苗族民间影视题材带有明显的原生态特征，黔东南苗族民间影视以黔东南苗族文化的自我书写为方式，以还原黔东南苗族文化的真实生活状态为旨归，针对黔东南苗族在苗族文化的呈现以及现在发展提供的物质、精神这两个方面的证据，为黔东南苗族文化注入了新的血液和活力，是黔东南苗族文化的一次民间的自我拯救。黔东南苗族民间影视作品是对黔东南苗族的文化书写，纪实风格较强类似纪录片，是黔东南苗族民间影视作品最明显以及最基本的审美特质。

拍摄这些民间影视作品的作者们都具有苗族血统，从小受到当地苗族文化浸润，对当地苗族文化的感受和理解以及对当地苗族文化有独特见解，通过自己的作品表现当地苗族真实生活。这些类似于纪录片的影视作品主要任务是表现当地苗族群众的日常生活，以现实和朴实的生活为基础的真实生活状态。同时，表达了影视创作者对现代文化冲击下的当地苗族生存状态的关注，用镜头记录变迁中的文明，具有抢救当地苗族文化遗产的意义。

在黔东南苗族民间影视作品中散发出浓厚的"苗族情调"。《逼嫁》《金钱惹的祸》、《阳芳牯藏节》、《台江姊妹节游演》、《巴拉河苗歌》等，都运用了当地苗族元素，在影视作品《逼嫁》中，银饰盛装的嫁衣，盛装上的银角、银帽、项圈、衣服上的银片、银手镯等都是当地苗族传统的元素符号，原汁原味的婚嫁习俗，充满着浓郁的苗族情调。

通过黔东南苗族传统的审美精神引入影视创作历程，是黔东南苗族民间影视创作发展的必然。黔东南苗族传统的审美经运动的镜头以及在连续的画面中得到一定程度的展现和捕捉当地文化的灵魂。

黔东南苗语有着浓厚的原汁原味的地方特色，在黔东南苗族民间影视作品中对人物形象的塑造以及人物性格的形成有着画龙点睛的作用，是黔东南苗族民间影视不可或缺的一部分。黔东南苗语是黔东南苗族民间影视语言文化中的调味品，是现实生活生动而真实的再现，黔东南苗语在黔东南苗族民间影视创作中具有特殊的使用价值和文化价值。黔东南苗语在黔东南苗族民间影视创作中将人物角色塑造和黔东南苗族文化表现得淋漓尽致。

苗语电视剧《逼嫁》、《金钱惹的祸》等作品中，都使用当地方言及黔东南苗语当地方言，当地方言及黔东南苗语对人物性格表现得更饱满、更生动、更透彻，将人物形象塑造更苗族化、更民间化。反映并揭示了人物角色的生活背景和文化底蕴，是体现人物角色、身份的标志。方言及黔东南苗语在黔东南苗族民间影视作品中的运用，使黔东南苗族民间影视创作的语言苗族化、贴近黔东南苗族民间小人物生活的百姓化，浓郁的草根气息穿插在黔东南苗族民间影视作品中，真实、生动地传递了一方水土一方人质朴的真性情，展现了浓厚的黔东南苗族文化特色，当地方言及黔东南苗语对于当地文化传播起到了重要作用。

2."他者表述"到"自我建构"的转变

对于黔东南苗族民间影视创作来说，黔东南苗族题材影视在身份表述上表现了黔东南苗族族群文化意识逐渐增强，他者表述有明显的变化，突出表现了中华民族文化一体化。这是主流文化意识形态的引导，同时也是黔东南苗族人民的统一认知。

黔东南苗族民间影视是出现，体现了边缘文化的"他者表述"到"自我建构"的转变。在一些苗族题材的电影，影片也反映了苗族当地的生活风貌，如《山间铃响马帮来》和《云上太阳》，这些影片在语言上以汉语为主，通过外来摄制组透过"他者眼光"来描绘苗族这个群体，通过"他者理解"来了解苗族这个群体，并用镜头来阐释"他者"眼中的苗族。

导演胡庶拍摄的《开水要烫，姑娘要壮》被誉为中国第一部原生态高清电影，尽管影片中采用了当地苗语和当地方言的汉语混杂的语言对白，演员是当地非专业出身的苗族群众，拍摄过程是由专业的摄制组和导演拍摄。因此，在某种程度上，仍然是一部由"他者视角"来拍摄。

黔东南苗族民间影视和所有外来摄制组的取材有很大的不同。外来摄制组更倾向于优美的风景、艳丽的苗族服饰和独具特色的风俗习惯。被拍摄的地点通常会构建成一种淳朴、未被人为破坏和污染的"世外桃源"。

与之不同的是，黔东南苗族民间影视呈现的内容都是当地苗族群众日常生活中的故事，与当地社会发展、时代发展紧密结合在一起。在此，可以看得出"他者视角"和文化持有者视角的明显差别。对于外来摄制组来说，苗族题材的影片中，苗族处于被动"被表达"的一种状态。黔东南苗族民间影视的出现，苗族作为边缘族群，首次在传播媒介中反客为主，由曾经被动的"被表达"转变到现在积极主动的"自我建构"过程。

三、黔南苗族民间影视作品的接受

（一）传播方式：当地民间文化的传播

从黔东南苗族民间影视传播流程来看，苗族文化信息、光碟生产与传播者和影视观众是黔东南苗族民间影视传播流程的最基本要素，影视观众位于这个流程的末端。可以看出，作为黔东南苗族民间影视作品在传播环节中，观众的接受程度是值得重视的。

影视艺术的文化属性为其传播黔东南苗族文化提供了可行性，它独特的视听语言纪录功能可以还原黔东南苗族文化，其巨大的媒介影响力可以保障黔东南苗族文化传播的有效性。

在贵州黔东南苗族流传的民间影视作品，拍摄者主要有来自民间的拍摄爱好者和一些做此类生意的商贩，是一种当地文化小范围内传播方式。

随着黔东南人民的生活水平不断提高，黔东南人民在物质层面的需求得到了满足，但是精神文化需求处于不饱和状态。同时，电视机、VCD、DVD 等推广普及，全面进入寻常百姓家，电视机、VCD、DVD 等取代了闲时传统的娱乐方式，吹芦笙、对唱情歌、踩鼓等逐渐退出了闲时传统娱乐方式，观看 VCD、DVD 光碟已经成为黔东南苗族人民当下休闲娱乐的方式之一。

黔东南苗族民间影视作作品的受众主要是黔东南中老年苗族群众。黔东南苗族民间影视受到当地苗族群众欢迎，最重要的因素是这些影视作品使用的语言对白是苗语，受众能从听懂看懂上升到理解。另一个因素是演员都是本土非专业演员。把贵州黔东南苗族原汁原味的生活搬到剧中，呈现出苗族原生态的风土人情。

（二）传播范围：地域性

黔东南是一个苗族聚居地，在黔东南境内有不同支系的苗族群体聚居，不同支系、不同地域、不同习俗的苗族在语言、文化上存在一定程度的差异性。因此在语言、文化差异的影响下，黔东南苗族民间影视是一种单一的地域性文化传播，在传播范围上有很大程度的局限性。

在社会文化传播中，从受众的角度来看，黔东南苗族民间影视的传播存在一个特殊的认知过程。受众对黔东南民间影视传播的方式以及内容形式都具备了一定程度的能动选择，首先受众很大程度上会选择关注支持自己价值观念和自己最感兴趣的内容。其次，选择性地理解与自身的文化倾向、对相关联的内容进行诠释并且加工解读。最后，选择性记忆，对自己感兴趣的或者是与自己观念相一致的内容进行保存和记忆。

（三）受众心理：民族认同

作为充满"苗族情调"的民间影视作品必须是被人们认同和理解的。同时，也需要被多元化的文化所包容和接受。它不仅具备原汁原味的"乡土黔东南苗族文化"，还要认同黔东南苗族文化的文化期待的视野。

黔东南苗族传统民间文化历史的凝聚力及潜移默化影响，深深地植根于黔东南苗族群众的文化心理结构中。黔东南苗族民间影视通过受众对本民族文化的心理认同，从而升华到一种观影仪式感和参与感。使受众心甘情愿地认同或接受黔东南苗族民间影视对受众传播的民族文化和民族精神。

由于黔东南苗族民间影视对于当地苗族青年似乎已经没有市场，黔东南苗族民间影视反映的苗族民间文化具有苗族传统文化的特性，它很难满足当地苗族青年追求当下时尚新潮文化的观看趣味，黔东南苗族民间影视的文化倾向性与当地苗族青年的目标消费之间的文化冲突，使得黔东南苗族民间影视在当地苗族青年观众市场的选择上受到极大的挑战和限制，从而制约了当地苗族青年的受众群体。

四、黔东南民间影视创作存在的问题与发展对策

（一）黔东南苗族民间影视创作存在的问题

黔东南苗族民间影视产业还非常薄弱。这种自发性的新生文化现象并没有引起当地政府的重视，当地民间影视创作者只能留守在沉默寡言的创作中，缺乏声张自己的魄力。

1. 缺乏资金。当前的这种运作模式只适合个人小成本的制作和投放，是黔东南苗族民间影视共同面临的难题。苗语电视剧《逼嫁》中的牯藏节斗牛、踩鼓舞和婚嫁的场面与现实生活中盛大场面有很大差距。这导致了人物到故事、场景到制作一切从简、舍弃了一些当地民间传统文化应有的盛大场面。

2. 在制作上不够精致，剪辑比较粗糙。苗语电视剧《逼嫁》《金钱惹的祸》

等，对白没有中文字幕。听不懂苗语的受众很难理解影片中的内容，造成了受众局限性，受众主要集中在听懂苗语的这部分人群。

3. 故事创作的问题。黔东南苗族有自己特定的苗族文化内涵，这些苗族文化内涵很大程度上是这个民族赖以生存和独立、自豪的精神依据。这些苗族文化特色鲜明，不可替代，是黔东南苗族代代相传的精神支柱。《逼嫁》《金钱惹的祸》等影视作品中，严重缺乏好题材、好剧本，对黔东南苗族民间影视题材的把握和挖掘的程度不够深入，常常以黔东南苗族服饰、黔东南民情风俗为卖点，人物形象的塑造较为单薄，故事情节设置俗套，导致承载不动饱满的苗族文化。

4. 受外来文化冲击。尽管苗语电视剧在当地很受欢迎，但在黔东南苗族民间影视作品音乐运用上，《金钱惹的祸》主题音乐和配乐是《凝枉眉》，《逼嫁》的主题音乐和配乐是流行歌手谢军的《那一夜》。在外来文化的冲击下，当地影视作品在现代文明的充斥下，扭曲展现了自己的文化。

（二）黔东南苗族民间影视创作的发展对策

1. 政府的正确引导。黔东南苗族民间影视创作者没有足够的经费和空间去实现。政府除了对民间影视创作资金支持以外，更多的是在拍摄环境、相关优惠政策等方面支持。不仅打造本地区的声誉，还能为当地苗族民间影视创作提供良好氛围和发展环境。

2. 合理利用黔东南苗族传统的文化素材。黔东南苗族传统文化的形成有自己独特的历史境遇及文化价值，黔东南苗族民间影视创作有着根深蒂固的传统苗族文化基础，并且独具特色。黔东南苗族民间影视作为苗族民间文化传播的重要媒介，对当地苗族民间文化具有保护、传承、和发展的功能，具有一定的影响力。在影视创作中要体现对黔东南苗族民间文化整体性以及主体性的尊重。在故事创作上，黔东南苗族民间影视可以将新世纪黔东南苗族的生存状况和发展前景，创造出合理并且有内涵、有深度的影视创作主题融入剧本，使黔东南苗族民间影视创作得到进一步提升。

3. 建立当地影视文化基地。黔东南苗族文化景观资源独具特色，积淀的历史文化资源丰厚，提供了黔东南苗族民间影视创作的原始素材。黔东南多支系苗族共生共存创造了丰富多彩的苗族文化资源，形成了黔东南特有的苗族风情，为民间影视创作发展提供了肥沃的土壤。从黔东南自然资源的多样性造就黔东南旖旎的风光，提供了影视拍摄自然的条件。

4. 打造黔东南影视文化"名片"。从黔东南苗族民间影视实际来看，立足本土、打造"黔东南苗族民间影视文化名片"是很有必要的，这是民间影视不断向前发展的需要，也是黔东南苗族民间影视广大受众的要求。从挖掘和培养当地民间影视文化开始，逐步积累经验和实力，每部拍摄好的成品，力求在制作上达到精品的要求，促使黔东南苗族民间影视由制作粗糙的成品到制作精致的成品导向转化。

5. 开辟贵州黔东南苗族民间影视市场。开辟黔东南苗族民间影视市场对黔东南苗族民间影视创作来说，是一个蕴藏丰富黔东南苗族艺术的宝库，在不同时期、不同观念的市场冲击下，黔东南苗族民间影视与其他题材文化的影视进行交流、参照多种形式创作和发展，甚至是改变自己的创作形式来适应市场要求。在不断探索中逐渐树立自己的风格、展现自己的特色。加强对黔东南苗族民间文化影视题材的挖掘，会有广阔的前景。

黔东南灿烂的苗族民间文化造就了黔东南苗族民间影视题材独有的方式。在黔东南苗族民间文化挖掘中，当地苗族题材具有独特的民族色彩，黔东南苗族民间文化独具特色的魅力是外界无法企及和改变的。黔东南苗族影视的出现，实际上是边缘文化经过酝酿与发展催生的一种新生文化现象。从侧面上反映了黔东南苗族近年来的社会与文化变迁，对于边缘族群的文化变迁、传统文化的保护与传承及黔东南苗族民间文化的发展。

黔东南苗族民间影视区别于其他影视，它是只属于黔东南当地苗族自己的影像文化。

黔东南苗族民间影视的发展带来前所未有的历史机遇以及市场生机，同时，给黔东南苗族民间影视提供一个更大更好的展示平台。

6. 树立保护黔东南传统苗族文化意识。在一定意义上保护黔东南苗族自身文化问题。当今社会现代化发展推动社会高速变迁，高速发展的现代化建设进程中存在本身的冲击与当下文化变迁中的人们，为了一味地追求时尚而遗忘甚至是抛弃传统的自觉要求。

结　语

黔东南苗族民间文化作为一种边缘文化自持。在当今"主流"文化对"边缘"文化的充斥下，黔东南苗族文化在民间丰富多彩、自由自在的"藏污纳垢"的文化空间里，与黔东南苗族的民间现实及其文化心理结构密不可分，创造了独具特色、充满本土色彩的苗族民间文化。

黔东南苗族民间影视的题材、导演、演员、受众都是在当地苗族民间乡土文化的浸润下成长，在他们的潜意识里常保留着当地苗族民间的传统，并且从灵魂深处认同当地苗族民间文化形态和价值取向。可以说，当地苗族民间乡土文化滋养了当地苗族民间文化爱好者的想象力，构成了他们的想象源泉。

总体而言，黔东南苗族民间影视创作在不断摸索中形成自身特色，在坎坷的发展路上逐渐展示自己独特的风格。黔东南民间苗族影视的发展，满足了黔东南人民精神文化的需求，使黔东南苗族民间文化得到了传承和发展，填补了黔东南苗族影视文化的空白。无论黔东南苗族民间影视创作的道路上是否曲折，我仍坚信，在黔东南苗族民间创作者们的努力下，黔东南苗族民间影视发展越来越好，黔东南苗族民间影视将迎来一片广阔的天地。

主要参考文献：

[1] 陈思和 . 鸡鸣风雨 [M]. 上海 ：学林出版社，1994.

[2] 孙宜君 . 影视艺术鉴赏学 [M]. 北京 ：中国广播电视出版社，2002.

[3] 王娇 . 浅析中国少数民族题材电影发展问题 [J]. 商业现代化，2012（27）.

[4] 刘贺娟 . "生活流"在文学与影视作品中的运用 [J]. 沈阳师范大学学报，2005（03）.

[5] 安燕 . 影视视听语言 [M]. 重庆 : 重庆大学出版社，2011.

[6] 魏国彬 . 少数民族电影学的理论建构 [M]. 昆明 : 云南大学出版社，2012.

[7] 张渺，秦俊香 . 少数民族题材电视剧创作存在的问题与对策 [J]. 语文学刊，2011（6）.

[8] 曹毅梅 . 影视艺术鉴赏 [M]. 开封 : 河南大学出版社，2012.

[9] 姚军 . 影视艺术欣赏 [M]. 北京 : 北京理工大学出版社，2006.

[10] 蒋立松 . 文化人类学概论 [M]. 重庆 : 西南师范大学出版社，2010.

[11] 张曙光 . 民族信念与文化特征 [M]. 北京 : 人民出版社，2009.

[12] 袁金戈，劳光辉 . 影视视听语言 [M] 北京 : 北京大学出版社，2011.

《贵阳日报》"世相热议"版块的短评写作特色

石　峤　潘文贵

如今，新闻评论已"飞入"地方的寻常小报，有的一周一个版，有的一周几个版，有的甚至一日两三个版。这些评论版，针对社会上最新的热点新闻事件，刊发了时评数量可观，时效性强的评论。时评热潮的兴起，使传统的报纸新闻评论勃发了青春与朝气，成为一份份报纸的重头戏。

但是，在版面比较紧张的背景下，短评因其灵巧的评论形式，越来越受到报社的器重，许多报纸纷纷开设短评专版，如《贵阳日报》的"世相热议"、《京九晚报》的"梁苑茶坊"、《太原晚报》的"今日观点"、《平顶山日报》的"百姓话题"等，这些短评版大量刊发读者来稿，篇幅多以三四百字居多，也有几十字的，评论视角独特，观点多元，偶尔还会产生观点碰撞，呈现一派"百花齐放，百家争鸣"的评论局面，不禁让人为之叫绝。因此，本文对《贵阳日报》"世相热议"短评版块的写作特色进行分析研究，意在提炼有用信息，归纳短评版的写作特色，并总结优秀经验，对短评版存在的问题提出建议，希望这些建议对改进版面的设置提供一些参考。

一、《贵阳日报》"世相热议"版块的简介

（一）版块开设时间及其发展扫描

"世相热议"版开设于 2009 年 8 月 5 日，是一个专门刊登短评的评论版，每周刊出一个版，每版两期，一期定一个话题，于每周三第 A08 版见报。

该版在《开版意见》中如是写："独立成篇语言生动总是最受欢迎，三言两语也可于事有补，世间百态，气象万千。一周视角扫描，一周思考顿悟，不是你的地盘，你也有发表意见的权利，单兵突进，纵队推进，观点形成密集思维网络，在议论纷纭中思想得到表达，谬误得到校正，以期促进社会的进步。"寥寥数笔，却道出了开设"世相热议"这个短评版的初衷。

从 2010 年 10 月 12 日第 58 期起，"世相热议"调至每周二的第 A09 版出刊，但自 2012 年第 177 期起，该版更名为"观点"。至今，"世相热议"已足足走过四年时间，连续办了 260 多期话题评论，共刊发短评 2800 多篇，13 余万字。

（二）版块的六大构成要件

事实上，"世相热议"版块名称中的一个"热"字，即突出了这个短评版块的主要特点，一是话题时事化，二是观点多元化，三是作者队伍多面化。

"世相热议"版由六个主要版块组成：话题背景、本期议题、漫画、短评、观点和下期话题预告。

1. 话题背景。每一期，该评论版都会提供当期的一段话题背景，置于版面的左上角，读者可据此自由评论，但不能脱离话题背景，否则会沦为"无效答卷"。提供话题背景，主要是为了让作者抓住议题的内核，就事论事，切记高谈阔论，面面俱到。

2. 本期议题。每期的评论话题，编辑均从话题背景中提炼出一个议题，置于版面的中间位置，大字黑体，十分醒目。比如，第一期的议题就是"有偿补课的是与非"，置于报眉的正下方。实际上，从所给出的话题背景已能把握评论的方向，但提供议题会让话题背景更加直观。

3. 漫画。每期话题评论，都配发一幅与话题背景相关的漫画，居于议题之下，使得版面的形式更加活泼，更具视觉冲击力。

4. 短评。这是整个版块的核心部分，占据的版面最多。每期话题，整版都会刊发五到六篇短评，每篇 300 来字，独立成篇且有各自的标题。这些短评，论点有相近的，亦有相反的，但不乏角度新颖，令人喜闻乐见的佳作。

5. 观点。主要刊选没有独立成篇的几十字左右的个人看法。每个话题，编辑一般会选七八个作者的个人看法刊登于此，尽管就几十个文字，却成了"观点集中营"和"观点实验室"，有些作者的观点高度凝练，看问题击中要害，往往使读者产生共鸣。

6. 下期话题预告。由于该版属于周刊，所以会在当期话题短评的左下方，择一小处公布下期话题，供读者思考、写作和投稿。

图1　《贵阳日报》"世相热议"短评版

二、"世相热议"短评版块的写作特色分析

（一）评论篇幅——通过"瘦身"腾出版面空间

短评之名，源于其篇幅短小，立论精干，亦是相对于社论、评论员文章而言的一种评论文体。事实上，作为出现时间最早，在报纸上拥有分量最重的评论形式，社论历来受到办报人的高度重视，它也一直是报纸新闻评论的重头戏。因此，在诸多评论形式中，社论具有"重型武器"之称，这种文体，少则千余字，多则洋洋洒洒几千字。所以比较而言，短评则是新闻评论中的"轻武器"或"短兵器"。

短评的篇幅，一般在600字左右，最多不超过1000字。而"世相热议"在创办的过程当中，一直进行一种新的探索与尝试——在报纸版面比较有限的情况下，通过给短评进一步"瘦身"，从而腾出一定的空间，尽可能多地刊登短评，给更多的作者创造一个发表言论的平台。

"世相热议"开版初期，每周一个版，每版一期一个话题，每个话题选登7篇短评，每篇均在千字以上，加上配发3幅时事漫画，如此便占据了一个整版。自2009年9月6日的第7期起，该版增设了"观点"一栏，专门刊登几十个字的观点，短评的字数也下降到了每篇800左右。在这次调整之下，每期刊载的短评篇数，由原来的七篇升至十一二篇，短评的篇幅减少了，篇数却得到了增加。而从2010年11月9日开始，"世相热议"每周再增一期话题，变成每周两期话题一个版。与此同时，短评的篇幅还在进一步"瘦身"，字数降至每篇300字左右，每个话题分别刊发6篇短评与一幅漫画。此外，对应的每期话题，还在"观点"一栏刊登6到7则几十字的观点，这样，整个版面的"面目"就基本稳定了下来，直至今日。

"世相热议"版来稿量大，每期少则五六十篇，多则近百篇。尽管大多数评论不尽如人意，水平也参差不齐，但还是有一部分写得相当出彩。一方面，为了尽量集纳多方观点，让判断更加趋于理性，办出一个绘声绘色的"群言堂"；另一方面则是为了吸引来自不同地区、不同社会层面的作

者参与话题讨论，激发他们的写作热情。因此，鉴于版面有限的现状，通过给短评"减肥"来实现以上两个目的，是"世相热议"的有效尝试，开创了贵州报纸评论版评论篇幅"瘦身"的先例。而事实也证明，这种做法是科学的、可取的。

此外，短评"瘦身"还摒弃了繁文缛节带来的阅读障碍。当今社会，所做的一切事情，都要讲究实效，阅读亦如此。在有限的阅读时间里，长篇大论已很难激起人们的阅读兴趣。相反，那些喜闻乐见的短评，却获得了广大读者的青睐。事实上，短评不仅为读者节省了更多的阅读时间，他们也能从中获取更多的观点信息。只要读者认可，短评就会获得更大的发展空间，这是一个有效循环。

（二）评论标题——活用动词，让题眼增色

复旦大学著名新闻学教授李良荣先生说过："好的标题，实际上是评论内容的高度概括，是文章主题的集中体现，是画龙点睛之笔，一眼就把读者钩住，使人们非把评论读下去不可。"俗话所说的"题好一半文"便是这个道理。作为一个专门刊登短评的版块，《贵阳日报》"世相热议"在评论标题的制作上也颇为讲究，突出的特点是注重动词的运用。

选用准确恰当的动词，是文章表达生动形象且富有表现力的关键。动词的选用，是语言艺术化的一种重要手段，评论作为一种直接表露个人态度的文体，准确运用动词，可让作者的观点更鲜明，更具穿透力。如，2012年4月10日第188期话题"怎么看待'杜甫很忙'现象？"就有如下评论标题《勿让杜甫"二次受伤"》、《释放出教育改革信号》、《呵护孩子的创新精神》、《斩断恶搞的起源》，每个标题都以动词为句首，"勿让"、"释放"、"呵护"、"斩断"等动词，不仅掷地有声，还很明显地传达了作者评论的要旨，让整个标题充满了动感。

（三）评论选题——注重本地民生新闻，为地方谏言献策

所谓新闻评论的选题，简而言之，即选择新闻评论所要评述的事物或要论述的问题，它规定着评论的对象和范围。"选题就是对评论价值的判断。"

选题是评论写作的关键。美国《芝加哥论坛报》专栏作家麦克·罗依科曾说，做新闻评论，"这各项工作的 80% 在于确定要评论什么"。客观地说，选题的好坏，不仅体现出一个评论编辑对新闻价值判断水准的高低，在某种程度上，也考量着作者写作评论的功底。因为选题是作者自由发挥言论的蓝本，须切题，而不能偏题。所以，对于话题评论而言，评论的选题是非常重要的。确定评论选题，可以从上级的精神指示中选题，从新闻报道和有关信息中选题，从受众来信来电中选题，还可以从现实日常生活中选题。2011 年 8 月，我国新闻战线开展"走基层、转作风、改文风"活动，新闻报道的视角更加注重基层题材，这就决定了评论选题也要适时跟进，选题要更加"接地气"，更加关注民生新闻。

"世相热议"历来比较重视选题的运用，以突出本地民生话题为主，这不仅体现了一份地方党报的社会责任感，其所刊发的评论，对解决本地的一些社会问题，也提供了颇具参考意义的建议。

据统计，2012 年度"世相热议"评论版话题，从第 165 期到第 249 期，共刊出 84 期话题，以社会新闻居多，其中涉及本地新闻的话题共 46 期，占全年的 44.7%；涉及教育话题的 12 篇，占全年的 14.3% 以上。

时值贵阳市正在搞城市"三创一办"建设活动，2011 年 4 月 26 日第 106 期"世相热议"，其选用的话题是"'创文'硬件重要还是软件重要"，其中的"创文"指的是贵阳市"创建全国文明城市"。针对这一话题，该期"世相热议"版刊发了 6 篇短评，分别为《"创文"软硬件同样重要》《硬件基础要打好》、《"软件"最重要》、《市民素质是关键》、《"文明提示"不可或缺》、《文明是一种责任》。这六篇短评从不同视角，对贵阳市创建"三创一办"建言献策，比如《"创文"软硬件同样重要》一文，强调的是"软件和硬件之间，是可以互相影响和弥补的，软件可以改变硬件不足的劣势；硬件又可以提升软件的功能"，并做具体论证。《硬件基础要打好》一文则从"谁决定谁"这个角度出发，并建议要完善市政基础设施，以此带动人文素质的提高。其余四篇短评，写作视点则是通过不断提高市民素质，来进一步巩固"创文"成果。此外，本期话题还在"观点"一栏列出了其他作者的看法。

又如，2012年6月29日以"为南明河整治提个建议"为议题，这一期所刊发的六篇短评，也非常具有参考价值。比如短评《加大雨污分流力度》一文，针对这一问题给出了四条建议：一是拿出更大的决心和勇气，针对污水和雨水，建立两套独立的排水系统；二是规范污水排放，纠正雨水与污水的混接、乱接、错接等现象，杜绝乱排污水行为；三是科学规划、因地制宜，建立一定数量的污水处理厂，最大限度地收集、处理流向南明河的污水，使其"变废为宝"；四是对于已经建成的雨污分流管网，加强后期的管理养护。这四条建议切合实际，操作性强。《治河的关键在治人》一文则建议抓好"人"这个根本，并提出"一是要转变观念"，"保护环境就是保护我们自己"，不能停留在口头上，而是要深入人心、身体力行；二是建立"健全责任制和责任追究制，严格追究那些河道治理不力及污染河道的单位和个人，并建立奖励机制，对于那些工作得力、护河有功的单位和个人，要进行表彰，加强宣传，树立典型"。建议击中议题要害，具有很大的可行性。《"秦淮河经验"值得借鉴》一文也令人眼前一亮：什么是"秦淮河经验"？有何借鉴意义？所以作者在文中重点阐释了"秦淮河经验"的具体做法和效果，并据此建议贵阳市在治理南明河难题上也可以借鉴"秦淮河经验"。

事实上，"世相热议"版在"征稿启事"中就提出"我们尤其欢迎话题所涉部门和人士来稿。"这个提议意义有二：一是可以引起本地有关涉事部门的重视，利于问题的解决；二是通过吸收涉事部门工作人员的建议或意见，对解决问题提出更客观、有效的办法。

（四）评论视角——让多元观点擦出"火花"

"和而不同"被公认是典型的中国哲学智慧。《论语·子路》曰："君子和而不同，小人同而不和。"反映的是两种不同的为人态度。在文化意识形态方面，"和而不同"则反映了一个国家、一个民族甚至一个时代的包容性和开放性。我们所处的是一个充满包容和尊重多元价值观的时代，更是一个言论相对自由的社会，对新闻事件激扬文字，指点江山，发表看法，提出建议，使得整个言论氛围异常活跃。俗话说，"皆听则明，偏听则暗"，在这样的言论氛围里，许多作者的观点在碰撞中回归理性，其判断价值也在对比中得以提升，一定程度上影响着决策部门的政策走向。

"世相热议"版在选稿取向上，历来以"不拘一格，充分尊重多元化的言论思维"为标准，只要对议题言之成理，自成一家的短评，都是被优选的对象。议题只是一个标杆，连接这一标杆的路径可以不同，公说公有理也好，婆说婆有理也罢，这似乎并不重要，关键在于论点切合议题，见解独到。中国青年报评论员曹林说："一个新闻事件，往往有很多可以切入的角度，选择什么样的角度对新闻进行解读，我的建议是，寻找最有意义、最能体现新闻价值、最符合社会'问题意识'的角度。""世相热议"版选刊的评论，从解读问题的视角来看，这些评论有的顺向深入，有的双向组合，也有的逆向突破，角度新颖，形式活泼。

1. 顺向深入法

在多向度的思维方式中，顺向深入法的运用最为普遍。所谓顺向深入法，是指作者根据一般的顺向思维，从肯定的角度出发，步步深入，最后对某一问题提出相应解决办法的思维方式。

如，2011 年 8 月 30 日第 139 期话题为"公园里表演该不该收费"，话题背景是贵阳市黔灵山公园里有一支老年人表演队，他们在表演过程中，向围观的游客讨要电费赞助。针对这一话题背景，本期选登了 6 篇来稿，观点不一，众说纷纭。其中三篇持否定态度，两篇走中间路线，而作者写的《给钱更要给掌声》一文，运用的写作思维则是顺向深入法。

在《给钱更要给掌声》一文里，作者一开头先对这支老年人表演队的做法表示肯定："黔灵山公园这支老年人表演队，为广大游客带来了多姿多彩的文艺表演，既满足了老年人自娱自乐的精神需求，又丰富了游客的游园活动，应该赞赏。"接着第二段，重点分析表演队在演出过程中产生的人力消耗，并指出"如果没有相应的收入予以补充，那么这支表演队就会'断粮'，他们的演出活动极有可能因此而结束，哪怕游人想再次观看也是无福消受了"。显然，到此已可看出了作者的立场——支持演出过程中向游客适当收费，又进一步深入内里说："但是，一定不能忘记了，在精彩的表演环节，游客们应当毫不吝啬地给予他们更多的微笑和掌声，一方面是对表演者的充分肯定与赞美，因为演员们都是老年人，他们更加渴望得到别人的认可，这或许比金钱更重要；另一方面则体现了游客的审美能力和包容情怀。"

2. 双向组合法

简而言之，双向组合法就是看问题坚持两点论，不偏不倚，思考问题从肯定和否定两个维度来综合考量。

如，2011年5月26日，"世相热议"第114期话题为"如何才能更好的治庸"，背景是山东宁津县目前正在采取一些新措施，进行一场针对政府人员的治庸风暴。这一期刊发的评论，有的建议从完善监管机制上着手，有的建议让群众参与监督……《管好"四环"树作风》一文，则是从源头着眼，采取多重角度来解决："首环是管好机构设置；二环是管好聘用制度；三环是管好宣传力度；四环是管好权力运行。"尽管此文并没有严格按照双向组合法来分析问题，而是运用多向的视角，但它的逻辑取向却与双向组合法"站在一条战线上"。

3. 逆向突破法

逆向突破法，即不走常规路，突破常规来剖析问题、解决问题，它是相对于顺向深入法而言的，两者思考的方向截然相反。我们来看看一个这样一个段子：

大爷挑了三个西红柿放到秤盘里，摊主说："一斤半，三块七。"大爷说："我就做个汤，用不着那么多。"说完去掉了个儿最大的那个西红柿。摊主迅速又一眼秤："一斤二两，三块。"正当我看不过去想提醒大爷摊主秤时，大爷从容地掏出了七毛钱，拿起刚刚去掉的那个大的西红柿，扭头走了。

这个段子很有意思，首先，大爷不肯买"一斤半，三块七"的西红柿，于是他把个儿最大的那个丢开，让摊主再秤剩下的重量。但是，大爷对剩下"一斤二两，三块"的西红柿还是不予理睬。到此为止，根据摊主的逻辑，便可知个儿最大的那个西红柿是七毛钱，所以大爷最后拿出七毛钱给摊主，自己拎起那个个儿最大的便走了。大爷的做法合情合理，让摊主没有丝毫回环的余地。这里，大爷采取的就是一种逆向思维。

2011年5月3日第109期的"世相热议"版，话题背景是"贵州省仁怀市某单位一群参与吃违规酒席的干部职工，近日被处所送礼金的十倍罚款"。可以说，这种现象普遍存在于很多的地方党政机关，这个选题比较具有代表性。于是，本期热议以"处罚吃酒者能治理滥办酒席吗？"为话题进行了讨论。这期话题共选登6篇短评和7则观点，其中《以奖代罚效果更佳》的短评，运用的就是逆向突破法。若按常规思维，治理滥办酒席之风所采取的措施，往往是通过加大惩罚力度，增强执法威慑力。但实际情况却告诉人们，这种常规思维对治理滥办酒席之风的效果并不明显。事实上，在写作之前要充分考虑到大部分作者会采用常规思维来阐述有关看法，而该文运用的则是逆向思维"以奖代罚"。

这则短评200余字，分为两个自然段，第一段在肯定通过罚款来遏制办酒之风这种做法的基础上，也对其提出了质疑，"但真正实施起来恐怕收效甚微"，接着话锋一转，"倒不如换换思路，用以奖代罚的办法，慢慢引导大家少办酒席、办小酒席甚至不办酒席"。于是，第二自然段便着重指出"以奖代罚"可采取的具体措施，"一是把不办酒、不吃酒纳入年终考核，给予适当的物质和精神奖励，借此起到模范带动作用。二是对那些经常提供线索，善于检举和勇于检举干部滥办酒席的群众给予奖励，并对检举人的信息实行严格保密，逐渐培育一支'紧盯'滥办酒席风的坚实力量"。这样，整篇短评就结束了，言简意赅，没有赘言。

（五）作者群体——让不同身份的作者发声

由于刊发短评的数量比较集中，"世相热议"版不是"一言堂"或"几言堂",而是扮演着"群言堂"的角色。所以,这个客观条件决定了向"世相热议"版供稿的作者,不是一个人或几个人,而是一群人,他们在这个平台上轮流"耕耘",生生不息。事实上,像"世相热议"版这样的话题评论,编辑在选稿时主要基于两点:一是看来稿的质量,二是看作者的身份。

1. 来稿质量。毫无疑问,来稿质量是编辑选稿最主要的标准,因为只有高质量的稿件,才能使整个版面办出品位,才能进一步提高报纸的影响力。"世相热议"版的来稿量,每期近百篇,所以每期刊登的这六篇短评,可以说是优中选优。笔者多次参与"世相热议"版的话题投稿,多数没有被采纳,只有那些角度新颖、立意深刻、文采生动的少数几篇被编辑看中,在文稿质量把关上,门槛还是比较高的。

2. 作者身份。作为"群言堂",给"世相热议"评论版投稿的作者,有的是机关公务员,有的是媒体人,有的是学校教师,有的是在校大学生,在进行同题评论时,他们往往基于自己的身份,"代表"其所属的那个群体发言。

如,第一期"世相热议"的评论话题是"说说有偿补课的是与非"。话题背景为湖南衡阳市教育部门规定,各中小学一律不得自行组织或假借短期教育培训机构名义组织学生上任何培训班,并明确规定教师在组织学生补课中收受好处的以商业贿赂论处。对此,本期刊发了6篇评论,6位作者中,3人是教师,1人是媒体人,1人是学生,还有1人是家长,大家各持立场,观点多有碰撞。

其中,《全面看待有偿补课》是一名老师写的评论,他从维护补课老师的劳动成果这个角度,肯定了有偿补课的做法,文中说:"总的说来,如果老师牺牲自身的休息时间,利用自身的人才资源,合理地收取一定的费用,是可以理解的。"然而,一名学生作者写的评论《当前形势下尚难根除》,则对有偿补课持否认态度,文中第二段就亮出了观点:"对于教师有偿补课,我一直持反对意见。不要将'育人子弟'当成是自己赚钱的门道,真心实意地传授知识给学生。"可以说,老师和学生从自己的角度出发,各执立场,观点在此得到了碰撞。

而媒体人和家长分别写的《治理不能光说狠话》、《不妨予以规范》两篇评论，则从重行动和规范制度上着眼，态度比较中肯。《治理不能光说狠话》一文的观点是"但要杜绝学校和教师们办的有偿家教，不能光靠发文件，重在执行，无论牵涉到校领导还是一般老师都应如此，并且要对教育主管部门进行问责"。《不妨予以规范》一文则这样写道："鉴于此，我倒想说，我们应关注的是补课的科学性，而非教师该不该有偿补课的问题，相关部门应对补课予以规范。"

试想一下，针对"有偿补课的是与非"这一话题，如果编辑没有刻意选登来自不同身份作者的稿件，就只会听到一面之词，这样不仅抑制了观点的多元化，也限制了作者投稿的积极性，不利于作者群体的培养与壮大。

据统计，"世相热议"评论版有一批固定的作者群，他们的社会身份不同，却经常给该版投稿。经常活跃在"世相热议"版块上的作者有公务员堂吉伟德、教师何勇、媒体人程绍德等；后起作者如在校大学生如张剑、姚文俊、吴冠群等，这些作者都是这个评论版的"常客"，源源不断地充实着这个版面的评论写作。

三、对"世相热议"版块面存在问题的思考

在"观点时代"，言论自由越来越凸显，茶余饭后，人们阅读新闻，了解时事，然后用文字激浊扬清。报纸为了顺应这种变化，也在不断增加评论版，增加选登评论的数量，为更多的评论爱好者提供了平台。不过，尽管总体上办得比较有特色的《贵阳日报》"世相热议"评论版，也还存在一些问题，笔者对此作了思考，并提出一些相应的解决办法。

（一）话题评论的时效性有待提高

每周一个话题，一方面为作者腾出了充分的思考时间，可让作者评论的见解更深刻、文采更精致。但另一方面，由于周期长，很大程度上削弱了新闻的时效性，毕竟，评论依附于新闻而存在。所以，要进一步提高话

题评论的时效性，就要缩短评论话题的设置周期。比如，当日中午 12 点之前，公布当天的新闻话题，下午 17 点截稿，明天在报纸上刊登本期评论，这样就大大地提高了评论的时效性。如果报纸版面安排不过来，也可以三天一期。

（二）避免同时刊发一个作者的两篇评论

"世相热议"每周一个版，每版两期，两个话题各 6 篇评论。这就意味着，一个作者可以同时参与两个话题的写作，如果一个作者每个话题各写一篇，且写得好，则可实现"双喜临门"。这样，一个作者占据了两个位置，从绝对作者人数上来看，这个版的 12 篇短评不是 12 个人写，而是 11 个人。比如，2012 年 4 月 10 日周二的"世相热议"刊登在同一版的第 187 期、188 期话题，第 187 期短评《综合运用多种手段才有效》与 188 期话题短评《不是娱乐是"愚乐"》就同属一个作者，这说明少了一个作者的短评被选用。长此以往，不利于扩大"世相热议"评论版的作者群，也不符合"世相热议"打造"群言堂"的宗旨。

鉴于此，要做的就是权衡作者发稿篇数，不能一人独大。事实上，评论版不是某个人或几个人的专利，而是不同社会阶层人士发声的平台，一个评论版要办得绘声绘色，让广大读者喜闻乐见，就应该扩大收纳不同观点的渠道，让更多的作者得到发声的机会。

结　语

《贵阳日报》是中共贵阳市委机关报，尽管作为一份党报，但近年来，经过不断革新，该报从版面形式到新闻内容，均进行了一些有益探索，并逐渐淡化了严肃的党报色彩，转而更加注重民生题材，更加注重编读互动，版面形式也愈发活泼。最重要的是，该报为了进一步增进编读往来，还开设了几个评论版，如每周一的《读者来信》、周二的"世相热议"（现更名为《观点》）、周四的《言路》和周五的《党报热线》，是贵州省开设评论版面最多的一份报纸。其中，尤以刊发短评为主的"世相热议"版办得最为出彩。本文通过在概述短评这一评论文体的基础上，从整体上对"世相热议"版块进行探讨、分析和归纳，然后系统地总结出这个版块的短评写作特色所在。当然，关于这个评论版存在的小问题，本文也提出相应的看法。

好的经验可以推广，也值得行业借鉴。事实上，贵州报纸评论在国内一直处在比较弱势的地位，贵州报纸评论发展的滞后，使其在国内舆论界难以发出贵州的声音。所以，《贵阳日报》对新闻评论的重视，无疑是为贵州报纸树立了一面旗帜；"世相热议"短评版的写作特色，也值得贵州报纸在开设评论版时参考；"世相热议"短评版存在的问题，贵州报纸还可以规避。通过取长补短，有助于提高贵州报纸的总体评论水平，形成合力，助推贵州媒体在国内舆论界发出本土的声音。

主要参考文献：

[1] 胡文龙 . 中国新闻评论发展研究 [M]. 北京：中国人民大学出版社，2002.

[2] 李良荣 . 新闻评论教程 [M]. 上海：复旦大学出版社，2001.

[3] 曹林 . 时评写作十讲 [M]. 上海：复旦大学出版社，2011.

[4]（美）康拉德·芬克著 . 柳珊等译 . 冲击力：新闻评论写作教程 [M]. 北京：新华出版社，2002.

[5] 柳珊 . 当代新闻评论 [M]. 上海：复旦大学出版社，2007.

[6] 殷俊 . 媒介新闻评论 [M]. 成都：四川大学出版社，2005.

[7] 丁法章 . 新闻评论教程 [M]. 上海：复旦大学出版社，2011.

[8] 吴信训 . 新编广播电视新闻学 [M]. 上海：复旦大学出版社，2011.

[9] 丁淦林 . 中国新闻事业史 [M]. 北京：高等教育出版社，2002.

[10] 孙发友 . 新闻报道写作通论 [M]. 北京：人民出版社，2007.

《贵阳晚报》：媒介定位和细分市场策略

汪奇彬　　张　雪

在信息社会这个大环境中，媒介是受众了解信息来源的主要途径。新媒体的迅速崛起与发展，给传统媒介带来了冲击，使得媒介产业竞争更加激烈，加上市场经济和科学技术的快速发展，受众的需求不断在发生改变，社会分工越来越细，媒介产业的发展受到了极大的挑战。为了发展和拓展生存空间，媒体产品进入了市场细分时代，媒介在竞争中能否生存，这要看媒介在发展中能否依据媒介市场的细分化运作准确地定位媒介，并适应媒介定位，让媒介产业得以生存、发展壮大。

媒介定位，是美国营销大师 A. 里斯和 J. 屈特提出市场定位思想后，又依据市场营销学中的"市场定位"理论而得出的，是指企业通过市场调研，根据消费者对产品的某一属性的需求，来对产品进行准确的市场定位，用来满足消费者对产品的需求。但因媒介是以一种信息载体来满足受众的需求，不同于一般的产品，所以必须将社会效益放在第一位，充当舆论导向，引导舆论，传递信息。

市场细分，由美国市场学家温德尔史密斯在 20 世纪 50 年代中期提出。是指企业通过市场调研，依据消费者的需要和偏好，购买能力和购买习惯等方面的不同，将具有大致相同需求的消费者人群归为一个群体，而产品的整体市场就是由这些若干个群体组成，每一个消费群体就是一个细分市场，这就是市场细分。

一、《贵阳晚报》的发展概况

《贵阳晚报》是 1980 年创刊的，一直是中共贵阳市委机关报，恪守"补日报之不足"的办报宗旨。《贵阳晚报》面对城市人群，致力于贴近人群，营造一份亲和力，为贵州省内受众创办出一份有价值的报纸，让读者能够满足对信息获取的需求，成为人们最忠实的朋友。《贵阳晚报》为双面彩色版，四开 24 至 48 版，现《贵阳晚报》全省发行，日发行量目前为 50 万份，订阅数 28 万份，零售 22 万份。

《贵阳晚报》在 1997 年 7 月 1 日重新定位改版，至今已有 33 年的历史，是贵州省地区一家具有悠久历史的报纸，从最初担任中共贵阳市委机关报向今天"大众化、平民化、都市化"的都市类报纸转型，经过这些年来的不断努力和积淀，拥有着大量读者和广阔的市场空间。现今《贵阳晚报》的版面设置为：本地新闻 13 个版、中国新闻、今日视点 5 个版；国际新闻、体育新闻 9 个版；娱乐新闻 4 个版；连载、特稿 4 个版，经济新闻 5 至 6 个版；报网新闻 2 至 3 个版；汽车、通讯、家电、旅游、教育等栏目 5 个版滚动刊出。这已然发展成为一份较为成熟的报纸，成为了当下贵州省内最受关注的晚报。

二、《贵阳晚报》的核心竞争力

报业产业是媒介产业的重要组成部分，在竞争激烈的传媒业中，纸媒之间的竞争主要是争夺受众的竞争，根据读者受众的需求及时的调整报纸的版面内容和发行量。随着报纸数量的增加，报纸的结构也随之发生转变，并逐渐发展成熟。《贵阳晚报》在面对纸媒的挑战和竞争中，晚报发行量继续保持着强劲的增长势头，与时俱进，这与晚报的策略是分不开的。对于晚报的策略归纳出以下几点：

（一）《贵阳晚报》的定位策略

在市场经济快速发展，报纸日益激烈的环境下，一份报纸一定要有一个准确的定位，这是取得成功的关键。在报纸产业的发展中，一份报纸的恰当定位可以在竞争中充分发挥自己的优势，从而抢占市场，提高在社会中的影响力，拥有更多的读者群。

1. 受众定位

《贵阳晚报》在信息传播的过程中，面向市场，面向市民，把晚报定位于都市报纸、贵阳市民家庭的首选报。要想做到这一点，首先要确定的就是受众定位，以受众为中心，满足受众获取信息的需要，获取信息最大化。其形式与内容上极大程度地掌握了每一个受众群体的阅读心理、迎合读者口味，兼顾受众群体的利益；在受众的信息需求上，贴近受众生活，尽量满足受众的信息需求。

《贵阳晚报》读者群结构：在贵州省读者忠诚度为86.19%。读者首选率：《贵阳晚报》在贵州省读者中的首选率为80.64%；读者的年龄结构：20岁以下占15%，20～30岁占28.3%；读者收入状况：月收入1500元以下的占14%，1501～3000元的占32.2%，3001～4000元的占30%，4001～8000元的占12%，8001～20000元的占11.8%。

从报纸市场的实际消费看，20～30岁的贵州人是这一市场上的主力消费群，他们是收入最高、文化程度相对最高的人群，因此他们是报业市场竭力争取的对象，也是广告市场主打的目标受众。《贵阳晚报》读者的总体平均学历介于高中与大学学历之间，拥有中等以上学历的读者占目前晚报读者总数的一半，这表明《贵阳晚报》在对较高学历的人的吸纳能力是较好的。高学历人群是社会生活的"舆论领袖"，赢得他们的青睐对于报纸有效地影响社会，进而取得相应的社会和经济效益是至关重要的一环，这从根本上解决了《贵阳晚报》在未来的发展中必须要解决的关键问题。

2. 版面定位

《贵阳晚报》在继读者定位后，对报纸版面上做出变革，报纸的内容定位，就是报纸的内容结构发生变化。过去《贵阳晚报》的布局依次是要闻、综合新闻、副刊、周刊，根据对读者需求的调查，重新配置新闻资源。

在产业化的前景下，报纸内容起到至关重要的作用，报纸内容是一个报社经营的基础，《贵阳晚报》根据不同人群的读报需求，调整新闻版，让新闻版形成一个完整的新闻格局，减少、压缩重复性版面，将真实新闻和服务新闻融为一体，与其他的新闻有机地统一起来，开设娱乐、新知、服务等多个有特色、有新意的副刊，加强新闻的地域亲和力，分门别类的为读者提供量身定做的内容，确定了受众群后，报纸的内容就成了读者选择的关键。

对信息获取模范化的要求，报业发展进入"厚报时代"，在报纸不断加厚的情况下，为了读者方便阅读，使读者易于找到自己感兴趣的专门信息，需要合理规划版组。《贵阳晚报》考虑到今后的发展，对版面不合理化，经过梳理调整后，展现出清晰的版面布局，形成了特有的几个版块，这既是维护了老读者，同时也在市场中培养新的受众，增加晚报在社会中的影响力。

3. 广告定位

报业产业作为媒介产业中的一部分，通过媒介人们获取到最新信息，以满足自身的需求。报纸的收入主要依赖于广告，广告商将想传达的某种信息，通过报纸这个载体传达给读者，不仅满足了读者某方面的需求，广告商也达到了传递信息的效果，《贵阳晚报》包含了各类广告信息，帮助读者解决生活、工作中遇到的难题。

《贵阳晚报》在广告的经营中，在广告营销的方法上不断创新，着力于广告接近人们的生活，提高服务的便捷性，对于传达的广告信息，真实可靠，信息传递及时，深入读者生活，同时努力降低信息传播者在传播时所付出的代价。提高了客户的广告效果，又不会因为刊登广告而招致读者的反感，形成晚报广告的特色，吸引广告商投入，又能增加发行量，从而有效地占领市场。

广告收入一直都是报纸发展的支柱，尤其是像《贵阳晚报》这种地方性报纸，广告的收入就更是直接影响到报纸的发展壮大和生存。在《贵阳晚报》的发展规划中,办好综合性的新闻报纸可以带来更好的广告效益,《贵阳晚报》实施立体化、多媒体、全覆盖的广告轰炸,《贵阳晚报》一直最具特色的报纸广告价格表的设计，就是当人们需要做分类广告时，最有可能寻求的报纸是《贵阳晚报》，让有兴趣阅读的读者能在上面找到自己需要的东西。

(二)《贵阳晚报》的细分市场策略

媒介产业的发展有了定位策略是远远不够的，还需要细分市场策略。市场细分化是报纸根据读者、市场的导向概念而产生的。通过对读者的细分化，细分市场运作，掌握到最新的读者、市场变化，调整定位，保障媒介持续健康的发展，因此市场细分化策略也是媒介发展中至关重要的环节。

1. 地理细分

贵州是一个在经济、文化方面相对落后的城市。《贵阳晚报》作为立足于这样城市的、发行量最大的晚报，就决定了它的发行市场只能是地区性市场，面向贵州省内广大市民，成为一份地区报纸。

另外，读者是报纸发行量的重要保障，对读者需求的重视和准确掌握，是维护读者对报纸忠诚的主要途径。《贵阳晚报》面向省内各地区发行"本地新闻"，以地方性、贴近性吸引当地读者。利用人们对周围发生事件的好奇心理，设贵州新闻版，用本地新闻来吸引读者，拓展报纸在贵州省内的市场。

2. 人口细分

《贵阳晚报》从创办至今，经过历史的积淀与兴衰，有了一个稳定的受众群体，也与广大的受众群体培养起了深厚的情谊。这个群体是报纸销量的基础，支持着报社长盛不衰发展，使《贵阳晚报》成为市民的首选报纸之一。主流的受众群体已经成为了一个定势，已无法满足其继续做大做强的需求；与此同时在稳定主流受众群体之后，为了寻求新的增长点、新的突破口，《贵阳晚报》做好人口的细分，纳入除主流受众之外的其他受众。

《贵阳晚报》在稳定老读者，培育新读者时，牢牢抓住读者的信息需求；在满足老读者阅读需求的同时，要发掘新版块纳入新读者。同时把握好两者的共性，不管是老读者还是新读者，不管他们的阅读兴趣如何不同，但他们都要关注自己的周边环境，毕竟每个人的生活是离不开社会。《贵阳晚报》的新闻信息量占报纸内容的 70%，大多是当时、当地的实事新闻，每人只需一份报纸便能足不出户了解自己身边的社会环境。《贵阳晚报》在第一时间的新闻报道，突出了新闻的时效性，多数新闻符合新闻"五要素"原则，时间永远是新闻的本源。

3. 报纸的差异化竞争

对于《贵阳晚报》来说，它是以地域为同质的读者为对象，扬"地域性"所长是它面对省级晚报竞争的一大优势。虽然省级都市报也要考虑"地域性"，但毕竟因版面有限，不可能面面俱到。《贵阳晚报》在这一方面，占有绝对的优势和长处。

新创报纸在创刊导入期以差异化策略谋求进入市场，不但可以寻求市场生存的空间，而且还可以尽快跨越导入期，步入成长、成熟期。而差异实际上是市场留下的空隙或是在竞争中，竞争对手未曾注意到的地方和相对薄弱的环节。城镇的迅速发展，城镇居民的不断增多，在都市中形成了新闻需求的空档和新的市场机会，这对《贵阳晚报》来说就是一个很好的市场机会，在报纸的版面中，把重点放在"在容纳更多信息的同时，提供由表及里、见解独到的深度分析"。城市受众是晚报的覆盖和服务范围，依据受众本位，立足于省内各地区，深入专业知识，城市读者是晚报发展不可忽视的存在。

三、《贵阳晚报》定位和细分市场策略存在的问题及原因解析

随着人们生活水品的提高，报纸的读者需求也在不断地改变，媒介产业为了满足读者的需求，为了发展和生存，实施了定位和细分市场策略，有效的细分市场，适时调整定位。在定位与细分市场的实施过程中，媒介的格局也发生着改变，媒介也得以有效的发展，但在实施的过程中也存在着问题。在《贵阳晚报》的定位与细分市场的实施过程中存在的问题，归纳出以下几点：

（一）报纸受众定位的不平衡性

《贵阳晚报》在报纸受众定位上具有不平衡性，其主要体现在优先考虑主流人群的阅读习惯与信息需求，而忽略了非主流人群即边缘群体的信息需求与阅读习惯，这样就会在一定程度上造成一定的弊端。首先，报纸选取主流人群作为报纸的主要营销对象是无可厚非的，因为报纸稳定的销售量是靠这个群体所支撑着；但是这就会出现一个问题，当报纸在主流群体的发行量达到一个饱和度之后，便会停滞不前，不利于市场的壮大，以及良好持续的发展；如果纳入边缘群体，则可在一定程度上解决这个问题，使报纸在社会上的覆盖面更广。其次，从报社的经济来源来讲，对于《贵阳晚报》这种地方性的报纸，经济来源相对单一；在一定程度上讲，广告商投入的广告越多，报社的盈利就会越多。而报社把边缘群体拒之门外，无疑是在作茧自缚，报纸的销量上不去，广告商投入的广告就会相对减少，盈利也会相对减少。

《贵阳晚报》报纸受众定位不平衡性在于，一方面是因为非主流受众自身的因素，非主流人群没有通过媒介来获取信息的意识和积极性，另一方面是因为晚报对非主流媒体的忽视，寻求经济效益，忽视了社会效应。

（二）报纸盈利模式单一，无法实现真正的分众化、小众化

《贵阳晚报》盈利的基本模式有两种，也是它的两次销售。第一次销售是销售载体，也就是报纸本身，它们都是有定价的。第二次销售就是报纸的发行量，具体来说就是广告。不管是第一次销售还是第二次的销售它们都取决于报纸的销售量，而《贵阳晚报》市场细分化的分众化、小众化还没有体现出来，还停留在原始的主流群体；受众结构单一，只考虑主流群体的信息需求，忽视了边缘人群的信息需求。

广告商对报纸的投入，是看中报纸的发行量和影响力，以及城市中主要读者群。报纸为了获取经济效益，就得符合广告商对报纸的需求，这种单一的收入来源会严重影响到晚报的长远发展。

《贵阳晚报》既要注重社会效应又要实现经济效应，这样才能长远的发展。晚报的资金主要是依靠广告收入，而广告商针对的是晚报的主流受众，使得报纸为了得到广告商的青睐，而忽视了受众本位。

（三）产品内容缺乏原创性

"内容为王"对于媒体是永恒的真理，对于报业产业而言，要想发展壮大，创意和内容是赢得读者和获得经济效益的重中之重。在贵州省内，一个几百万人的城市，大众媒体不止《贵阳晚报》一家，《贵阳晚报》是把晚报定位于都市报纸、贵阳市民家庭的首选报，新闻撞车事件频繁发生，晚报的内容主要表现在新闻上，在专业知识方面内容不足，内容产品缺乏创造性，目前，《贵阳晚报》资源过剩，产品整体质量不高，无法吸引受众，这严重影响《贵阳晚报》在市场竞争中争夺读者，从而无法占领市场，处于有利地位。

《贵阳晚报》缺乏原创性，在内容建设上已呈现信息匮乏之势。除了正常的硬广告之外，在新闻版面上还有大量的广告宣传报道，忽视新闻本源，轻视读者本位。

（四）缺乏科学的市场调研

媒介市场细分是以科学、详尽的市场调研为前提的。媒介市场细分有利于《贵阳晚报》内部版块的划分，以及报社的长远发展；但任何"决策"的出台都必须立足于现实，任何事物的出现都不是无源之水，脱离现实只会适得其反。《贵阳晚报》的媒介市场细分就像空中楼阁，没有立足实际，虽然借鉴了同行成功的经验，却没有把同行的成功事例与自身相结合；除此之外，《贵阳晚报》也没有自己独到的创新，市场调研的先行意识缺乏。没有真实、准确的市场调研数据，又怎能做出科学的、准确的媒介市场细分。从某种程度上说，市场调研不仅仅作为媒介市场细分的前提，更是媒介市场细分的血液；只有保持新鲜的血液，才能让报社拥有更顽强的生命力。由于《贵阳晚报》营销意识和营销方法的不得体，目前《贵阳晚报》市场细分化运作与市场调研有一定的出入，其在操作上缺乏计划性、科学性，这对于《贵阳晚报》的发展来说是极为不利的。

《贵阳晚报》缺乏科学的市场调研在于缺乏市场调研的意识，此外市场调研需要大量的资金投入。从理论上说，用于市场调研的费用投入一般占经营额的 1.5%~3%。有学者计算，按照目前调研项目的支出成本计算，只有当媒体的年经营额在 1500 万元以上的情况下，媒体才有可能惠顾市场调研，这对于《贵阳晚报》来说是有困难的。

（五）缺乏品牌塑造意识和品牌效应

《贵阳晚报》的品牌打造一直处于自然状态，它是以读者单纯对信息的需求和对这张报纸的信任而存在的。大多数人只知道需要它，而对它的整体形象是模糊的。如何推广和塑造这块品牌，延展和发掘这块品牌的价值，应当是眼前着力研究的重要课题。

《贵阳晚报》的品牌塑造一直是低调运行。问题的存在是《贵阳晚报》缺乏品牌塑造意识和品牌效应是在于团队自身的意识问题、态度问题，但在其他层面潜意识中存在着一些误区。在不少时候，我们总会把对《贵阳晚报》的品牌宣传和打造习惯性地与个人功过是非、个人得失纠缠在一起，忽视了《贵阳晚报》品牌塑造在一个报社中的整体性和整体需要。

四、解决《贵阳晚报》定位和细分市场问题的对策

媒介定位与市场细分是媒介发展的前景；但媒介定位与市场细分并不是一成不变的，因为任何事物的发展都不是一成不变的，毕竟媒介定位与市场细分在未来的实施与未来的实际情况有一定的出入。因此，这就要求《贵阳晚报》在媒介定位与市场细分的实施过程中根据实际情况作出灵活的变动，而不是一成不变的，古板地按计划进行。只有这样《贵阳晚报》才能媒介定位与市场细分落实到市场化运作中去，才能使《贵阳晚报》在未来走得更远。

（一）把握报纸受众定位的平衡性，培育受众

《贵阳晚报》与人们的日常生活联系最为紧密，其主要读者是城市的居

民，对于非主流受众更应该重视，尊重和注重非主流读者的视听习惯，以他们能够接受和愿意接受的方式来传达信息，从而培养出非主流读者通过媒介来获取信息，充分发挥媒介的社会引导功能，使此类地区的经济得到发展，文化得到发展和改良。《贵阳晚报》在把握受众定位时，可以将城市主流人群定位为受众主体，通过市场研究，对非主流人群进行选择性的报道，吸引非主流人群的眼球，扩大晚报的社会影响力，培养受众，拓展晚报市场，增加发行量。致力于为公众服务，如此既能吻合读者的需要，也能有力地实施晚报的定位策略实施，提高《贵阳晚报》在社会中的竞争力和影响力。

（二）拓展盈利模式，实现真正的分众化、小众化

单一的盈利模式已成为历史，对于一个现代化的产业来讲，如果只有一个单一的盈利模式，那么在未来的发展中将会越走越窄，严重一点将会穷途末路。因为鸡蛋不能放在同一个篮子里，这样有可能全军覆没。《贵阳晚报》就属于这一类型，《贵阳晚报》还是传统地依靠主流群体利用报纸、广告的营销去盈利，内部产业明显单一；《贵阳晚报》要想有所发展、壮大，就必须拓展盈利模式，实现真正的分众化、小众化，寻找更多的利润增长点，以便内部产业多元化、立体化。《贵阳晚报》可以通过网络，在原有的平台上巩固与读者之间的联系。在网络上开设重大活动专区，让广大读者广泛参与，并在报纸版面上开辟相应栏目，刊载有较强代表性的网民意见和建议。在报纸宣传重大典型事迹时开辟相应的专区，让网友评说重大典型，并在报纸版面上有选择地刊登网友观点，以扩大重大典型的影响力。另外，《贵阳晚报》还可以设立网络新闻版，集萃各家网站网络新闻，让网民在报纸版面上过"网瘾"。通过销售报纸增加发行量，销售受众吸引广告商投资，销售内容来增强报纸的质量和特色、销售服务取得效益来拓展盈利模式，进一步壮大拓展盈利空间。

（三）提高产品质量，打造高水平的作品

《贵阳晚报》必须形成良好的创新氛围，努力培养员工的创造力，以推动报业更好的发展。一份报纸，内容很重要，把握好内容，在内容上深入

浅出，针对明确的目标市场调整定位，形成一份有特色、有独特风格的报纸，这才是维护老读者，培养新读者的持久之道，同时重视对先进技术的引进和使用。重视人才队伍建设，要采取多种方式引进人才，优化人才队伍的层次和结构，使其不仅仅是内容专业化，也使晚报自身专业化。只有以高素质、专业化的人才队伍为保障，《贵阳晚报》才能健康、快速、持续、繁荣的发展。

（四）重视市场调研，进行科学的市场细分

对于媒介产业来说，重视市场调研，进行科学的市场细分很重要，有效的市场细分是以科学的、详尽的市场调研为基础，这样才能准确地进行细分市场化运作，媒介才能在竞争中占据有利地位。媒介的成功也离不开准确的市场调研分析和决策。对此，《贵阳晚报》在重视市场调研，进行有效地市场细分时，要克服以往的一些弊病，树立市场调研意识，重视市场调研。同时，单单只依靠自身的市场调研是远远不够的，还得通过晚报的广告代理商、零售商等来作为晚报的市场调研，从而获取到第一手的信息，了解到读者受众需求的变化，为《贵阳晚报》在市场细分和发展策略等方面提供基本保障。

（五）塑造报纸品牌，形成品牌号召力

《贵阳晚报》要想提高影响力，加强品牌方面的策划非常重要。塑造出报纸品牌，就是指报纸读者的忠诚度，维护好报纸读者的忠诚度，这就无形地在读者心中形成一种习性，这样在面对纸媒之间的竞争时，自己就能在受众心理上赢过其他媒介，从而找到生存空间。但怎样维护好读者的忠诚度，在读者心里塑造报纸品牌，这关键在于报纸的内容。通过不断创造高品质、高质量的报纸，吸引读者眼球，引起读者兴趣，从而不断加强读者对报纸的关注度，培养出读者对报纸的忠诚。这样就扩大了报纸的读者群，晚报就有可能得到更多人的认可，在更多读者心中塑造报纸的品牌，加强报纸对社会的影响力，形成更大的品牌号召力。

结　语

在媒介的发展战略中，媒介定位和细分市场策略很重要。随着媒介产业的多元化发展，经过多年的积淀，每一个媒介产业都有着自己的读者群和目标市场；对于《贵阳晚报》这一相对原始的媒介产业来说，就其现拥有的读者群与市场，在越来越激烈的市场竞争中是不可能在原有基础之上继续做大做强；《贵阳晚报》要想在未来做大做强就必须重视媒介产业的媒介定位和市场细分，对现有的媒介定位和市场细分进行重新定位。

随着媒介产业的竞争加剧，媒介要想得以生存，拓展市场生存空间，想在竞争中站住脚，处于优势地位，寻求恰当的媒介定位成为了媒介生存、发展和壮大的一个关键前提，对媒介定位与细分市场是基本策略。

一家媒介是否能够成功，一个重要性前提条件就是，是否进行媒介定位和细分市场策略，媒介定位是依据媒介的主要读者群制定的，为媒介的发展指明方向，媒介市场细分策略已然成为媒介竞争和发展的必经之路。

主要参考文献：

[1] 周鸿铎. 传媒产业资本运营 [M]. 北京：经济管理出版社，2003.

[2] 曾华国. 媒体的扩张 [M]. 广州：南方日报出版社，2004.

[3] 赵曙光，禹建强，张小争. 中国著名媒体经典案例剖析 [M]. 北京：新华出版社，2002.

[4] 喻国明. 解析传媒变局 [M]. 海口：南方出版社，2002.

[5] 周鸿铎，胡传林，刑建毅. 传媒经济 [M]. 北京：北京广播学院出版社，1997.

[6] 高振强. 全球著名媒体经典案例剖析 [M]. 北京：中国国际广播出版社，2003.

[7] 周伟. 媒体前沿报告——一个行业的变革全景和未来走向 [M]. 北京：光明日报出版社，2002.

[8] 郭庆光，孟建. 媒介经济学案例分析 [M]. 北京：华夏出版社，2004.

《贵州都市报》社区新闻版的特色研究

闫　洁　周启伦

社区新闻起源于欧洲，在美国取得了较大的发展。从 20 世纪 90 年代开始，社区新闻才在我国媒体行业迅速兴起及持续发展，逐渐成为人们所关注的焦点。近些年来，随着我国城镇化速度的加快，社区构建形成了前所未有的良好格局，社区的多元化发展趋势也越来越受到人们的重视。对于人们所熟知的都市报新闻媒体行业来说，自从进入新世纪以来，国内媒体行业发展的节奏逐渐加快，各大媒体之间的竞争变得日益激烈化。面对强大的媒体市场竞争压力，都市报媒体为了自身的发展生存空间，不得不重新调整发展战略部署，紧跟城市的发展潮流，以城市社区为发展崛起的起点，纷纷创办自己的社区新闻。从国内来看，当前国内多家都市类媒体都纷纷开设了社区新闻版，譬如《南昌晚报》、《齐鲁晚报》、《南方都市报》、《贵州都市报》等都有自己的社区新闻版面专栏。社区新闻已经成为我国媒体行业发展的重要组成部分。

一、社区新闻概述

（一）社区新闻的内涵

目前，在国内外的相关研究理论中，社区新闻至今还没有一个明确的定义。人们对于社区新闻理论知识的了解基本上来自于社区新闻媒体日常工作经验的总结，社区新闻在大众心中缺乏一个准确的界定。就目前而言，根据社区新闻研究者的论著所知，人们通常把社区新闻分为狭义与广义两种概念。狭义的社区新闻是指传统意义上社区居民生活住宅区里发生的新闻事件，新闻发生的区域性比较明显，它的报道内容多以街道社区里居民生活琐事为主。如社区人物、社区趣事等等。

广义的社区新闻是指新闻报道的内容与社区居民日常生活密切相关，涉及到经济、法制、时政、文化等各方面的新闻信息。由于社会经济的快速发展，人们的总体生活水平不断提高。同时，受众对新闻信息的关注点也在不断发生变化，他们不仅关心发生在自己生活中的琐事，更多地关注与社区生活相关的时政、经济等各方面的新闻信息，如住房政策、物价上涨等等。随着社区的加快构建和发展，"单位社区"不再是简单的生活区域个体，而是逐渐形成向多元化方向发展的社会整体，社区文化相互融合，人与人之间的距离变得越来越短。因此，社区新闻的报道广度也将进一步增大，其内容尽可能地涵盖到社区居民生活的方方面面，如社区居民的休闲旅游、交通路线、服装等各种社会服务信息。

通过近几年来国内众多媒体对社区新闻的报道可以看出，社区新闻的内涵不管是狭义还是广义，它的新闻源和新闻现场都与社区居民生活的场所密不可分，报道的新闻内容大多是普通人眼皮下的日常琐碎事情，或是人们平日生活中新鲜的、不平凡的经历。《社区新闻报道索引》的作者粟玉晨认为"社区新闻是新近发生或发现的具有为特定区域受众及时知晓意义的信息的传播"。社区新闻因而具有明显的地域指向，这里的社区指的是在地理概念上，最大化地体现了新闻的接近性原则，是在明显的地域化上的新闻本土化。社区记者把普通社区居民的日常琐事作为新闻素材，继而报道人们所关心的身边事，在一定程度获得了广大社区居民们的积极支持。

（二）社区新闻的主要特征

1. 地域的关联性。社区新闻是关于一个特定区域内社区居民实际生活的新闻报道，一般指向城市居民社区，具有明显的地域关联性，其报道内容往往与社区居民的衣食住行、家长里短密不可分，主要报道特定社区区域内人们的生活状况。随着城市化的快速发展，人们生活范围越来越倾向于集中化，城市社区逐渐成为大家生活环境的主体。因而，区域内媒体为了获得本区域内受众的关注，他们将新闻报道的落脚点落实到本城市的社区，使社区新闻的区域关联性显得十分明显。

2. 视角的平民性。社区新闻报道的根生于社区基层，新闻素材来自于社区居民的实际生活。由于社区居民是一个复杂的生活群体，各自都有不同的社区文化，社区记者在深入社区采访时，往往需要亲自与基层社区居民打交道，站在他们的生活立场，以平民的身份与他们对话，并从其生活中获取相关新闻信息，用平民化的视角去分析社区居民生活问题和采写社区新闻。

3. 生活的服务性。从新闻本身来看，新闻具有为社会大众提供信息服务的属性，而社区新闻是基于社区居民实际生活为报道对象，提取他们生活中有效的新闻素材，反映他们生活过程中出现的问题，为他们提供有价值的新闻服务信息和生活经验，彰显社区媒体的服务性能。

（三）《贵州都市报》社区新闻版的产生简介

《贵州都市报》创刊于 1993 年，是由《贵州日报》报业集团主办的一张按市场规律经营、面向市民、反映生活的省级综合类都市报，也是我国第一份以"都市报"命名的报纸。经过 20 年的发展历程，《贵州都市报》不断探索创新，取得了可喜可贺的佳绩，已然变成了贵州最大的综合类城市报。但是，随着近些年各大报业的发展壮大及其他新媒体的兴起，同城报纸同质化现象变得更加严重，《贵州都市报》也面临着同样的发展困境。于贵州境内而言，就有《贵阳晚报》、《黔中早报》、《贵州商报》等一系列综合性报纸，加上其他地方的综合性报纸不断抢占报业市场份额，对《贵州都市报》形成了巨大的外在竞争压力。

在市场化报业竞争激烈的环境中，有压力就有动力。面对如此强大的竞争对手，《贵州都市报》媒体人为了寻找自己的办报出路，抢抓新闻信息，报道大量社会新闻，设法挽回自己的新闻受众。在时政、经济、社会等新闻信息与其他媒体难分高下之时，《贵州都市报》媒体人从贴近普通民众的实际情况出发，断然将自己的目光投向了人们所关心的社区里。2012年3月，《贵州都市报》把之前分融在其他版面里的社区新闻归纳到一起并推出了独具一格的"社区版"新闻，突然间给许多受众留下了深刻的印象。在经过一段时间的发展阶段后，同年9月份，《贵州都市报》社区版再次重新改版，将3月份的"社区版"更名为"街道"版，并设封面版。《贵州都市报》社区版一年经过两次改版创新，形成了一个全新的社区新闻版面，从而获得了更多受众的青睐。

二、《贵州都市报》社区新闻版的特色探讨

（一）版面丰富，设计新颖，容易吸引受众

1.《贵州都市报》社区新闻版自从改版后，非常注重版面内容。为了重新充实社区版面内容，增加更多服务性、生活化稿件，《贵州都市报》将原来周一至周五每天发行的社区版由6个（搜贵阳、逛社区、话题、都市网、气象）增至现在的8个，基本上把当天社区记者采访到的新闻信息都排版到第二天的新闻版面中去。这样，最大化地扩大了社区新闻版面的容量，丰富了社区新闻版面的内容，让受众可以了解到更多的新闻信息。

2. logo作为一种识别和传达信息的视觉图形，以其简约、优美的造型语言，体现着一个品牌的特点和形象。《贵州都市报》媒体人从心理学、美学、色彩学等受众审美视觉点出发，将一种独特新颖的logo设计理念放入到社区新闻版面中去，设计出一系列惹人喜爱的图标。例如，地球型街道＋卡通记者追逐，表现出社区新闻版的典型性。除此之外，《贵州都市报》还为社区部10名记者设计卡通学生头像、市民传声筒和市民播报等卡通形象，诙谐幽默，形象活泼。让受众感到《贵州都市报》社区新闻版的亲切和可爱之处，体现出《贵州都市报》社区新闻版的与众不同，从而加重了吸引受众的砝码。

表1 《贵州都市报》社区版的 logo 和卡通图标

logo			
市民传声筒			
卡通记者头像			
市民播报			

依据表1，我们可以看到，《贵州都市报》社区版媒体人运用他们独特的设计风格理念，把原本呆板的报纸版面设计得生龙活虎，色彩鲜艳，表现出社区新闻的新生力量，让广大受众可以在阅读中体会到社区新闻的真实魅力。

（二）栏目设置比较全面，具有明确的导向性

在新闻版面中，栏目设置起着举足轻重的作用，好的栏目设置更能够获得受众的青睐。报纸各版栏目的设置，对于明确版面宗旨，引导和提示读者阅读有着重要作用。同时，栏目还能引导记者和通讯员向报社定向写稿，丰富栏目内容，达到传媒与受众互动的效果。《贵州都市报》媒体人十分注重社区新闻版的栏目设置，他们把涉及到与社区居民生活有关的问题都设置到相应的栏目里面。

表2 《贵州都市报》逛社区版的具体栏目设置

栏目名称	栏目的具体内容
市民传声筒	市民反映小问题集纳
天天读报	读者纠错和评论报纸新闻稿件
生活放大镜	读者投稿图片新闻或记者小稿件
贵阳天气	贵阳各区县天气预报
许愿树	慈善、互助类稿件，可到社区征集困难家庭愿望，征集热心人来帮助完成
社区搜美食	各种口碑小店或小摊
律师信箱	通过各种读者互动渠道，收集法律问题，由特邀律师团队进行咨询解答，并配律师照片
生活服务站	水、电、气、公交等服务类稿件；以社区居民生活小事为主
社区小喇叭	记者进社区，家长里短，社区公告等
本周当家	一周内记者在一个社区搜集居民意见，联合社区服务中心

依据表2，我们可以了解到，《贵州都市报》切实将社区居民的实际生活问题做了一番细化反映。一方面，上表设置的栏目内容都与社区居民的日常生活息息相关，涉及到社区居民生活的方方面面，如天气、美食、交通等都是社区居民生活中必不可少的新闻信息。特别是《许愿树》栏目，社区记者从社区贫困家庭里收集社区居民的愿望，然后通过社区新闻征集好心人帮助他们实现，这不仅表现出社会的一种大爱，也体现出社区新闻的真实价值意义所在；另一方面，栏目设置比较全面，社区编辑可以根据栏目设置，明确地对社区新闻进行有序归类。同时，明确的栏目设置还可对受众阅读社区新闻起着正确的导向性作用。这些都已成为《贵州都市报》社区新闻版媒体人打造特色社区新闻的重要手段。

（三）社区新闻标题语言口语化

"读书读皮，看报看题"，新闻标题是新闻的眼睛，消息能否起到先声夺人作用的关键在于标题的吸引力。社区新闻记者从社区居民的日常生活中寻找新闻线索，报道特定区域内市民的衣食住行、家长里短等相关新闻信息，凸显社区新闻的平实性。在社区新闻报道中，记者为了使新闻的可读性得到极大提高，吸引更多的新闻受众，他们通常会将带有口语化气息的语言文字融入到新闻标题里，贴近社区居民生活文化的本地特色，让受众在翻阅新闻报纸时可以和静态的语言文字产生一种潜在的交流感。

《贵州都市报》社区新闻强调民众视角，社区记者往往以普通社区百姓的身份看问题，认真听取社区居民的心声。在社区新闻标题语言的运用上，社区记者们常常会使用通俗易懂、贴近群众生活、时代气息浓厚的字词，让市井味的新闻标题语言穿透整篇新闻报道中，提升社区新闻的可读性。

表3 《贵州都市报》社区新闻标题举例

《您瞧瞧，他的画咋样？作画30年，农民工画家求点拨》	2012年12月20日逛社区 C04版
《"你这个新鲜不？甜不？有坏勒不得？"贵阳人喜欢明知故问？》	2013年1月8日逛社区 C07版
《"黔式"杂酱，要得！》	2013年3月12日逛社区 C08版

依据表3，我们可以明显地感觉到新闻标题的字里行间里透露出一种贵阳人生活气息的味道。当读者在翻阅这些报纸时，就会被新闻标题里熟悉的"勒、要得、咋样"三个具有代表贵阳本土文化的方言字词所吸引，从而勾起读者的阅读兴趣。社区记者通过把带有口语化的文字融入到新闻标题中，以此贴近本地市民生活，提高社区新闻的亲和力，契合广大受众的阅读心理，让受众了解到一个区域内人们的生活文化魅力。

（四）社区版新闻内容更加接"地气"，与民亲切

1. "三贴近"在社区新闻中的体现

都市报作为一座城市的精神文化消费品，它所面对的是广大人民群众，反映的是本地市民精神文化和物质文化的相关面貌，体现出新闻的本地特色。而社区新闻的开办，把都市报的本土性描绘得更加具体化。根据社区新闻的相关概述，社区新闻所报道的内容都是关于本地区社区居民生活的实际问题，其根植于社区，地域性比较明显，本土化气息更加浓郁。

在现实生活当中，新闻工作的根在群众，基层是媒体工作者最大的新闻资源宝库，其工作原则一切以"贴近实际、贴近生活、贴近群众"为主，帮助广大老百姓做实事、干好事，增近新闻与老百姓的感情。处在当前新闻报道复杂的环境中，我们要清醒地认识到，新闻报道的重点是一切以人为本，把新闻报道的方向、内容等切实转变到老百姓的实际生活中去，摒弃以前一些假、大、空的新闻报道，真正贴近百姓。社区新闻的开办，拉近了媒体与广大社区居民的距离，社区居民可以从每一天的社区新闻报道中知晓发生在自己身边的事情。

经过 20 年的风雨历程，《贵州都市报》在广大受众心中已经形成了巨大的媒体影响力，其报道内容涉及到诸多方面，如民生、政治、经济、文化等等。在现代媒体市场竞争激烈的时代，《贵州都市报》紧跟时代发展潮流，特别开设了社区新闻专版，积极配合当前媒体领域人们热切关心的"走、转、改"活动，主要报道贵阳市区及周边城镇社区居民的实际生活情况，帮助他们反映社区生活问题：

本报讯 离农历新年还有一个多星期，但 1 月 30 日在观山湖区金华园社区，记者却提前感受到了春节的热闹气氛。写春联、包饺子，社区服务中心工作人员和社区居民一起，把新年的快乐与幸福早早"领"进了家门。

近期，住在小关天誉城小区 7 号楼的多位居民向本报反映，居住在顶楼的住户十分不厚道，居然利用所有业主共用的楼顶，搭建了两层建筑。

春节前夕至今，多位业主已向物业和城管部门反映举报过多次，但顶楼住户不仅没有收敛，居然照建不误。

第一则新闻，在新春佳节即将来临之际，社区新闻记者走进观山湖区金华园社区，与社区居民一起写春联、包饺子等，提前和社区居民感受新春的节日气氛；第二则新闻，社区居民向报社反映住在他们顶楼的业主利用他们小区共有的屋顶进行违章建筑，随后社区记者在了解基本情况后深入社区进实地采访，最后帮助小区业主们找到了如何处理违规业主问题的对策。依据上面两则消息可以看出，从地域上讲，《贵州都市报》社区新闻主要关注贵阳市区及周边城区的社区情况，报道这些社区居民的实际生活问题。社区记者深入社区，切实采访社区居民，和社区居民拉家常，增进与社区居民之间的感情，同时帮助社区居民反映或解决相关的社区问题。因此，社区新闻也被人们视为一条连接城市文化生活的"绿丝带"，充分体现出社区新闻的"三贴近"原则。

2. 报道内容人情味十足

新闻本身就是一门带有艺术性的实践活动。新闻记者在追求新闻事件客观、真实原则的基础上，为了使新闻内容能够吸引受众的眼球，顺应受众的阅读心理，通常会摆脱以往呆板的写作框架模式，根据新闻内容本身来采用灵活的新闻写作方式。《华尔街日报是如何讲故事的》一书里提到"人们永远在思考哪些元素让一个故事从本质上变得有趣；如何在瞬间吸引观众的注意力；如何安排故事情节，让故事具有持续的吸引力；以及如何让故事深刻在人们的记忆之中"。新闻故事化符合绝大多数受众的阅读心理，使受众更能乐意阅读新闻。因此，社区新闻记者们更喜欢"讲故事"这种说法来取代"叙事"这一充满学术意味的用词，在新闻写作中运用文学的表现手法，借鉴故事的写作方法，将新闻事实以叙述故事的方式展现给受众，增强社区新闻报道的趣味性与可读性，赋予社区新闻一定审美效果的新闻表现形式。社区新闻的故事化报道，是媒体自身发展和受众需求不断提高的结果。

《贵州都市报》社区新闻记者们从受众阅读心理出发，围绕社区居民所生活的小区，用新闻人的眼光看事实，抓住社区居民日常生活中的细节部分，以故事化手法来采编新闻，反映社区居民家里的生活琐事。充分展现出社区新闻的人文关怀，让枯燥的新闻语言在受众的眼里显现出一种人文关怀的颜色，消除受众"走马观花"式的阅读方式，真正实现新闻的阅读价值。例如：

70 岁的孔华林，因从小患有侏儒症，一直被街坊邻居叫着"小华林"长大。就在去年 12 月，"小华林"的老母亲不幸跌倒去世后，90 岁的继父便每日和"小华林"53 岁的妹妹，闹得不可开交，家里从此不得安宁。

社区记者采写的新闻基本上是社区居民的日常琐事。在这篇《谁来收租金？谁来照顾他？一家三个老人闹矛盾，社区调解恢复安宁》新闻中，记者以故事化的模式来写"活"这篇社区新闻，率先叙述一家三口矛盾的新闻由头，然后再牢牢抓住三个老人之间矛盾的细节，用"讲故事"的方式阐述新闻的内容，以情动人，使新闻的故事情节跌宕起伏，让新闻受众从中感受到整篇新闻的可读性，充分显露出社区新闻的人文关怀，改变以往一些新闻报道上传下达的指令性做法，使社区新闻蕴意具备了十足的人情味。

（五）社区新闻报道的平民化视角

社区新闻通常是以社区居民实际生活为主要阵地。记者深入社区，与社区居民和谐对话，抓住他们的生活细节，以一种平民的视角去观察和思考社区问题，深刻反映基层社会群众的基本生活情况，在社区居民心中建立起一条平民战线。这就要求社区新闻记者在报道取向上，须真正反映普通百姓的生活方式和生活态度，在报道内容上，须真正关注与社区居民利益密切相关的现实问题，在报道方式上，以社区居民喜闻见乐、亲切朴实的表现形式和语言来传递信息。

《贵州都市报》社区记者经常深入到贵阳市及周边城区的社区，将媒体的触角延伸到居民生活中，细心选取社区居民生活的点滴为新闻素材，用平民化的视角去观察社区琐事，写出了许多鲜活、朴实的社区新闻，真正把社区新闻做成了一版内容翔实、角度新颖的好新闻。例如：

她们平均年龄55岁，跳起舞来却像小天鹅一样轻盈，脸上的笑容比鲜花还灿烂，她们说，会一直跳到跳不动为止。这支队伍绝对算得上是健康达人！

从这则新闻报道中，我们可以清晰地察觉到，记者从老人们的生活角度出发，与老人们热心交流，用一种朴实、健康的平民眼光将老人们练习舞蹈的动作捕捉得十分细腻。同时，记者还用平淡简朴的语言去报道老人们晨练的事实。从而使新闻受众在阅读完整篇新闻报道后，如同自己亲临现场，观看一场由一群生活态度积极向上的老人表演的舞蹈盛会。笔者认为，记者的眼光决定了新闻报道的亲和度。在这篇新闻报道里，《贵州都市报》记者除了保持新闻报道客观真实属性外，更多是在用一颗平凡的心与老人们打交道，以一种平民的视角去观察和捕捉新闻事实。

三、关于《贵州都市报》社区新闻版的不足解析及优化发展建议

（一）《贵州都市报》社区新闻版的不足解析

社区新闻是在一定时期内新闻事业发展的产物，它的产生符合事物发展的一般规律。社区新闻的出现，引发了我国媒体行业的一次革命。《贵州都市报》社区新闻顺应国内新闻发展的一般规律，在短短一年内便表现出迅猛的发展势头，从它的版面、栏目、内容等方面展示出十足的魅力，赢得了广大受众的青睐。但是，《贵州都市报》社区新闻在发展过程中却存在着一点不足。

新闻不是历史，不是故事，不是总结报告，而是"新近发生的事实的

报道"。社区新闻作为关乎民生问题的新闻，报道的新闻内容都与老百姓的生活息息相关。对于广大社区居民来说，他们都希望媒体能够给自己提供一个反映生活情况的平台，把日常生活中的琐事向新闻媒体倾诉，及时帮助他们解决问题。然而，《贵州都市报》社区版的新闻信息的时效性有时要慢半拍，甚至几拍，严重损伤了新闻的传播价值。例如：

本报讯 3月17日上午11点钟，经过一段时间的蹲点跟踪，以刘某为首的"划包"党在金阳南路一民房内分赃时被公交民警抓获。

这则消息是在3月17日发生的事情，却在3月19日才被报道，消息的延迟报道，难免有伤于新闻的传播价值，违背了新闻的时效性原则。依据受众对新闻具有及时的欲知性心理，而消息没有及时报道，致使受众会对社区新闻乃至整张报纸都会产生一种极大的失望感，不利于社区新闻的发展，同时也造成一些新闻价值的流失。

（二）对《贵州都市报》社区新闻版的优化发展建议

1. 建立有效机制，力保社区新闻的时效性

时效性是新闻的生命，社区新闻虽然不是国家时政大事，但它却是来自最底层的新闻素材，都是普通居民日常生活中鸡毛蒜皮、家长里短的事，反映的是底层平民的生活状态。提高社区新闻的时效性，关键在于新闻记者要"快"。《贵州都市报》社区新闻媒体人应该建立行之有效的获取新闻线索的机制。在一定社区区域内设立专门的社区记者服务站，开通社区服务热线，或者通过网络获取新闻线索，譬如在互联网平台上建立社区贴吧、QQ、微信、微博等，让社区记者在第一时间知晓社区居民的实际生活问题。

从新闻记者职业素质中，我们得知，作为一名新闻记者，要有敏锐的新闻嗅觉，也就是人们常谈的新闻敏感。社区记者平时要注重提高自己的新闻素养，不断加强自身的学习，增强自己的新闻敏感度，善于发现，及时深入社区，了解具体的社区居民的生活问题。在保证新闻真实性的同时力求新闻

的时效性，快速传递社区新闻信息，帮助社区居民妥善反映社区问题。

2. 打造社区新闻服务品牌，突出社区新闻亮点

目前，从国外社区媒体的发展历程来看，我国社区新闻还处于一个初始发展阶段，许多社区新闻栏目还不够成熟和丰富。因此，社区新闻在广大老百姓心中的影响也十分微弱。为了在现代媒体市场中抢占先机，很多都市报媒体都开办了社区新闻专版，给社区居民提供便捷的社区服务。对此，打造鲜明的社区新闻品牌应是《贵州都市报》媒体亟须发展的重要目标。

第一，打造社区新闻品牌的文化氛围。社区新闻作为一种文化产品，它有一定的文化价值。从文化的角度去塑造社区新闻的品牌形象，社区新闻记者要尽量考虑到一些社区的特色文化，把社区的生活文化、人文文化等融入到社区新闻中去，彰显社区新闻的魅力，从而获得受众的青睐。

第二，根据本区域自身所具有的各种特点来开设版面新闻栏目，增强社区新闻的可读性。如《汉川报》开设的"（汈）汈浪花"和"汉江涛声"两个新闻栏目，就是根据汉川境内的汉江河流而取名，以"（汈）汈浪花"作为简讯栏目的名称，使受众对该栏目产生一种地域熟悉感，以"汉江涛声"作为言论栏目的名称，不但烙上了本地地域特点的印记，又能够反映出言论的力量和气势。另外，《齐鲁晚报》社区新闻版开办的"张刚大篷车"，也是根据其著名记者张刚而命名，以新闻人物来影响广大受众，加深栏目在受众心中的印象，充分展现出社区新闻的栏目特色。

第三，社区新闻一定要注重新闻的整体质量。社区记者在报道社区居民的生活问题时，不能搞虚假或有偿新闻，应如实地报道社区事实，让社区新闻在社区居民心中留下良好的形象。

社区新闻作为《贵州都市报》延伸进贵阳城市及周边社区的一个平台，有着"三贴近"的先天优势。目前，随着城镇化速度的加快，越来越多的人口涌入城镇，贵阳城市及周边社区的规模和人口数量也在不断增加，《贵州都市报》可以以此为契机，搭建起社区新闻与社区居民之间的友谊桥梁，扩大自身在社区居民中的影响力，及时地为社区居民提供生活服务，帮助

社区居民反映社区问题，凸显社区新闻的服务功能。

结　语

《贵州都市报》走过 20 年风雨历程，如今面对报业市场巨大竞争压力，它并没有妥协，而是选择了挑战与改革。重新整拾改革报纸的信心。根据市场和受众的需要，《贵州都市报》媒体人认真践行"三贴近"的办报原则，努力把普通老百姓所关心的切身利益放在第一位，结合当前新闻媒体领域开展的"走、转、改"活动，创办了社区新闻，让记者真正走进基层社区居民，体味人生百态，切实将报纸的责任感落实到现实生活当中。《贵州都市报》媒体人以社区新闻受众的审美视角为着眼点，设计出独具魅力的社区新闻版面 logo 和记者卡通形象等，颇受受众的青睐。通过设置全面的版面栏目，涉及到社区居民生活的方方面面，给新闻受众提供了正确的新闻导向性阅读栏目。同时，《贵州都市报》社区记者还根据本地市民生活文化的特点，将带有方言的字词融入到社区新闻标题中，在内容上大量展现社区新闻的"接地气"，运用故事化的写作方式让社区新闻透露出十足的人情味，采用平民化视角将社区新闻报道角度处理得更加平和，从而让整个社区新闻版块绽放出与众不同的光彩。总体上来说，《贵州都市报》社区新闻版在经历短短一年的时间发展，如今也走上了逐渐成熟的道路。但是，它同其他媒体发展较快的社区新闻相比，《贵州都市报》社区新闻媒体人还需攻坚克难，继续努力。

主要参考文献：

[1] 粟玉晨 . 社区新闻报道索引 [M]. 北京：新华出版社，2010.

[2]（美）威廉·E. 布隆代尔著，徐扬译 . 华尔街日报是如何讲故事的 [M]. 北京：华夏出版社，2006.

[3] 唐忠新 . 构建和谐社区 [M]. 北京：中国社会出版社，2006.

[4] 栗玉晨 . 社区新闻报道指引 [M]. 北京：新华出版社，2010.

[5] 林之达 . 传播心理学新探 [M]. 北京：北京大学出版社，2004.

[6] 吴定勇 . 都市报崛起之谜 [M]. 成都：四川大学出版社，2005.

[7] 孙发友 . 新闻报道写作通论 [M]. 北京：人民出版社，2007.

[8] 吴锦才 . 怎样当新闻记者 [M]. 北京：新华出版社，2003.

[9] 牛康 . 社会传播学 [M]. 福州：福建人民出版社，2001.

《贵州都市报》女性形象建构

刘红春　　蒋凌云

随着女性意识的不断提高，世界女权的快速发展，人们对女性的关注越来越多。国内外媒体大量的女性新闻报道，女性专栏的报刊也大量增加，我国的妇女报刊达到上百种，女性半边天的地位更是直指人心。一方面，女性与媒介成为国内外学术界关注的焦点，媒介内容的社会性别分析与刻板印象研究是学者们关注的重点，对女性形象构造的研究较少。另一方面，运用媒体与新闻学相关理论的研究报刊，大多研究偏重于版面语言、编辑方针等方面。还有部分的报刊的研究关注女性在新闻媒体中呈现的刻板印象、话语权的缺失等问题，并分析存在的历史原因及现实原因，得出结论与反思。

笔者从新闻报道中女性的形象构造分析，总结报道的特点，并提出几点建议。即对《贵州都市报》综合新闻中有关女性的报道进行分析，并在分析的基础上总结特点，进而提出建议。

一、女性形象与性别歧视

女性主义在英文中是"Feminism"一词，起源于法国。它是指妇女争取平等权利和机会的一种信仰的行动，它是一个社会变革的建议，以及一个力求结束妇女压迫的运动。女性主义在世界范围内的快速传播，使女性地位得到了提升，媒介无法再"消灭"式的报道新闻。特别是1995年在北京召开的第四次世界妇女大会非政府论坛提出"通过妇女的眼光看世界"为女性意识做了一个注脚。会上通过的《行动纲领》高度重视媒介在消除性别和推进妇女发展方面的重要作用，将"妇女与媒介"列为"战略目标和行动"的第 10 个关切的领域。大会指出："媒体可在世界各地发挥潜力，为提高妇女地位做出巨大贡献。"通过这个会议的助推，在新闻界出现了众多的有关女性新闻报道的栏目和期刊，在报纸报道中，女性的报道内容和报道量也在大幅度的提升，进而有关女性形象分析的研究报道也在迅猛的增加，其中多数以社会新闻中的女性形象、娱乐新闻中的女性形象、体育报道中的女性形象、电视节目中的女性形象等列为研究的对象。呈现出"女性形象描述——女性形象存在的问题——之所以存在该问题的原因——提高女性意识的对策"这样一个思路在进行研究，并且得出的都是类似的结论。

（一）女性形象

女性形象是文学作品或者影视作品中女性的人物形象。而新闻报道中的女性形象是指在新闻报道中全面、真实呈现出来的女性的人物形象。反映的是一个时期或者一个地区女性人物的生活、社会方面的女性形象，是媒体在新闻事实的基础上具有选择性的新闻报道。在社会主流价值观的影响下，多数的媒介从业人员或者媒介的把关人在播报新闻时，一些女性形象被刻板报道，媒体并没有如实并充分地反映女性生活和经验的各种面貌。相对的，媒体大多时候把女性形象的方位框定在一定的领域，譬如性感尤物、母亲、家庭主妇、失足少女等少数特定角色。新闻报道中女性及女性议题在主流媒体中常被忽视与被边缘化、琐细化。长期以来，女性新闻形象出现一定的扭曲与改变。但是随着时代的变迁，社会经济的快速发展，女权主义的广泛传播，知识的普及，媒介的有力推动等因素，女性的参与意识与日俱进，女性观众收看电视新闻的时间在延长，有调查研究显示女性是电视新闻的主要受众，她们关心每一条新闻的程度在加深，不仅仅是对家庭生活、时装美容的关注，而是开始关注或指点经济、政治、社会事件或者直接参与父权社会的运作，如德国的女政治家、总理安哥拉·默克尔。女性的对新闻媒介的关注变化对电视新闻的制作具有较大的影响，并且改变电视新闻的制作。全新的女性形象正逐渐地占据新闻报道的重要环节，比如说女性的报道不仅限于家庭、情感等非理性的报道范围内，而且拓展到女性在政治、经济、社会等方面的报道，不依附于男性的报道或者被边缘化在逐渐减少等。但是，媒介报道的固定成见只是在不同国家不同时期内有程度上的差别，却并未根除。

（二）性别歧视

性别歧视是指个体针对特定性别的偏见态度和歧视行为，以及社会对特定性别的限制性的制度化的法律和规章。性别歧视具有悠久的历史，在人们的大脑中形成的固有的形式。在新闻报道中，媒介或者从业者会从男性固有的思维模式来报道新闻，虽然现在的大部分媒体在提倡两性同等地位的新闻报道。但是，"媒介在给受众提供阅读快感的同时，又再度强化了控制女性的意识形态"。潜移默化影响女性在社会角色、家庭角色及能力角色的定位。所以在女权主义运动中，刻板印象是女性主义媒介批评中的一个核心概念，性别的刻板印象是刻板印象的重要表现形式之一，主要包括对男女两性的性格、形象、智力、社会分工、家庭角色等方面的定型化。比如女性在性格上总是被归纳为"肉体的、非理性的、温柔的、母性的、依赖的、感情型的、主观的、缺乏抽象思维能力的"，男性则被归纳为"精神的、理性的、勇猛的、富于攻击性的、独立的、理智的、客观的、擅长抽象分析思辨的"的性格特征。久而久之形成了人们主流的价值观，认为男性与女性在各个方面的差异。其实，在女性心中"独立""自我""智慧"是女性认同的三项女性标准。以下笔者通过《贵州都市报》中女性的分析，考察其是否存在形象构造不合理报道的问题。

二、样本选取

（一）《贵州都市报》

《贵州都市报》是贵州日报集团主办的一份按市场规律经营、面向市场、反映生活的省级综合类生活报，也是贵州最大的综合类城市报。《贵州都市报》是贵州权威媒介，在大众传播媒介中的地位显著，发行量大，报道内容广，囊括贵州新闻、贵州民生、贵州生活、贵州旅游、贵州咨询等各方面的信息资源，是贵州具有代表性的新闻报刊之一。综合·新闻版面主要是贵州新闻与贵阳新闻的综合报道，是贵州新闻的一个全方位的软新闻的综合报道，具有全面性，对女性新闻报道形象构造呈现多元化的报道方式。且综合新闻是占贵州新闻报道版面最多的报道形式，具有良好的社会声誉，是了解贵州社会经济生活的一个重要渠道，在主流人群中有着广泛的影响力。

1. 样本选取

本文以《贵州都市报》中的综合新闻版面为具体研究对象，以选定时间范围内《贵州都市报》综合新闻中出现的有关女性话题为目标样本。样本的选择时间是 2012 年 2 月底至 2012 年 8 月底 6 个月的时间，以此为研究的时间段，可以尽量做到资料的新鲜。作为样本选择目标的女性新闻报道中，在选择上既有以文字为主的报道，也有以图片为主的报道。在选择样本时，力图纳入《贵州都市报》最典型的核心栏目以及最能体现其报纸风格的特色栏目，涵盖传播的多个方面，使样本具有参考价值同时又具有代表性。

2. 类目分类

笔者将《贵州都市报》"综合·新闻"版面中的女性新闻人物从不同结构分为以下类目，进行分析：

（1）一般资料类目：报纸日期、人物姓名、从业岗位、相关故事概况等；

（2）年龄：18 岁以下、18 ~ 29 岁、30 ~ 49 岁、50 ~ 60 岁、60 岁以上、不详；

（3）教育背景：小学及以下、初中、高中及中专、大专及本科、硕士研究生及以上、不详；

（4）职业形象分类：农村妇女、普通市民、企业白领、打工妹、个体老板、学生、下岗／无业、文化娱乐体育名人、政府机关及事业单位官员（含教师）、其他；

（5）居住地／来源地：城市、农村、不详；

（6）女性与男性的关系：母亲／女儿（等亲属）、妻子／恋人、第三者／情妇、朋友、独立于男性、领导男性、被男性伤害；

（7）内容：事业、家庭、情感、其他；

（8）女性道德品质：热心服务、公正廉洁、无私奉献、坚强有智慧、贤惠识大体、违法乱纪、无社会公德、其他。

(二)《贵州都市报》女性报道的样本分析

有人将传媒活动中的女性形象归结为五类：现代尤物形象、"异类"强人形象、成功男人之妻、受侮辱受压迫的妇女形象、传奇经历和意外事件中的焦点人物。在翻阅各种有关女性新闻报道中，大量存在对女性的模式化报道。虽然在社会中女性的意识易受到男性意识的影响，但是新闻从业人员或者传媒中介在报道中存在一定的社会性别报道。那么，作为贵州重要媒体之一的《贵州都市报》在女性新闻形象的报道中，对新闻人物的社会性别意识又是如何的呢？在构造女性的人物形象中，是否也存在以上的几种刻板报道思维呢？

表 1　女性人物报道中年龄构成

年龄阶段	女性数量	所占比例
18 岁以下	51	27%
18 ～ 29 岁	19	10%
30 ～ 49 岁	17	9%
50 ～ 60 岁	1	0.5%
60 岁以上	4	2%
不详	97	51.5%
合计	189	100%

　　表1是对样本中人物年龄结构的分析，样本的人物总数为189人，其中人物年龄不详的占总数的一半以上，有97人在女性的新闻报道中没有提及年龄的大小，在整篇的新闻文章中也没有相关年龄的线索，其次是18岁以下的年龄，有51人，占比例的27%，大多是关于青春少女和中小学生的报道，少女的报道内容主要集中在心智不成熟方面，多听从于别人的话，被骗的居多，而关于学生的报道则大多是学生生理上或者心理上的病例，或者坚强、助人为乐的报道、有几篇是关于学业方面的报道。其他年龄阶段的报道相对来说是较少的，特别是50～60岁的报道只有一篇。通过整个年龄结构报道的比例可以看出，在女性新闻报道中，无明确年龄的新闻报道是非常多的，年龄在报道中是模糊化的。

表2　女性人物报道中的文化结构

教育背景	篇数	百分比
小学及以下	14	7.3%
初中	11	6%
高中及中专	16	8.5%
大专及本科	20	10.5%
硕士研究生及以上	2	1%
不详	126	66.7%
总计	189	100%

　　表2对样本中人物文化结构进行统计，其中不详文化程度的人物报道有126人，占到总数比的66.7%。除去硕士研究生以上的比例占很少之外，其他各个文化程度的所占比例差异不大。人们在关注女性新闻人物时，对文化程度的关注不是很明显，在大多的文章中没有提及文化程度。其实文化程度在文章中没有提及可以从侧面反映出在女性新闻人物报道中，只是客观的陈述一个新闻事件，并没有把更深层次的有关女性的形象展现在受

众的眼前，受众对接受的新闻报道只是一个模糊的印象，不能准确地定位女性新闻人物在整个报道中的角色分配。

表3　女性人物报道中的职业形象

职业形象分析	篇数	百分比
农村妇女	23	12%
普通市民	42	22%
企业白领	1	0.5%
打工妹	6	3%
个体老板		
学生	31	16.5%
下岗／无业	1	0.5%
文化娱乐体育名人	11	6%
退休职工		
政府机关、事业单位官员含教师等	16	8.5%
普通职工	7	4%
其他	51	27%
总计	189	100%

　　表3对样本中人物形象的职业形象进行分析，其中没有有关个体老板的报道，主要集中在没有职业形象的报道、普通市民与学生的报道。这几类人物职业形象分别占比例的27%、22%、16.5%。《贵州都市报》中女性新闻人物的报道大多集中一个新闻人物的报道，没有拓宽报道女性在职业和事业方面。模糊化报道是呈主流趋势。

表 4   女性人物报道中的居住地／来源地的结构

居住地／来源地	篇数	百分比
城市	90	48%
农村	53	28%
不详	46	24%
总计	189	100

表 4 是样本中人物的居住地／统计情况，其中最多的新闻人物来源于城市或者居住在城市中，共有 90 人，占百分比的 48%，接近一半的人数。农村新闻人物报道共有 53 人，在统计表中居中，最少的是不详来源的人数 46 人占总百分比的 24%，但是与农村的人数相差不大。可见《贵州都市报》大部分关注的是城市中的女性人物。

表 5   女性人物报道中的主题内容统计

主体内容	篇数	百分比
事业	23	12.5%
家庭	39	20.5%
情感	29	15%
其他	98	52%
总计	189	100%

在表 5 所示的女性人物报道主题内容统计中，其他事除去事业、家庭、情感类别的主题内容，文章只是记录式的报道一个事实，里面没有涉及任何有关事业、情感、家庭的内容。部分文章的主要内容是已故，围绕历史上某个时期发生的事件由后来人论述的归为"其他"类，有些文章对各个主题内容均涉及每个主题内容的归为"其他"类，还有的是对各个主题内

容均没有涉及的也归为"其他"类。从表 5 中可以看出，大部分的女性新闻人物在报道时都没有涉及各个主题内容，占 52%，总数的一半以上，其他几类报道的比例相差不是很大。

表 6　女性人物报道中与男性有关的数据统计

女性与男性的关系	篇数	百分比
母亲／女儿（等亲属）	16	8%
妻子／恋人	9	5%
朋友		
独立于男性	97	51%
领导男性	9	5%
被男性伤害	58	31%
总计	189	100%

表 6 女性新闻人物报道样本中女性与男性关系的统计中，在所有的 189 篇报道中，其中就有 97 篇女性都是独立于男性而存在，在报道中她们不依附于男性，有自己的工作或者生活，没有提及与男性的关系，报道中看不见男性的身影，在报道中表现出了极强的性别平等及女性独立的意识。其次较多的是被男性伤害的有关报道，占总数的 31%，比例非常的大，女性作为社会的弱势人群的报道还是非常多的。其中没有关于情妇或者第三者的报道，其他的几类比例都相差不大。

表 7　女性新闻人物中人物的职业形象与女性道德品质的交叉统计

女性道德品质 人物形象	热心服务	公正廉洁	无私奉献	坚强、有智慧	贤惠、识大体	违法乱纪	无社会公德	其他	总计
农村妇女				1				15	16
普通市民	4		7	2	1	1	1	33	49
企业白领			1						1
打工妹				1				1	2
个体老板				1		1		1	3
学生			1	6				18	25
下岗／无业									
文化娱乐体育名人	2					1		8	11
退休职工									
政府机关、事业单位 官员含教师	5		2	2		1	1	5	16
普通职工	1			1	1			2	5
其他			1			2		58	56
总计	12		12	14	2	6	2	141	189

表 7 关于女性新闻人物的职业形象与女性道德品质综合统计中，其中有关公正廉洁的一篇都没有，其他的像贤惠、识大体、无社会公德等方面的文章也非常的少，大部分的都是没有明确标注任何关于女性道德品质的报道。女性的职业身份是虚化的，少数反应其职业身份与道德品质。

另外，189 篇的新闻报道中，有一半以上的女性新闻人物是需要别人的救助或者社会的帮扶，是社会负担的形象构造，而女性新闻人物对社会有益，对社会作良好贡献的人物是非常少的。可以看出在媒介报道方面存在一定的社会性别问题，女性多数是被救助与帮扶的，女白领、女职员在社会创造的价值新闻报道几乎是没有。大量的新闻报道主要是女性的家庭生活，而非公共领域或事业发展。

（三）《贵州都市报》报道女性新闻人物时存在的问题及原因

在《贵州都市报》综合·新闻版面中关于女性新闻报道的研究，可以得出一些特点，在报道女性新闻人物时，出现了大量只涉及女性的新闻报道，没有涉及男性或者男性是处于次要的地位，女性新闻报道地位得到提高并且积极引导了女性的社会意识的提升。但是同时报道中有存在一半左右关于女性作为需要被帮助、被扶持的角色，还有对女性的刻板报道问题依然存在。所以，《贵州都市报》中女性新闻人物的报道中存在一定的问题。

1. 女性新闻人物的模糊化报道现象

不论是关于女性的年龄、文化程度、来源地、女性的主题内容还是女性的道德品质方面，在多数上都采取不明确的报道方法，对女性新闻人物的形象构造也呈现出一定的模糊印象。不能准确地定位女性新闻人物所属的社会角色，只是单纯地知道这是一个关于女性为主的新闻报道。同时，大多数的新闻中，女性人物不是新闻的主角，而是需要被关心与被救助的对象，譬如像新闻报道中一个少女被骗受到伤害，从而得到社会的救助，只字不提少女其他的一切信息，媒介中缺少她们的声音，她们的话语权也没有得到保障。报道中几乎没有涉及到女性的工作、朋友，这无形中暗示女性将自己生存、存在的价值圈囿于男人、家庭。

2. 女性新闻人物的边缘弱势形象占主要地位

就整个样本分析中，几乎有三分之二的报道是女性在社会生活中遇到困难被社会救助或者正需要社会的救助，女性新闻人物的象形是弱势的。在报道中主要呈现的有需要关心的孩子，孩子的形象构造是容易受伤、自我的保护能力差、需要关爱、救助。容易上当的少女，其中有少女因被骗、被伤害需要社会的救助，少女的离家出走，对生病少女的关怀，对少女坚强的正面报道等。其少女的形象构造是单纯、无分辨能力、无抵御力、容易上当。百味人生的青年女性，人物的身份五花八门，话题大多集中在家庭、孕育、情感等方面。总的形象有慈爱的妈妈、需要关爱的孕妇、轻生女、打工妹等。

3. 报道内容涉及不全面，存在刻板成见

报道主要集中在几个点上，对女性的描述多停留在生活领域、感性的情感性格等女性的报道。女性的事业、朋友、社会人际交往等没有得到相同等量的报道，在职业形象、个性或性格等方面存在一定的刻板报道。许多的角色固定在家庭妇女，若职业女性则多在文、教、卫等领域，女性性格大都是善良、柔弱、忍让或自我牺牲。这种片面地将女性报道投射在某一方面呈现，容易将女性的认识固定在某些单一的领域，有可能直接有害于女性的思维能力。正如一位美国学者所指出的那样：一个每天看肥皂剧的女孩，怎么可能产生长大当医生的想法。

4. 女性新闻人物中依附于男性的报道量依然较大

虽然在女性新闻人物的报道中，有大量的女性新闻人物是不依附于男性的报道而存在的。女性半边天形象在报道中有一定的体现，病魔缠身仍坚守岗位的教职工，留英女博士在家乡教小孩英语，英姿飒爽的女交警，无私奉献的社区维和妇女，智慧的女人质等。但是报道中大量的报道女性是没有独立于男性的，不管是在社会作用或者个人行为等方面，都是以男性的角度来写的，没有体现女性具有的"独立"、"自主"、"智慧"的三项女性网民认同的"女性标准"。女性的正面形象的报道量少，没有占据主流的报道思想，只涉及小部分的报道。现代女性的积极、向上的价值观方面更是少之又少，与现代女性独立、自主发展态势不相一致。

之所以在女性新闻人物报道中存在以上的几个问题，原因有许多方面。首先，媒介把关人与新闻从业人员的传统思维模式，在人们固有的思维模式中，男性与女性在社会的许多方面是不能相提并论的，也是不平等的。女性依附于男性而生活，以男性的世界为中心的刻板模式，所以在报道新闻时会出现对女性新闻人物的"消灭"式、边缘化或者刻板印象的报道。

其次，女性新闻人物的弱势报道，新闻受众在接受新闻时会使自身得到一定的心理满足与同情，对新闻报纸的购买力增加，加大了新闻媒体的经济效益与社会的影响力，所以新闻媒介对女性新闻人物报道选择具有一定的经济因素。

三、建构女性形象的对策

（一）提高媒介从业者的社会性别意识

在社会历史中，女性一直作为一个重要部分存在，半边天的地位是毋庸置疑的。马克思曾权威地指出："每个了解一点历史的人都知道，没有妇女的酵素就不可能有伟大的社会变革，社会的进步可以用女性的社会地位来精准地衡量。"女性的社会地位会随着社会历史的进步变得更加重要，在社会思想意识的提高，对社会公共事务参与的增加等，都要求媒介在报道女性新闻人物是能与女性的社会意识同步的提升，不能用固有的男主外，女主内，女性依附于男性的思维来报道女性新闻人物。那么媒介需要在报道的深度、新度上下工夫。主要通过改变媒介工作者的价值评判视角，促进媒介传播更加多元、真实、均衡、全面地表现女性形象，从而提高女性社会地位，促进女性的全面、健康发展，符合社会的潮流趋势，有利于媒介更好的发展。媒介工作者是女性新闻报道的重要因素，新闻工作者在采编写方面的不同角度成为影响人们思维模式的关键点，因而提高新闻从业人员的社会性别意识具有重要的作用。

（二）媒体应该提倡两性平等，弱化在报道中的性别歧视

如果说生产力的提高，是妇女解放的客观前提的话，那么通过媒体的宣传、灌输，唤起广大妇女的自主意识则是实现妇女解放的主观前提。媒介作为意识传播的一个重要的工具，在人类历史上有举足轻重的作用，关乎于整个社会的进程。媒介在传播新闻时，应该摒弃男女性别意识的观念，纯粹地从人的角度报道新闻。第一，在人物新闻的报道中，首先注重的不是关于男人或者是女人的新闻，只是纯粹的从"人"的新闻来报道。第二，

在报道人物新闻时，不应该过重地用男性或者女性固定的特征来形容，比如像勇猛的男士、娇弱的女士等。在新闻人物的报道中，最好使用中性的词汇，不用固定的思维模式来报道。第三，挖掘更新、更深的新闻人物，不能一味地拘泥在相应的框架里，多走，多听，多看，发现不一样的女性新闻人物。因为大众传媒制造和呈现这些性别形象，通过示范作用、规范作用潜移默化地对人们的态度、观念和行为产生着影响。媒体在社会传播中不仅对女性自主意识解放有重要影响，而且对整个社会性别观念也会产生重要的作用。在报道中，尽量摒弃性别意识的报道，女性的报道中做到报道与现实情况的统一。

（三）多积极，正面的报道，提高女性新闻人物的影响力

秋瑾在关于报纸问题方面曾指出"使我女子生机活泼、精神奋发、绝尘而奔，以速进于大光明世界"，可见报纸对女性人物的影响，正面的、积极的新闻人物报道，对女性的思想意识起醍醐灌顶的作用，使女性在自我思想解放上具有推动的作用，能更好地完成国家一再提倡的男女平等的思想潮流，符合历史发展的趋势，是一份成功报纸的重要条件。首先，在女性的节日里，譬如"三八妇女节"的时候，专题制作曾经在历史上影响力较大的女性人物，她们在某一反面具有独特的成就或魅力，对女性受众会有潜移默化的影响。其次，报刊中大量转载国内外关于成功女性的新闻人物报道，不管是政治领域、经济领域、社会领域等，如女航天员刘洋就是一个好的报道人物，积极地引导女性在能力方面的正确评估，使女性更加坚信一些领域不是属于男性的专场，女性也可以参与。最后，多深入职场女性的报道，展现职场女性的风采与魅力，自信独立，像杜拉拉似的人物在生活中难道没有吗？多挖掘这样的新闻人物报道，励志的故事，以正面的力量去影响妇女以及社会。大众媒介如果仅仅把女性定位在喜欢穿着打扮方面，那不仅有悖于妇女的发展和进步的主流，而且也容易失去更多的女性受众。我们的最终目标是树立中国女性的"自尊、自信、自立、自强"精神，建立现代化多元非定型的平等的两性形象。

结　语

随着社会的不断进步，人们思维意识的不断提高，报纸在新闻报道中女性新闻人物的形象越发的重要，而改变现在报道中存在的问题是必要的。新闻媒介在对女性新闻人物的形象构造方面是非常重要的，虽然报道中提的见解都是从媒介的角度提出的，但是国家和个人在构造全面的女性人物形象时应该尽一份力，整个社会意识的变化是媒体改变报道思维模式的最终目标。

主要参考文献：

[1] 刘霓 . 西方女性学起源、内涵与发展 [M]. 北京：社会科学文献出版，2001.

[2] 陈阳 . 性别与传播 [J]. 国际新闻界，2001（1）.

[3] 刘利群 . 社会性别与媒介的传播 [M]. 北京：中国传媒大学出版社，2004.

[4]（德）马克思，恩格斯著，中共中央马克思恩格斯列宁斯大林著作编译局译 . 马克思恩格斯全集 [M]. 北京：人民出版社，2007.

[5] 王方，马蒂 . 电视对女性之关怀 [J]. 现代传播，2001（6）.

[6]（美）斯特里纳蒂著，阎嘉译 . 通俗文化理论导论 [M]. 北京：商务印书馆，2001.

[7] 张敬婕 . 性别与传播 [M]. 中国传媒大学出版社，2009.

贵州卫视《论道》栏目发展策略研究

田　园　　沈泽丹

一、贵州卫视《论道》概述

（一）《论道》的发展历程

贵州卫视始终站在电视生产前沿，全力打造"西部黄金频道"的电视定位，是一家具有战略规划、眼光长远的媒体。贵州卫视一直坚持提倡主流文化价值观，创办了《多彩贵州》等一系列精品节目，主动承担起传播文化的责任，引导受众积极健康的价值观。然而，推出一档砥柱性的品牌栏目，用以提升频道的整体影响力和品牌价值，成为贵州卫视首要解决的问题。正是在这样的需求下，贵州卫视精心策划，《论道》应运而生。

1. 第一阶段：探索初期

2007年贵州卫视开始《论道》的筹备。2月14日至16目，龙永图首次以嘉宾主持的双重身份在贵阳演播厅完成第一组共4期节目的录制，其中包括开播特别节目《永图回乡》、《话说茅台》、《西部新机遇》等。2007年5月14日下午，《论道》在北京人民大会堂贵州厅举行开播仪式，台长白方芹提出"国民之魂，文以化之；国家之神，文以铸之"的名言对节目加以激励。

5月16日，《论道》第一期节目开播。《论道》开始了她生命里程的初期探索。追求"思想"、"品质"、"精致"的《论道》，从某种程度上扭转了失去平衡的电视发展态势，同时也启发中国电视媒体对电视的多重功能进行全面认识。为确保节目的高品质和敏锐性，贵州电视台不惜重金聘请专业人士出任节目策划顾问，保证节目得到强大的智慧支持。节目在策划初期就得到了许多知名企业的关注，贵州茅台酒股份有限公司也出巨资拿下独家冠名权。随后，《论道》将相关节目动态的视频点击、话题推介、专家点评、观众征集、活动预报等在新浪财经、腾讯网开辟专页，加强观众与节目的双向互动。《论道》一炮打响，在同类节目中声名鹊起，一时间成为业界的焦点。

2. 第二阶段：高速发展时期

2008 年 6 月 19 日，《论道》第二季，"远大·论道"推出，标志着《论道》的探索初期结束，进入了快速发展时期。龙永图依旧担任新播出季嘉宾主持，并且推出三卷本图书《与龙永图论道》，谈论了中小企业成长之道、中国文化软实力、全球化发展，图书与《论道》品牌营销相互作用。2009 年 6 月 1 日，《论道》进行全新改版。播出时间由周三 21：40 调整到周六 21：30，节目时长也由 45 分钟增加到 50 分钟。《论道》将在节目形式和内容上探索发展之道，官方网站的开通启用也纳入议程。从 2007 年至今，《论道》逐渐走向了全国。2009 年以来，《论道》完成了海南、江苏等地跨省录播电视论坛节目 17 个，历经了嘉宾邀请、技术保障、团队执行等各方面的挑战。跨省录制的同时，积累了丰富的资源，与许多有名的论坛以及年会建立合作基础。一时间，《论道》成为电视对话类节目舞台上一股活跃的力量。

3. 第三阶段：稳步发展期

截至 2010 年 6 月，节目已经播出 150 多期，嘉宾囊括了国内外各个领域的重要人物。强大的嘉宾阵容，在国内任何一档节目中无可匹敌，更何况它是存在一个发展相对落后的西部地区。包括《论道》的制作流程以及运行方式在各大电视台中都找不到相关参考。随着节目主办的电视论坛在博鳌亚洲论坛 2010 年年会留下了浓墨重彩的一笔，《论道》顺利完成了在国际平台上的精彩展示。此时，《论道》发展极具成熟，进入稳步发展时期。

2013 年 3 月 4 日,《论道》再次改版,播出时间从周六 21：30 分调整到周一 22：10。为了表示本次改版的重要性,决定于 4 日、5 日两天连续播送节目。还将邀请"两会"代表、全国政协委员、中国节能环保集团公司董事长王小康和资深外交家、国家创新与发展战略研究会副会长吴建民,探讨《寻找美丽中国》《外交进入"公共"时代》等"两会"关注的热点话题。3 月 11 日,推出由国务院参事、国务院发展研究中心金融研究所名誉所长夏斌讲述的《寻路中国经济改革》。改版后《论道》将充分整合嘉宾资源,锁定社会热点,谋求社会公共价值。

（二）《论道》的发展态势

《论道》始终坚守以精英视角,百姓话题为宗旨,以内容为王,真话魅力为己任。成为当今以收视率至上,观众嗜好第一的畸形节目发展态势改进的风向标。利用嘉宾主持的别样构成形式以及高端的话题视角,为观众呈现一场场思辨盛宴。

1. 栏目简介

2007 年 5 月 16 日起,以"观天下风云,与永图论道"为口号;以高度、深度、关注度为理念;以热点、焦点事件和人物为话题的《论道》大胆尝试"嘉宾主持"双主持人形式,将龙永图塑造成政府高官"下海"、"触电"第一人。

因此,节目内容设计上围绕理念展开。高度,重视"时事巅峰对话",锁定国内外经济领域的热门话题,比如往期的节目《亚洲金融危机十年反思》、《全球化呼唤世界级企业》、《理性看通胀》等等。深度,锁定"风口浪尖人物"以政界、商界、学界名人为主,探讨天下大事。关注度,聚焦"社会敏锐话题",以社会普遍关注、人们普遍关心的话题为焦点,比如《相信中国制造》《腾飞的"中国梦"》《民以食为天》等等。而形态设计上,《论道》属于录播节目,节目要素主要由主持人、龙永图、嘉宾、短片、观众相结合。嘉宾主持龙永图和嘉宾和以高校师生为主的现场观众一起进行交流与互动。

2. 传播效果

《论道》自播出以后影响力与日俱增。多家重量级纸媒对节目进行专题报道，如《人民日报》、《南方周末》、《北京青年报》等。同时，栏目还在具有权威性的网络媒体：人民网、新浪网、腾讯网和地方性综合报刊《贵州广播电视报》、《贵阳晚报》、《西部开发报》设有专栏，涉及嘉宾专访、话题推荐、专家点评、观众征集、活动预报等加强互动。凭借贵州卫视可接收全国人口 7.06 亿的优势，《论道》成为贵州电视台新一轮的节目创新的媒体品牌。

据调查数据显示，《论道》的观众构成主要在"25 岁～ 54 岁年龄段，并且大学以上文化程度居多，大多是干部管理人员和私营企业主"以及月收入达到 4500 元以上的精英人士和高端观众。"在《论道》的强势影响下，贵州电视台的整体实力在近一年来得到快速提升。取得全国人口达到 6.1 亿覆盖规模，名列全国省级卫视第 8 位和 12 家西部省级卫视第 2 位的成绩"。而今，贵州卫视已经成为全国西南地区 12 个省市名列第一的省级卫视。

《论道》远远超越了它作为一档电视节目的意义。2007 年"中国电视节目榜"荣获"最佳脱口秀"提名。2008 年 1 月，在中国传媒投资年会上获得大奖。12 月，《论道》被评为中国媒体论坛和斯坦利国际共同主办的 2008 年度投资中国媒体"中国最具投资价值的媒体"。白芹芳台长被评为"08 中国传媒产业贡献人物"，总制片人包晓竹当选"08 中国传媒新锐人物"。2009 年 6 月，《论道》当选为"最具网络影响力的省级卫视栏目"。

二、《论道》成功之道与存在的不利因素

（一）《论道》的成功之道

"一档优秀的节目，如同一个优秀的人，最终令他人折服的还是'内在的善良'。节目中无论是余秋雨的文化之道，还是柳传志的经济之道，能引起观众共鸣的还是话题内在的精髓。然而，这正是《论道》所追求的，也是节目编导和主持人的所求索的。"《论道》在多年来的探索和实践中，

俨然成为中国电视节目在追寻"跨界主持"、"资源创新"、"内容为王"方面的经典个案。

1. "跨界主持"

从话题与嘉宾的关系划分，现有对话类节目可分为两大类型：一类是以《对话》、《开坛》、《波士堂》为代表的"话题先行类"，另一类是"嘉宾先行类"以《秋雨时分》和《李敖有话说》为代表。而《论道》却是不同于这两种节目形态的第三种，即"嘉宾主持"类。龙永图既是表达观点的嘉宾，又是引导嘉宾的主持人。因此，"双主持"的节目形式开了电视节目形态的先河。

不仅如此，龙永图前高官的特殊身份成为其他同类节目无法参考的亮点。龙永图拥有丰富的工作的经历，20世纪90年代开始，担任我国入世首席谈判代表，对于国际政治和经济有着深入的认识和理解，因此在国内具有相当大的影响力。最为难得的是龙永图长于表达和沟通，运用活泼的语言风格，通常能将一些艰涩难懂的大道理、大事件和一些具体的民生问题结合在一起，生动地讲出来，让大家理解起来没有丝毫困难。

2. "资源创新"

龙永图的加入利于节目知名度的提升，同时他还成为贵州卫视这个相对弱势的西部媒体不可多得的资源宝库。政府高官本身是一张"名人"标签，加之龙永图的人格魅力，节目邀请到众多重量级人物共同谈论天下之道。强大的嘉宾阵容让《论道》成为受众关注的焦点。

首先，定位高端的《论道》一开播便通过不断的传播文化、治国、社会发展等理念，迅速在国内蹿红。尤其是龙永图的加盟，让节目具有两个品牌相互置换的优势，形成《论道》品牌的初步价值。换句话说，龙永图的个人品牌与节目品牌相互影响，形成节目的传播品牌。《论道》品牌的形成丰富了贵州电视台精品栏目，同时吸引了更多的同行和观众通过《论道》对贵州电视台再次给予关注。

其次，贵州地处发展相对滞后的西部地区，要想获得电视资源，广告资源和市场开发资源的合理利用必须提升资源整合能力。《论道》让贵州电视台的各种资源的整合能力上了一个新的台阶。龙永图带来的不仅仅是优质传播效果，还有丰富的采访资源。例如，往期节目中《论道》能在非常时期获得美国财长保尔森的独家采访权；以及主动来到节目现场充当观众、发表观点的菲律宾前总统拉莫斯。节目开播自今，数百位著名的专家学者以及功成名就的企业家参与节目，正因为如此庞大的嘉宾阵容，让更多的人关注贵州卫视，关注贵州。也就是说，《论道》即整合了各类专家学者的深刻思想，又让电视节目市场和广告市场得到协调发展。

3. "真话魅力"

《论道》讲求内容的传播品质，以高端的对话形式和获得媒体的关注和认可为目标，将节目定位为理性、思想性、公众性。获得类型节目中"追求公共价值"的楷模美誉。但是不少人还是不明白《论道》中的"道"究竟代表的是什么？胡智锋认为："《论道》强调了主流价值观的坚守和弘扬主流思想的无限力量。"《论道》一直关注中小企业和慈善事业。2007年，与蒙牛乳业集团董事长牛根生论道《千金散尽之后》；2008年和著名影星、壹基金创始人李连杰共同呼吁《慈善，从"壹"开始》；2009年与中国远洋运输集团总裁魏家福一同开启《危机下的全球视野》，每一档节目都在探索发展之道，和谐之道，有力地推动我国中小企业发展。总的来说，"道"贯穿于《论道》的始终。

《论道》以"讲真话"为魅力。在接受《青年周末》记者采访时，龙永图说道："不管人家赞同不赞同，我会坚持在电视上'讲真话'。"贵州卫视副总监、《论道》总制片人包晓竹也说："从理念上来说我们比较追求讲真话"，"它搭建了一个比较宽松的舞台，每个人到这儿都认真说话，每个人都讲真话"。节目播出以来，龙永图与一批重量级的嘉宾共同探讨热天下大事，他们作为意见领袖引导着舆论，在用自己的实际行动影响着这个时代。

（二）《论道》发展中存在的不利因素

尽管《论道》在电视节目中持续升温,但是在竞争日趋激烈的大环境下,特别是新媒体的快速发展,对电视业冲击以及媒体分众化现象严重。一档已具有发展规模的老牌电视节目,《论道》成功的背后也存在一些隐患发人深思。

1.主持人：个人魅力为核心,节目风格呆板

任何一档对话节目都是为主持人量身定做的,《论道》也不例外。节目的成功离不开龙永图的个人魅力。政府官员形象的媒体呈现,对电视节目来说是实现了资源最大化整合。当政府高官以常态媒体形象出现在电视银幕上时,将会带来前所未有的化学效应。

首先,政府官员本身具有媒介形象。"政府官员的媒介形象是通过大众媒体传达给人们的公共形象,是大众通过媒介信息而感知到的具有伦理意义的政治人格形象。"龙永图严肃、睿智的媒体形象,固然与节目高精尖的话题定位相匹配。换而言之,作为嘉宾主持的龙永图,将会感染现场嘉宾,弱化其他嘉宾别具一格的媒介形象；加之话题严肃,节目风格上显得过于学术性。

其次,高官主持的尝试是柄双刃剑。一方面,政府官员作为嘉宾主持人,即能给节目带来丰富的资源；政府高官坐镇节目,确保节目话题的权威性。而另一方面,节目对于龙永图的过分依赖,以及主持人特色不明显,节目存在风格刻板的担忧。

2.话题：知识短板,话题枯竭

1943年出生的龙永图于2007年加盟《论道》,时至今日已是古稀高龄。与《论道》同舟共济7个年头,在他的影响和带动下,《论道》取得有目共睹的成绩。随着传媒市场的竞争日趋激烈,能消费受众的关注度的多少将是衡量一个节目成败与否的重要标准。虽然在新媒介融合下,定位高端的《论道》将会陷入曲高和寡的尴尬,即使一直保持着清醒,抵制收视率的诱惑。但是一档电视节目终究是做给人看的,受众才是任何一档节目存

活下来的根本原因。

进入古稀之年的龙永图，在过去可以是风光无限的政界名流，现在仍然是睿智、权威的话题领袖。可是再过五年，又或者是十年，这样一位年事已高的老人还能像现在一样思维灵活，看待任何事物是否还和如今一样敏锐？这样的疑问不能不令人担忧。一档完全依靠名人效应的节目如何在这样的问题背后找到解决方案才是我们应该未雨绸缪的。

再者，笔者通过对 2013 年的一期节目《汉字之美》进行仔细梳理。当期节目嘉宾是著名作家苏叔阳，以当时盛极一时的汉字听写节目《中国汉字听写大会》和《汉字英雄》的热播为话题切入口，谈论中国汉字宝库的博大精深。在这样的一期节目中，更多的是主持人荆慕瑶与嘉宾苏叔阳之间的互动，而作为嘉宾主持的龙永图只是屈指可数的几次插入话题。为此，笔者将两期节目《汉字之美》和《电动汽车：发展如何充电》部分内容进行梳理，在两期节目播出 20 分钟内，《汉字之美》一期中，龙永图仅发表一次观点。在《电动汽车：发展如何充电》节目中前 20 分钟龙永图表达了 6 次观点。笔者将此内容附在论文的最后，用以对比说明。

两期节目对比来看，龙永图在录制《汉字之美》时，话题内容乃至精神风貌上更是显得与往常不同。在时政、经济方面的问题上有独特见解，滔滔不绝的龙永图在这样的话题面前却显得异常沉默。威名远播的前博鳌亚洲论坛秘书长龙永图也许也有他的知识短板。在这样学术性、历史性的话题面前龙永图显得力不从心，让话题场偏离了观众的预估。龙永图知识的深度、广度以及驾驭话题的能力将会成为节目在以后发展中不可忽略的问题。

3. 形式：素面朝天，审美疲劳

《论道》以话题内容为核心，然而定位高端的节目，注定与大众失之交臂。由此可知，丰富节目形式也将是《论道》吸取大众关注度，消费大众注意力的一种手段。

《论道》一直都是背景短片＋嘉宾对话＋简单道具＋观众互动的构成形

态。以至于有人调侃说它是唯一一档没有悬念，还能吸引到观众的电视节目。在市场化传媒的竞争时代，素面朝天的节目实在是难以存活。《论道》毫无悬念的推进方式以及严肃的话题内容，无疑让更多"入门"观众难以坚守，观众对节目的忠诚度受到严重考验。而对于已经固定的观众群体来说，长时间的话题深入探讨，如往期节目：《博鳌——亚洲的声音》、《危机下的全球视野》等均是严肃、宏观的话题，即使采用平实的语言，也很难将观众吸引进来。笔者对 2013 年 3 月 31 日播出的节目《单独二胎，准备好了吗？》进行拉片式梳理，并且将相关内容附在论文最后用以说明。不难看出在画面构图上仅仅是全景和近景之间单一的进行切换，机位固定，缺乏运动镜头生动、活泼的参与。包括引出话题的背景短片，在制作上也是相对粗糙，大多是网站截图，图片拼接以及相应视频的截取。出现截图不清晰、图片质量不高、视频画面繁杂、表现力不强等问题。甚至毫无悬念的节目推进方式和广告开口方式，都会给观众产生视觉上的审美疲劳，难以坚守对节目的忠实。

4.挑战：时代话语权加强，节目质量要求高

美国 NBC 新闻和 PBS 的前总裁劳伦斯·格罗斯曼曾说："谷登堡使我们都成为读者；广播和电视让我们成为现场的观察者；复印机使我们都成为出版者；互联网让我们变成记者、广播人、专栏作家、评论员和批评家。"网络的发展让传统的传授方式有了互逆性的可能，每一个人都可能是信息的接受者和发出者，人们渴望表达、交流、互动的愿望也逐渐增强。

"谈话"对于广大的观众而言并不缺乏平台。贴吧、论坛、QQ、微博、微信等交互工具的兴起，让庞大的并且日渐增长的网民群体有了更多的交流平台，满足大众畅所欲言的可能。我们正处在一个多元价值并存、分众化现象日益严重的信息时代，超过 3000 个全国电视频道和数以万计的栏目密集播出，对于争夺市场、受众份额竞争激烈。如今的对话节目应社会需求而发展，它让大众能够借助电视媒体真实地表达自己，让精英、明星、名人以普通人的身份交流，而不是端着高高在上的姿态；更让屏幕内外、

不同层次、不同地域的人们尽可能地做到广泛、平等、深入、真诚沟通。

电视市场存在"被受众牵着鼻子走"的节目，也越发地证明受众的关注度、趣味性等因素将成为节目不得不考虑的现实。对于一档录播的对话节目，只有提升节目的质量，加强平等的话语场的建构，做到"所看即所得"的高质量节目标准，方能吸引大众加入到这样的谈话场来。

三、《论道》发展策略探析

（一）构建对抗均衡的交流空间

对话节目形式存在于中国的历史并不长久，1993年东方卫视播出的《东方直播室》可以说是我国对话节目的鼻祖。1996年，中央电视台《实话实说》播出奠定了对话节目的基础。一时间，千奇百态的电视对话节目如雨后春笋般出现在电视屏幕上。据CSM媒介研究相关统计，"仅在2009年1月1日至4月10日的100天内，在全国153个城市市场上，在电视收视比较集中的晚间时段18点到24点，就有190个对话类节目在全国数百个频道进行了5400余小时的播出"。节目琳琅满目，千奇百态，从形式上来说品类繁多，盛极一时。然而，节目的质量却与这样的盛况不相符。"被受众牵着鼻子走"的节目更是遍地都是。《论道》要想在这样的竞争中有一席之地，必须在节目制作和质量上苦下工夫。

1. 节目定位：为大众而生产

将《论道》定位为高端是希望抓住有别于普通人的收视群体。因为高端人群具有普通人无法达到的消费能力，特别是对奢侈品的消费能力。然而，愿望与现实不相一致，高端的节目定位必然会在观众构成群体上出现问题，而媒体处于靠市场检验的环境之中，这意味着难以得到市场的认同。一些节目策划者会将此迁怒于统计收视率的参考标准不合理，而另一些会做出不追求收视率的姿态达到自欺欺人的效果。事实上，电视媒体对受众要求最低。换句话说，电视甚至是一种比纸媒和网媒更为大众化的媒体，追求普遍大众的关注才是它发展的方向。因此，对于一档电视对话节目而言，无论是采取平民化的姿态，或者是谈论高精尖的话题，只要将电视节目的宗旨与大众的需求真正结合起来，才能为实现电视社会功能和商业利益统一。

2. 话题选择：为大众所关注

与娱乐脱口秀节目不同，《论道》搭建的是讨论社会公共事务的交流平台，是主题严肃的对话节目。如果只把讨论公共事务作为一种冠冕堂皇的仪式，那么它必然会遭遇没有话题可言的困境。1993年开播的《东方演播室》与大众一起就社会公共生活表达情绪。但正因为这个节目承载了太多的社会意义，在开播两年多以后，该栏目因为社会性热点话题的枯竭，最后销声匿迹。由此可见，电视对话节目如果仅仅构建一个均衡的谈话空间是远远不够的，对话题的选择也是电视对话节目最重要的生产要素。

《论道》并不只是给大家搭建一个泛泛而谈，空谈的平台。曾经录播一期由马云担任嘉宾的节目，如果说要对马云的从业经历进行了全面的回顾，类似这样选题可以从网上找到无数版本的文本和视频来。马云来到《论道》，龙永图和他谈什么？怎样才有别于同类节目？这才是节目策划者值得认清的问题。对于这节目要谈论什么样的话题，龙永图的观点反而比较务实："通过这个节目来讨论中国怎么更好更快的发展，怎样建立健全的人生、和睦的家庭、和谐的社会、和平的世界。一句话，怎么使每个老百姓生活得更幸福一些。"龙永图强调这个节目应当探讨大众普遍关心的话题，这恰恰是很多标榜高端的电视节目所认识不到的。通过大众的关注度来发掘具有新闻性的事件，然后按照事件去寻找嘉宾而不是根据嘉宾来设计话题，这样能避免选题空洞和被动以及落入泛泛而谈的诟病。

除了选择大众普遍关注的话题外，《论道》还应该综合利用有高端的视角，对大众普遍关注的问题表现出独到的见解。公众的话题引发受众关注的同时，独到的见解引发观众思考。让观众自己去感知，去接受，去思考，受启发。电视对话节目"启蒙思想，引导价值，引领舆论"的社会意义才有可能实现。

3. 表达技巧：以均衡对抗氛围推进

通过制造悬念来吸引读者的兴趣是小说作家的秘籍；逻辑严密，层层递进，让读者体会通过严谨的论证得到科学结果的快乐，是学术文章作者的目标。电视节目在表达方式上一样要强调技巧的使用。对话的本质就是人与人之间的交流，面对不同的且具有新闻性的事物，谈话双方必然会保持不同的观点。节目更应该主动地去面对这种差异，搭建交流平台，通过与嘉宾、主持平等的对话和观点对抗，表现出丰富多样的思想。

有关构建均衡对抗的交流平台方面，《时事辩论会》就是一个很好的例子。每期节目数名嘉宾针对某一个热点话题发表意见，一旦嘉宾的观点出现分歧，演播室现场立马变成一个随时都有爆炸可能的定时炸弹。论辩乃至争吵的表达方式让这个方寸之间嘉宾挤成一团的新节目很快引起关注。且不去怀疑这种充满论辩的现场氛围有没有弄虚作假的嫌疑，但是它却最明显地表达了人们需要毫无顾忌的发表观点的自由。

2010 年《论道》三周年的研讨会上，龙永图表示出疲倦的意思，还发出了《论道》没有龙永图会怎样的疑问，这也许和节目的生产形式和表达方式不无关联。通常近一个小时的《论道》也是从两三个小时的素材中剪辑出来的。因此，节目的质量就与当天嘉宾的状态正相关。而均衡对抗的表达方式要求节目在选题策划环节就有意识地设置论辩的陷阱，并且在录制过程中也要通过嘉宾主持或者是主持人不断地去刺激对话人，激发对方表达欲望。

4. 节目形式：为视觉媒介而生产

《论道》所谓的素面朝天，一方面指在谈话内容上完全开放，没有禁区，能够各抒己见；另一方面指节目形式单一。节目没有过多的包装是因为希望将观众的注意力都转移到话题内容上来。

从最早让人眼前一亮、联想丰富的凤凰卫视虚拟演播厅，再到 2010 年南非世界杯《豪门盛宴》中对 3D 全方位技术的应用，让我们看到现代技术对于节目观点的传达所表现出点睛作用。由杨锦麟主持的《有报天天读》，仅凭一个人，一支笔，一台电脑，便谈尽天下事，技术的运用让现实空间和不同媒体的差异得到统一。构建均衡对抗的谈话理念同样可以运用在节目形式上，借助先进的网络技术，拓展交流平台，引入不同的声音。例如通过电话连线场外或者是远方的声音加入到节目中来；利用现场大屏幕呈现不同地区的空间画面；利用网络媒体技术汇集民意，将网络上热门话题拿到进行讨论等等。

（二）整合资源，实现"本土化"

《论道》在资源的使用,突破了自然与文化资源的一般意义上,邀请"人力资源"丰富的龙永图作为嘉宾主持，由于龙永图的加入，使《论道》这个有较高文化内涵和时代特色的对话节目在经济欠发达的贵州成长。然而，《论道》在进行资源整合的同时，做到实现与本土资源的合理融合将成为本章节的探讨重点。

1.话题视角：以贵州焦点话题为依托

2008 年,《论道》第二季,"远大·论道"与都匀市政府建立合作关系,以茶文化和茶产业发展为主题,为都匀茶产业发展建造一个国际性的交流、沟通桥梁。《论道》邀请到被誉为"世界茶王"天福集团总裁李瑞河做客现场与龙永图探讨茶产业发展之道,一时间,全国掀起了一股讨论茶文化的热潮。借助《论道》的品牌效应,以及通过贵州卫视巨大力量的渗透蔓延,提高了都匀市茶文化博览会在全国的影响力,扩大了招商引资的知名度,将都匀市打造成"中国茶都"的嘉誉品牌。

以《论道》为播出平台的本土话题,除了都匀茶叶,还有遵义的《话说茅台》、六盘水的《中国凉都的冷思考》等相关节目,节目播出都得到相当好的反响。《论道》更应该乘胜追击,利用前期录制经验,策划更多有利于本土文化、本土视角的节目。让贵州依托于这个搭建好的大平台更多的发挥本土资源优势,将贵州的文化、精神传播出去。同时,话题视角转向本土,可以获得当地更多观众的关注。充分利用本土资源的同时,让《论道》"论发展之道,论和谐之道"的根本更多地惠及当地。

2. 节目包装：带有本土符号的节目形式

"'本土化'实际上是面对两种文化在竞争与融合时，如何发挥自身优势，突出自身特色的过程。包括两层含义：一是将引进的东西消化吸收，融入本土文化的元素，让它具有地方特色，并且符合当地人的欣赏习惯。另外一种则是以本土文化为基础，为其量身定制一套节目，让它不仅具有地方特色、符合当地人的收视习惯，还能够将本土文化发扬光大，这是属于最高层的本土化。"

创造一档具有创新价值且难以复制的新节目，节目策划者往往能意识到第一层本土化的重要性，将引进来的新节目加入本土元素进行改造，制作出能吸引当地观众的节目。然而，要想制作出不被模仿和抄袭，观众买账的节目，只有走更高层本土化，即充分借助本地优势，制作具有当地特色的电视节目。其实"本土元素"就是本土特色，是当地与众不同的特质。这些特点为节目制作，必须形成与众不同的"风味"。而笔者认为，这正是解决节目同质化问题的最佳办法。可见，将本土元素融入到电视节目中将逐渐成为节目创新的一个方向。同时，也无需担心"地方味"会使节目落入俗套。2004年，河南电视台自制栏目《武林风》在全国掀起了收视热潮，《武林风》成功的关键在于节目的"本土化"。凭借良好的地缘优势以及少林、太极武术品牌的影响力，为节目创办提供丰富的素材资源和观众基础。这一节目的成功说明充分利用电视艺术手段将节目做好、做出品位才是硬道理。利用艺术处理方式，让这些"土"的元素形成了一种野性之美、淳朴之美。同时增强节目个性化，提高节目辨识度。

3. 联动营销：借品牌之力相互作用

一档新节目的问世首先要让亿万观众知道它的存在。《论道》采取了联动营销的宣传方式，把自己推到观众和媒体的面前，取得很好的宣传效果。已经步入稳定时期的《论道》更需要品牌联动营销的方式，借力打力，做好品牌宣传。

然而，关于联动营销的案例，最常用的便是湖南卫视。比如近期热播剧《宫锁连城》，首先，湖南卫视会在各个栏目中植入节目预告，铺地毯式的节目宣传，毫不费力地获得电视剧的宣传推广平台。其次，在《快乐大本营》中安排电视剧演员的人物专场秀，利用虚与实的结合方法，将电视剧宣传推到制高点。同时让两个拥有关键资源的栏目进行联合，创造竞争优势实现资源最大化利用和双赢。

贵州卫视具有多档优秀的电视品牌栏目。同样可以与其他品牌栏目形成战略联盟，共享资源优势，做好栏目的实时推广。相互借力实现资源优化配置，保持持续协调的健康发展之道追求互利共赢。

（三）节目创新，谋求长久之道

电视媒体的内部存在着制作团队的业务素质与创新性思维的缺失问题，外部也面临了其他节目形式与新媒体的竞争。要想让电视对话节目具有更好的发展前景，除了要提高节目制作水平和培养独具风格与内涵的主持人外。还要清楚地认识到网络媒体的发展对电视媒体带来的双重意义。

1.形式新颖：科技支撑，追求高端大气

对话节目虽然以主持人和参与嘉宾的对话作为节目的主要内容和形式，但是这样的对话无非是在传达一种谈话内容，完美的谈话内容传递除了单一的面对面对话表现，还可以有很多形式表达。例如：现有节目中《咏乐汇》就包括主持人与嘉宾的对话、场外电话连线、现场情景扮演等；另外《鲁豫有约》也是从对话、现场奏乐、大屏幕等方面来丰富。然而，网络技术的兴起让更多表达形式得以丰富。如：东方卫视播出的《幸福魔方》，除了主持人、嘉宾、心理分析师之间的对话之外，现场还设有一面视频墙，大概有 20 个视频的活动画面在等待主持人随意切换，每一个画面表现的就是一个正在观看节目的观众。观众可以坐在家中便能通过电脑视频的方式参与到节目中去，把自己的观点和看法同大家分享。

在此之前，对话节目就已经将嘉宾的提问环节与网络充分结合，将问题通过网络抛到网上，让受众的声音通过网络在节目中得以表达。网络技术的引入带来更多节目新形式的变化，主要表现为让节目与观众的互动形式变为多样化，让更多关注节目想表达观点的受众心理得到满足。这不仅仅是节目所追求的真实感，而是真正地让观众参与到节目中去。《论道》的发展离不开这些新技术的应用，在节目形式上，要打破原有单一的、朴素的节目形式，加强与网络、新科技、新技术的结合，使之具有时代感、科技感，增加栏目的观赏性。

2. 话题别致：以精英视角，透析百姓话题

如何选择一个当下人们最关心的话题或者一个最为新奇的话题将成为节目策划者不可忽视的问题。第一，可以利用网络的广阔性和灵活性收集当下最为火热的话题，这样的话题是广大民众所热衷所感兴趣的，将话题进入节目中讨论将转化成众多网民和受众对节目的关注和跟进。同时，因为话题为观众所熟悉和关心，还有可能吸引到更多的观众通过网络媒体技术参与到节目中去，倘若节目选择生僻的话题，即便构建互动反馈平台，观众也会因为话题的生僻没有产生共鸣，形成自己的思维和认识，更不会关注和参与到节目中。因此，对话节目对话题的选择要充分利用网络信息，选择受众普遍关注、感兴趣的话题为观众参与讨论、发表见解提供话题内容上的可能性。第二，关于节目中需要讨论和讨论过的话题同样可以通过网络的交互性返还到受众面前，收集受众反馈数据，再将进一步分析得出的受众反馈结果指导节目制作，参与到节目的选题制作中。这样不但确保节目话题内容与热点问题的紧密联系，还能将传统媒体善于运用网络选择话题、制造话题、跟进话题，技巧表现得淋漓尽致。

3. 传播创新：拓展平台，跻身多媒体发展

2014 年 1 月最新发布的《第 33 次中国互联网发展状况统计报告》表明，"截至 2013 年 12 月，中国网民规模达 6.18 亿，互联网普及率为 45.8%。其中，手机网民规模达 5 亿，继续保持稳定增长"。"手机网民规模的持续增长促进了手机端各类应用的发展，成为 2013 年中国互联网发展的一大亮点"。由此可见，网络用户的数量正在逐年大规模地增加，并且人群的特征也不再是集中在年龄层低、收入偏高的城市家庭，正在向一个更广泛的范围蔓

延。在这种背景下，电视媒体的受众资源必将受到分流，整个收视市场的整体格局就会发生新的变化，跨媒体之间的合作势在必行。受大众欢迎的网络电视以及微博、微信等交互工具的兴起，将是《论道》与网络合作的长久之道。利用微博的集聚、互动、共享、自主、知识等特点和以网络为载体的运行平台，将节目相关介绍和动态向潜在观众发布，搭建多向沟通性的宣传推广与交流平台，达到传递信息和宣传推广的效果。

例如：为满足观众观获取信息的需求可以连接节目主持人、嘉宾和相关媒体的微博，形成一个关系链接，通过转载形成一个更广泛的覆盖和地毯式的传播，利用粉丝团病毒式传播，为节目进行宣传。《论道》在与各行各业的领军人物打交道，节目组应该与嘉宾协商，恳请明星在自己的微博中发布有关参加节目的信息，邀请粉丝对节目的关注。同样，喜爱该明星的受众也会转化为对话节目的潜在受众，栏目微博和主持人的微博以及明星粉丝都可以转发该博文，为对话节目宣传造势。有策略地发掘目标受众，精准定位，利用好微博这一传播途径对节目进行有效营销。

4. 人才策略：精良血液注入，避免思维固化

广播电视业属于第三产业，具有经济属性和商业属性。同时，作为精神产品的生产者它又属于上层建筑，具有意识形态。因此，电视从业人员必须具有较高的政治素质，始终坚持党性原则，具有强烈的政治鉴别力和灵敏度，以及全球的发展远见。始终关注发展的现状，把握社会发展趋势。除了具有基本职业素养外，一档成功的对话节目除了要有优秀的主持人作为支撑，还需要一个极具业务素养的制作团队。笔者认为应该，第一，加大人才资本的投资，提高团队整体素质，坚守人才战略的原则。树立人才管理的观念，激发现有制作成员的潜力；加强人才培训，改善和提高人才队伍和素质；营造合适人才发展的良好环境，为事业发展打下基础。第二，吸收新鲜的血液加入，保持团队的创新性和活力，避免创新性思维固化，确保人才战略的可持续发展。

结　语

《论道》对电视业的发展所作出的贡献应当给予肯定，它创造了一种既高端又普适的节目形式。《论道》不仅能够向大众展现不同层次的社会思潮和极具个性的名人故事，并成为一个议题，促进沟通，影响人和社会的良性互动。在电视对话节目波涛汹涌的战场上，《论道》能持续七年的生命周期，并且收视率一直居高不下，一定有其深层的原因和值得效仿的地方。特别是媒体责任的担当与坚守，将是我国电视对话节目中的楷模，它的成功对我国电视对话节目的发展有着新的文化启示。笔者对《论道》的发展策略探析重点研究，是对前人研究成果的梳理的同时，从节目形式、内容、话题、人才、传播等方面进行论述，提出自己的建议，希望《论道》在今后的发展中不断壮大。

主要参考文献：

[1] 张国华, 王珍. 解码《论道》三周年——贵州卫视《论道》栏目三周年研讨会综述 [J]. 现代传播, 2010（7）.

[2] 丁亚平, 董茜. 解码《论道》三周年：贵州创新性的思想维度与形态——电视节目《论道》及其启示 [J]. 现代传播, 2010（7）.

[3] 周星.《论道》之道所启示的媒体文化追求 [J]. 现代传播, 2010（7）.

[4] 吴佳妮. 如何打造电视品牌节目——以贵州卫视《论道》栏目为例 [J]. 当代传播, 2009（3）.

[5] 尚姣. 贵州卫视高端对话节目《论道》强势开播 [N]. 中华新闻报, 2007-05-23.

[6] 郎劲松, 余兰, 张伊萌. 探析省级卫视的品牌营销——以贵州卫视品牌栏目的营销策略为例 [J]. 中国广播电视学刊, 2010（9）.

[7] 余兰, 毕海玲. 电视对话类节目的品牌营销策略——以贵州卫视《论道》节目为例 [J]. 新闻写作, 2009（3）.

民生新闻节目的受众反馈

——以贵州电视台《百姓关注》为例

廖金生　宋力娜

一、《百姓关注》栏目的基本情况

《百姓关注》栏目自开播以来始终坚持"主流媒体 百姓情怀"的媒体定位，通过及时、准确、贴近的新闻报道树立了良好的品牌形象，受到了广大群众和各级职能部门的关注和好评。

（一）栏目名称的由来

《百姓关注》是在原贵州品牌新闻栏目《24 小时》的基础上改版而形成的，但"年轻的"它却有着光荣的历史和传统，它的前身可以追溯到原贵州省新闻名专栏《旋风报道》和贵州省内唯一申报国家级新闻名专栏《今晚快看》两个栏目。

所谓"关注百姓"，就是新闻报道要反映的必须是发生在百姓身边的，同时是他们关心的、或和他们的利益有关的、或能为他们的生活提供帮助的、或能正确表达他们的思想情感的事实。"关注百姓,服务民生"一直是《百姓关注》栏目的宗旨。栏目以"为党和政府分忧，帮基层群众解难"为职能，树立新闻为人民服务的意识，做百姓关心的新闻，做对百姓有用的新闻，做百姓喜闻乐见的新闻。栏目自开播以来，认真贯彻落实科学发展观，始终坚持"贴近实际、贴近生活、贴近群众"的"三贴近"原则；另一方面栏目始终牢牢把握和坚持正确的舆论导向，既做群众的"代言人"，又做党委、政府的"发言人"，在百姓和各级政府和有关部门之间搭建沟通的桥梁。

（二）栏目的播出时段及收视情况

栏目划分为两个时段：第一时段为每晚的 6：30—7：30，这一时段以贵州本土民生新闻为主，报道内容以贴近百姓、贴近生活的新闻为主；第二时段为每晚的 7：30—8：00，这一时段包括《东张欣望》和国际新闻以及最新本土新闻内容。

据央视索福瑞收视率最新调查，《百姓关注》周平均收视率达 20.34%，周平均占有率达 45%。不俗的收视率使得《百姓关注》成为全国同类新闻栏目中的佼佼者，也成为贵州省内收视率最高的电视新闻栏目。

（三）栏目版块的调整

1.《心灵 C 区》的增设

随着社会经济的发展，心理问题已经越来越被人们重视，而在贵州心理访谈节目却几乎是个空白。为了帮助那些因心理问题而导致家庭矛盾、社交障碍、抑郁，甚至有自残、自杀倾向的群众走出困境。2010 年9 月 6 日《百姓关注》栏目推出了《心灵 C 区》，《心灵 C 区》为每周三播出，节目以现代人的心理顽疾作为主线，展现现代人遭遇的种种心理问题，其全新的心理专家现场辅导方式，尽可能地帮助患者回到正常的生活轨道。

2.《周末乐淘淘》的增设及调整

除了增设《心灵 C 区》版块外，《百姓关注》还在每周五推出了休闲娱乐版块《周末乐淘淘》。《周末乐淘淘》这个版块主要通过体验式的节目形态，由主持人淘淘带领大家领略贵州的风景名胜、品尝贵州的特色美食。之后，这个版块又改为《东张欣望》，主持人以淘淘和陈欣为主，有时也会有二频道的其他主持人加入，其他主持人加入对观众来说可谓是一场视觉盛宴，因为可以看到主持人走出直播间在生活中的另一面，从而拉近了主持人与观众的距离，使得观众更加乐于观看节目。

3.《红灯记 文明行》（第二季）的增设及调整

在每周二和周六《百姓关注》栏目还增设了由栏目与贵阳市公安局交警支队联合打造的特色版块《红灯记 文明行》（第二季）。这个版块的设置是为了普及观众的交通安全知识，提高广大市民的交通安全意识，节目通过轻松、调侃的方式，曝光各种交通不文明行为，倡导文明交通。之后这个版块又进行了调整，改为《十分警示》，版块的内容在原来的基础上加入了更多与人们日常生活息息相关的案例，如提示观众怎样预防网络购物被骗，揭穿电话或短信骗局，遭遇色情诈骗时该怎样处理等。

4."百姓留言板"的增设

由于向《百姓关注》栏目拨打求助电话的群众很多，而栏目出于人手有限或其他原因，会有许多观众的热线被忽略。为了给观众提供更多、更好的服务，栏目每天会安排值班编辑对所有的热线电话进行梳理，然后根据热线内容，向相关部门进行反映和咨询，然后在"百姓留言板"上播出回复。"百姓留言板"的增设，解决了观众在生活中遇到的诸如法律纠纷、产权问题、土地征用等问题，加强了观众与节目的互动，受到了观众的好评。

（四）栏目带来的影响

1.报道凡人善举，传递正面声音

《百姓关注》栏目注重搜集贵州普通百姓的善事善举，通过生活化的场景用语言表达出来，既体现了本土生活，又宣扬了社会正气。譬如2012年2月2日，《百姓关注》报道了一则"贵阳最美女孩"的新闻：十六岁的"90后"少女向欣圆寒夜救人跃进冰冷的南明河，救起一名落水男童后，悄然离开。节目播出后，网友纷纷跟帖对向欣圆小小年纪寒夜跳河救人的行为表示赞扬。节目播出不久，贵阳开展了一场寻找雷锋："最美的贵阳女孩"的活动，接着土豆视频网、百度、猫扑、贵州都市网、中山网等都相继报道了"贵阳最美女孩"这条新闻。这么多的网站相继报道或转载了这条新闻，原因是这是一条表彰好人好事、弘扬社会正气、传递正面声音的新闻。

2.注重才艺培养，展现多彩生活

2010 年《百姓关注》栏目举办的"五月英雄会"励志活动，为上百名身怀绝技的民众提供了展示才艺的平台；2013 年举办的"well 校花 校花来了"活动，不仅给了众多年轻女孩在舞台上展示自己才艺的机会，最终胜利的选手还可以成为《百姓关注》栏目的签约主持人。举办这些活动，不仅给观众搭建了一个展示才艺的平台，而且还给观众的生活增添了很多的乐趣，丰富了观众的精神生活。

3.鞭挞社会丑恶，注重舆论导向

譬如在 2013 年 2 月 4 日节目播出的"疯狂的黑客运市场宰客很疯狂"的新闻，在贵阳市绕城高速公路旁有一个庞大的黑客运市场，栏目的记者以乘客的身份通过暗访拍摄到了黑客运市场里司机明目张胆地接送旅客的情形。面对视频里肆无忌惮威逼乘客乘坐黑车的驾驶员，主持人评论道："这些不具有运营执照的黑车司机敢这样明目张胆地强迫乘客乘车，到底还有没有王法了，同时也希望有关部门予以重视。"通过评论，让观众将注意点从事件本身推向纵深，发挥了评论分析、阐释以及批判的功能，较好地引导了社会舆论。

二、受众反馈的作用及渠道

（一）受众反馈的作用

反馈是指从受传者送回给传播者的少量意见信息的过程。由于受众反馈的意见性信息直接或间接地反映和显示了其自身的接受动机、需求和心态，表明和体现了他们对传播者及其所传信息的态度和评价，提出了应如何调节、修正当前与未来的传播行为的建议与意见，因此，对于传播者来说，它具有积极作用。反馈有助于节目的传播者检验和证实传播效果，有助于传播者改进和优化下一步的传播内容、传播形式和传播行为，反馈不仅能够激发和提高传播者的传播热情，而且还有助于传播者检验媒介信息所反映具体事实的真实度和准确度。随着广播电视媒体竞争的加剧，受众信息反馈越来越受到重视，传播者只有通过反馈了解受众特定的收视行为、习惯、兴趣与需求，捕捉其细微的心理特征，这样才能帮助节目制作寻找到最佳的切入点，制作出更加贴近目标受众，更具专业水准，也更符合受众口味的节目。

民生新闻给受众提供了这样的一个平台：让百姓用自己的声音表达自己的观点，使观众由被动的接受信息转变为"传者"的角色。但是，有部分受传者反馈给传播者的是虚假、低俗、甚至是淫秽的信息。面对受众不合理的反馈信息，某些民生新闻节目的传播者为了迎合部分受众的胃口，节目内容要么过分渲染暴力和隐私、要么质量低级媚俗。这些节目在短期内"出尽风头"之后，最终被观众抛弃、被市场淘汰。在大众传播过程中，传播者的传播行为经常是起主导作用的，反馈信息的价值认定、是否得到回应、是否被扩散，都是由传播者决定的，并且现在很多广播电视媒体都有意地将受众的反馈进行过滤，将肯定性的反馈和无关紧要的否定性反馈加以扩散，达到美化媒介形象的目的，节目在违背真实、客观的基础上最终与受众分道扬镳。

受众的反馈对于民生新闻节目来说具有举足轻重的作用，这要求传播者对受众的反馈要格外的重视。

（二）栏目观众反馈的渠道

1. 手机交流平台

《百姓关注》栏目开通的两个热线电话分别是 0851—5377666 和 13984842424，观众可通过节目 24 小时开通的新闻热线电话向节目提供新闻或反映情况。当人们看到生活中有不良行为或遇到自己不能解决的问题时，可通过栏目的"百姓留言板"反映和咨询，然后栏目的传播者会对观众提出的合理问题请有关专家或资深人士进行分析解答后在留言板上播出回复；观众可在节目的第二时段，即每晚的 7：30—8：00，观众可根据节目设定的"有一说一"话题发短信参与讨论，移动和电信用户编辑 8 ＋内容发送到 10629500655，联通用户直接发送内容到 10625900655 即可。

2.网络交流平台

观众可将手机或 DV 拍摄到的新鲜事、离奇事或烦心事上传到《百姓关注》尼采智能手机百姓拍客网。"DV 状态"环节广泛征集民间拍制的 DV 新闻作品，并择优播放 DV 爱好者拍摄的新闻。这为观众提供了生动、及时、真实的新闻报道，有力地弥补了突发新闻事件不易抓住现场的遗憾，并且幸运的拍客还会获取 50 元的手机充值卡一张，奖品的鼓励和刺激，大大增强了观众参与节目互动的积极性；另一方面节目还开通了微博和微信，观众可以在观看节目的同时拿起手机参与到节目中来与主持人进行互动。

三、《百姓关注》栏目现存的一些问题

本文借助新闻学、传播学相关理论，通过对栏目的运营、策划的了解和对节目观众反馈的分析等发现栏目现存的一些问题。

（一）报道中存在农民失语的现象

"话语权"即说话权，话语权掌握在谁手里，就决定了社会舆论的走向。在民生新闻蓬勃发展的同时，却出现了报道内容肤浅、对农民的关注相对有限、农民话语权缺失等缺陷。《百姓关注》的节目内容大多是报道主城区的天灾人祸、房屋漏水、水管爆裂等，而节目里对农村的报道屈指可数，寥寥无几，且涉农信息当事人缺失，存在农民话语权缺失的现象。《百姓关注》栏目在每周五推出的以休闲娱乐为主的版块《东张欣望》。这个版块主要是主持人滔滔和陈欣带领大家领略贵州的风景名胜、品尝各地的特色美食，即替观众找一个休闲放松的去处，很显然《东张欣望》这个版块是为城市里的市民设置的，对于节目里介绍的景点或消费的东西农民只能是望而却步。

（二）观众的反馈没有得到重视

在节目播出过程中，电视下方所显示的观众留言只播放了少部分观众反馈的信息，并且在长达 90 分钟的节目时间里一直对这部分信息进行反复播放，其他观众的反馈信息却没有得到重视；此外，在节目中我们根本看不到观众对栏目有任何看法或建议的信息，如"我投诉"、"我高兴"、"我气愤"、"我建议"等信息都没有体现。

（三）节目的播出平台较为局限

在今年年初，《百姓关注》栏目在调频 FM 90.0MHz 开通了与节目同步的直播，这方便了很多想收看节目却无法坐在电视机前观看节目的观众。但是，由于种种原因还是有部分观众不能观看或收听节目，且节目重播时间是在第二天 13：26—14：34，如果观众因为要上班或其他原因而错过观看的话，那么就无法再收看同一天的节目了。

（四）栏目话务员的服务态度不够友好

2013 年 3 月份我在《百姓关注》栏目实习期间，3 月 22 日有观众打电话反映《百姓关注》节目的接线员态度冷淡，因为自己说话带有口音，接线员朝他大嚷，并叫他不要说普通话。第二天《百姓关注》栏目的领导召集栏目里所有的接线员进行了严厉的批评，之后栏目的领导辞退了所有的话务员，重新签约了一批话务员。可想而知如果《百姓关注》栏目的接线员一直以这样的态度和观众交流，那么栏目的淘汰将是指日可待的。

四、对《百姓关注》栏目改进的建议

（一）改善农民失语现象

农民最关心的是每年化肥、农药的价格，他们需要的是了解市场，然后决定自己种什么、养什么，使手中的产品尽快地变成商品，并获得最大的经济效应。遗憾的是，农民除了在《百姓关注》栏目"天气小提示"版块里沾点"特殊"服务外，就找不到与农民挂钩的版块了。节目之所以会把重心放在城市的市民，这是由于去农村采集新闻的采集成本远远高于城市，并且农村居民居住分散，且媒介资源稀缺，信息较为闭塞，同时缺乏参与意识，以致农民常常被置于栏目注意力的边缘，他们很少有机会成为民生新闻的叙事主体。为农民搭建话语平台，提高农民媒介素养，重建民生新闻农民话语权，赋予他们平等的媒体接近使用权。

《百姓关注》栏目可以为农民开设一个版块，为了节约去农村采集新闻的采集成本，栏目可以调整版块的播出时间，如三天一期，一周一期或者几周一期等，一方面版块的内容主要是为农民提供各种涉农信息的服务，让农民了解最新市场信息，此外还可以播放一些发生在农民身上的新闻，让农民朋友有在节目上发言的机会，为农民提供一个发言的平台；另一方面，栏目可以为农民和需要收购各种农产品的买家搭建桥梁，这样不仅方便了作为卖家的农民和需要收购农产品的买家，而且栏目还可以通过收取卖家提供的中介费获得一定的收益，可以说开设一个涉农信息的版块对于《百姓关注》栏目和农民来说都是一件互利的事。

（二）栏目的传播者要重视观众的反馈

"在现代的信息传播过程中，受众不再满足于被动地接受信息，充当观看者的角色。而是希望能主动地获取信息，作为当事者，参与信息传播，表达自己的意见。他们不再是单纯的受者，而是兼受者和传者于一身。"反馈对于电视民生新闻来说是极其重要的，甚至是决定栏目成功与否的决定性因素，所以《百姓关注》栏目的传播者应该选取更多观众发来的信息，不应该只局限于少部分观众的看法，应让更多的观众有发言的机会，尽可能地增加让观众与节目互动的机会，从而拉近节目与观众的距离。

《百姓关注》栏目作为一种看不见的媒体，应尽量缩短与听众的距离，消除自己的神秘感，在节目中尽可能让观众与主持人互动，满足观众的参与感和现场感。节目应加强与观众的互动，除了节目热线、互动话题、百姓拍客、记者跑街等与观众常规的互动以外，栏目策划者应围绕栏目报道主题策划出更为鲜活的互动方式，比如观众感言、主持人深入社区与观众零距离接触等方式，使新闻与受众之间回归"零距离"，充分调动观众的参与，这样才能够培养受众的忠诚度和关注度，以培养忠实的观众群。

（三）建立网上平台

为了挽回无法在直播时间观看节目的这部分观众，《百姓关注》栏目的传播者可以考虑在网上设立直播。互联网（internet）是由一些使用公用语言互相通信的计算机连接而成的全球网络，是一种公用信息的载体，它比以往的任何一种通讯媒体都要快，网络缩小了地域上的时空距离，使得人与人之间的交流日益频繁便利。《百姓关注》栏目的传播者可考虑在网上开设官方网站，将以前播放过的节目放在网上，供观众随时观看；这样不仅本省的观众可以通过互联网收看到节目，而且其他省、市的观众也可以通过网络收看到。

（四）改善服务态度

为了争取与观众互动的机会，《百姓关注》栏目的话务员在工作上不能带入太多个人情绪，在通话时尽量避免说让对方感到被敷衍的语句，尽量保持温和，真诚，让对方感觉到你对他的重视，对事情的认真对待，交流时多使用"是的是的……""抱歉"等语句，让对方认为你是站在他的立场上为他着想，对于情绪激动的客户，一定要轻声细语，避免让对方产生更大的抵触情绪，多说"抱歉""请谅解"等语气缓和的话，缓和双方对立关系。对于客户来电反映的问题，栏目应制定一套系统的查询和作答标准。对于反复来电的客户，话务员首先在接听电话时要保持良好心态，不要受客户情绪影响，避免对方将矛头转为指向话务员态度，同时尽量避免引起对方反感的话语，在对方追问时可回答"感谢您提供的新闻线索，对于您反映的这个问题，我们已做了详细记录，会及时向相关部门反映，具体工作正在等待安排中，请您谅解并耐心等待"。对于确定不会去采访的线索，话务员应当直接、明确的表示拒绝，不要重复记录，以免对方抱有希望，造成希望落空时的情绪反弹。

（五）对栏目改进的其他建议

1.栏目应正确认识自己的角色

在观看《百姓关注》节目时，会看到很多诸如某某家的粪水池坏了，汽车刮擦引起的小纠纷，下水盖被盗等琐碎的事情。人们在遇到困难时能想到《百姓关注》，这是对节目的一种肯定，但如果事情太过琐碎，并且在自己能解决的情况下或是还未向有关部门反映就打电话叫《百姓关注》

的记者来处理，有部分民众对《百姓关注》栏目的社会角色认识存在偏差，把栏目当成了"青天"或"包公"，致使一些当事人在提供新闻线索时不注意陈述事件而代之以大量的诉冤诉苦，有的甚至要求媒体马上惩处相关责任人，这种做法是不妥的。节目报道的这些事情不痒不痛的，在我们的生活中每天都在上演，看多了观众免不了麻木和厌倦，所以栏目的策划者应让民众明白栏目的责任和义务，明确在矛盾冲突的解决上栏目扮演的角色。

2. 加强新闻管理，杜绝有偿新闻

有偿新闻就是指某些企业单位、经营者个人为了宣传自己的产品或服务而想方设法在一些媒体上上镜头、占版面等，以新闻报道的形式给自己做广告，而给予记者或编辑以物质利益，或者是政府官员为了掩盖丑行而贿赂新闻人员以做出歪曲事实的报道的违法行为。有偿新闻破坏了新闻的真实性、客观性、公正性的原则，它还降低了新闻报道的质量，腐蚀了新闻工作队伍。面对这些虚假、低俗的信息观众只会嗤之以鼻。

为了防范有偿新闻的发生，《百姓关注》栏目的传播者需要在新闻工作人员中深入地开展新闻职业道德和法制、纪律教育，制定自我监督、自我约束的相关规定，并接受社会监督，受理群众举报。栏目的新闻工作者要认清党和人民赋予的使命和职责，继承和发扬新闻工作的优良传统，坚持新闻工作为人民服务、为社会服务的方针和指导思想，遵纪守法，廉洁奉公，恪尽职守，维护新闻工作的良好形象和信誉。

3. 栏目要把民生问题落到实处

如今有些观众对媒体有一种依赖感，误认为民生新闻的热线电话更是千手观音，所以不管多小的事，动不动就打热线、找媒体，因而"跳桥STYLE"、"高空讨薪"的闹剧层出不穷。

2013年3月14日，《百姓关注》播报了一条《找到医院讨说法，年轻女子欲轻生》的新闻，这名跳楼的女子名叫龙秋红，一个月前，她14岁的弟弟在一场车祸中被一辆三轮车的车轴绞断了五根手指，他被送到贵阳市第四人民医院时，医生说可以对她的弟弟的手指进行结合手缝合手术，但之后主治医生又说不能进行缝合手术了，无奈之下龙秋红的弟弟又被转到贵阳骨科医院，医生说她弟弟的手指因为过了最佳的缝合时间，手指将面临坏死被截肢的噩运。龙秋红觉得是贵阳市第四人民医院耽误了她弟弟做手术的时间，在和医院协商未果的情况下，她做出了欲跳楼讨说法的过激行为。知道这一消息后，贵阳第四人民医院的副院长刘炯、贵阳派出所、消防支队、《百姓关注》的记者等赶紧赶到现场，最终在贵阳第四人民医院的副院长刘炯答应与他们家进行协商后，龙秋红才放弃跳楼的想法。在龙秋红的弟弟出事时，《百姓关注》报道过，可是一个月不到，节目又对此事做了一次报道，在不到一个月的时间里，事情已经升级到要跳楼轻生的地步，这不得不引起有关部门、群众及其记者的反思。

农民工跳桥折射调薪难的原因在于相关部门"踢皮球"，而一部分农民工的讨薪问题通过媒体的曝光得以解决后，人们逐渐产生这样的共识："媒体才是正能量的所在地。"于是惊险的"跳桥 style"、"高空讨薪"、"苦肉计"、"跪街秀"等闹剧连环上演。现在，很多民生新闻栏目虽然都有类似"为百姓办事，替政府分忧"的宣传口号，但由于分寸把握不当，实际上，虽为百姓办了事，却未必替政府分了忧。

《百姓关注》栏目作为新闻媒体，在新闻报道上必须明确表明自己的立场。当百姓需要社会的帮助、需要政府的关心时，栏目有任务为政府与公众搭建相互沟通的平台；同时，政府也必须在媒体所搭建的这个交流平台上成为领导者与服务员的多重角色，要把"权为民所用，情为民所系，利为民所谋"落到实处。此外，公众在遇到困难时也不能采取过激的行为，要通过合法的途径来解决问题。只有在"三权分立"的互相配合和监督之下，才有利于和谐社会的建设与发展。

结　论

如今某些民生新闻节目的传播者在高收视率和发行量的吸引下把一些格调低下的花边新闻、隐私新闻等内容作为新闻的重点，只要一有机会就大打色情擦边球，使新闻报道变得低俗化，也使其道路越走越窄。目前，民生新闻处在一个急剧转型的漩涡之中，在"民生热"的大潮中，《百姓关注》栏目制胜的绝招除了以站在老百姓的角度，以倾听百姓的心声，为老百姓说话这种态度支撑外，更重要的是注重受众的反馈，做到让老百姓有在节目上发言的机会，有与主持人互动的机会，拉进栏目与观众之间的距离，这样才能在稳定的观众群的基础上吸引更多的观众，从而获得收视率，占有更广阔的市场。

主要参考文献：

[1] 邵培仁 . 传播学 [M]. 北京：高等教育出版社，2007.

[2] 李良荣 . 新闻学概论 [M]. 上海：复旦大学出版社，2001.

[3] 马腾 . 试论受众的权利与义务 [J]. 山东中医药大学校报编辑部，2006（9）.

[4] （美）诺伯特·维纳著，赫季仁译 . 控制论 [M]. 北京：科学出版社，2009（6）.

[5] 李莹 . 浅谈有偿新闻的危害与对策 [J]. 佳木斯大学社会科学学报，2000（4）.

[6] 刘志杰 . 警惕民生新闻的"唯民众化"[J]. 青年记者，2005（6）.

[7] 郑兴东 . 受众心理与传媒引导 [M]. 北京：新华出版社，2003.

[8] 任中峰 . 民生新闻与农民话语 [J]. 新闻爱好者，2005（2）.

毕节电视台的发展探索

杨逐原　　陈　波

一、毕节电视台总体发展现状

毕节电视台肩负着毕节试验区政治、经济、文化发展的使命。毕节电视台作为当地政府的耳目喉舌，对试验区的经济发展的政策方针与市里的改革工作都进行着监督推动作用，对党和政府的大政方针的推广产生积极的宣传作用，同时还为普通百姓提供了一个公平的信息平台。目前，毕节电视台电视信号现已覆盖全市所有乡镇。广播频率的覆盖范围为整个城区，及周边城郊区域，为普通百姓提供时时最新的信息咨询，把时事带进了普通百姓家，全民信息共通，缩短城市之间的距离。

（一）毕节电视台发展历史及规模

毕节电视台的发展历史由原先的"毕节地区电视台"、"毕节地区有线电视台"和"毕节市有线电视台"组成，最后进行"三台整合"，组建成"毕节地区电视台"。2011年12月，毕节撤地设市后，毕节地区电视台更名为毕节电视台。毕节电视台现有干部职工120人。毕节电视台内设机构共有十三个部室，分别为办公室、总编室、新闻中心、专题部、产业中心、社教部、文艺体育部、技术部、外宣联络部、节目包装部、创意策划部、播音主持部和毕节人民广播电台。毕节电视台成立至今，现有4个自办电视频道和1个广播频率，硬件设施上面毕节电视台砂帽山机房利用无线传输方式完整转播了中央及省市4套电视节目和3套广播节目。广播电视大楼5900平方米，有 400 平方米的演播大厅 1 个，新闻演播室 2 个，交通音乐广播演播室 1 个，毕节电视台自成立以来，应试验区要求，组织策划了大大小小的活动，如百里杜鹃节、织金洞文化节、草海观鸟活动等。2009 年组建成立了"贵州毕节索玛影视文化传媒制作有限责任公司"。2010 年根据地委、行署的安排，组建成立了"毕节广播影视传媒集团有限责任公司"。

（二）毕节电视台频道架构及节目设置

毕节电视台发展至今，共设有四个频道，包括新闻频道、公共频道、娱乐频道和广播频道，这四个频道在毕节电视台的正常运作中完全满足了毕节电视台的运作规格，符合市级电视台的播放要求。每一个频道各司其职，充分发挥自身作用。毕节电视台新闻频道每天时时播出省、市、县、镇、乡新近新闻，毕节电视台公共频道每天播放各种不同的电视节目，通过播放不同种类的节目来履行公共频道的职责。娱乐频道则通过每天循环播放各种电视剧、电影、纪录片等电视节目，发挥其娱乐频道的职责。广播频道则是通过播放一些如：《方言剧场》、《天天开心》、《毕节文艺》等一系列的节目来履行广播频道的职责。

1. 新闻频道

毕节电视台新闻频道每天根据已经设定好的节目播出时刻表，循环播出设定好的节目，设定的节目中百分之八十为新闻节目。主要播出省、市、县、镇、乡最近的新闻，报道最近的各种新闻资讯，推广政府最新发展方针、政策。

新闻频道的节目时刻表从每天早晨的八点一直到第二天凌晨二点。其中，早晨八点准时重播《毕节新闻联播》，《毕节新闻联播》主要向毕节市民播放毕节市、省内外等最新相关资讯，让毕节市民足不出户了解天下事。接着八点二十开始播放《直通百姓案与法》节目，通过节目播放的案例，向市民进行普法教育。《案与法》节目过后，从八点四十一直到十二点，古装电视连续剧四集连播，这个节目的播放占整个频道的大部分播出时间，接着中午十二点又重播前日的《毕节新闻联播》，新闻联播结束后播出《直通百姓案与法》节目。后面接着六集连播的时尚剧场，十七点二十至十八点二十则是播放卡通动画，这个时间段的节目设置完全违背了新闻频道的职责，紧接着十八点三十至十九点，转播贵州新闻联播，十九点开始一直到十九点半，则是转播《中央新闻联播》，《中央新闻联播》结束后，《毕节新闻联播》首播，接着播放当日的毕节天气预报，在十分钟的广告后面，接着首播《直通百姓案与法》节目，一直到八点三十开始播放四集热播剧集，都是一些当下比较热门的电视连续剧，直到二十二点三十接着重播《毕节新闻联播》，二十二点五十又重播《直通百姓案与法》节目。最后是二十三点一直到凌晨两点的经典剧场。

新闻频道每天的节目播出就是按照上面的循环方式进行播出，且重复率过高，缺乏节目创新精神，依托重复播出节目来填补节目的播出时间，不仅是新闻频道所播出的新闻没有达到频道建立的初衷，新闻在重复播出的过程中也不再是新闻，只能算是旧闻，观众长时间处于这种重复播出的新闻播出模式下，容易产生观看疲劳，最终造成观众流失。

2. 公共频道

毕节电视台公共频道的节目播出可以大致分为引进和转播两大类。节目的播出时间从早晨七点五十到晚上二十一点三十结束。其中从早晨七点五十《开播曲》开始，节目播放基本上以每隔一小时就换播出节目的方式进行节目播出，八点《早安毕节》、九点《健康伴你行》、十点《岁月留声》、十一点开始就是引进节目《财富故事会》、十一点半播放半小时的《新闻快报》、十二点到下午四点每隔一个小时跟换一个引进节目进行播出，五个小时的播出结束后，紧接着十七点三十播出引进节目《九度音乐空间》、十八点三十转播《中央新闻联播》、十九点播出引进节目《评书连播》、十九点四十转播《毕节新闻联播》、二十点播出《缘分天空》、二十一点三十播出引进节目《心愿》。从这些节目播出上来看，毕节电视台公共频道的节目播出大部分依靠引进节目，缺乏自主创新，但是根据国家广播电视局对公共频道的定义来看，公共频道的节目设置相对其他频道来说，节目播出上还是比较丰富多彩的，满足了广大观众审美要求。但是存在着节目衔接不够紧密的问题，在晚上二十一点三十播出节目《心愿》过后，公共频道的节目就出现随机播放了。由于观众不能预知下面将会播放什么节目，而且过长的广告时间也会造成观众流失。

3. 娱乐频道

毕节电视台娱乐频道从他的职能来看主要播放一些娱乐为主的电影、电视剧、具有毕节特色的纪录片等节目，以满足观众的审美需求。中间会适当地插播一些新闻，娱乐频道的播出时间段从每天早晨的八点开播直到午夜二十四点结束，中间不间断地播出电视剧和电影，从早上八点二十开始两集连播电视剧，主要播放当下热门电视剧集，这个时间段播放电视剧可以看出毕节电视台娱乐频道依靠使用电视剧来填充节目时间，十点开始播放《美好家园》节目，半小时后，又是两集连播的电视剧，十二点开始播放公共新闻。接下来的节目安排则完全暴露了毕节电视台娱乐频道节目创新力度不够、节目内容单一的问题。从一点直到下午十八点，不间断的播放《方言剧场小城新故事》，中间大部分时间依靠广告进行过渡。十九点开始播出纪录片《乌蒙大地》，十九点半播出《公共新闻》，二十点半播出《美好家园》，从二十一点开始直到午夜二十四点则是不间断地播出电视连续剧和电影。虽然娱乐频道的职能是依靠娱乐类节目来带给观众什么要求，但是这个频道在黄金时段的节目播出完全被电视剧所占据，不利于频道的品牌树立，以及没有完全发挥出娱乐频道应有的职能。

4. 广播频道

毕节电视台广播频道，节目播放时间段从每天早晨八点持续到午夜二十四点。该频道每天的节目播出大部分出现重复现象，比如早晨九点播放的《小城新故事》，到晚上二十点三十又继续播放小城新故事。中午十二点播放的《毕节文艺》，到晚上十九点重复播放，早晨十点播放的节目，下午十七点重复播放，而黄金时间段则是播出《小城新故事》和《方言剧场》，这两个节目的播出已经与娱乐频道产生冲突，这说明广播电台的节目设置缺乏创新，更加说明毕节电视台整体节目设置缺乏创新，频道的节目设置方面出现众多重复使用同一个节目进行播出。

二、毕节电视台频道及栏目设置优劣分析

从毕节电视台频道栏目设置的优势上来说，新闻素材的采集针对试验区发展过程中所带来的问题，关注试验区的民生动态，进行实时报道，解决民生问题。普法栏目案例的多样化，为试验区人民进行了系统的普法教育。天气预报对于城乡区域、古迹遗址等的气象报道，为试验区的百姓出门提供最全面的气候报道，成为试验区的一个惠民措施。

从毕节电视台在频道栏目设置的劣势上来说，则有许多问题亟待解决，如新闻频道新闻素材来源的局限性，新闻节目在播出时间段上的设置不合理，节目播出的重复率过高、依靠外来节目完善节目播出内容上的不足、依靠重复播出节目来弥补节目播出时间、频道的栏目设置与频道职能不同步等问题成为毕节市广播电视台频道及栏目设置上的劣势。

（一）频道及栏目设置优势

毕节电视台随着试验区发展过程中，频道栏目设置逐步形成自身优势。新闻频道对于民生新闻的报道，及时地解决了试验区发展过程中给普通百姓带来的民生问题。娱乐频道《乌蒙大地》节目的播放则从侧面向试验区人民介绍了他们不了解的试验区自然资源、自然风光等优势。广播电台《毕节文艺》节目的播放，则让试验区人民了解到属于毕节试验区特色的民间文化、少数民族文化等文化优势。天气预报对于城乡区域、古迹遗址等的气象报道，成为试验区人民出行的重要气象信息了解渠道。

1. 频道栏目逐步优化

首先，毕节电视台在节目播出时间的编排上，针对毕节市民的观看情况进行了有效的调整，新闻频道在每天的八点十分到十点五十播放《直通百姓》和《直通百姓》《案与法》节目，这个时间段观看这两个节目的市民占据了频道大部分的收视率，同时新闻的内容根据每天毕节市城区及周边地区所发生的事件进行报道，使新闻内容的丰富性得到提高，毕节市民

在面对民生问题的时候，大部分市民选择拨打电视台热线。其次，在主持人方面，毕节电视台的主持人拥有较强的观众亲和力，部分观众会针对其中某个主持人所主持的节目进行跟踪收看。

2. 机构逐步改革创新

随着毕节试验区的发展，毕节电视台相关机构逐步对自身机构进行改革，毕节市人民广播电视台交通音乐台则时时关注毕节市的交通现状，开创一个专门针对交通状况的频段，及时向广大市民播报最新的交通信息。通过对交通信息的了解，使广大市民及汽车营运行业的工作人员对毕节试验区的交通状况了如指掌，极大缓解了毕节试验区交通的拥堵问题。而新闻频道在针对毕节试验区发展过程中所给市民带来的问题上面，面对新闻素材的来源，新闻频道加大了新闻素材的采取范围，同时新闻中心在面对新闻素材的选取上面，更多关注如何解决现阶段所产生的民生问题，加大新闻频道对市民的关注度。

（二）毕节电视台频道及栏目设置劣势

对于现在很多电视台来说，他们的目光很少集中在"创新"上面，更没有对创新过后的关注，也就是节目的常新。大部分的电视台是不屑于去模仿的。虽然创新对于电视栏目来说是核心，但是模仿和常新也是电视节目不可或缺的，两者相辅相成。"对于模仿，则更多投掷的是鄙视的目光，虽然创新是电视栏目策划的核心，但模拟与常新是创新的基础与延续。没有模拟就谈不上创新，没有创新，就不可能有常新。"毕节电视台的频道栏目设置上存在一定的问题，这些问题的存在，一部分可以归结为毕节试验区还处于发展过程中，经济发展相对落后，对文化产业的拉动力较弱、历史文化资源的挖掘保护力度不够等等。毕节电视台频道栏目设置上的不足，主要体现在创新力度不够、完全依赖引进节目、节目播出时间段设置不合理、新闻素材来源度低、新闻节目及时性落后等问题。

1. 节目制作质量偏低

毕节电视台在节目制作上存在着节目制作专业程度过低的问题。首先，通过观看毕节电视台各频道所播出的节目发现,《毕节新闻联播》在播放新闻的时候,大部分新闻出现拍摄问题,虽然新闻在采取素材的时候会有很多的外界因素影响采编者的拍摄,但是对于一些特定的拍摄环境就对新闻素材的采集,就不允许出现拍摄问题。在观看新闻的过程中,通过专业的眼光去观看,这些问题都集中表现在画面的拍摄构图出现问题、后期剪辑过程中,新闻的剪辑者对于一些问题的不够重视,比如有一些新闻场合可以避免外界噪声的进入,就算是录入了外界噪声,但是剪辑者后期剪辑并没有消除这些有可能影响新闻质量的问题。

2. 栏目创新不足

栏目的自我创新力度不够,这个问题在新闻频道、公共频道、娱乐频道、广播频道均有出现。(1)创新力度在公共频道中体现尤为明显,公共频道共有十八个电视节目,其中有八个节目属于引进类节目,并且这八个引进类节目每天的节目播出时间毫无规律可言,给观众的感觉就是为了填补频道在节目播出时间避免出现时间断层。并且,毕节电视台虽然引进了这些节目,但是在节目的改动上,并没有加入自己的创新意识,不能做出自己的风格特色。由此,给观众的第一感觉就是:内容上生搬硬套、形式上粗制滥造。(2)广播频道的节目播放大部分依靠节目的重复播出来弥补播出时间,广播频道的节目播出从早上八点到午夜二十四点,其中早晚都会重复播出的节目超过了五个电视节目,这些电视节目就占据了广播电台每天节目播出时间的百分之七十。于是给观众的感觉就是,广播频道是一个复制粘贴的机器。

3. 节目播出时段不合理

毕节电视台在节目的播出内容和节目的播出时间段上来说,新闻频道在节目播出上完全没有体现出新闻频道的职责所在,在二十点半至二十二点半这个黄金时间段,播出的内容是四集连播的电视剧,而节目内容的重复率过高,新闻频道在《直通百姓》这个节目的播出上,每天重复播出四次,容易给观众造成审美疲劳。同样的问题在公共频道上体现为:公共频道在二十点至二十一点三十这个时间断,播放的节目为《缘分天空》和引进节目《心愿》，二十一点三十以后就是随机播放节目，这样的节目设定完全让观众不知所措，完全不知道接下来会播放什么节目，最重要的是公共频道对于黄金时段节目的忽视，导致公共频道的频道品牌定位出现极大的问题。而娱乐频道在黄金时间同样依靠播放三集电视连续剧来充斥播出时间。黄金时间段电视节目定位不准确，极大地影响了地方电视台的频道栏目品牌定位，不利于地方电视台的长足发展。

三、毕节电视台频道及栏目发展定位：立足于试验区特色文化

毕节电视台自建台以来，关注社会发展民生，遵循党的政策方针推广，传播积极向上的主题思想，为毕节市的市容市貌建设发挥积极作用。随着社会科技的不断发展，电子媒介逐渐在传统媒介中脱颖而出，"电视媒体走过了模仿纸质媒体、广播媒体的道路。现在逐渐向它的本质特色发展，画面、文字同期传播，现场传播等"。随着社会的逐步发展，电视作为媒介的职责将变得越来越重要。毕节电视台要发展，就必须利用好电视作为媒介的优势，找准自身的发展定位。毕节试验区拥有丰富的特色文化、特色资源。如：少数民族民间文化、民间特色饮食文化、独特的旅游资源、红色文化等，还有随着毕节试验区的发展所产生出来的"金三角'经济圈文化'"，"同心文化"等一系列具有试验区特色的文化。用毕节试验区的特色文化作为毕节电视台频道栏目设置的支撑，有利于毕节电视台的长远发展。

（一）毕节试验区丰富的特色文化

毕节试验区以其"洞天湖地、花海鹤乡、避暑天堂"的文化旅游形象成为贵州这个国内一流和国际知名的旅游地的现实性也是客观存在的。毕节试验区拥有非常丰富的民族民间文化、民间饮食文化、少数民族文化、旅游资源，因此毕节具有建设成为世界级旅游目的地的基础条件。

1.少数民族民间文化

毕节试验区是一个少数民族聚居地，以苗族和彝族最为明显。其中彝

族是毕节试验区人口最多的少数民族。试验区的彝族在民居建筑、服饰装束、宗教信仰、节日歌舞、语言文字等方面，都具有神秘的古朴特色和试验区的特色文化。同时彝族也拥有许许多多自己特色的民族节日，如：课享、龙哄打占、姆洪饿等节日，是彝族人民的重大传统节日。苗族原本不是毕节试验区的土著民族，他们是外迁至此的。由于历史原因，本地的苗族在历史的长河中逐渐形成了更具毕节试验区特色的民族文化，每年的"正月初三"是苗族的传统节日"踩花节"，四川、云南的苗族同胞都要赶来参加节庆，融合了不同的民族文化特色。这里的踩花节适逢我国人民的传统节日——春节，这又给"踩花节"增添了更加丰富的内容，使之更加热闹。除苗族和彝族之外，毕节还有白族、回族、布依族等少数民族，由此共同组成了一个具有丰富民族文化地区。

2. 红色文化

毕节试验区是一块英雄们创建的土地，这块土地承载着一段不可磨灭的红色历史。从 1934 年中共贵州省第一个地下党支部建立在毕节这块土地上，到 1936 年在毕节建立了贵州省抗日救国军，1988 年在毕节建立了全国第一个以全面协调可持续发展为目标的综合改革试验区。1998 年毕节市八县区中的七个县区被命名为革命老区。中华苏维埃人民共和国川滇黔省革命委员会旧址、七星关战役旧址等三十多处革命遗址，见证了毕节试验区的红色历史。毕节还有五千多名热血青年踊跃参加了红军长征。"红军不怕远征难，万水千山只等闲；五岭逶迤腾细浪，乌蒙磅礴走泥丸"，伟人毛泽东《七律·长征》一诗中的"乌蒙"，大部分指的就是贵州省毕节地区。毕节试验区的黔西县的红色旅游景点具有深远的历史意义，如红军在大关开仓放盐，在黔西召开会议等旧址和遗址等等。毕节试验区悠久的红色文化已成为毕节试验区不可或缺的特色文化之一。

3. 饮食文化

毕节试验区民间饮食文化具有悠久的历史，具有代表性的共有 268 个菜，它们是试验区诸多菜肴中的珍馐美味，总的来说可用"酸辣香"三个字来概括，在一定程度上反映了毕节试验区饮食文化的历史、现状和发展趋势。毕节试验区幅员辽阔，其饮食文化源远流长。菜肴品种繁多。具有代表性的，如织金的"宫保鸡丁"，黔西的"稻香一品酥"、"油炸犀牛角"，纳雍的"奢香火把鱼"等等。其中也不缺乏一些闻名全国、驰誉中外的食物，以"宫保鸡丁"为例，这道菜就是原籍织金牛场、清代光绪年间的四川总督丁宝桢所创的，特点为肉质细嫩，口味鲜美，油而不腻，辣而不燥。大方县盛产天麻，以天麻为主料的菜肴达 7 个之多；织金县盛产竹荪，以竹荪为原料的菜肴就有 11 个；威宁县的高原明珠草海保护区，就出产鱼包虾，以鱼包虾为主料的烹制的"双色鱼包虾"，成了色香味独特的佳肴。同时还有极具民族特色食物，如"威宁小粑粑"，金沙"苗家双脆"，"清真香酥圆子汤"，大方"八碗席"等等。

4."金三角"经济圈文化

随着毕节试验区的高速发展，由于毕节试验区地理位置特殊，国家"十二五"规划期间，在省政府文件的指示下，在遵义市"融入成渝"的大形势下，要求贵阳、遵义、毕节通过共同协助发展，一起成为贵州经济社会发展的"金三角"。黔中、黔北、黔西北等地，已成为贵州最具经济活力的三角区域。三市要携起共建，充分发挥各自优势，通过优势互补，形成你追我赶、相互促进的发展态势，共同打造贵州经济社会发展的"金三角"经济圈文化，进而带动全省发展。"金三角"经济圈的开展有利于毕节试验区经济的后发赶超，同时也给毕节试验区电视台带来了全新的发展机遇，毕节电视台可以依托"金三角"经济圈所带来的机遇，和贵阳、遵义甚至是重庆、成都电视台开展区域间合作，提升毕节电视台的交流空间，为毕节电视台的发展打下基础。

5.优美的自然风光

毕节试验区境内拥有丰富的旅游资源，国家级风景名胜区织金洞，是目前世界上开发供游览的最大最美的天然溶洞群，与安顺黄果树，龙宫、清镇红枫湖组成贵州西部的旅游黄金环线；国家级的森林公园百里杜鹃、国家自然保护区威宁草海，是与滇池齐名的高原淡水湖之一、国家级风景区"九洞天"，集古、奇、险、幽于一体；在西电东送重点工程洪家渡水电站建成以后，形成特色高原湖泊支嘎阿鲁湖（原名水西湖），经开发将变成一道亮丽的旅游风景线；贵州屋脊赫章韭菜坪风景名胜区，自然景观秀美、奇险，更有浓郁的彝族风情，是第五批省级风景名胜区；赫章可乐和威宁中水是古夜郎文明探幽寻秘之地；中华苏维埃人民共和国川滇黔省革命委员会旧址等红色旅游景点，是进行爱国主义、革命传统教育的圣地。此外，市内广阔的岩溶地貌，绮丽的自然风光，著名的革命遗址、浓郁的民族风情等均是毕节试验区旅游开发的宝贵资源。

（二）毕节电视台频道及栏目对策

毕节电视台从频道设置上虽然有四个频道，但从毕节电视台现有的频道栏目上来看，完全没有完全依托毕节试验区的特色文化来对频道栏目进行设置。倘若特色文化的宣传与推广达到一定的预期效果，将会给毕节试验区带来不可估量的经济效益。如云南的名牌旅游产品"茶马古道"，"云南在申遗成功之后，把'茶马古道'的神秘链条不停地向世界抛出，在轰炸式的宣传中，大批学者、游客也纷纷为了揭开其神秘而奔至云南，为的就是亲眼一睹这条神秘的历史文化走廊"。当然，云南的旅游业也会因此受益，"茶马古道"也不负众望地成为云南的一道名牌旅游胜地。毕节电视台可以借鉴云南电视台的成功经验发展有自己特色的栏目，从而带动试验区旅游业的发展。

1.《苗乡彝寨》

毕节是一个多民族聚居的地方，少数民族民间文化拥有巨大的挖掘空间，对于外界来说，少数民族民间文化对它们具有不可抗拒的吸引力。根据对毕节电视台已有的频道栏目设置研究来看，可以开创一款电视栏目《苗乡彝寨》，这一档节目可以编入娱乐频道，通过对苗族彝族聚居的村寨进行长时间的跟踪拍摄，完整地记录苗族、彝族聚居区域，少数民族的特色民居文化、民族工艺、民族饮食特色、民族服饰传统、婚丧习俗、传统节日等具有少数民族民间特色文化的影像资料，通过毕节电视台将其播放出来，目的在于吸引外来游客进入试验区少数民族聚居区域，拉动毕节试验区的旅游业的发展。这个节目的创办充分利用观众的从众心理，当大部分的观众在观看此节目之后，他们势必会收到节目内容的吸引而前去游览民族聚居区域，随着观众之间相互的传播，让人们了解毕节试验区的特色文化，对展现毕节试验区的优势资源起到极大的促进作用。

2.《古城旧事》

"毕节市古有'于滇为咽喉，于蜀为门户'和'川滇通衢'之称。因为这一独特的地理位置，它历来是兵家必争之地。红军和中共地下组织曾在此进行过艰苦卓绝的斗争，谱写了中国革命史上又一新的篇章，斗争留下的宝贵遗产——红色革命遗址，遗迹遍布全区。"红军在此留下了许多可歌可泣的英雄故事和永远的长征精神，这对毕节试验区的社会、政治、经济的发展有着重大的意义。随着毕节试验区经济的高速发展，人们不再关注毕节试验区悠久的历史文化，没有体会到毕节试验区的历史厚重感，为了让人们重新认识到毕节试验的革命老区文化，可开办一档名为《古城旧事》的电视栏目，作为连接革命老区精神、向外界宣传试验区革命老区文化的桥梁，同时也避免了在毕节高速发展的过程之下，一些红色文化受到破坏的现象发生。节目的内容可以从红色文化、红色遗址、民间传统文化等方面入手，通过对这些特色文化的拍摄，让观众了解毕节试验区悠久的历史，有利于受众加深对自己故乡的情感，有利于外来人员对本地区的了解。

3.《食在毕节》

俗话说"名以食为天"，吃在老百姓心中占据着重要的位置，一个地方经济的发展，从餐饮业上面同样可以得到见证，经济的发展推动餐饮业的进步，而餐饮业的繁荣则拉动经济的长足发展。"饮食文化是一种重要的文化景观。它包括饮食风味、方式、礼仪及形成发展等。因此地方性饮食文化是人类长期适应环境的具体创造，积淀了数千年古老的文化思想。"毕节电视台可以依靠毕节试验区丰厚的民间特色饮食文化，结合毕节电视台广播电台节目单一，内容枯燥这一问题，开播一档以介绍试验区特色饮食文化为主的电视栏目——《食在毕节》，从毕节试验区特色饮食文化上入手，着重向观众介绍试验区饮食文化的多样性，同时借鉴当下最火的美食类节目《舌尖上的中国》的成功经验，向观众展现毕节特色饮食文化从食材选取、制作工艺等方面向观众介绍毕节试验区的特色饮食文化。观众在观看了这一档节目以后，必然会对毕节试验区独特的饮食风格产生好奇，同时也不缺乏动身前往试验区品尝试验区特色饮食的观众，前来品尝特色饮食的人多了，人流量的增大直接推动了毕节试验区经济的发展。

4.《毕节新动向》

随着毕节试验区经济的高速发展，毕节试验区继续大量地从外界招商引资以加快毕节经济的建设，同时大量的人员涌入毕节，参与毕节试验区的经济开发，其中也不缺乏前来毕节投资的商务人士，他们急需了解毕节试验区经济开发动向。这给毕节电视台新闻频道节目设置带来了新的方向，新闻频道可以根据毕节试验区的经济发展上针对毕节试验区建设动向做新闻专题报道，节目的名称为《毕节新动向》，意义在于时时向观众报道毕节试验区在建设上的动向，也为外来投资人士带去最新的发展咨询，让他们能及时地做出投资意向，推动毕节市经济的发展。"通过把各地的品牌节目相互交流，借助各地媒体合作的机会，进行优势互补，引进符合大众口味的节目，能够俘获大众的节目对收视率的提高有促进作用。相互提高节目的收视率，双方互换游客资源，促进双方的共同发展。"毕节电视台时时关注"金三角"经济圈的建设，加强同贵阳、遵义电视台的合作，不仅能促进"金三角"经济圈经济的快速发展，同时也能是毕节电视台在交流中汲取发展经验，力争打响毕节电视台的名声。

5.《印象毕节》

一个城市经济的发展，不可缺少的是外来人员对这个城市的投资，势必涌入大量的人口进入这个城市，参与这个城市的经济建设，如何才能更好地引进外来投资人员参与毕节试验区经济建设。不仅需要了解这个城市的经济发展状况，更加需要了解这个城市的整体文化现状。毕节电视台可以根据毕节试验区特有的民间特色文化、少数民族文化、旅游资源等特色资源，开创一期名为《印象毕节》的电视栏目，在突出其优势、展现自然风光的同时展现其所蕴含的人文景观与文化底蕴。观众通过对这个节目的观看，从中了解毕节试验区城市相关文化，增加观众对试验区的认同感，使任何来到毕节试验区的不管是投资人士还是务工、旅游等人群在观看这档节目过后都能对毕节试验区的文化有一定的了解，通过这档节目不仅可以让投资者更加坚定在毕节试验区的经济投资，同时也让外来务工人员对毕节试验区有一种家的感觉，让他们能从这档节目中找到家的感觉，节目播出，势必会掀起一股旅游热，人们会口口相传节目中所展现出来的试验区特色文化，从而推动毕节试验区经济的快速发展。

主要参考文献：

[1] 王宝亮 . 电视节目的包装对提升电视品牌形象的作用 [J]. 新闻天地，2012（6）.

[2] 范劼 . 广播新闻的栏目设置与节目编排 [J]. 新闻爱好者，2012（15）.

[3] 常胜 . 电视新闻摄像也要有创意 [J]. 大陆桥视野，2011（12）.

[4] 张振华 . 中国广播电视新论 [M]. 北京：中国广播电视出版社，2004.

[5] 李平，赵志清 . 市级广播电视节目设置及未来走向的思考 [J]. 科技传播，2012(6).

[6] 罗自文 . 海南旅游卫视的频道包装解析 [J]. 东南传播，2008（4）.

[7] 李忠斌，文晓国 . 对民族旅游概念的再认识 [J]. 广西民族研究，2012（4）.

[8] 张原 . 礼仪与民俗：从屯堡人的礼俗活动看日常生活的神圣化 [J]. 云南民族大学学报（哲学社会科学版），2012（4）.

[9] 王明达，张锡禄 . 马帮文化 [M]. 昆明：云南人民出版社，1993.

[10] 黄勇 . 中国电视的历史性跨越 [J]. 中国广播电视学刊，2009（10）.

贵州形象传播的新媒体实践

——以"贵州省旅游局"新浪官方微博为例

刘　洋　刘　俊

一、微博环境下城市形象传播的模式及效果

随着新媒体的迅速兴起和网络的快速发展以及设施的普及，利用微博来对该地方地区的形象进行塑造已经成为各个地方地区的管理者们的一种新尝试。在微博中，对热门事件的探讨与议论以及对热点议题的关注是传播过程中的重点，这些可以通过"使用与满足"理论、"议程设置"理论，来了解受众所感兴趣的热议话题，然后通过议程设置使更多的受众积极参与话题讨论，从而扩大影响力。

（一）微博环境下形象传播模式

微博的传播模式是多种用户类型的同时存在（大致有政府行政部门、大型企事业单位和个人），微博用户在使用过程中根据自己的偏爱设置，通过微博添加关注人的形式获取被关注者发布的信息，在传播过程中，被关注者所发布的信息得到及时的传播，关注者能与其进行及时的交流互动，信息反馈很快；当然，这种关注是互相的，你能关注别人，别人也能关注你。这样简单的操作使得信息源的数量得到急剧增加，每个人不仅是信息的接受者同时也可以是信息的发布者，对于自己感兴趣的内容可以随时随地便捷快速的简短的发布，使得传播不再是简单的一对一的模式，而是

一种核聚变的传播模式。微博的出现，让传统的城市形象传播方式产生裂变，这种裂变是深层次的。在微博环境下，信息的运动不像流星一闪而过，而是像原子的裂变反应，由一种信息扩充出许许多多联系，又从许许多多联系中折射出不同形式的结构。在这裂变反应当中也就产生出了信息的力量。简单来说，其实裂变式就是若该信息内容是关注用户感兴趣的内容，那么在短时间内会迅速引起关注，进而不断地在关注用户之间得到转发和评论或者是点赞，在各自的微博微关系里得到快速的传播，而传播的速度是以几何倍数的模式增长，信息的传播影响力不断增大。在城市传播的过程中，微博的每一次转载都是对自身"粉丝"们的传播，而这些"粉丝"们又利用自己的微博影响力将信息传递给自己的"粉丝"，在另外一个网络中，信息又得到了再一次的传播，从而产生了裂变式的传播效果。与传统传播模式相比，微博已经不再是传统的一对多的模式，微博用户在开通自己的微博后，通过与陌生人建立"互粉"的关系,拓展了自己的传播网络。这种互动性更强的传播模式使得更多的信息被及时推送出去。当然，微博用户也可以使用微博所特有的 "@"功能，精确地将信息传递给某位受众，从而实现更加精确的传播过程。

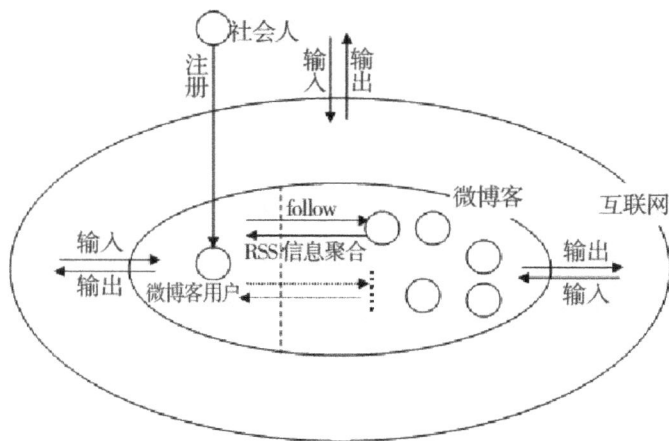

图 1　微博信息流动模式分析

（二）微博环境下形象传播效果

对一个地方地区形象的准确定位以及对该形象的有效传播，对于一个地方地区而言有着其不可想象的潜在影响。特别是对贵州而言，经过长期的努力重新定位了形象，使形象面貌焕然一新，他们仍在继续通过大众媒介让公众知道他们的努力和效果。而微博这样一个新媒体的出现，为形象传播带来了一个新的契机。在《传播学概论》一书中，施拉姆提出了关于大众传播的综合功能说，分别是政治、经济和一般社会功能这三个功能。本文就以这三方面对微博环境下的形象传播效果进行分析。

1. 政治功能

随着因特网的发展，政府机关以及政府工作人员也紧跟时代步伐开始使用微博来听取群众的意见，不断地完善对人民的服务，因此有了"政府问政"等新名词的诞生。《人民日报》多次撰文强调政府类官方微博要努力成为与民众进行沟通的一大新平台。在利用微博进行形象传播的过程中，可以树立更加健康、积极向上、公正开放的形象。同时政府加入微博行列，积极利用微博处理政务，多方位、全面地收集民众关于与城市形象传播的想法及意见，也对受众参与到城市形象传播中的知情权、表达权做了保证，这些微博的出现，促进城市的执政方式，让城市变得更加高效有力。在这个过程中，政务部门的相关工作人员利用微博与受众进行互动，而受众会根据自己遇到的一些情况在微博中进行反馈，政务部门的相关工作人员进行解答，最终解决实际问题。这种让受众更好地参政议政的行为，能够缓解城市矛盾、及时、公开地对相关政策信息进行沟通，向外界展示开放、民主、文明的政治形象。

2. 经济功能

一个城市利用微博来进行形象的展示，利用微博这个渠道作为形象展示的窗口，将一个良好的形象传播到受众面前，主要的目的就是促进这个地方地区的经济建设。管理者们根据微博相关的传播特性来制定不同的策略，通过这些策略来提升知名度，继而利用知名度来吸引外来投资和专业人才,刺激经济,保证该地方地区经济的可持续发展。贵州省旅游局以"'多彩贵州·醉美贵州'——春天'赏花季'、夏天'避暑季'、秋天'风情季'、冬天'温泉季'——贵州一年四季皆可游"为微博口号相继举办了微摄影大赛和大型旅游推广活动以及旅游大篷车营销推广活动等系列活动,在此活动中由大型民族歌舞《多彩贵州风》以及黄果树、南江大峡谷、荔波、西江千户苗寨等11家贵州景区联盟以及共同组成,宣传了一个多彩的贵州,这些活动的开展,通过在微博上的即时呈现,使更多的人了解和发现贵州的文化、风景、资源、人文等方面,进而走进贵州大地,从而带来旅游事业的发展,拉动贵州经济发展。

3. 一般社会功能

在城市形象的传播过程中,微博不仅在政治和经济这两方面具有极大的影响,同时也对城市的其他方面产生巨大的影响。而微博在城市文化交流方面扮演着很重要的角色,在传播活动中有着重要的影响。对于微博的发布者而言,他们承担着文化交流的责任,对文化交流也起到了很大的作用,"贵州省旅游局"新浪官方微博博主发布关于贵州城市形象的照片、视频、音频甚至是一些事件的叙述,这些符号性的东西传递着贵州城市形象传播的各种信息,它是贵州文化交流的一部分。正如学者E.卡茨提出的"使用与满足"理论,即用户接触媒介活动是有特定需求和动机并得到满足的过程。在形象传播过程中,我们可以通过了解受众的使用动机来分析传播的过程,并且微博用户可以利用微博随意选择自己感兴趣的议题进行传播活动,以此来促进一个城市间的文化交流。而在传播过程当中,微博也同样具有价值观念的培养的功能,"贵州省旅游局"新浪官方微博通过对社会公益事件的报道、转发及关注,以及对社会焦点事件的报道,树立一个正确的价值观,利用微博引导受众的价值取向,通过议程设置论对事件进行大篇幅的报道,以引起社会关注,达到舆论效果。

二、"贵州省旅游局"新浪官方微博基本情况分析

之所以选择"贵州省旅游局"新浪官方微博为例，是因为新浪是一家服务于中国及全球华人社群的领先在线媒体，和搜狐、网易、腾讯并称为"中国四大门户"。新浪凭靠着自己的优良技术和高效服务，受到广大网民的喜爱。而新浪微博截至2010年10月底，已有高达5000万的新浪微博注册用户，且每天的微博信息内容的发布量平均约2500万条。新浪微博是当前中国使用数最多的微博，使用人群涵盖大部分知名文体明星、政府部门、大型企业、媒体人士。"贵州省旅游局"新浪官方微博作为展示贵州形象最为直接的窗口，它依于微博的强大传播优势和传播特点使其在受众中有着极为广泛的影响，其信息量大、覆盖面广的特点，并且依托政府，使其更加权威，更加具有媒体公信力和说服力。

（一）对关注贵州省旅游局微博的用户分析

1. 用户的概况

"贵州省旅游局"新浪官方微博自成立已拥有粉丝数97万余人，共计发布微博1万4千余条，关注其他用户一千余人，用户遍及全国各地，甚至海外地区，其中贵州省内的用户最多。通过对微博的性质以及传播特点进行分析：粉丝数目对微博的信息影响力起着决定性作用，粉丝的基数越大就使得微博传播的裂变效应越明显，从而使得微博信息由一点向多点迅速扩散，造成巨大的影响。我们就以此入手，对用户进行分析，我们宏观的对微博粉丝进行分析，大致分为加"V"标志与否两类。根据新浪微博个人认证说明，"V"用户系拥有真实社会身份并提供其身份证明材料的人群，主要是对个人营业执照和工作证件等审核材料进行认证。获得认证的微博用户一般为政府、企业和其他官方机构，与普通用户相比，在信息的可信度和权威性上更加突出，因而影响力更加深远。本文将贵州省旅游局的微博用户分为"V"用户和非"V"用户，并以此更好地判断微博分布的特征和影响力。在微博中，"V"用户一般多为政府相关部门和企业及其他

公益机构开通的微博，而政府部门发布的多为与政府活动或政策相关的信息，体现出来的是一个城市的政府形象和经济形象；与政府部门发布的信息的严肃性相对应，非"V"用户发布的则更多的是生活、出行和文化相关的微博，内容较轻松，反应的更多的是一个城市的市民形象、文化形象和环境形象。从这方面看，宏观分布上，"贵州省旅游局"新浪官方微博的用户大多为非"V"用户，综合反映，其展示的民众形象、文化形象和环境形象较为突出。

2. 微博的关注度

只有感兴趣或者是喜欢某件事物，我们才会去关注它，所以通过关注度，我们可以分析出一个地方地区在人们心目中的印象如何，而通过心中的形象如何也能间接地反映出一个地方地区的形象如何。关注度高说明人们对这个地方地区的印象很好，想获知与其有关的各种信息，而关注度低则说明人们对一个地方地区没有多少的兴趣，因而不想了解有关该地方地区的信息，而我们知道，印象的获知源于信息的传递，如果人们根本不想知道某座城市的任何信息，那么该地方地区一切想塑造或改善其形象的努力都将得不到想要的结果。正如周晓虹在其著作《现代社会心理学》中所说，态度的改变源于事先信息的告知，较高的关注度有利于城市传递更多的有利于塑造自身形象的信息给广大受众，因而吸引更多的人来关注自己，这样便形成了一个良性循环，而反之亦然。"贵州省旅游局"的微博粉丝数还未突破 100 万，它是不同于"多彩贵州"这样的综合性微博，我们知道，综合性的微博在粉丝数上占压倒性优势，然而贵州省旅游局就更应该把握这样的机会做出具有针对性的调整，要更加强调贵州的旅游资源，重在展示自然风光神奇秀美，山水景色千姿百态，溶洞奇观绚丽多彩，自然风光与古朴浓郁的民族风情交相辉映。对于贵州省旅游局而言，应当多整理发布关于贵州的风土人情的资料，配以图片，视频等内容进行展示，吸引更多的关注。而在关注度中，以贵州本省的粉丝居多，则更应该以此为切入点，从这类粉丝当中找到加"V"用户，本身是意见领袖的他们也是自媒体，提升他们的城市归属感，将更多的关于贵州的信息传递出去。

（二）微博信息内容的分析

根据微博的分布可以分为政府微博、草根微博、企事业微博等多种类型，其微博信息涵盖内容广泛，涉及生活、健康、时尚、新闻、科技、音乐、影视以及各类商品信息等方面。无论是哪种类型的微博，我们都可以通过粉丝数、活跃粉丝数、提及率、粉丝的粉丝数、粉丝互动性、地域覆盖指数、发博频率、内容聚焦程度等方面指标进行综合的分析和评价。

1. 微博信息的发布数量和发布时间

表2　"贵州省旅游局"新浪官方微博的信息发布数量和时间

微博总数量	日均数量	发布时间	高峰时间段
14582	37	8：00 ~ 24：00	8：30 ~ 11：30 15：00 ~ 16：30 20：00 ~ 24：00

在"贵州省旅游局"新浪官方微博中，我们必须注意到发微博的时间分布指数，即微博发布时间分布标准差，表明微博在每天各时间分布是否平均，若不平均则代表被淹没的可能性越大，影响力越差。对"贵州省旅游局"官方微博的信息发布数量进行分析我们可以看到：自微博开博以来共发布微博14582条，日均46条，每日发布时间从8：00 ~ 24：00，而高峰时段为8：30 ~ 11：30，15：00 ~ 16：30，20：00 ~ 24：00。此外"贵州省旅游局"微博还存在一个问题：信息内容的原创性不高，大多是对其他用户的微博内容的转发，吸引不了注意力，而且对微博的发布数量很不均衡，在有活动或者节日时才大量发布，平时就是简单的信息转发，发博频率很不协调。然而影响微博信息影响力的因素，除了微博发布的信息数量外，其发布的时间也是很重要的方面。"贵州省旅游局"官方微博每天时间分布不太均匀，且信息的发布的发布主要集中在晚上20：00 ~ 24：00，

在此时段，用户的关注度不够高，大多数用户在此时段不使用微博，等到第二天早上使用微博刷新时，每个用户接受到的信息量很大，不止是"贵州省旅游局"官方微博这单一的微博关注，还关注了其他很多微博，这样就很容易造成信息的忽略，达不到预期的宣传效果。在贵州形象传播过程中，只有信息到达受众，被受众接收才能再谈是否产生效果这个问题。

2.微博信息内容的性质与影响

贵州省旅游局在微博上呈现出的形象还需从其发布的具体信息来进行详细分析。微博之所以能产生如此大的影响，最大的原因在于其传播方式所带来的巨大裂变效果，通过一键转发，粉丝能把信息传递到更多的"粉丝的粉丝"那里，正如细胞分裂一样，产生越来越大的影响。"贵州省旅游局"新浪官方微博宣传贵州省内的所有旅游信息，此外还积极组织和宣传各类与旅游相关的活动，例如多彩贵州微摄影大赛、最佳旅游解说词评选大赛等，充分利用微博这个广大平台宣传贵州，对贵州整体形象进行有效传播。在微博首页我们可以看到，微博管理者将举办活动的图片信息和重要的文字信息置顶，以方便每位进入主页的用户能直接快速地了解到近期动向以及正在举办的活动，同时也放置了焦点视频，既简短又明了。其信息内容全都与黄果树、荔波、西江千户苗寨、梵净山、镇远古镇、织金洞、南江大峡谷、天龙屯堡、双乳峰、马岭河、万峰林等这些贵州景区联盟有关，然而在微矩阵上却没能涵盖所有的景区联盟，如图1所示：

图1 "贵州省旅游局"新浪官方微博微矩阵相关微博用户

通过对微博信息的解读，我们可以发现，微博原创发布的内容主要是贵州省内所有的旅游资源的简介与描述，这其中包括当地的民风民俗、自然风光、特色节日、标志建筑等；而转发内容多为与旅游资源相关的信息，或者是国家的重要政治事件。微博客影响力的大小与粉丝数和转发数息息相关。微博信息的影响力除了通过粉丝转发数外，评论也是判断信息是否被关注的重要指标。"贵州省旅游局"新浪官方微博在不断的发展壮大过程中，粉丝数不断增加，转发数量、评论数量也在不断的增多，特别是近期的"台江·姊妹节"活动，受到大量的转发和评价，但是微博管理者与用户之间的评论交流不多，只是在转发时附带评论转发，粉丝间的互动性不够高。

三、"贵州省旅游局"官方微博的形象传播分析

传播是人类通过符号和媒介交流信息以期发生相应变化的活动。而形象传播主要是指以公众作为传播对象，通过积极的传播来表达客体需要得到认同的信息，并为实现这个目标所作出努力。微博在贵州的形象传播过程中，受众对于城市形象的认知直接影响了贵州形象的生成，也使得在这个过程中，必须注意贵州的形象传播。加拿大著名传播学家麦克·卢汉在《理解媒介》中提到：媒介是一个很宽泛的概念，是作为延伸人类器官的一种工具；而人们的理解认为媒介只是工具罢了，然而关于麦克卢汉的理论中，其具有广泛的特征，即：媒介就是讯息。在此书中，他提到如下两个观点：一种是媒介的产生会对社会中新的行为标准和方式产生影响，媒介创造出了新环境同时影响着人们的生活；二是媒介与媒介之间是互相联系的，这一种媒介影必定是另一种媒介的内容，形象传播研究中，媒介即是讯息的理论具有巨大的意义。在这里我们研究"贵州省旅游局"官方微博在微博环境下，是如何利用其服务贵州、提升贵州整体形象的。

（一）微博在贵州形象传播中的优势

微博在贵州的形象传播过程中，受众对于贵州形象的认知直接影响了

贵州形象的生成，也使得在这个过程中，必须注意贵州的形象传播。作为一种新的传播工具，微博让贵州在根本上被形塑，在其内涵、组织、过程与领导权上，被媒体系统的内在逻辑所形塑。在一定程度来说，贵州形象不仅仅包含了贵州的本体状态和客观存在，也包含了受众对于贵州的认知和评价。而在贵州形象传播的过程中，信息就是权力，形象就是力量。贵州形象的传播是客观的行为、受众和媒体对贵州形象的主观认识的统一，客观的贵州形象是一元的，而受众对于贵州形象的解读和解读方式则是多元的，展示贵州形象的微博是传播行为和对传播行为进行解读的渠道的统一。微博的特点决定其最大的优势和作用便是传递信息，对于贵州形象传播来说，微博上发布的相关信息，是受众了解贵州的窗口。全方位的微博信息及其裂变式的传播方式使得受众不断接受关于某城市的信息，并在此基础上，形成对于贵州的印象。而这一印象的好坏，在本文当中则取决于微博博主如何有效运用微博这个展示自己的窗口。

1. 微博提供了沟通平台，互动性增强

在以前，贵州形象的展现过程中，受众大多从报纸、杂志、书刊、收音机和电视等媒介对贵州形象进行了解，而这些媒介的展现过程非常容易受到相关的行政部门的干扰，产生信息的封锁和遮蔽，进而形成了那种不透明和难以接触的政府形象。在微博这个媒介出现后，世界变成了平的，受众与受众之间的交流，受众与微博发布者之间的交流等都比以往显得更加容易，可以说微博已经成为了一个新的沟通平台，也将为贵州形象传播的顺利进行提供有力的支持。在这个过程中，传统的信息发布者以及受众如今都可以成为信息的发布者，如此一来，受众的主动性得到增强，而且与传者进行互动，互动性增强。贵州形象顿时鲜活了起来，使其显得更加人性化。

2. 微博展现了现代化的贵州形象，参与性增强

一般意义上来说，微博本身是很"时髦"的事情。在贵州形象的展现过程中，受众通过微博，很容易认识到贵州正在以一种另类的方式在展现

自身形象，这也可以解读为用另外一种方式发生："如今的贵州是先进的。"在贵州形象的传播过程中，一定要做到以受众为主要目标。现代化的贵州形象传播，应该多选择一些受众喜闻乐见的传播方式，以受众为中心，通过多种方式向受众展现，我们的贵州形象就在你身边。对于微博这种传播工具来说，使用这种工具是贵州的一种自信，是贵州与受众的之间的平等沟通，这种平等沟通让受众觉得自己被重视，甚至可以让受众本身成为贵州形象的一个展现方式。

3. 微博加大了信息的把握度，时效性变强

展示贵州形象的微博是与贵州形象相关信息进行传播与交流的平台，这种平台具有超越时空的特性。一般情况下，微博在传播过程中可以极大拓展受众了解信息的渠道，也能让受众在实时的交流中感觉到贵州会因为他们的参与变得更加美好。微博作为一种全新的传播工具，具有其他媒体所没有的开放性与参与性，因此在贵州形象的展示过程中，与贵州有关的信息的传播变得更迅速。在微博中，各种各样的信息纷至沓来，当出现对贵州形象有利的信息时，我们需要第一时间内进行回复，与相关受众进行沟通，借助这种方式主动与受众进行交流，从而提升受众的自豪感，让受众感觉到被重视。当出现对贵州形象传播不利的信息的时候，同样需要第一时间进行回复，澄清事实，纠正错误，安抚受众，并且第一时间内解决问题，避免由于长时间发酵导致问题的扩大。

（二）微博在贵州形象传播中应该注意的问题

在利用微博进行贵州形象的塑造和传播中，必须在充分了解贵州形象现状的基础上，对贵州形象传播进行分析，找出贵州在利用微博展示贵州形象的过程中所存在的问题，才能更好地为贵州形象新媒体传播服务。

1. 缺乏与用户之间的互动，信息处理不及时

格兰诺维特在《弱关系的力量》一书中，作者将人与人之间的关系分为强关系和弱关系以及无关系这三大类；弱关系形成了信息的相互流动，使人们不太能看到的信息得到了传播。当前我国的新浪微博正是运用了这

种弱关系来进行信息的传播。正因为由弱传播关系所传播的微博内容，很容易在微博之间进行分享，所以对于用户来说，这种关系所提供的信息的可信度更高，也更容易引起他人的认同。然而"贵州省旅游局"新浪官方微博在形象传播过程中呈现出的稚嫩状态，比如思想陈旧、新媒体素养差、互联网使用能力不足、对于民众的合理诉求采取麻木的被动应付、信息处理不及时等；再加上"贵州省旅游局"新浪官方微博关于信息的发布、处理与反馈方面还未形成相关的规章制度和管理办法，微博的主要特征之一就是极强的互动性，这种互动性也将重新建构传播者与受众的关系，体现出关注用户与传播者的平等关系，贵州旅游局在此关系的构建上还很欠缺，关注用户与微博发布者之间未能形成良好的互动关系。这些原因都导致微博互动程度较低，传播效率较低，因而也就凸现出传播效果差的状态。

2. 制度建设缺失，缺乏规范化管理

在传播贵州形象的过程中，要保证运用规范化的制度来管理相关的微博。目前，虽然贵州省旅游局的微博传播得到了一定发展，但是相应的制度建设却已经缺失很久，相应的网络传播立法亟待解决。"贵州省旅游局"新浪官方微博自2010年12月1日创建以来，其发布频率、发布时间和反馈时间均掌握不太好，在发布微博内容上用语不当，态度把握不好，不能充分与民众进行对话交流。关于微博的信息发布制度、留言回复、删帖机制都没形成一套完整的机制。对于微博信息的发布应当成立一个专门的信息发布部门，而不是以个人为单位进行信息发布。通过规范化的管理以及制度化的建设，微博可以在受众与城市形象传播者中间搭建一条桥梁，更好地发挥微博的作用，通过这种作用，集中地对贵州旅游资源进行宣传，以达到宣传贵州的作用。在这个层面来看，在城市形象的传播过程中，微博必须实施相应的管理运作机制，来达到管理微博的目的。

3. 微博信息之间不够紧密，思路散乱，缺乏统一

研究表明，"贵州省旅游局"新浪官方微博在展示贵州形象的信息内容之间并没有形成一个以点带面的信息群。按照正常的微博传播方式而

言，在展示贵州形象的微博信息构成中，通常会形成一个主要的"中心内容"，再辅以其他用户的微博信息来进行转发，从而支撑焦点信息的对外发布。因为对于微博来说，必须要发声，才能向外界展示传播的效果。在信息发布的过程中，可以对议程进行支撑，以达到更好的传播目的，这需要微博信息间的紧密配合，以及同处在一个系统内部的多个部门相互协调配合以达到整个系统的良好运转。但是从目前"贵州省旅游局"新浪官方微博的运营情况来看，许多信息之间并没实现真正的协调配合，相关的微博信息仍处于各自为中心的工作状态，对于信息的发布是想到什么发什么，没有统一的主题，对于协同工作、相互沟通这些微博的工作方式完全没有实施而且微博发布的内容只是单一的进行官方活动、日常维护、微博直播，并没有在微博信息之间形成良好的沟通与交流来实现跨领域的互动与协同。

四、对于贵州运用新媒体进行形象传播的思考

传播形象的一种有效手段是利用微博信息的发布来呈现一个地方地区的形象，并借助强大的粉丝效应将其传达出去。然而对"贵州省旅游局"新浪官方微博的分析，我们了解到，在贵州形象传播过程中还存在很多问题，传达到受众眼前的贵州形象并没有太大的转变，从这点出发，我们思考贵州形象改善的新道路，针对"贵州省旅游局"新浪官方微博存在的问题找出解决对策，以及如何更好地运用新媒体进行形象传播并提出可供其他贵州官方微博借鉴的、做好贵州形象打造与传播的新启示与建议。

（一）"贵州省旅游局"官方微博在形象传播过程中存在问题的对策分析

传播是关键性的问题。但是，并非单单传播就可以解决上文所提到的问题，最有效的方式还需要通过最有效的渠道来进行。通过对微博传播模式及效果的分析，我们知道，在科技发展日新月异的今天，在生活节奏日渐加快的今天，微博是作为一种很有效的传达信息的工具，利用其进行塑造或改善城市形象所必要的信息的传播，将会收获很好的效果。

1. 加强沟通与互动，提升受众的关注度

一个地方地区的形象传播必须建立起全民参与的氛围。而作为这整个地方地区系统中的个体，居民成为了传播地方地区形象的主要践行者，他们的言谈、举止、装束乃至是表情，都可以成为此个地方地区形象的表达。在此基础上，居民通过微博积极参与对本地方地区的形象建设，可以对形象建设各抒己见，也可以借助微博向他人展现该地方地区形象建设的新风貌、新气象，同时还能鼓励和刺激相关利益群体在该地方地区形象传播中的积极作为，促进该地方地区新形象的持续发展。正如福柯所指出，"话语意味着一个社会团体依据某些成规将其意义传播于社会之中，以此确立其社会地位，并为其他团体所认识的过程"。经济、科技、社会、城市发展的今天，随之而来的是低成本、多元化的社会交往，其中社会化媒体门槛降低，带来的开放交流、去权威化、自由共享与重复使用的理念深入人心，这种建立在"对话"理念上的社会关系模式有望逐渐形成，也让每一个受众都有机会表达自己的意见。因此微博的诞生使得受众在表达信息的时候，也形成了一个话语的中心，并且围绕着这个中心，受众展开了一系列的话题讨论，而由于微博去中心化的传播模式，使其成为了个人进行愿望表达的最佳选择，与此同时也注定形成了一群十分关注自我的发展和经常进行自我审视，又喜欢和他人开展交流和分享的"微博控"。换句话说："一个地方地区形象的传播确实离不开每个受众的参与。"因此"贵州省旅游局"新浪官方微博应该积极与微博用户进行互动，通过各种互动的方式来增强公众的参与感，提升公众对于城市形象的整体认同。

2. 建立健全微博发布体系管理制度，引导信息走向

对于微博发布者来说，当面对微博中各种各样信息的时候，应该如何正确的审视，是一个亟待解决的大问题，由于信息的状态各异，故要选择性地发现相应的表达方式。因微博发布者的媒介素养水平大多取决于发布者的自身素养，同时受到地域差异、文化水平、领导重视程度以及信息效

果等因素的影响，导致发布微博信息的水平参差不齐，所以在此过程中，可以通过征集相关的专家教授、资深媒体从业者、优秀微博的发布者的意见和建议研究制定微博的发布机制及管理制度，并聘请他们对一线微博的工作人员进行培训。众所周知，建立健全良好的微博发布体系管理制度是微博信息正常发布的根本保证。如果相关微博想得到持续发展和良好运行，就必须有一套相应的微博发布体系管理制度。以"贵州省旅游局"官方微博为例，在这其中，首先应该明确规定微博发布者的职能和作用，完善微博审批的流程；其次，通过收集和分析完整的微博评价的各项指标，并以此制定发布标准以及考核标准；再者从粉丝数、活跃粉丝数、提及率、粉丝的粉丝数、粉丝互动性、地域覆盖指数、发博频率、内容聚焦程度等方面进行综合的分析，了解受众喜好；最后通过议程设置，以此对重点信息作出引导，虽然议程设置不能决定受众怎么想，但是能决定受众想什么，通过议程设置并遵循微博用户的使用习惯来进行信息的发布，将更多的内容信息传递到受众面前。

3. 提升微博发布者的媒介素养，高效整合信息

所谓的媒介素养，是指公民使用媒体、接触媒体的过程中，通过对其社会性和批判性的分析，来创造沟通和互动的价值。1992 年美国媒体素养研究中心对媒介素养下了如下定义：媒介素养是指在人们面对不同媒体中各种信息时所表现出的信息的选择能力、质疑能力、理解能力、评估能力、创造和生产能力以及思辨的反应能力。随着微博的价值不断被挖掘，越来越多的人更愿意让微博成为提高个人生活水平、使其得到认同、帮助社会发展的工具。"贵州省旅游局"新浪官方微博可以积极地引导关注用户的信息关注方向，通过转发来扩大自身的影响力，继而引发舆论讨论，提升舆论热度。专家指出：关注用户在对信息进行转发时，其实是将自己的思考行为转交托付给了意见领袖，并以大 V 的思想来取代自己在传播过程当中的个人思考，以此来结束了自己独立判断的一个思考的过程，这样领导者也能得到民意信息也更为偏颇。那么"贵州旅游局"新浪官方微博的微

博发布者必须意识到媒介素养应该成为自身所具备的基本能力，在面对庞大的信息内容时，要培养其独立思考的能力和主体批判意识，增强信息的甄别能力，做到不偏听，不偏信，不盲从；要树立正确的价值取向，注意微博环境里民意的影响力和传播力，提高回应能力，加强微博传播特性的认知以及对于微博信息的批判性解读，并且在对文字及图片的配比、编辑方面更具美感和可读性。

（二）利用官方微博做好贵州的对外形象传播

通过对"贵州省旅游局"新浪官方微博在进行贵州形象传播过程中如何改善的思路分析，我们了解到，微博这种新媒介在呈现地方地区形象和进行地方地区的形象传播方面有着重大的影响力。随着微博的不断发展和普及，利用这一媒体进行地方地区的形象塑造将会成为一个趋势。因此，"贵州省旅游局"新浪官方微博进行形象传播思路也可以给其他官方微博提供借鉴。

1. 整合地方地区形象传播，提高传播效率

通常在面对一个地方地区所发生的重大事件时，相关微博会从自己的主观视角出发对事件进行报道，从而提高自身的影响力，进而影响受众。对于同一件事情的解读，所代表的各自立场的微博可能会采取不同角度的报道。此时，微博成为信息的发布源，微博这种对传统媒介形成二次传播的效应有利于媒介融合，使它的议程设置影响力扩大。微博的整合包括三个方面。一个方面是代表政府形象的微博信息的整合，这些微博应该利用自身的社会影响力向外界展示该地方地区的形象，根据自己的职能发出声音，通过多角度和多层次的信息传递来告知公众信息，而相关政府宣传部门应该统一协调，统一调度，根据相关部门的特点和职能来告知这些微博所应该展示的信息；第二个方面是政府微博与传统媒体微博之间的配合，在展示地方地区形象的过程中，政府微博告知公众信息，传统媒体微博进行评论以及舆论监督，并通过传统媒介传递出去，展示该地区的形象，单向的、自说自话的媒体传播，不仅不能有助于形象的塑造，反而会减分；

第三个方面是政府形象微博与受众微博之间的配合，政府通过微博传递信息，媒体微博跟进报道，受众参与讨论，政府通过了解受众讨论的内容信息来进行解答，解决受众所产生的问题，并及时向外界公布。这些微博之间的配合，能够极大地节约传播成本，同时也能产生极大的传播效果，从而拓展了传播范围，将地方地区的形象传播效率提高，影响力得到放大。

2. 充分了解自身形象的特点，巧妙展现自身形象

在进行一个地方地区的形象传播之前，各个地方地区首先应该思考和分析自身的形象特点。在利用微博进行信息发布时应该首先结合最应该传递给大众的信息，从而有效改善在地方地区形象中较负面的因素。微博上持续不断的信息发布会隐形地设置受众的关注面，即"微博的议程设置功能"，M.E.麦克姆斯和唐纳德·肖通过对美国的总统大选的分析来研究议程设置，通过长时间的研究，他们归纳出了议程设置并得出了结论。该结论认为：在大众传播的过程中，可以利用一些相关的信息安排来引导受众的思想。由此看出，研究在微博环境下地区地方形象构建后该如何有效传播，势必需要应用到"议程设置"理论，微博对于传播内容的选择、重视、加工、传播一定会对受众产生积极影响。认识到这一点，对于提出利用微博传播对策将有很大帮助。在微博状态下，地区地方形象的传播变得更加的敏感，且议程设置的手段变得更加多样化，通过对重点微博进行置顶以外，相关微博也可以联合起来对一个事件进行轰炸式的转发，扩散这些信息，达到设置议程的目的。利用微博信息这种引导作用，各个地区各个地方根据对自身形象的分析，有针对性地进行能改善形象信息的发布，从而改变自身在受众眼前呈现出的形象。

主要参考文献：

[1] 佟力强 . 中国微博发展报告 [M]. 北京：人民出版社，2013.

[2] 周志平 . 微博舆论影响力研究 [M]. 杭州：浙江工商大学出版社，2011.

[3] 喻国明等 . 微博：一种新传播形态的考察——影响力模型和社会性应用 [M]. 北京：人民日报出版社，2011.

[4] 何辉，刘朋等 . 新媒体环境中国家形象的构建与传播 [M]. 北京：外文出版社，2008.

[5] 杨钢元 . 形象传播学 [M]. 北京：中国人民大学出版社，2012.

[6] 谢耕耘，徐颖 . 微博的历史、现状、发展趋势 [J]. 现代传播，2013（4）.

[7] 刘宗义 .2012 年我国微博发展综述 [J]. 重庆社会科学院，2013（8）.

[8] 孙旭，吴赟 . 全球化背景下的中国城市形象传播研究：回顾与前瞻 [J]. 山东理工大学学报，2013（4）.

[9] 龙莎，汪清云 . 新媒体在城市形象传播中的运用 [J]. 新闻爱好者，2010（5）.

[10] 王玉婷，孟霞 . 对城市形象传播的思考 [J]. 中国报业，2013（15）.

贵州地区大学生微博使用情况及其传播效果调查

——以一个传播心理学的视角

万尧嘉　　唐湉湉

一、微博传播特点与功能概述

（一）微博与微博传播

最早提供微博服务的网站是美国的 Twitter，始于 2006 年。在《牛津英汉大辞典》中，twitter 一词用来形容鸟儿叽叽喳喳的声音，同时，也暗喻了人们讨论问题时你一言我一语的景象。Twitter（中文称：推特）是国外的一个社交网络及微博客服务的网站。它利用无线网络，有线网络，通信技术，进行即时通讯，是微博客的典型应用。它允许用户将自己的最新动态和想法以短信形式发送给手机和个性化网站群，而不仅仅是发送给个人。推特给人们提供了这样一种平台和便利，无论何时何地，只要想将自己的真实想法表达出来，都可以利用 Twitter 将自己的一言一行真真实实地和朋友甚至更多的人一起分享。

微博，即微型博客（Micro-blogging）的简称，是 Web2.0 时代新兴起的一种 SNS（Social Network Site）形式，是一种集信息传播、获取、分享和互动的新型平台，用户可以随时随地通过手机、即时通（如 QQ、MSN 等）web 等方式更新博文、组建个人社区、关注目标对象、获取外界信息。随着科技的发展，微博信息的传播方式多元化，有文字、图片、视频等。微博的价值在于及时传播、分享、沟通信息，实现个人情感宣泄、经历记录，新闻或观点的实时发布。微博还可以选择要关注的对象，随时获取相关信息。

（二）微博的特点

1. 内容"微"

由微博的名称便可看出微博的容量，在字数上进行特别限制，主页界面也尽可能保持整洁，一直秉承着简洁便利的原则。Twitter 推出之时就将字数限制在 140 字以内，最大突出了"微"的特点。这种设想来源于发送手机短信，每条信息最高限制字符为 140 字。和时下的通讯工具接轨，做到人与人之间像平常一样正常交流，降低了门槛，使更多的人能够参与其中。

2. 操作简单

微博页面简洁，各个功能分布明朗。发布信息时，只需在"发布新鲜事"方框内编写内容，点击发送，即可在瞬间将自己的信息传递出去。这也使微博成为了很多第一手新闻的发布平台，在公共突发事件中起着相当大的作用。用户在构建自己主页时，只需发布微博和进行微博转发，比博客以及个人网站费尽心思地安排模板、布置主页和构思文字内容更加方便易操作。

3. 功能强大

微博集聊天工具、短新闻发布平台、休闲娱乐于一身，并兼容了一些 SNS 的特点，人们俗称"万能的微博"。

4. 快餐文化

随着快节奏的生活状态充斥着这个时代，人们在信息接受上，也普遍选择了内容简单直接快捷的信息。传统的博客写作耗费用户大量精力，既要考虑写作内容是否结构严谨，是否具有一定的文学性和可看性，还要消耗时间从大量信息中筛选出可以写作的内容。从读者的角度来看，一篇字数较多的文章并不具有吸引力。微博以 140 字的短小形式出现，将人们最初、最直白也最精华的内容表现出来，激发了人们的倾诉欲和表现欲，提高了阅读者的兴趣，缩短了阅读时间，为使用者获取信息提供便利。

5. 交互性强

微博的评论、转发功能使用户联系加强，随时进行信息反馈。可进行多向定点传播，通过圈人（@）的形式，可将信息传递给指定的人。这种双向的信息交流使传播内容更加丰富，更多人参与其中、乐在其中。

（三）微博功能分析

以新浪微博为例，新浪微博的广告语是"随时随地分享新鲜事"，充分体现了它方便快捷的功用。微博拥有信息传播、资讯供给、服务提供、品牌营销、人际交流、娱乐等种种强大功能，更加值得注意的是，现在的微博传播已经不仅仅限制于信息交流的需要，而成为人们的一种生活方式。

信息资讯传播渠道：通过微博，用户可以传播、浏览新鲜资讯、环球趣闻、同城消息；可以展示自我、参与人际交往；用户通过微博可以和喜欢的明星互动，随时关注偶像动态；还能分享喜欢的图片、电影、书籍，找到拥有共同爱好的人；可以第一时间了解想关注人的动态；可以通过微博中发布的各种团购打折信息，更方便实惠地进行网购商品挑选。用户只要填写相关信息进行注册，就可以拥有属于自己的主页，可以使用发布微博、转发、添加图片视频、上传相册、在线游戏等微博提供的服务，资讯、娱乐、社交等方面的需求得到满足。

1. 人际交往工具

微博是一种即时传播媒介，它在信息传播中进行自我把关，用户可以通过网页，微博桌面，手机等平台，不用经过任何组织或把关就可以自由地发布消息。微博所具有的这种即时通讯功能使用户能随时随地发布更新信息，并与微博好友进行互动交流。以新浪微博为例，微博设置了各种查找微博好友的方式，可以根据教育资料查找，可以根据相同兴趣、标签查找，可以用姓名查找，可以按地域查找，这些方式可以使微博用户根据自己的意愿和喜好添加微博好友。相对于虚幻的网络交往，按照自我意愿进行交往的微博好友更能坦诚相对，增进彼此间的了解。另外，微博操作简便的特性也增加了用户编发微博的积极性，用户间的信息互换更加频繁。这样，网友之间的距离拉近了，增强了彼此的沟通交流，为深度交往提供了条件。

2. 社会沟通桥梁

第一，政府与公众。2008 年美国总统大选期间，奥巴马曾借助 Twitter 进行宣传和助选，为最终赢得总统竞选累积大量人气。如今，"微博客" 群体也成为中国政治生活中实现社会舆论监督、培育公民意识的重要力量。微博为不同的社会群体和利益主体表达自身意愿、反映个人利益、参与公共事务的讨论提供了更多的便利。它简洁明了、直奔主题的特点为用户提供了一个表达自己立场和观点的新平台。加之快速传播、实时互动的优势，不仅使网民的自我表达更加方便快捷，而且使之能够较快地获得反馈与互动，从而增强意见表达的效果。2010 年 3 月召开的十一届全国人大三次会议、全国政协十一届三次会议期间，新浪微博吸引了全国 30 家媒体的近 60 位记者注册报道两会有关新闻，同时，近 30 位两会代表也开通微博，征集网民建议，公布提案、议案，并获得网友们的热切回应。微博使越来越多的人关注政治生活，参与公共讨论，不仅使政府信息发布的影响力进一步扩大，也缩小了公民和政治生活的距离。

第二，企业与用户。在新浪微博勋章馆应用中，多家企业入驻活动勋章、品牌勋章馆，目的是在用户领取勋章的过程中，将企业信息宣传出去。与此同时，多家大型企业也纷纷注册微博，利用微博宣传企业的产品、文化和形象。另外，一些著名微博也加入到企业的宣传大军中来，在自己的微博中贴出各种宣传广告和产品链接。微博为企业提供了相应的客户反馈和售后服务互动场所，成为企业对外发布信息的一个重要平台。

第三，名人与"粉丝"。在微博势头如日当空的今天，越来越多名字后带"V"的名人也加入了微博大军。名人的知名度和影响力过渡到网络空间，使其微博在短时间内就拥有了众多的粉丝。他们的每一条微博都能得到大量的评论和转发。因此，名人在微博中有可能成为某个事件的意见领袖，在一定程度上去引导媒体的议程设置，引导舆论的方向。

3. 品牌营销手段

随着微博的逐渐火爆，很多企业也把目光集中在了这块商机地，品牌营销越来越受到企业的重视。微博营销是随着微博的走红而出现的一种新的网络营销模式，企业通过自己的官方微博发布品牌信息，促销活动，与用户交流感兴趣的话题，以达到营销的目的。微博营销中最先出现的是DELL 这样的跨国公司，随后国内联想、海尔等品牌也进驻微博。紧接着，大到中粮这样的国企巨头，小到淘宝小店，各类品牌店铺如雨后春笋般在微博扎营。微博成为了企业广告发布的媒体，为企业进行免费的广告推广；微博也是企业销售渠道，在微博中企业可以进行各种各样的促销活动；微博也是商家建立优质的售后服务，树立口碑的地方，在这里，企业可以与顾客进行坦诚的交流和信息反馈。

三、大学生微博使用情况调查研究

（一）样本选择及问卷发放

为了尽可能回收到有价值的数据，本次调查采用了网络问卷和纸质问卷两种调查形式同时进行。网络问卷通过专业在线问卷调查平台问道网发布。由于研究经费和人力的限制，本文采取非概率抽样抽取研究样本。为了提高和保证样本的覆盖面，笔者将问卷链接地址发布在新浪微博、腾讯微博、人人网以及自己参与的 QQ 群等平台中。与此同时，还竭力邀请本人及被访者的好友转发问卷，以尽可能多的让贵州高校大学生网民参与问卷填答。在利用网络平台收发问卷的同时，为了获得大规模的研究样本和尽可能多的可以参考和可供研究的统计数据，笔者利用一部分纸质问卷作为辅助，采取判断抽样的方法发放给身边的朋友和学校的同学进行填写。

在形式上，为了方便数据统计，本次问卷设计没有选用开放式问题，而是全部采用闭合式问题。本次问卷共计31 道题，31 道题中设有单选和多选两种题型，全部采用必答的形式。本次调查共发放问卷 568 份，属于传播学研究的大样本研究，因而具有较强大的参考价值。所有问卷中共回收问卷 226 份，有效问卷 206 份。问卷回收率为 39.7%，问卷有效率为 91.2%。在 206 份样本中，男生占总人数的 47.09%，女生占总人数的 52.91%，男女比例总体持平。本研究样本涉及贵州 15 所高校的 206 名学生，涵盖专业 53 个，因而样本具有较强的涵盖面和代表性。

（二）大学生微博使用情况统计

在校园中生活的大学生与电视报刊等媒介接触的机会不多，除了课堂以外，大学生的大部分时间都在寝室度过。现在的大学生普遍都拥有一台自己的电脑，因此，与外界社会的接触都是通过网络的这个窗口，网络也成为了大学生放松的必须。在接受调查的 206 人中，拥有电脑的人占 84.46%，每天花两小时以上上网的人占 60.2%。参加调查的人当中，有 40.8% 的人一上网就会登录微博，49.5% 的人每天都会登录微博，上微博发布信息、关注好友动态、参看新闻资讯已经成为了他们生活的必须。

表 1　大学生微博使用情况统计

您有微博账号吗？（单选题）

选项	小计	比例
没有	42	19.02%
有	165	80.1%
本题有效填写人次	206	

您每天使用微博的时长为？（单选题）

选项	小计	比例
1 小时以下	85	41.26%
1 ~ 2 小时	97	47.08%
3 小时以上	24	11.65%
本题有效填写人次	206	

您是什么时候开通微博的？（单选题）

选项	小计	比例
1 个月以前	46	22.33%
1～6 个月	96	46.6%
1 年以上	64	31.06%
本题有效填写人次	206	

　　微博是近两年才兴起的，在大学生间的流行程度也是近段时间才开始的。大多数大学生的微博账户龄在半年到一年间。微博在大学生中被推荐，大家看到周围的朋友都在使用微博，为了迎合大多数，追赶时髦，也纷纷开通微博和大家有更多交流，如此的滚雪球效应，就形成了微博强大的大学生用户群体。在接受调查的大学生人群中，拥有微博的人数占总人数的80%，比例之大足以证明微博在高校间的流行程度。贵州地区的大学生微博用户大部分每天会花 1～2 个小时浏览微博，虽然民族地区的经济发展相对全国较落后，信息也相对闭塞。但是，在科技和网络技术发达的今天，对于走在时代前列的民族地区大学生来说，接受最新资讯展示自我仍然不受影响。

　　（三）大学生微博交往范围现实化与虚拟化参半

您注册微博是通过朋友介绍的吗？（单选题）

选项	小计	比例
是	110	53.4%
不是	96	46.6%
本题有效填写人次	206	

在您的微博粉丝中，您原本就认识的人有多少？（单选题）

选项	小计	比例
30% 以下	78	37.86%
30% ~ 50% 左右	87	42.23%
50% 以上	41	19.9%
本题有效填写人次	206	

您的微博好友是通过何种方式添加的？（单选题）

选项	小计	比例
进行搜索，感兴趣的人添加	80	38.83%
他人申请	68	33.01%
通过好友平时交往中相互添加	58	28.15%
本题有效填写人次	206	

　　大学生还在校园的摇篮中生活，所建立的关系除了家庭、师生、同学、朋友没有更多生活交际圈，他们渴望能够尽可能多地建立社会关系，以便更好地融入社会。在传统社会交往中，我们需要有一个身份才能和一个人进行沟通，但是微博的出现，打破了这种局限。我们可以与人在网络中先进行沟通交流，再在逐渐的交往中确立身份，或者，隐藏自己的身份，以自己理想化的身份在网络世界中驰骋。与传统网站或 SNS 校园社交网站相比，微博的社交网更大，更精准，选择更多。我们可以根据自己的喜好，年龄，居住地，教育背景建立交际圈，这个圈子中的人，可以是朝夕相伴的好友同窗，也可以是毫无关系的陌生人。因此，大学生也将微博视为自己扩大交际圈，融入社会的工具，经营自己的网络社交网，积累自己的社会资本。

（四）微博使用动机调查

1. 大学生选择微博的直接动机

微博有什么魅力吸引您？（多选题）

选项	小计	比例
记录自我，展示生活	140	67.96%
浏览资讯、关注热点	98	47.57%
和朋友进行互动	114	55.3%
了解身边人的动态	159	77.18%
扩大交际圈	40	19.42%
关注明星	69	33.5%
本题有效填写人次	206	

微博是一个信息构筑成的平台，政治、生活、娱乐、教育等多种类型的资讯层出不穷。在微博魅力调查中，47.57% 的人选择了浏览资讯。对于在校大学生来说，了解世界了解社会的窗口非网络莫属，面对海量纷繁的网络信息海洋以及网络的超链接性，大学生会耗费大量时间和精力在浏览新闻信息上。微博将大家普遍感兴趣的信息以短小精悍的方式归总，用户打开微博页面即可浏览不同的资讯内容，既方便省心，又满足了学生们浏览资讯的不同需求。

处在人生长成、树立人格、健全心智阶段的大学生，并不满足于一味地接受来自课堂的知识。大学生群体已经脱离了义务教育阶段的稚嫩，脱离了高考阶段的青涩沉闷，他们面对的是向他们敞开的社会大门，开始尝试由自己主宰今后的道路。因此，面对新鲜的校园生活，比起书本课堂，他们需要更多的交流、娱乐、自我展示，他们希望看到社会究竟是什么样子？微博所提供的种种服务，正是满足了大学生的多种需求。20 世纪

80—90 年代的青年人,个性张扬,很能适应快节奏的生活。特别是大学生,他们极具个性,拥有优越感和较强的自尊心,所以他们更善于秀自己,渴望了解同龄人的生活,想更多了解世界,走进社会。

在调查中,愿意连带图片和文字来分享自己状态和心情的人数占总人数的 58%,愿意将自己觉得有用的东西与别人一起分享的人数占总人数的 80%,觉得彼此以交流每时每刻状态的方式进行互动很有意思的大学生用户占 46.5%。这种"直播生活"、"晒心情"、"秀自己"的动机已经普遍成为了大学生选择微博并钟情于微博的一大理由。

2. 从使用与满足理论看大学生的微博接触动机

您从微博中有哪些收获?(多选题)

选项	小计	比例
视野更加宽阔	125	60.67%
信息获取更加及时,全面	141	68.44%
价值观更加成熟	51	24.75%
丰富大学生活,消遣,解压	180	87.37%
通过与周围人的互动,我能更清楚自己的位置	112	54.36%
微博有帮我解决生活中的问题	42	20.38%
没有从微博中受益	9	4.3%
本题有效填写人次	206	

微博在大学生之间的迅速审红是有其根据的,在接受调查的 206 名大学生微博用户里,仅有 9 人觉得没有从微博中受益,其他 95% 以上的大学生都能从微博中有所收获。那么,大学生在使用微博时,究竟需要什么,我们从传播学经典理论满足需求论中做进一步探讨。

满足需求论又叫使用与满足论,是一种兴起于 20 世纪 40 年代形成于

70 年代的受众研究理论。这一理论认为，受众对媒介产品的消费是有目的的，旨在满足某些人的、经验化的需求，受众面对大众传播并不是被动的，实际上受众总是主动地选择自己所偏爱的和所需求的媒介内容和讯息。受众是有着特定需求的个人，受众在使用大众传播媒介的时候是有目的和导向性的。由概念可知，受众在选择和使用媒体的时候，是为了满足他们特定的需求，所以，对于传播媒介来说，在用户使用过程中，是否能使他们得到心理上的满足，是至关重要的。当今大学生普遍选择并使用微博这一新兴媒介，并且形成潮流，是因为微博能够满足他们的部分需求。1973 年，卡茨、格里维奇和赫斯等人从关于大众媒介的社会及心理功能的文献上，把人们使用大众媒介的需要分为五大类：认知的需要、情感的需要、个人整合的需要、社会整合的需要、舒解压力的需要。下面我们也将遵循这五大类需要，对大学生使用微博的动机分别加以分析。

（1）认知的需要——传播信息、获取知识

微博是一个硕大的信息平台，各方信息汇聚于此，每一条微博本身就传达着一种或多种信息。微博的 140 个字符限制使其拥有了方便快捷的优势，更能海量地呈现和存储信息。在接受调查的 206 名大学生中，有 47.57% 的人选择使用微博的动机是为了获取资讯，关注时下热点。大学生人群本身对信息的渴求程度是普遍较高的，他们正处于人生转型时期，心智在走向成熟的同时，需要获取更多的信息，需要通过外界的知识力量来帮助他们确立方向，更好地融入社会。除了课堂、生活、书本知识以外，网络是一个具有优势的信息提供平台。但是，面对纷繁复杂的网络系统，面对冗长的信息，怎样选择对自己有利的、短小精悍的信息，成为了摆在学生们面前的难题。

随着快节奏的生活状态充斥着这个时代，大学生在信息接受上，也普遍倾向于内容简单直接快捷的信息。传统的博客写作耗费用户大量精力，既要考虑写作内容是否结构严谨，是否具有一定的文学性和可看性，还要消耗时间从大量信息中筛选出可以写作的内容。从读者的角度来看，一篇字数较多的文章并不具有吸引力。微博以 140 字的短小形式出现，将人们最初、最直白也最精华的内容表现出来，激发了人们的倾诉欲和表现欲，提高了大学生的兴趣，缩短了阅读时间，为使用者获取信息提供便利。

微博转发功能是微博在信息服务中的一大亮点，这也是普遍学生用户最为喜欢的一项功能。在微博的功能满意度调查当中，有 64% 的人对微博的转发功能表示好感。用户通过转发，将自己感兴趣的信息内容进行转载，也可以通过与自己兴趣相投的好友的转发来获取自己感兴趣的微博内容。在不断了解和分享新知识的同时，实现了在认知上的满足感。

（2）情感的需要——愉悦心情、释放情感

您在微博中常关注或常做的事是什么？

选项	小计	比例
发布自己的心情，并等待人回复	119	57.76%
查看好友或同学的微博内容，并进行交流	145	70.38%
使用微博桌面或私信功能聊天	69	33.5%
查看各类资讯	169	82.04%
本题有效填写人次	206	

在这个"压力山大"的时代，面对各种考试、找工作、人际关系的考验，大学生需要一个港湾，一个情感的安慰和庇护，在人生的起步阶段，能够在情感上给予他们某种力量，让他们有坚持走下去的勇气。微博的个人主页，仿佛一个虚拟的温暖小窝，在这里，我们能让别人看到我们经历的一切，能够阅读别人的故事，能够找到患难兄弟，能够寻觅知心盟友，能够表达自己的种种不满。微博的好处在于，我们不用处心积虑地计划我应该怎样表达自我，我们可以随时将自己的心情、灵感、感受以一句话的形式，附上图片上传微博，不用担心大面积留白。与此同时，收看到微博信息的

人也会在短时间理会我们表达的情感和深意，并进行回复和评论。

在调查中，有 57.76% 的大学上微博常做的事是发布自己的心情，并等待别人进行回复；有 70.38% 的微博大学生用户上微博常做的事是查看好友和同学的微博内容，并与好友进行沟通交流；有 33.6% 的大学生使用微博桌面或微博私信功能与好友聊天。微博给用户提供的是真正交流沟通，释放情感的平台。在微博中，用户间彼此的地位淡化，交流沟通更加真诚，更能勇敢地表达自己内心最真实的想法。微博的零时间传播机制，使用户间在短时间就能看到彼此的动态信息，很快融入到沟通交流当中，大大缩短了用户在现实生活中的距离，增进了彼此的交流沟通，满足用户的情感需求。

（3）个人整合的需要——获取社会地位、实现自我价值

马斯洛需求层次理论指出人的需求是分层次的，由低到高地分为五个层次，依次是生理需求、安全需求、社交需求、尊重需求以及自我实现需求。当人的生理和安全需求得到满足，那么人的社会文化需求和个人价值的实现就会凸显出来。与其他媒介及传播方式相比，微博的独特传播模式使每个人都能成为"新闻记者"，他们可以第一时间编辑和发布属于自己的新闻，并能和微博上的其他用户取得互动。这大大提升了微博用户的主体地位，大大满足了受众的需要，所以成为了受众选择微博的原因之一。从大学生的角度来看，对精神文化的需求和个人价值的实现是大学生在校园阶段追求的方向。从课堂中、传统媒介中所获取的知识并不能完全满足其全面发展，也不能短时间促成自我价值或者个人理想目标的实现。微博中海量简短的信息可以提供给大学生最快捷的新鲜资讯，可以成为课余知识的扩充，也放松了大学生们的精神世界。同时，微博也提供了一个平台，使大学生们发挥所长，施展才华，表述梦想，并在别人的关注和支持下一步步向理想迈进。

杨艾菁是贵州民族大学大三学生，2012 年 2 月 1 日，在其微博上表达了自己想效仿英国青年"用别针换别墅"的故事，想用自己的一对戒指为

山区孩子换一栋教学楼的愿望，并贴出了自己产生这种想法的缘由和详细情况。短短一天，此条微博就得到了上百人的积极响应和支持。杨艾菁的微博粉丝纷纷在自己的微博中转发杨艾菁微博原文，并用微博圈人（@）的形式，呼吁更多人来响应和提供帮助。此举在贵州名人微博和当地名博中得到继续扩散，贵州籍明星周显欣、何洁也对杨艾菁微博进行转载，对其行为表示鼓励和支持。这条信息在微博中以滚雪球效应被迅速传播开来，借助传统媒介、官方微博媒体、微博名人和庞大微博群体的力量，杨艾菁在微博中与选择的来自全国各地的几位朋友完成了以物换物的交换。仅仅用了 37 天，杨艾青 200 多元的银戒指就成功换取了价值 30 万元的教学楼。

微博作为新兴的传播工具，其独特的多中心传播模式可以使一条信息脱颖而出，迅速成为焦点。这也激起了更多人的兴趣，使微博用户感受到了自我存在感，以微博为平台展现自我，寄希望于在微博中得到自我满足和个人价值的实现。在过去，这种在短时间"以别针换别墅"的类似事件被认为是无稽之谈。首先，普通人无法低门槛、高效率地向外界广泛传达信息。其次，由于信息传授的单一，我们无法在第一时间接触到相关信息，导致一些有价值的内容也会随时间的流失而石沉大海。然而，类似的事件在微博上时常出现，这极大地满足了微博用户体验作为意见领袖的愿望。

您在意自己的微博粉丝数吗？

选项	小计	比例
在意	128	62.14%
不在意	78	37.86%
本题有效填写人次	206	

微博个人页面上设有"关注"、"粉丝"统计一栏。同学朋友之间聊天时，时常在问：你的微博粉丝数现在多少了？在问卷调查中，在意自己微博粉丝数的大学生用户占到了 62.14%。用户在微博中越活跃，发布的信息越吸

引人，就会越受到关注，粉丝就会不断增多。同时，粉丝数的不断增多也会带给用户被尊重的感觉。人气攀升的同时，用户的"虚拟权力"也在不断提升，满足了大学生实现自我价值的需求。

（4）社会整合的需要——强化沟通交流、获得社会认可

在微博中，用户可以根据自己的喜好关注自己感兴趣的人：有与自己有共同爱好的人，有欣赏的名人，其中也不乏身边的老师、朋友、家人。每个人的好友都是一个纽带，将彼此的好友相互连接。并且，每个人的动态和彼此之间的交流都可以在网络中相互扩散，从某种角度来说，不失为一种增进友谊、维护人际交往的选择。大多数彼此关注的人都会通过微博进行交流互动，这种有指向性的交流互动摒弃了以往网络因其虚拟性而带来的不信任，消除了因地域性而带来的沟通障碍，使用户能够更好地与家人、朋友联系沟通。

在对微博平台进行参与式观察时发现，贵州民族大学的某位年轻老师是个十足的微博控，她的很多微博粉丝都是她的学生。这位老师和同学在微博上进行了很好的互动，因此和学生建立了良好的关系和深厚的情谊。学生开学之季，老师在微博上发布了这样一条微博："亲爱的同学们，欢迎返校，我将在本周日晚8点半准时到寝室来查寝！请还没有返校的同学尽快买票返校！本人不接受非不可抗拒因素以外的一切请假理由！没到的，为师也只好上报学院了！请相互转告。"并以圈人的方式"@"告知了班里的很多同学。学生们这样回复："恭候您大驾光临。""我们这么乖，怎么可能不准时返呢，是吧？是的！老师您就放心吧！""为徒的遵命，会通知到全班的。"老师回复学生的是："真乖！"这种轻松的，随心所欲的情感表达打破了师生之间生疏严肃的界限，在微博中，大家往同等地位发展，似乎每个人都是多年的老友一般，增加了彼此之间的情感交流，无形间拉近了彼此的距离。

微博的即时通讯功能十分强大，它不只限于通过网页登录，还有类似于聊天工具的微博桌面功能，微博用户也可以通过手机，随时随地浏览微

博。微博 140 字限制本身来源于手机短信，微博用户可以将自己的所想所感通过手机短信的形式发布到微博上，随时随地与好友进行互动交流，与好友的联系更加紧密，分享自己的快乐和满足。

（5）疏解压力的需要——娱乐、泄愤、解压阀

微博独特的模式和传播方式，使越来越多的人成为了"信息的主人"，用户借助微博，将自己无法倾诉的话语、无法传达的情感、无处投递的意见在微博中一一呈现。微博，更是成为了时下大学生寄希望发泄不满或是寻求安慰的地方。比如，当自我利益和学校利益发生冲突时，比起从前的直接投诉、私下嚼舌根、求助无门而郁郁寡欢，将自己的意见和不满在微博上贴出，召集同学、好友和老师来共同关注和讨论，是一个不错的尝试。并且，这种尝试越来越成为学生寻求帮助的佳选。

笔者在参与式观察中了解到贵州财经大学新成立的花溪区新校区学生宿舍刚刚落成，大二学生就开始入住。学生对新校区宿舍环境尤为不满，他们认为宿舍修建工期短，质量得不到保障，新校区仍在修建中，周围环境也影响学生们的学习和生活。学生们纷纷在自己的微博上表达了自己不满的情绪，微博中，包含财物被盗、停电断网、寝室环境恶劣等抱怨。其中，名为"我说Jack"的微博用户发表的以"强烈要求曝光！！曝光！！"为开头的微博被转载了 43 次，评论 22 次。内容为："强烈要求曝！！曝光！！一直备受贵州省表扬的贵州花溪大学城贵州财经学院新校区，以神一般的速度建起幢幢高楼，又以上帝般的速度搬进这个处处都是工地、灰尘、泥土的地方！今天寝室的灯神一般地掉下来，还好，没人受伤。财院，即将更名为财大的你，做何解释？就用这种豆腐渣工程来证明你能行？"转载此篇微博的大都是有共同心声的贵州财经大学同学，也有诸如贵阳医学院、贵州大学的学生借此来表达对自己学校寝室环境的不满，网名为"Royal_YH"的微博用户说："贵大新校区也碉堡了！电梯用两个星期就坏了，现在都有些没修好！"

虽然，这种借助微博表达自我意见以寻求解决问题的方法和支持的

行为，在一定程度上并不能帮助当事人从根本上解决问题，但是，它也使微博发送者听到了共同的声音，从心理上得到了慰藉。在微博中，用户可以无所顾忌，放下现实生活中的束缚和不便，表达自己内心深处最真实的想法，从根本上摆脱来自于现实生活中的种种压力和烦恼。另外，微博还为用户提供了很多在线小游戏，微博用户能够在游戏中和好友进行互动，不仅增进了友谊，也愉悦了身心。这些游戏可以将面对种种考试压力，就业压力的大学生从繁忙的学习和工作中解脱出来，得到身体和心灵的放松愉悦。

（五）大学生使用微博的心理与行为分析

1. 微博使用的自我"表露"与"迷茫"

以微博为代表的新兴媒介的出现，给人们带来了一种全新的生存方式，人的心理和行为也会随之产生改变。人们的心理和行为在网络中和现实生活中往往是相悖的。在虚拟的网络中人们的信仰容易产生也容易失去，如有的青年将网络视为新的图腾，新的崇拜对象，从而疏远了上帝；人们对精神产品的价值观念发生了根本的变化（例如，在互联网上，任何拷贝和复制既极其简单又悄然无迹，会使人们把无偿获得的精神财富视为理所当然）；人们对实用价值和审美价值发生了颠倒（比如，中国人写毛笔字，自古以来偏重审美与价值取向，在互联网的冲击下，来个180度大掉头，不仅丢掉了毛笔，今后还可能逐步丧失写字的习惯）。

刘京林在《大众传播心理学》对网民的心理和行为进行描述时，分别从正面和负面阐述了网民"自我表露"、"自我迷惘"、"找回自我"等心理和行为状态。在分析大学生在使用微博的心理和行为时，本文也借用这几个状态，分别进行阐释：

2. 自我表露

表露自我又可译为"暴露自我"、"自我开放"。意思是个体向他人讲述有关自己的信息，即将纯属自身的真实、重要、隐秘的私人细节和内心想法向他人显示的过程。

在校园生活中，大学生的角色是本本分分的学生，过着奔波于教室、食堂、寝室的三点一线生活。由于大学学习环境的相对宽松，大学这个社会的缩影对大学生的吸引，大学生们不甘于每天在平庸中度过。微博的出现，为他们提供了一个平台，在这里，他们可以鼓起勇气向社会显示自己"真实、重要"的部分，这是从高考中解放出来，希望生活有更多色彩的大学生难以压制的欲望。他们渴望展示自我，渴望被关注，渴望被肯定。微博处在半虚幻半真实的状态中（身份可隐藏，但是所展示的图片和心情多半是自己生活的写照），消除了大学生的心理顾虑，随心所欲地在微博中暴露自我，张扬个性，宣泄情感，表达对某项规章制度的不满，对哪个老师有看法……在微博中，颠覆了自己在现实生活中的角色，充当一回自己心中的上帝。

在调查研究中，笔者结识一位艺校生，是同性恋者。在现实生活中，他经常遭到别人的冷落和白眼，家人也无法理解他的想法和行为。但是，在微博世界里，他体验着前所未有的理解和快乐。他的微博标签是"GAY""喜欢男生""喜欢腐女"，他加入了很多同性恋性质的微博群。有很多和他境遇相同的人成为了他的微博好友。他在微博里大胆地表露自我，结交朋友，得到的是相应的理解和鼓励。

由于我们在微博中表现的是真实人格的构成部分，所以，我们可以有意识地观察自己在使用微博时所呈现的心理和行为，这有助于我们更全面、更深刻地认识、体验和发展自我。

3. 自我迷惘

网络在满足人们自我开放、自我表露的同时，往往又使人们陷入了迷惘，这是一种分辨不清、无所适从、束手无策的心理状态。迷惘的心理状态分为轻重两种程度，在微博对大学生的传播效果研究中，我们着重探讨的是轻度迷惘：依赖网络、困惑、无奈。

青年时期的自制力任需要控制，这个阶段很容易抵挡不住新鲜事物的诱惑，对某项事物容易痴迷。在网络成瘾年龄段调查中，容易网络成瘾的人多在 15 ~ 45 岁之间，其中，15 ~ 25 岁之间的成瘾率往往高于其他。网络的普及是循序渐进的，对于出生在 80 年代末到 90 年代初的大学生来说，与网络的接触应该是中学以后的阶段。而中学后期都在忙于中考、高考或各种考试，与网络接触不频繁。进入大学以后，拥有了自由的时间，并且网络已经全面普及，面对新鲜的网络世界，大学生们与网络的亲密接触频率越来越高。

您每天上网的时长为多少？（单选题）

选项	小计	比例
1 小时以下	30	14.56%
1 ~ 2 个小时	117	56.8%
两小时以上	59	28.64%
本题有效填写人次	206	

您每天使用微博的时长为多少？（单选题）

选项	小计	比例
1 小时以下	85	41.26%
1 ~ 2 小时	97	47.08%
3 小时以上	24	11.65%
本题有效填写人次	206	

在填写问卷调查的 206 人中，有 84.46% 的人拥有自己的电脑，有 40.8% 的人一上网就会登录微博，52% 的人每天都会登录微博，有 11.65% 的人每天使用微博时间超过三小时。微博中的信息包罗万象，有重大新闻事件、八卦娱乐、幽默笑话、经典名句；有来自明星名人的直接动态；有来自好友的心情近况；有吸引人的视频、音乐的图片。面对铺天盖地的信息，

大学生们乐此不疲。但是，当他们在微博的海洋中畅快淋漓时，常常会不由自主地迷失方向。比如，原本是想在微博中上传一张喜欢的照片，但是登录微博后，看到好友们有意思的微博转发，看到某一个不错的微博，就会不由自主地在微博上浏览半小时。一小时以后，再次登录微博，查看好友有没有针对上传的图片发表什么意见，再一次使用微博的时间同样长达半小时。调查显示，有 36% 的大学生登录微博没有明确目的性，只是通过单纯地查看信息，点击图片打发时间，获得满足感。程文乐在《网络心理行为公开报告》中，从临床表现将网络成瘾分成五种类型。其中一种类型叫强迫信息搜集症：强迫性地搜集无用的、无关的或者不迫切需要的信息。这与许多大学生在使用微博时的行为和心理十分切合。

在接受本次调查 206 名大学生当中，有 28.64% 以上的人每天上网时间多达两个小时。在大学生的日常生活中，除去上课、吃饭、睡觉的时间，与网络接触的时间占据了相当大的一部分。似乎上网已经成为了他们生活中不可或缺的事，已经成为了习惯。笔者发现，在课堂上，很多学生也会不自觉地摸出手机，在微博上发表自己的心情，浏览微博上的各种信息。大学生这种对微博的热衷程度，使我们重新将德弗勒等学者 1975 年在《大众传播学概论》中提出的媒介依赖论拿出来做一次比对和分析。

媒介依赖论认为，一个人越依赖于通过使用媒介来满足需求，媒介在这个人的生活中所扮演的角色就越重要，而媒介对这个人的影响力也就越大。当我们置身于越来越复杂的社会之中，我们不仅需要依赖媒介理解社会，认识社会，还需要依赖媒介指导我们作出选择和应对，以及帮助我们放松精神，减轻压力。当我们通过媒介来理解社会时，媒介也同时塑造了我们的期望甚至精神。每个人受媒介的影响不尽相同，但是那些需求更多，因此也更依赖的受众将受到更大的影响。在第四小节中，从使用与满足理论出发，分别从五点分析了微博如何满足了大学生的需求，通过调查，微博确实在大学生的生活中扮演着越来越重要的角色。

尽管媒介依赖论过分地强调了媒介的功能，忽视了诸如家庭、教育、宗教、政治等因素对个人的影响。但是，在信息技术高度发达的今天，面对特定的大学生人群，微博对大学生的影响还是不可小视的。在接下来的章节，本文将就微博对大学生的影响——作出分析。

（二）微博中大学生的自我认同感分析

您从微博中有哪些收获？（多选题）

选项	小计	比例
通过与周围人的互动，我能更清楚自己的位置	112	54.36%
本题有效填写人次	206	

如果别人觉得你拍的照片不错，你会受到鼓舞，经常上传照片吗？（单选题）

选项	小计	比例
非常同意	68	33.01%
同意	105	50.97%
不同意此说法	33	16.02%
本题有效填写人次	206	

当别人嫌你的微博头像显得太幼稚或太夸张，不好看的时候，你会换头像吗？（单选题）

选项	小计	比例
立马会换	45	21.84%
会考虑换	105	50.97%
不在意	56	27.18%
本题有效填写人次	206	

从以上调查数据，我们得出，大学生微博用户通过在微博中接受到的信息反馈来对自己的行为作出判断，并进行相应的调整。这种在微博中呈

现出的心理和行为，下文中将运用"自我认同"对其作详细的分析和解释。

自我认同是指能够理智地看待并且接受自己和外部世界，并能够热爱生活，以精力充沛、奋发向上、积极独立的姿态面对生活，不在悲叹、抱怨或悔恨之中沉浸的一种能力。成熟的自我认同感能使人具有明确的人生目标，并在追求和接近目标的过程中逐渐体验到自我价值和社会的承认与赞许，既能从这种认同感中巩固自信与自尊，又不会一味地屈从于社会与他人的舆论。大学生正处于自我认同的关键时期，他们即将步入社会，而自我认同是人的社会化进程中必不可少的一个关键环节。

库利创立了自我发展理论，他认为，我们通过想像别人是如何感觉我们的行为和外貌来了解我们自己。他在《社会组织》一书中提出了"镜中我"的概念。库利认为，在人际传播中，我们是通过别人的反馈来评价自己的行为的。我们的自我概念怎样形成，取决于我们在别人的反映中得出怎样的信息。在日常生活中，人们通过与不同的人进行密切的交往和接触形成"自我认同"，这一过程是随着社会和文化背景的变化而变化的。

随着科学技术的发展，我们的自我表达方式已经不再局限于和人面对面交谈和传统的日记本，以微博为代表的新兴传播媒介的出现给大学生提供了一个更好自我展现，自我反思的平台。微博在"自我认同"的过程中，同样扮演了镜子、反馈者的角色。我们的文字、心情、图片可以随时发布到微博上，并且拥有着相当的阅读人群和反馈者。在此次调查中，谈到从微博中能够获得什么时，54.36%的人认为"通过与周围人的互动，我能更清楚自己的位置"，大学生可以通过好友对自己发表内容的评价，逐渐深入地认识自己，反省自我，头脑中形成"镜中我"的概念，更好地完成自我认同的构建。

个体在通过别人的反馈中不断地修改和完善自我表达的内容，从而展示更加完美的自我。微博人际传播给大学生提供的是一面镜子，让我们更好地看清楚自我的模样，给我们提供了一个有价值的参考，可以更加深入地反省和了解自我，改变自我。但是，微博并不完全是一面明镜，网络的虚幻和歪曲很有可能成为自我认同的障碍。只有相对真实的反馈才能映射出真实的自我，我们与微博这边镜子应该保持平行的关系。镜中的人像应该是对等的，否则就会成为游乐园中的哈哈镜，使我们在角色的编织中陷入泥潭。

与传统的匿名网络交往相比，微博的"直播"模式，随时随地分享身边事，使每一个微博用户显得更加真实，所反馈信息的真实性相对有所保证。为了得到真实的反馈，更好地完善自我，大学生在平时的微博互动交流中应该注意，向他人展现真实的自我，多了解自我和他人，以便在评价他人时更准确，更接近实际情况。

四、微博传播对大学生群体的影响分析

（一）微博对大学生传播效果的积极影响

1. 自我展示的舞台

每个微博用户都拥有自己的个人主页，用户可以给自己贴标签、编辑自己的个人简介、发表简短的心情和文字，上传照片，将主页装扮成自己喜欢的风格，分享喜欢的视频、音乐，转发感兴趣的微博内容。这些方式使大学生在微博中充分地展现了自我，在微博这个小舞台上发光发热。

当代大学生是朝气蓬勃的一代，他们敢于尝试新事物，接受新观点，敢于秀自己，言语个性，性格活泼。他们急切地想向更多的人展示自我风格，让别人看到自己身上的闪光点。微博的诸多功能正是满足了他们的需求，微博给大学生提供了一个私人空间，在这个空间里，他们获得了充足的话语权，拥有了足够关注他们的人，在相互的文字往来中，他们获得了满足。

2. 微博扩大交际圈

在青年时期，对于朋友的渴望，交友的热情是最为浓烈的。大学时期，大学生的心智逐渐成熟，面对即将踏入的社会，他们开始意识到交朋友的重要性。社会交往对于大学生来说是必要的，一方面，可以为将来累积人脉，

另一方面，也是情感的投递和寄托。微博所提供的人际交流方式，方便快捷，有针对性，迎合了大学生的需求。

微博属于典型的 web2.0 下的应用，在技术手段上，通过"加关注"，相同标签搜索，关键词搜索，教育信息搜索等功能，可以将原本没有交集的多个陌生人联系到一起，建立属于他们自己的传播圈。美国哈佛大学的心理学教授 Stanley Milgra 提出的"六度分割理论"：你和任何一个陌生人之间所间隔的人不会超过六个，也就是说，最多通过六个人你就能够认识任何一个陌生人。这就是六度分割理论，也叫小世界理论。任何两位素不相识的人之间，通过一定的联系方式，总能够产生必然联系或关系。 微博的传播正切合了"六度分割理论"，通过滚雪球式的方式，可以无限地认识"朋友的朋友"。微博的交友是有选择性和倾向性的，认为自己感兴趣再点击"关注"，通过这种方式，大学生在微博中可以结交到更多与自己有共同爱好的新朋友。微博强大的聚合功能，使大学生用户的交友效率更高，范围更广。

3. 信息集散地、交流平台

微博的分组功能可以将关注的人按照不同的类型进行分组，比如"认识的人"、"明星"、"朋友""媒体"，获得的信息比一般的网站更具针对性。通过微博的主页面，用户可以看到好友发布和分享的不同类型的信息内容，简短的文字配上图片，易于阅读，且新鲜有趣。同时，各类符合大学生需求的微博也在不断壮大发展，比如"大学生就业资讯"、"大学英语四六级"、"自主旅游攻略"、各个高校创建的微博群等，不少吸引学生参与的评选、营销活动也在微博中如火如荼地进行着。大学生在微博中可以充分地自主选择自己想要获取的，对自己有帮助的信息，这样不仅能拓宽大学生的视野，还能在无形间提升个人价值。

在微博中，大学生们更加重视身边好友的生日和各种节日。根据笔者的观察和统计，祝贺朋友生日的微博内容在大学生微博中出现的频率很高。相当一部分学生微博，几乎每一页微博页面都会出现一次。大学生用户在朋友生日当天，将祝福好友生日和相对好友说的话发布到微博上，并通过微博圈人（@）的功能告知好友，好友接收到此讯息后进行转发或评论表达谢意。在各种节日（圣诞节、情人节、光棍节、中秋节）到来的时候，总是能看到"祝大家节日快乐"的微博。微博将分散在各个大学的儿时伙伴，中学校友聚在一起，不论平日里能不能经常见面的人，都在微博里传递着自己对老朋友的关心和挂念。这种温暖的祝福微博，拉近了人与人之间的距离，增进了彼此的感情。

4. 了解他人，完善自我

以上我们从自我认同的角度分析了微博对大学生的传播效果，大学生通过微博这面镜子，来接受外界的反馈，从而进一步完善自我。心理学家米德在《精神、自我和社会》一书中提到"主体我"和"客体我"的概念。"主体我"是个人的自然特性，也就是人的本来面目。而"客体我"是个人根据对社会环境要求的领悟而作出改变以后的自我。自我发展是在"主体我"和"客体我"的不断对话中进行的，"客体我"的形成过程是一个长时间社会话的过程，要经历模仿阶段、游戏阶段和博弈阶段。

微博给大学生提供了一个"客体我"形成的绝好场所。首先，大学生微博用户可以通过别人对自己微博内容的评价，自己粉丝数，好友@自己的频率，好友在微博上对自己说的话来判断别人对自己的评价和态度，来坚持和完善自我。其次，在浏览各种不同风格的微博，了解他人对社会的看法，了解他人的生活态度的时候，也可以通过他人来反观自我，定位自我。

5. 缓解压力，愉悦身心

微博不仅仅是一个提供信息的平台，同时，它也是一个休闲娱乐的平台。微博中的微游戏时尚、简单、有趣，不会耗费大量的精力和时间，也可以与微博中的好友进行游戏互动。对于待在寝室，缺少娱乐活动的大学生来说，是一个不错的选择。微博中有许多草根微博都打着"搞笑"的旗子，将平民娱乐八卦进行到底，比如"我们都爱冷笑话"、"我当时就震惊了"、"我们都爱重口味"，这些微博的内容幽默风趣，不乏对现实的调侃，迎合受众的心理，放松了紧张的心情。微博当中的"微电台"、"微音乐"、"微美食"、"IQ 小测试"等应用也给用户提供了娱乐放松的场所。

6. 微博大学教育应用的设想

微博的大学生受众广泛，受到许多大学生的青睐。综合微博的自身优势功能：传播方式便捷，传播速度高效，受众广泛，与手机连通，可以将其运用于大学校园教学中，为老师和学生提供便利。

学校班级可以申请微博群，将学生统一集中起来。师生可以利用课余时间进行交流，老师在微博中与学生交流会显得更加亲和，同时，师生之间可以通过相互的微博增进了解。微博内容是短小精悍的，教师可以利用这一点，将自己重点的笔记整理出来，提供给学生，也可以为自己即将上课的内容以关键词句的形式做一个简短的预告。在网络纷繁复杂的信息流中，老师可以作为一个向导，将学生往正确的方向引导，鼓励学生积极健康地生活。

（二）微博客对大学生传播效果的消极影响

1. 偏离现实

在微博中，很多人呈现的是夸张后的半自我状态。受到网络文化的影响，微博中不论从头像、图片、转发的内容还是动态言论看，都与本人存在着相当的差距。这样做第一是自我表现欲望的膨胀。第二是大学生普遍认为，越是夸张特殊的信息内容越容易被接受。在调查问卷中，有 64% 的人喜欢在微博中转发和发布独特的具有个性的信息。在微博中，那些平淡的记录心情的碎碎念下，转发和评论的人很少。只有那些表达不满情绪的，使人吃惊的内容，奇怪的照片下，才是大量的评论和转发。这使得在微博中脱离了真实自我的人，过度依赖于微博当中所呈现的夸张状态而无法在现实中正常生活。

2. 迷失自我

网络思维使人养成了不断模仿和复制的习惯。微博中，大学生会关注那些他们认为值得学习和欣赏的人，密切关注这些人的动向，并且尝试模仿他人的生活方式，复制别人的思想言论，占为己有。长此以往，会降低大学生的思考能力，表达能力，想法容易被别人牵引着走。

另外，微博的分众性将大学生们聚拢在微博，传者与受者之间的边界消失，大学生的个性也会逐渐消失，拥有群体心理，导致观念的改变。比如，在微博中，大学生普遍接受重口味，认为那是时尚和看得开的表现。群体中向上观念的传达能够对大学生起积极作用，但是，一些不健康的观念也会在群体间传播，并且极易被吸收。

3. 浪费大量时间和精力

微博与手机连通，因此很多人成为了"爪机党"。在课堂上，蹲厕所时，甚至是寝室熄灯时，很多人都利用手机登录微博，不间断地查看翻阅微博信息，习惯性地点击。大学生正常的学习时间，运动时间，与朋友面对面交流的时间就会减少，长此以往会耗费大量的时间和精力。

由于每天面对书本和电脑，大学生的脊椎和视力都是需要保护的，但是，微博的出现，吸引大学生上网的时间变长，对大学生的视力和身体有损。

4. 现实交往能力下降

"宅男宅女"多半用来形容 18—30 岁之间的人，这一部分人主要禁受不住网络或书籍的诱惑，过度沉溺于虚幻的人际交往中，与现实生活脱节。长期不能与人进行面对面的正常交流，个人的沟通能力会下降，语言表达能力也会衰退。鲁滨孙从无人岛获救之后，回到现实社会，无法与人进行交流。因为长期没有与人进行交谈，他的语言能力已经衰退。日剧《无法坦诚相对》中的男女主角们，在 Twitter 中交流自如，但是在现实生活中相见时，却面对着多种交往难题。

微博确实能使已经熟识的一群人的关系更加紧密，但是如果仅仅依靠微博的交流来维系情感的话，反而会使人与人之间的距离更加疏远。一味地将自己的情感寄托于虚幻的网络，会使人的生活态度变得狭窄，缺乏朝气和活力，人际交往能力也会下降。

5. 信息暴力

所谓信息暴力，是指网上那些违反人类共同文化准则的网络语言现象。脏话、粗话、大话、黑话、假话等都在此例，也包括污染视听的图片、音像等信息。微博中虽然在很大程度上杜绝了色情信息的出现，但是，大量的虚假信息也忽悠着我们的生活，改变着大学生的价值观念，还在价值确立和转型期间的大学生容易收到影响和煽动。

主要参考文献：

[1] 邵培仁. 传播学 [M]. 北京：高等教育出版社，2008.

[2] 刘京林. 大众传播心理学 [M]. 北京：中国传媒大学出版社，2011.

[3] 李良荣. 新闻学导论 [M]. 北京：高等教育出版社，2006.

[4]（法）古斯塔夫·勒庞著，戴光年译. 乌合之众——大众心理研究 [M]. 北京：新世界出版社，2011.

[5] 张海鹰. 网络传播概论新编 [M]. 上海：复旦大学出版社，2008.

[6] 唐续军. 认识微博 善用微博——关于对微博的观察和思考 [J]. 中国报业，2011（9）.

贵州政务微博的现状、问题及发展策略分析

黄立群　柏　雪

一、政务微博概述

（一）微博与政务微博

微博（MicroBlog），是一个机遇用户关系的信息分享、传播以及获取的平台，用户可通过 WEB、WAP 以及各种客户端组件个人社区，以 140 字左右的文字更新信息，并实现即时分享。最早且最著名的微博是美国的创办于 2006 年 6 月的 Twitter。正如 Twitter 的创办人埃文·威廉姆斯所言："它是迈向信息民主化的又一步，我坚信，如果能让人们更便捷地共享信息，未来会更美好。"

政务微博，是指中国政府部门推出的官方微博账户，力行"织博为民"。政务微博在社会管理创新、政府信息公开、新闻舆论引导、倾听民众呼声、树立政府形象、群众政治参与等方面起到了积极的作用。

（二）作为"问政工具"的政务微博

"微博问政"已经成为推进政民网络互动的重要渠道和平台。2006 年两会期间，人民网"强国博客"招募两会代表、采访记者以及普通网友参与到两会之中。随后许多代表委员、记者、普通民众在人民网上开通微博，参与两会议题的设置和讨论，开启了"网络问政"的新时代。微博出现以后，发布信息的门槛进一步降低，而信息发布的即时性和灵活性得到了大幅提高，得到了民众的追捧。微博的开放性、交互性和便利性使得"微博问政"

成为可能并迅速成长、影响力不断扩大。政务微博已经日益成为网络问政的一种重要工具。国家的民主是建立在一定信息基础上的。公民对公共事务的积极思考、决策和参与，都离不开信息的支持。有些参与者就是因为自己实在是一无所知，因而不愿参与。民主社会中应当具有一定的媒介机制让更多人能接近使用大多数信息。

随着网络技术的发展，信息社会的公民将更加期望政府能提供个性化的信息服务，他们关注提供的信息服务是否合理、是否符合成本效益的分析原则、是否方便并具有较高的品质。由于目前在政务微博上公开的政府信息大多是部门信息，属于一种选择性公开，微博用户可以根据自身的兴趣与需要有选择地关注某类政务信息，而不必登录政府综合性门户网站到冗杂的政务信息中去寻找。

此外，政府网站上的相关信息通常不具有信息推送功能，人们只有上了政府网站才能获知，而微博用户通过电脑桌面客户端或手机终端就可以得到新信息实时提醒，而不必通过浏览器登录微博查看信息，为用户及时了解政务信息提供了便利。新浪微博提供的微数据分析功能弥补了以往政府通过门户网站发送信息无法直接获知受众状况的问题。当前中国的政治、经济、文化和社会生活中的重要问题以及人民群众普遍关心的问题有很多。政府官员、人大代表、政协委员关注的问题与人民群众关注的问题时常存在着差距，这就需要在他们与草根民众之间建立起便捷的沟通渠道。

（三）作为"沟通桥梁"的政务微博

政务微博的开通为政府部门提供了宣传和发布信息的平台，为政府提供了处理公共事务和突发性事件的透明化信息桥梁。政务微博可以及时向民众公布政务信息，宣传政策法规，同时，当发生重大、突发公共事件时，可以进行有力的辟谣和对事件发展和事实真相进行公布，正确引导网络舆论。政务微博为政府开辟了一个24小时的民意"信箱"，使政府和官员能够随时倾听民意、了解民声，可以亲自了解草根阶层的喜怒哀乐、酸甜苦辣，切实地去代表、实现他们的利益诉求，更好地实践"为人民服务"的宗旨。

因此，政务微博也提高了民众参政议政的积极性，使许多与老百姓息息相关的社会问题转为老百姓都能参与其中的公共议题，从而得到政府部门的关注和重视，对完善国家机制有重要意义。

此外，近几年来，社会上一些重大事件和问题都是最早从微博中披露出来的。比如"微博打拐"事件，是中国社会科学院的于建嵘教授开通的微博"随手拍解救乞讨儿童"发起的，经过网友热心的转发，形成了强大的舆论传播力量，并得到传统媒体、各地公安系统和普通民众跟进、配合和关注。在"7·23甬温线特大动车事故"中，微博是事故中最早的信息来源地。网友"羊圈圈羊"在事故发生9分钟后发布最早的求助微博"求救！动车D301现在脱轨在距离温州南站不远处！现在车厢里孩子哭声一片！没有一个工作人员出来！快点救我们！"这条微博过后，不少事故乘客、目击者和乘客家属纷纷发布记录微博或寻亲微博。此后，传统媒体才出现了对事故的报道。

比如"7·23动车事故"中，微博上一度出现了施救人员现场挖坑掩埋车厢的传言，后由记者在现场采访了解到，挖坑并不是为了掩埋车厢，而是为300吨的吊车腾出空间，此微博发布后，网上的传言得到了澄清。微博可以通过及时搜索相关信息和关注相关微博，能使政府部门及时地掌握舆论动态和走向，为政府应对和管理作出准备。

二、贵州政务微博的发展现状

（一）我国政务微博发展现状

政务微博一般分为两个类型：一是政府部门、单位的官方微博；二是政府官员，包括人大代表、政协委员等开设的官方微博。2010年3月，全国"两会"中兴起的"微博问政"开启了政务微博的发展之路。民众通过微博可以忽略身份、时间及地域的限制，向"两会"提出意见和建议。"两会"的微博热潮取得成功，使得各地政府机构纷纷开通官方微博。根据新浪数据显示，截止2011年11月初，通过新浪微博认证的政府机构及官员微博已超过 18500 家，其中政府机构微博 9960 家。据统计，目前全国已有 15 家政府机构、9 名官员的官方新浪微博粉丝数过百万。

在"7·23 动车事故"中，蔡奇等"浙江军团"在微博中发挥的作用不容忽视。当晚十点半，蔡奇立即发布微博，表示关注此事件，并通过微博通知浙江卫生部门："严重关注这起脱轨事故！请微博'浙江卫生'帮助。"随后，蔡奇在微博中连续更新数十条微博，不断通报事故的救援情况和高层的救援举措，并转发一些寻亲求助内容，同时把微博上了解的新情况转达给现场救援人员。因为浙江省几位高层领导对这一事件消息的快速关注和公布，很快就掌握了事件主动权，稳定了混乱的舆论局面，不少媒体和微博意见领袖开始转发蔡奇等人的微博。在信息化时代，对信息的封锁和控制几乎是不可能的，因而在处理重大危机事件时，越公开、越透明就越主动、越容易掌握话语权。在不断应对危机事件的过程中，不少地方政府也已经认识到微博在应对危机事件中的巨大作用。

2011 年政务微博客取得了爆发式发展，堪称中国"政务微博客元年"。政务微博已经全面覆盖全国 34 个省、自治区、直辖市及特别行政区。政务微博用户机构和人员涉及党团、市政、公检法、工商、旅游、医疗卫生等所有领域，其中公安机构占据政务微博半壁江山，高达 56%。政务微博客在短时间内已发展成为网络问政的热点和趋势，政务微博客具有即时、便捷、开放、贴近群众的特点，在社会管理创新、政府信息公开、新闻舆论引导、倾听民众呼声、树立政府形象等方面起到了积极的作用。但是政务微博客作为一个互联网的新应用，党政机构和党政干部在使用微博客时还存在一些不规范的地方，在政务微博客运行管理上也存在一些不足。

政务微博增加了政府信息的透明度和社会舆论的引导力，同时政府机构和官员在群众中的既定形象得到改变。

（二）贵州政务微博的现状

1. 数量及涉及领域

在新浪微博政务厅中，以地区划分，贵阳的政务微博最多，为 58 家；

其次是遵义，11 家；最少的是六盘水地区，仅有 4 家。微博在经济发达的地区使用较为普遍，经济较为落后的地区由于认识不足、意识较差、硬软件设施落后等种种原因，开通微博的数量比较少，这个情况在全国范围内，无论普通网友微博还是政务微博都无一例外。

按类型划分，公安系统的政务微博最多，为 50 家；其次是旅游机构，为 20 家；其他政府部门，如宣传部、气象局等，排名第三，共 11 家。2010 年 2 月，广东 21 个地级市及省公安厅的官方微博相继开通，这掀起了全国公安微博热潮，各地公安纷纷开通微博，不少警员个人也开通了实名认证微博。政务微博的行业类型中公安占据半壁江山是受到了这股热潮的影响。而公安微博的服务性强，且公安机关也确实有借助微博发布信息、寻找线索、调查取证、提高办案效率的需要，所以公安机关官方微博在政务微博中"一枝独秀"。

2. 微博关注度

贵州地区的政务微博粉丝过十万的有：贵州省人民政府新闻办公室的"微博贵州"，粉丝近 49 万、"贵州省公安厅"，粉丝 39 万、"贵州省旅游局"，粉丝 34 万；贵阳市旅游产业发展委员会的"贵阳旅游官方微博"，粉丝 11 万，其他微博粉丝数较少，有的甚至只有几十个粉丝。而贵州政务微博有个奇怪的现象，在政务厅贵州区里，笔者并没有发现政府机构官员或人大代表等的官方微博。

其中"微博贵州"可以算是贵州政务微博中的明星。以"微博贵州"为例，"微博贵州"在 2011 年 7 月 4 日开通并发布了第一条微博："贵州省人民政府新闻办公室官方微博——'微博贵州'近期上线，敬请关注。"这条微博转发量为 6 条，评论数为 10 条。截止 2012 年 3 月中，共发布微博 900 余条，粉丝 489000 余人。尽管关注人数堪称"贵州之最"，但几乎每条微博的转发量和评论数不足百条，有的甚至为零。占着如此庞大的资源，却没有发挥其交互沟通作用之分毫。

3. 信息涵盖面

笔者浏览了在新浪微博中注册的几个粉丝数量较多的政府微博，发现其内容有很大的相似性，即主要集中在信息发布、政府宣传、生活服务三类。以"微博贵州"为例，绝大部分是发布政府新闻，也有少量发布的贵州美食和民生新闻版块。也就是说，尽管目前的政务微博十分火热，但其仍然是政府"以我为主"地利用自己的优势地位发布信息，而不是与网民互动，切实地为民众服务。比如在所有贵州政务微博中，没有看到政府就某一项行政措施或法律法规征求意见，也极少看到网友的哪一条针对政府的意见以政务微博的形式被发布出来。这些政务微博更多的是网民获得信息服务的平台，而不是参与公共事务的平台。贵州的政务微博，尤其是公安微博，还未看到微博的强大功能和力量，只把微博当作政府新闻网站的转发地，只发布了政府信息，而微博的舆论引导、沟通和渠道、服务管理功能都没用得到运用，或者未得到重视。

4. 互动频率

微博的根本就是双向的沟通，通过发起话题，吸引自己的粉丝讨论、响应，并借由关注的串联，让影响范围扩大。互动体现在多个方面，可与广大网民通过转发、投稿、评论、参与及发起话题等方式进行互动。贵州政务微博从开博到现在，几乎没有组织或参与到微博的热门话题的讨论中，也并未设置个性鲜明、参与性强的固定版块，更加鲜有给网友评论、转发、回复这种微博最基本的交流方式。这样就把微博的双向甚至多向的交流方式变为了单向的述说。

三、贵州政务微博的微观表现及存在问题分析

（一）贵州政务微博的微观表现

突发性事件，是指突然发生，造成或者可能造成严重社会危害，需要采取应急处置措施予以应对的自然灾害，事故灾难，公关卫生事件和社会安全事件。突发公共事件往往是人们关注的焦点和媒体报道的热点，做好

突发事件的信息发布，有助于人们了解事实真相，减少各种猜测、传言，引导舆论，稳定人心；有助于与事件相关地区和群众及时采取措施，有效地进行防范，最大限度地减少损失；有助于使人们正确理解政府和有关部门为处置事件所采取的政策、措施，动员社会各方力量，使事件得到有效的控制和妥善处理。当微博日益成为突发事件传播舆论中心时，亦对政府部门依法处置公共突发事件的能力、新媒体运用能力提出挑战。

2009年11月21日网上出现了一条题为《昆明出事了！》的新闻，即"螺蛳湾事件"。云南省委宣传部的副部长伍皓开通了微博，并在第一时间发布了针对"螺蛳湾事件"的政府信息以澄清舆论。在此次事件中，"微博云南"得到了社会的高度重视并获得了网民们的认可。由此可见，危机事件虽然可以导致恐慌情绪的蔓延、社会秩序的混乱，但是它并不是洪水猛兽，只要主动承担起政务微博在危机事件中的责任，进行正确、及时、有效的危机管理，是可以降低消极影响，树立政府形象的。

1. 贵阳抢劫事件：信息传播失语与缺位

2011年底，几天之内贵阳市区频繁发生抢劫事件，在民众中造成极坏的影响，个个人心惶惶。一些被抢的网民在微博、论坛等发表自己的愤怒之声。这时新浪微博上出现了一个收集贵阳抢劫事件的微博——"贵阳抢劫故事会"，引起各方关注，短短时间吸引了几千粉丝。此事《贵州商报》也做了相关报道。由此微博收集的"故事"来看，2011年11月24日至12月4日为抢劫"爆发"期间，然而在此期间，"贵州省公安厅"并没有发布任何一条有关抢劫事件的微博。在2011年11月25日的一天转发"金坛警方"关于Iphone4骗局的微博评论里，网民们纷纷表达了质疑和愤怒的情绪（如图1所示），然而"贵州省公安厅"没有给予回复。直到12月9日连续发布四条关于抢劫事件的微博，笔者搜索发现，四条微博都是贵州公安警务服务网新闻的截取和链接，此后便不了了之，没有给民众一个交代。在观察中还发现，"贵州省公安厅"在面对网民质疑的时候都选择置之不理，只偶尔回复事务处理程序的问题。可见，在公众关注度非常高的贵阳抢劫事件及其相关话题的讨论中，包括贵州公安、贵阳公安等有关职能部门在内的所有贵州政务微博表现出了集体失语的状况，没有政务微博针对该话题发布权威信息，更未对此进行回应，对公众的讨论与质疑置若罔闻，政务微博在相关信息的传播和舆论引导中出现严重缺位的现象。这种失语和缺位现象与职能部门在话语上的强势地位并不一致。

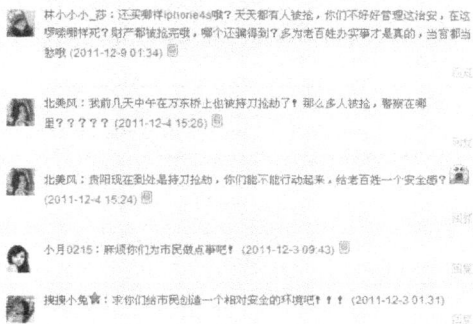

图1 关于Iphone4骗局的微博评论

2. 贵州福泉爆炸事件：危机传播意识弱反应慢

2011年11月1日上午11点30分左右，福泉市马场坪镇两辆满载72吨炸药的货车在汽修厂检修时爆炸，现场夷为平地，波及数公里。导致放有炸药的房屋连锁爆炸。事发地点位于兰海高速贵（阳）新（寨）段马场坪匝道口附近。据报道称，事故共造成9人死亡，上百人受伤。微博在这时发挥了它强大的力量，网民们的微博和转发，使事件得到迅速的关注和重视。事件最早的相关微博是一个叫"苏醒的比蒙"的网友于11点50分发布。仅事件发生当日11点至凌晨0点整，新浪微博共有7030条相关微博发布。网络里，论坛大量传贴，微博及时发布事件进展，多家新闻网站开辟专题，民众的震惊、对事件的惨烈程度和伤亡人数的揣测和质疑交织。但是，"贵州省公安厅"在当日只发布了一条新闻链接的微博。"黔南州公安厅"到3日才对事件有所反应，并在随后两天里陆续发布相关微博（如图2所示）。转发和评论量都只是个位数。从内容上看，无非又是新闻的摘抄。这些对民众怀疑和情绪的安抚没有起到任何作用，反而带来了更不利的影响。

在如此重大、且影响极坏的突发性事件中，相关职能部门政务微博统统出现了"失语"的现象。既没有对事件调查进展、救援状况进行公布，也没有对伤亡情况、相关责任人的处理情况的公布。网友们只能不断地通过目击者的图文微博进行猜测，形成了更加可怕的谣言风暴和社会恐慌。

11月1日下午，贵州省委副书记、省长赵克志，省委常委、副省长黄康生，省委常委、政法委书记、公安厅长崔亚东等领导先后赶到马场坪事故发生现场，召开紧急会议，对抢险救灾工作进行安排部署，并成立由省公安厅副厅长赵翔任组长，公安、安监、监察、检察院负责人为成员的事故调查组。

2011-11-3 15:25 来自新浪微博　　　　　　　　　　　　　　转发(2) 收藏 评论(4)

马场坪高速公路匝道口刚刚发生爆炸后，黔南州公安局迅速从都匀、贵定、瓮安等地抽调警力近千名，赶赴现场进行救援。

2011-11-3 15:24 来自新浪微博　　　　　　　　　　　　　　转发(2) 收藏 评论(4)

11月1日中午11时30分左右，两辆装载炸药的车辆在贵州省福泉市马场坪高速公路匝道口附近一修理厂检修时发生爆炸。当地公安民警、消防官兵迅速赶赴出事地点进行救援。此次爆炸共造成8人死亡、260余人受伤，其中30余人重伤，伤者已经全部送往医院。

2011-11-3 15:24 来自新浪微博　　　　　　　　　　　　　　转发(6) 收藏 评论(15)

图2　政务微博发布的相关微博

在上述两个事件当中，各政务微博的表现极差。虽然贵州的政务微博从开通以来没有出现过重大过错，但是在此类事件中的"渎职"表现却更加的难堪。此类的事件还有很多，如2011年7月13日毕节市"戴避孕套不算强奸"事件；2011年7月26日安顺市"城管打死小贩"事件；2012年1月4日发生的"18人遇难的贵定车祸"等等。这些事件在群众中影响极其恶劣，然而纵观贵州政务微博，要么不发一言，要么只是官方的只言片语，未免让群众感到心寒。

相反，在"4·14"玉树地震中，中国国际救援队在微博中的表现相当突出备受关注，为自己赢得了民众的信任和大量粉丝。"从4月14日8时46分发布第一条内容为'据中国地震台网中心消息，青海玉树县今晨发生7.1级地震，震中位于县城附近，可能出现人员伤亡'的微博到4月15日10时45分的近26个小时内，中国国际救援队发布了上百篇微博，常常每隔十多分钟就更新一次，高峰时1分钟更新一次。特别是在地震刚刚发生，很多记者还未能深入灾区进行报道时，中国国际救援队通过微博发布的现场救灾报道，直播了震后玉树救援状况。""中国国际救援队"在玉树地震救援期间坚持不断地发布相关微博，使救援进展和灾区情况得以公布，使民众能在第一时间里充分、立体、具体的掌握灾区的第一手情况，积极地引导了网络舆论导向，防止了流言的产生，给以民众信心和安慰。另外，微博的渠道作用和社会功能也是不容小觑的。"4月14日下午，中国国际救援队发布了一条微博称：'急需棉衣、棉被、帐篷、药品和食物。请直接寄往灾区！地址：玉树州人民政府救灾物资办，邮编：815000。黄立明（青海玉树州人民政府副秘书长）电话：15352985890。'这条微博在短短24小时内，经过网友超过20万次的转发，迅速发挥了作用。"微博在社会行动的组织、协调与监督上具有独特、高效的重要作用。相比电视和广播的号召力，微博的传播更为及时且有针对性和几何级扩散力，所以更加具有不可忽视的强大力量。

由对比可见，贵州政务微博只注重发布政府信息一点，微博的舆论引导功能、沟通和渠道功能、服务管理功能都未得到重视。这源于危机管理意识在各政府部门中还十分薄弱，始终固守"报喜不报忧"、"危机就是绝对的坏事"的陈旧观念，认为危机管理就只是消极的预防和被动的应对。这一点在政务微博中表现异常明显。然而，在危机中，民众对于官方信息的需求增大，政府信息的公开和与民众的交流就显得十分重要。无论政务微博是出于害怕危及本地形象，还是怕"说错话"承担风险的考虑，还是危机管理意识不足造成的传播失语和缺位现象，都是政务微博发展中的一个巨大隐患。

信息全球化的时代不能再信奉"清者自清"的古话，封锁消息和回避事实反而会助长流言的传播。既然政府部门在微博上已经有了庞大的粉丝基础，在信息的及时发布和互动沟通方面有着强大的优势，能够实现信息的动态发布和广泛接受。信息的公开化和透明化常常是处理危机最简单、最有效的方法。有效的预防可以减少危机的发生，积极的应对危机则可以将危机的损失降到最低。应对的时间也越早越好，最好在危机萌芽状态的时候及时处理，最大程度地减少冲击和损失。在实践中，恰到好处地进行危机的预防和处理，不仅能够在舆论引导方面作用强大，而且能够建立政府形象，在危机中绝地逢生。

现在人们的生活节奏越来越快，生活在高楼林立、钢筋和混凝土浇灌的城市丛林里，人与人之间的人情味越来越淡。由此就出现了一个新词——信任危机，表示社会人际关系产生了大量虚伪和不诚实，人与人的关系发生了严重危机的用语。指一定社会或群体的道德原则和规范不被人们所遵守，人与人之间缺乏一种道德的联系和约束，彼此都无法相信对方的真诚和忠诚，因此不敢委以对方以重任的现象。网络时代，一方面为人们提供了更为快捷和便利的服务，但是由于它的虚拟性，网络中的信任危机则表现得更为强烈，催化了危机的产生、传播和发展，如果不能得到有效的引导和控制，网络强大的传播能力就能导致危机的扩散和升级，甚至危害国家公共安全。因此，在虚拟的网络世界里，要想成功地经营好、管理好政务微博，第一步就是要获得民众的信任。

（二）贵州政务微博现存的问题

以前政府对信息的封锁和对舆论的硬性控制，形成了"不透明、高高在上、难以接触的政府形象"。所以，如何打破成规、改变陈旧形象，是当前政府部门紧要且急需解决的难题。

贵州的政务微博还处于起步阶段，还未形成成熟的管理机制和发展模式。通过对贵州政务微博的观察，笔者认为仍存在以下问题：

1. 微博语言生硬、仍"打官腔"

很多政务微博仍然摆脱不了管理者的思维和居高临下的态度，在政府传播中措辞严谨而生硬，这样就使"官"与"民"隔离开来。曾经因为"螺蛳湾事件"而名声大振的"微博云南"，后来因为发布的内容都是政府文件或新闻报道的节选，把官腔带到了微博上，导致了与公民互动变少，关注度降低的情况。以下是"贵阳交警"回复网友提问的截图。从语言中明显能感觉到公事公办、毫无人情味的语气。

图 3　政务微博语言"官腔"

2. 与民众互动不足

很多政务微博并没有真正把握微博的本质特点，只是复制政府网站上的信息重复发布，把微博当作政府网站的精简版或链接，多是发布政府工作成绩、形象建设成果等。而且不少政务微博把微博当作例行公事一般应付了事，媒体自说自话的发布几条信息，对网民比较关心的服务信息、留言和提问不闻不问。

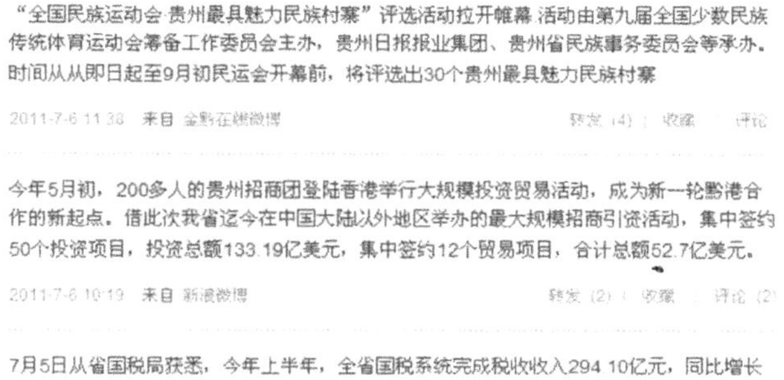

图 4　政务微博与民众互动不足

3. 一部分微博存在"无话可说"的现象

以下是"黔南州旅游局官方微博"仅有的 3 条微博，自 2011 年 6 月 8 日注册，只在当天发布了三条寥寥数语的微博，此后再没有更新。这不免让人质疑其开通微博的动机。而其介绍中说道"'地球绿宝石,风情黔南州'欢迎您"，从微博来看,黔南州并不热情。而且这样"少言寡语"的"僵尸"政务微博在贵州不算少数。

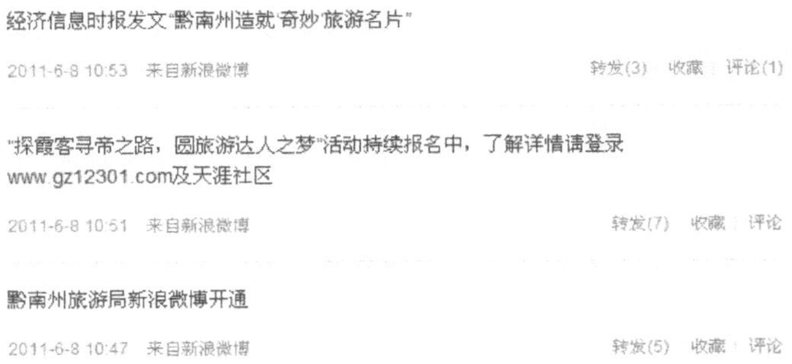

经济信息时报发文"黔南州造就'奇妙'旅游名片"

2011-6-8 10:53　来自新浪微博　　　　　　　　　　　转发(3)　收藏　评论(1)

"探霞客寻帝之路，园旅游达人之梦"活动持续报名中，了解详情请登录 www.gz12301.com及天涯社区

2011-6-8 10:51　来自新浪微博　　　　　　　　　　　转发(7)　收藏　评论

黔南州旅游局新浪微博开通

2011-6-8 10:47　来自新浪微博　　　　　　　　　　　转发(5)　收藏　评论

图 5 "少言寡语"的政务微博

4. 对重大事件参与及应对不足

这是中国政务中普遍存在的问题。很多政务在突发重大舆情的时候选择回避,不发布相关微博或者只有一两条微博更新。这样会损害政府公信力。例如本文第四点所述事件。网络的出现使危机公关可以更迅速地进行，更快速地化解负面情绪和影响、赢得民心。政府部门开通当下民众热衷的微博,应该在危机中抢占高地，快速地进行应急处理和反馈，从而凝聚民心。

从这四点来看，贵州政务微博如今正处在一个困顿的情况下，如果不能妥善解决，只能失掉那些还在苦苦驻守的网民的心。

四、贵州政务微博的发展策略

（一）微博的传播特性分析

要想为贵州政务微博寻找出路，就必须先了解微博的传播特性，再此

基础上充分利用微博传播特性，强化政务微博的信息传播和舆论引导功能，借此促进网络问政的发展，提升政务微博连接政府与民众的桥梁作用。

1. 草根性。微博门槛低，操作简便。2012 年 1 月 16 日，中国互联网络信息中心（CNNIC）在京发布的《第 29 次中国互联网络发展状况统计报告》显示，截止 2011 年 12 月底，中国网民规模达到 5.13 亿，意味着我们处在一个信息爆炸的时代。微博恰恰迎合了人们寻求信息、渴望参与信息传播的心理，使原本单一的传播方式得到了解放，将信息去中心化，每个网民都作为信息接收者和传播者的双重身份参与其中。

2. 即时性。信息的发出和接收之间往往存在一定的滞后，而微博却突破了时间、地域的限制，将这个时间差压缩到最低。微博的内容字数限制在 140 个字以内，编写的时候不需要堆砌华丽的辞藻和严密的内容语法。网友可以在浏览器、移动终端等多个平台上实现微博交流，也就是说无论你在哪里，只要有网络，你就可以发布和接收微博。

3. 互动性。对比传统媒体或网站、博客等的民众"被动"状态，微博的传受更为主动，民众可以随意"关注"，接收某人发布的微博信息，还有其他"转发"、"评论"、"私信"、"聊天"等技术功能实现点对点、点对面的传播。所以常常一条有意义、有趣的微博转发和评论量会过万。且微博上不需在意本人的身份、地位等，可以平等自由地进行表达和交流，所以微博的发布内容更自然、更有人情味。微博上最常见的内容就是网友们自言自语或者只是唠叨的个性化、私语化的情绪化表达。

（二）贵州政务微博的发展策略

根据以上三点，结合贵州政务微博现存的问题，笔者认为贵州政务微博要获得长足的发展需要做到以下两个方面：

1. 针对整体的发展策略

第一，培养微博"意见领袖"，增强舆论影响力。政府部门必须把有限的精力从"删帖关博"转移到树立起自己的网上意见领袖上来。在微博上，虽然每个微博用户都被赋予了"说话"的权利，但这不意味着每个人的"声音"是一样大的，更不代表每个人说的内容都能够被别人听到。因而如果想要使微博问政取得良好的效果，在突发事件中掌握主动权，政务微博就要争取成为微博中的意见领袖。政务微博天然有一定的权威性，有成为意见领袖的良好基础。如果能够经常更新微博，及时与民众沟通，在一些重大问题上不失声，能够为民众利益着想，本着公平之心处理问题，就能够掌握微博的话语权。还要充分培养政务微博明星，使其得到广大网民的信任和拥护，或者直接与微博"草根"明星或媒体微博加强沟通、寻求合作，以发挥其在网络中的舆论主导地位。这样，在重大事件中，才能及时疏导问题，增强正面声音，树立政府良好的权威形象。

第二，强化"营销微博"理念，加强人员培训。如果把微博当作政府的舆论阵地，那么引进"营销"的概念并无不可。微博的关注功能使得微博的针对性更强，且无论从硬件条件，还是软件条件来说，相比政府网站、论坛等，微博的成本要低很多。在建立政务微博之前，要把政务微博的开设、运用、管理等，形成一种制度。在内部管理方面，要积极培育党政机关政务微博的队伍，确立管理规则，选择正确的政务微博操作员。操作员应具备良好的沟通和文字驾驭能力，熟悉网络及微博特性，具有政治责任感和为民服务意识，还要掌握危机公关的应对。在政务微博的使用上，可以借鉴国外先进经验，注重微博内容的人性化、多元化、可信度和时效性。加强政务微博推广，加强对突发公众事件的信息交流。

2. 针对个体的发展措施

第一，明确定位，建立亲和生动的形象。政务微博应该根据受众特点，明确自身角色定位。微博要做到以"内容为王"，语言简练、轻松。互联网中大家都是平等的，政府部门进入到这个环境就应该适应它的特性，继续打官腔便会无人理会，更使人厌烦。这样，即使你有再多的粉丝，发布的微博就没有了传播效果，而开通政务微博也就没有了意义。微博受人喜爱的原因之一就是有亲和力，要获得网民的认可就必须融入其中，运用具有亲和力的表达。这就需要在政府的权威形象和适应网民的需求中找到一个平衡点。开通微博根本原因是要把发布的信息传播给关注的粉丝，进而吸引更多人关注，扩大影响力以获得更大的传播效果。所以，在话题的选择上也应该从政府自身出发，能够迎合网民兴趣、与网民形成互动。选择民众感兴趣的话题，表达使民众感到有人情味才能提升政务微博的影响力。

第二，及时反馈，解决实际问题。在考察中笔者发现，贵州的政务微博都没有像"平安肇庆"、"问政银川"那样在简介中公布线下政务联络方式，或是对事务的处理进行承诺，对网民提问无所不答。这样未免使得政府部门网络和现实脱节，并未把"为民服务"做到彻底。如果民众反映的问题石沉大海或是没有得到及时有效的反馈，这样就会丧失民众的信任，失去微博存在的生命力。更重要的是，在网络时代，危机事件中的信息杂乱，恐慌情绪的蔓延和社会秩序的混乱更要求政府积极的公开真实信息，形成正确的舆论引导。当微博已经成为中国最流行的舆论场时，党和政府的声音不仅不能缺席，更应该以主流舆论的姿态，更加积极主动的态度参与其中。党政部门与网民实时沟通，能够将矛盾化解在萌芽状态，最大限度激发社会活力、最大限度增加和谐因素、最大限度减少不和谐因素。同时，通过微博关注、搜索等功能，能够实时掌握与本部门、本地区相关的舆情动态，为上级决策提供第一手的网上舆情依据。政府部门开设微博不仅可以倾听微博中网友的积极反馈，更可以通过微博有效传达自己的声音。

简介

【郑重承诺】我们承诺：对您@问政银川 的问题，本微博在工作时间1小时内、节假日休息时间8小时内，有呼必应！（2011年11月25日）

问政银川是银川党务政务网络平台的工作专用微博，主要功能是督促督办，受理银川市民的一般性事务性投诉。重要事项，请上政网互动平台投诉，紧急事项，请打下面公告栏里的各值班电话投诉。

图6 "问政银川"

简介

广东省肇庆市公安局网络问政平台。咨询值班：13822619110，遇有危难请打110，报案请发私信。

图 7 "平安肇庆"

结 语

微博作为新兴的大众传播媒介，对于政治传播的影响开始显现。政府不但要高度重视微博，还要积极参与微博、科学利用政务微博，引导微博。只有这样，政府才能不断提高自己的社会公信力和执政水平。通过分析，本文发现贵州政务微博存在下列问题：1. 微博语言生硬、仍"打官腔"；2. 与民众互动不足；3. 一部分微博存在"无话可说"的现象；4. 对重大事件参与及应对不足。在此基础上本文为贵州政务微博从整体和个体两方面提出了发展建议：从整体上来说首先要培养"意见领袖"，增强舆论影响力；再次是要强化"营销微博"理念，加强人员培训。从个体上一要明确定位，建立亲和生动的形象；二要及时反馈，解决实际问题。构建一个民众满意、喜爱的政务微博是一个艰巨的任务，贵州还有一段很长的路要走，还有很多"糟粕"需要丢弃。简而言之就是要使用民众易于接受的语言，发布通俗的、民众易于接受的专业信息，积极与民众互动。除此之外，更要加强自身学习，提高自身水平，加快适应网络舆论环境，将网民的反应落到实处，妥善地"经营"好政务微博。

主要参考文献：

[1] 田中阳 . 大众传播学理论 [M]. 长沙 : 岳麓书社，2002.

[2] 杨欣 , 张雯 . 微博在突发性灾难事件中的传播作用——以 "4.14" 玉树地震为例 [J]. 传媒，2010（5）.

[3] 邹文标 . 南京网络发言人注定悲剧 [J]. 国际公关，2010（4）.